중국신화 그리고 소설

이인택 지음

UUP

중국신화 그리고 소설

■

- 2018년 3월 2일 **초판 인쇄**
- 2018년 3월 9일 **초판 발행**
- **지은이 이인택**
- **펴낸이** 오연천
- **펴낸곳 UUP.**(울산대학교출판부) 44610 울산광역시 남구 대학로 93(무거동) 울산대학교 출판부
- 전화 (052)259-2488 팩스 (052)277-3011 ▪ **홈페이지** http://uup.ulsan.ac.kr
- **출판등록** 제370-1996-000001호(1996.3.13)
- **₩** 17,000

■

이도서의 국립중앙도서관 출판도서목록(CIP)은 e-CIP 홈페이지(http://www.nl.go.kr/ecip)에서 이용하실 수 있습니다.

ISBN 978.89.7868.418.7 (93720)

책을 펴내며

그리스 철학자 크세스파네스의 신화 이론이 출현한 기원전 6세기 이래로 지금까지 수많은 사람들이 인류 문명에 커다란 영향을 미친 신화에 대해 지속적인 관심을 가져왔다. 특히, 근래 들어 신화가 문학 연구의 중요한 자료로 인식되면서 신화학(mythology)이라는 새로운 학문으로까지 발전되었다. 『The Hero with a Thousand Faces』, 『The Masks of God』, 『Myths to Live by』 등을 저술한 저명한 신화학자 캄벨(Joseph Campbell)은 신화의 복원은 문학과 예술을 지켜 줄 뿐만 아니라 현대 세계의 제 문제를 해결할 수 있다고 단언하며, 신화학은 이제 대학 교과과정에서 필수 과목이 되어야 한다고 주장한 바 있다.

우리나라 중문학계에도 최근 중국신화에 대해 관심을 갖는 학자들이 등장하면서 이에 관한 연구 작업이 활발하게 이루어지고 있다. 이는 신화가 하나의 독립된 학문으로서 연구 가치가 있고, 그 속에 담긴 사상이나 문학도 탐구할 수 있으며, 후대문학의 원류로서의 역할도 하고 있기 때문일 것이다. 중국 신화 관련 자료의 번역 작업도 아직은 초기단계이지만 활발하게 이루어지고 있는 등 미개척 분야에 대한 연구 작업이 속력을 더해가며 진행되고 있는 점은 매우 고무적인 일이다.

일반적으로 신화와 문학은 서로 떼려야 뗄 수 없는 관계이다. 신화는 그 자체가 문학이자 후대 문학의 모체 역할을 해 왔다. 중국신화와 문학과의 관계 역시 예외가 아니다. 양자 간의 관련성에 대해서 그동안 원가(袁珂)·담달선(譚達先)·악형군(樂蘅軍)·황영무(黃永武) 등 중국학자들이 언급하였고, 우리나라에서도 최근 중국신화와 문학의 관련성에 관한 논문이나 글이 소개되는 추세이다. 하지만 아직까지는 활발하지는 않은 편이다.

필자는 줄곧 중국신화에 대해 관심을 갖고 고찰해오면서, 중국신화와 후대 문학과의 연관성에 대해서도 꾸준히 탐색해왔다. 신선도가사상의 경향 속에서 신화의 환상기법이 필요했을 위진남북조 시기의 문학에 초점을 맞추어 360년에 걸친 당시의 소설과 시가에서의 신화 운용에 대한 글 「魏晉南北朝 文學의 神話 運用 考察」(『中國語文學誌』 제12집)을 발표한 바 있고, 선진부터 한대까지의 소설의 신화 운용과 명·청 소설 및 현대 소설의 신화 운용에 관한 자료를 정리 분석하는 작업을 거쳐, 포괄적으로 중국 시가와 소설을 포함한 중국문학의 신화 운용에 중점을 둔 『신화와 중국문학』을 출간한 바 있다.

이후 중국소설 관련 교과과정을 맡아 강의를 진행해오면서, 중국소설 장르에 초점을 맞춘 교재를 출간하기로 계획하였고, 이에 『중국신화 그리고 소설』이라는 제목의 책으로 이번에 출간하게 되었다. 우선 중국 신화 부분에서 좀 더 세부적인 내용을 담았고, 소수민족 신화 내용을 보강하였으며, 중국소설의 소설사적 흐름과 소설 작품의 내용도 보완하였다. 『신화와 중국문학』에서 발췌한 중국 소설의 신화 운용 부분 중 미비한 부분도 보완하여 서술하였다.

『신화와 중국문학』의 신화와 소설 부분을 기반으로 하면서, 졸저 『중국신화의 세계』, 『신화, 문화 그리고 사상』, 『중국신화의 이해』, 『타이완 원주민 신화의 이해』와 졸고 「중국 소수민족 신화 비교 분석」, 「중국 납서족 신화 분석」, 「타이완 원주민 인류기원 모티프 신화 분석」 등을 주 참고자료로 활용하였다.

본서는 4부로 구성되어있다. 1부는 중국신화 기술 부분으로서, 신화의 정의 및 특징, 중국신화의 특징과 유형, 중국신화 깊이 읽기 등을 다루고 있다. 2부는 중국소설 기술 부분으로서, 중국소설의 시대별 흐름 및 작가와 작품을 개괄적으로 서술하고 있다. 아울러 소설을 포함한 중국문학 작품 속에서 견우직녀와 서왕모 관련 신화고사가 어떻게 형성, 전개, 변천되는지에 대해서도 기술하고 있다.

제3부는 신화와 소설 운용 부분으로서, 우선 선진 고사의 신화 운용을 서술하고, 이어서 한 · 위 · 육조 신괴(神怪) 소설의 신화 운용, 당 전기(傳奇) 소설의 신화 운용과 송 · 원 화본(話本) 소설의 신화 운용, 신화의 재창조 시기로 평가되는 명 · 청 소설의 신화 운용, 그리고 현대 소설의 신화 운용을 서술하면서 결론을 도출한다.

전체적인 논지는 중국신화가 후대 소설에서 어떻게 운용되고 활용되는지 규명하는 것이며, 시대 별로 어떠한 신화 소재 · 주제 · 정신 · 구조들이 활용되고 있고, 그 신화들이 또 문인들의 손에서 어떻게 변용되며, 신화 소재를 활용 또는 변용하는 목적이 무엇인지를 찾고자 하는 것이다. 이를 통해 중국신화가 소설의 원류로서 수천년간 이어왔고, 때로는 진화 또는 변형된 형태로 다가오면서 서로 밀접한 관계를 유지해왔음을 밝히는 데 초점을 둔다.

제4부에서는 중국신화 중 한족 중심의 문헌신화 외에 현존하는 소수민족 신화의 내용과 특징에 대해 간략하게 기술한다. 중국 소수민족 신화 신화 중 기자 모티프를 중심으로 분석해보고, 타이완 원주민 신화, 운남의 납서족 신화, 귀주의 묘족 신화의 내용과 특징에 대해서도 소개한다.

책을 출간하는 과정에서 도움을 주신 분들께 감사를 드린다. 재직

중인 울산대학교의 지원과 출판부의 편집과정에서의 수고와 도움에 감사드린다. 관련 학문 영역의 광범위함과 필자의 한정된 지식으로 인해 줄곧 능력의 부족함을 느껴왔다. 잘못 기술된 부분이나 모호한 서술에 대해 독자 여러분의 아낌없는 지정을 부탁드린다.

2018년 2월 16일

이인택

목차

책을 펴내며 3

제1부. 중국신화

제1장. 신화의 정의 및 특징 11
제2장. 중국 신화의 특징과 유형 33
제3장. 중국신화 깊이 읽기 89

제2부. 중국소설

제1장. 소설의 정의와 기원 그리고 유형 105
제2장. 소설의 시기별 흐름 109
제3장. 문학 속 견우직녀 고사의 변천 141
제4장. 문학 속 서왕모(西王母) 고사의 변천 149

제3부. 중국소설의 신화 운용

제1장. 선진 고사의 신화 운용 165
제2장. 한·위·육조 신괴 소설의 신화 운용 173
제3장. 당 전기 소설의 신화 운용 209
제4장. 송·원 화본 소설의 신화 운용 227

제5장. 명·청 소설의 신화 운용 243
제6장. 현대 소설의 신화 운용 289
제7장. 소결 303

제4부. 중국 소수민족 신화

제1장. 소수민족 신화와 기자(棄子) 모티프 311
제2장. 타이완 원주민 신화 329
제3장. 중국 납서족(納西族) 신화 341
제4장. 중국 묘족(苗族) 창세 모티프 신화 353

참고문헌 359

제1부 중국신화

제1장
신화의 정의 및 특징

1. 신화의 정의

하나의 사물에 대해 정확하게 정의 내린다는 것은 쉬운 일이 아니다.[1] 문학에 대한 정의와 마찬가지로 신화 역시 몇 마디로 정의 내리기는 어려운 일이다. 신화학자들의 관점이 각기 다르기 때문에 다양한 정의가 나올 수밖에 없으며, 민족마다 신화의 발생 시기와 환경, 그리고 문화사회의 구조적 차이로 인해 신화마다 독특한 색채를 띠고 있기 때문에 더욱 그렇다.

신화의 어원은 희랍의 뮈토스(mỹthos)에서 출발하며, 이후 서양에서는 미스(myth), 그리고 학문 분야 장르로서는 미쏠로지(mythology)로 불려왔다. 동양에서는 일본학자들에 의해 신화(神話)라는 용어로 처음 의역되어 수입되면서 한국과 중국에 전해졌다.[2]

1) 정의의 어려움에 대해 스피박(Spivak)은 "사물에 대해 완벽하게 정밀하고, 정확하게 정의를 내린다는 것은 불가능하다" 고 말한 바 있다. Gayatri Chakravorty Spivak, 『In Other World』(N. Y.: Routledge, 1988), 77쪽 참조.
2) 서양의 필로소피(philosophy)가 일본에 들어오면서 일본학자 철부(哲夫)에

신화의 어원 뮈토스에는 고사, 이야기, 또는 말하는 것이라는 뜻이 담겨 있다. 로고스(logos)와 유사한 의미를 갖지만 의미심장하고 설득의 의미가 담긴 로고스와는 달리 사실을 말하고 또 사실화되길 기대하는 말이다. 이에 비추어 볼 때 신화는 기본적으로 고대로부터 구전되어 온 신의 이야기 또는 신과 관련된 이야기라고 할 수 있다.

신화가 이처럼 구전되어 온 신에 관한 이야기임은 분명하지만 그 발생 당시의 현실에 바탕을 두고 실제 생활과 주변 환경을 표현해 내었던 것이다. 생존을 위해 전력으로 투쟁해야 했던 고대인들이 현실을 떠나 추상적으로만 사고했다는 것은 납득하기 어렵기 때문이다.

예를 들어 대홍수가 일어났다고 가정하자. 과학문명이 발달하고 첨단 기상예보 시스템을 보유한 현대인이라 할지라도 어찌할 수 없는 자연의 위력 앞에 공포와 무력감을 느낄 때가 많았음을 경험하고 있다. 하물며 기술 문명의 혜택 없이 맨몸으로 대자연의 위력을 직접 대면해야 했던 고대인들은 그 엄청난 힘에 불가항력을 느끼며 공포와 외경의 마음이 생겼을 것이고, 현실적으로 닥친 숱한 문제들을 해결하기 위해 고심하고 이해하려는 사고를 하였을 것이다.

신화는 바로 이러한 현실 문제들을 반영한 것이기 때문에 근본적으로 현실을 떠나서는 존재할 수 없는 것이다. 그러면서 그들의 지혜, 이상, 가치관, 직관, 생명관, 우주관, 과학관, 종교관, 사유방식 등 정신세계도 미의식의 과정을 거쳐 함께 간직되어 있는 것이다.

신화는 개인에 의한 산물이 아니라 집단적 사유에 의한 공동의 산물이라는 점도 간과해서는 안 된다. 신화는 한 민족 집단의 심리

의해 철학(哲學)으로 명명되어 중국으로 수입되는 과정과 흡사하다. 중국은 전통적으로 학술(學術)이나 사상(思想)이라는 용어를 사용해 왔으나 철학이라는 용어가 수입된 후에는 병용하고 있다.

적, 정신적 사유가 결집되어 형성된 공동의 창작이며, 집단적 사고영역을 크게 벗어나지 않는다. 그러므로 신화 속에서 고대인들이 당시 척박한 환경 속에서 무엇을 어떻게 표현하였는지 알 수 있다.

문학이론을 연구하는 일부 학자들은 신화를 자의적으로 자신들의 생각에 맞춰 해석하여 그저 꾸며낸 소설 또는 모호하고 하찮은 이야기라고 간주했다.[3] 이는 신화의 본질과 전체상을 파악하지 않고 신화 자체가 갖고 있는 신기하고 환상적인 요소만을 보고 내린 오해이므로 허구나 상상의 산물로만 신화를 보려는 생각은 버려야 한다.

다시 말해 신화는 적어도 각 민족 집단이 당시의 구체적이고 실제적인 현실 상황 하에서 무의식적 미의식과 상상력을 가미하여 초자연적 이미지로 표현한 공동의 구전 작품이며, 당시의 생활, 주변 환경, 그리고 그들 나름대로의 철학, 사상, 사유방식 등 정신세계가 담겨 있고, 우리에게는 황당무계해 보이지만 고대인들에게는 진실적 담론으로서 신성시하는 신에 관한 이야기라고 정의 내릴 수 있다.

신화는 기능면에 있어서는 꿈과 같은 상징 부호를 통해 의식과 무의식을 연결하면서 인류의 심리 역량을 지배하고 사회를 교화하는 규범적 역할을 한다. 또한 민족감정 및 인류 생활환경에 대한 원망[4]을 표출하는 동시에 긍지와 자부심을 높이는 역할도 한다.

---

3) 예를 들면 로레티스(Teresa De Lauretis)의 『Technologies of Gender』 (Bloomington: Indiana University, 1987), 마케리(Pierre Macherey)의 『A Theory of Literary Theory』 (London: Routledge, 1978), 실버만(Kaja Silverman)의 『The Subject of Semiotics』 (N. Y. : Oxford University, 1983) 등에서 이러한 경향을 엿볼 수 있다.

4) 사람 입에 부리가 달려 있다는 신화 고사에는 고기 잡는 물새를 보고 인간도 더 많은 고기를 잡기 위해 부리가 있기를 바라는 마음이 함축되어 있고, 날개가 달린 인간을 태우고 날아다니는 비차(飛車)에는 창공의 새를 보며 날고 싶은 희구가 반영되어 있다. 환상이지만 새로운 생활을 추구하려는 고대인의 원망을 잘 표현하고 있다.

2. 신화의 기원

고대로부터 지금까지 신화의 기원에 관한 이론들이 적지 않게 나왔다.[5] 고대 학자들은 선조들이 전해 준 신화에 대한 이해의 결과로 크게 풍자-철학(the allegorical-philosophical), 역사화(the euhemeristic), 기독교적 변증(the Christian apologetic)이라는 세 종류의 견해로 발전시켰다.[6] 당시 신화는 우화, 가공된 소설, 교훈적 이야기, 또는 이야기꾼들의 환상에 의한 왜곡된 역사로 인식되었던 것이다. 19세기에는 신화라는 용어는 '실제'의 반의어로 쓰이게 된다.[7]

하지만 이러한 신화 해석들은 개인적 상상에 근거한 것일 뿐 실제적인 증거는 결여되어 있다. 그래서 엘리아데(Mercea Eliade)는 신화의 기원에 대한 전통적인 견해들을 부정하고, 신화는 실제 역사이고, 종교 신앙, 관습, 전통이며, 고대인들이 집단생활에서 실제로 경험한 생활양식이라고 주장한 바 있다.[8]

19세기 중엽, 언어학파 수장 뮐러(Max Müller)가 신화의 기원이 언어의 질병에 기인한다는 가설을 내세웠고, 스펜서(Herbert Spenser)는 더 나아가 태양, 달, 구름 등 우주의 구성요소들이 언어의 오용(誤用)으로 의인화되면서 신화가 출현하기 시작했다고 결론짓는다.

하지만 이 가설은 인류학파 학자들에 의해 부적합한 이론으로 판명된다. 영국의 대표적 인류학자인 타일러(E. B. Tylor)와 신화 속에서 원시 과학이론을 찾아낸 랭(Andrew Lang)은 신화를 지금은 이미

5) 좀 더 상세한 내용은 林惠祥, 『神話論』(臺北: 商務印書館, 1977), 3쪽-21쪽 참조.
6) Richard Chase, 『Quest for Myth』(Louisiana: Louisiana State University, 1949), 1쪽 참조.
7) Mircea Eliade, 『Myths, Dreams, and Mysteries』(N. Y. : Harper, 1960), 35쪽-36쪽 참조.
8) Mircea Eliade, 『The Myth of Eternal Return』(N. Y. : Princeton, 1971) 참조.

사라져 버린 원시문화의 흔적이라고 주장한다. 그리고 신화란 고대인의 사상의 산물이므로 현존하는 미개민족의 신앙과 풍습 속에서 고대 신화의 면모를 발견할 수 있다고 한다.

이들은 신화가 언어의 오용에 의해 생겨났다고 하는 언어학파의 이론과는 대조적으로 신화를 어떤 정신상태의 산물로 여기고 있으며 언어는 단지 신화발전의 간접 요인일 뿐이라고 말한다.

20세기는 신화 분석의 황금시대라고 불릴 정도로 신화 연구를 위한 과학적 방법들이 쏟아져 나온다. 이 중 심리학파 또는 정신분석학파 사이에서는 신화의 기원을 심리적 현상에서 찾아보려는 시도가 이루어진다. 예를 들면 분트(Wilhelm Wundt)는 신화가 꿈이나 환상에서 나왔다고 주장하고 있고, 프로이트(Sigmund Freud)[9]는 죄악심리관념 즉 억압된 성욕(libido)의 무의식적 발로에 기인한다고 주장한다. 다만 프로이트 견해의 문제점은 그가 오이디푸스 콤플렉스나 성적 죄의식과 같은 주제에 너무 지나치게 매달리고 있으며 신화를 의식의 억압이라는 관점에서 해석하려고 했다는 점이다.

프로이트의 이론은 그의 제자 융(C.G. Jung)에 의해 크게 발전하게 되는데, 융은 스승의 심리분석 방법이 너무 좁고 부정적이며 숙명에 치우친다는 단점이 있기 때문에 새로운 학파를 창립하게 된다. 그리고 결국 원형(archetype)을 이론화시키고 개인적인 모든 것에서 분리된 누구에게나 공통적인 집단 무의식(collective unconscious)이 인간 마음속 깊이 자리하고 있다는 이론을 주장하게 된다.[10] 신화의 구성

9) 프로이트는 정신분석학(tiefenpsychologie와 psychopathalogie)이라는 새 이론을 체계화했는데, 이는 무의식 이론으로 신화를 분석하는 신기원을 예고하였다. 신화연구에 대한 주요 공헌은 이데올로기 형성이 문화 역사가 아닌 생리기능에서 비롯된다는 사실의 발견이다.

10) 다시 말해 그것은 개인적 기억 영역에 속하는 것이 아니라 인류의 정신

모티프는 바로 이 무의식 속에 내재된 심리현상이 투영되어 나오는 것이며, 이러한 모티프의 표현을 원형이라고 부른다는 것이다.

인류학파가 신화의 기원이 다양한 제의(祭儀) 의식과 밀접하게 연관되어 있다고 믿는 반면, 융은 외적 요인의 영향이 아니라 내적 심리 현상에서 신화가 창조된다고 믿고 있다. 융은 나아가 집단 무의식은 인류의 과거 경험과 신화적 상징들을 포함하고 있다고 주장한다. 꿈이 개인적인 욕망과 소망의 반영이라 한다면, 신화는 전 종족의 희망, 가치, 경외, 그리고 소망의 상징이라는 것이다.

이어서 프레이저(J. G. Frazer),[11] 헤리슨(Jane Harrison), 게넵(Arnold von Gennep), 캄벨(Joseph Campbell)이 주축이 된 제의학파(祭儀學派) 이론이 등장한다. 제의가 신화나 신학보다 먼저 발생했다고 믿는 이 학파는 신화가 제의의 구술적(口述的) 상관물이라고 주장한다. 다시 말해 번식 또는 입사 의식 시에 표현되는 것이 언어로 전환되어 신화가 된다는 것이다. 이 학파 이론은 미 대륙에 상당한 영향을 끼쳤는데, 제의적 관점에서 신화를 이해하려는 시도는 합리적인 측면이 있다고 하겠다.

신화 발생에 관한 필자의 견해를 사회 발전적 측면에서 피력해 보면 다음과 같다. 원시시대 초기에는 거의 모든 고대인들이 생존을 위한 투쟁이라는 어려움에 눌려 그들을 둘러싼 자연계에 대해 어떤

역사의 비밀에 속하는 원초적 이미지다. 그리고 집단 무의식은 객관적인 정신을, 개인적 무의식은 주관적 정신을 나타낸다. Sigmund Freud, 『Two Essays on Analytical Psychology』, tr., by R. F. C. Hull (N. Y. : Princeton University, 1977), 65쪽-66쪽 참조.

11) 프레이저는 처음에 그리스 로마신화에 심취하였다가, 후에 타일러(Tylor)의 영향을 받아 종교, 제의, 관습 등의 기원과 진화 발전에 관심을 갖고 이 분야에 많은 업적을 쌓았다. 『황금의 가지』로 번역되어 있는 『The Golden Bough』는 그의 잘 알려진 저서이다.

연결 관념을 갖지 못했을 것이다. 이후 점차 제한적이나마 유치한 관념을 가지면서 주변 세계 속에는 초자연적 존재가 있다고 상상하기 시작하면서 자연을 경외하기 시작하였을 것이다. 그리고 이 기간 중에는 자연은 인간보다 상위의 존재로서 숭배의 대상이 되었을 것이다. 융은 그의 논문 「Archaic Man」에서 자연계의 동물에 대한 미개 민족의 심리상태를 다음과 같이 묘사하고 있다.

> 그들은 결코 이세상의 주인이 아니라 오히려 그 구성 요소일 뿐이다. 예를 들어 아프리카의 원시 민족은 인간의 힘에 대한 자부심을 결코 갖고 있지 않다. 그들은 꿈에서라도 자신들을 창조주로 여기고 있지 않다. 그들의 생물학상의 분류 순서에 따르면 인간이 아닌 코끼리가 최고의 등급에 위치하고 있다. 다음으로는 사자, 비단뱀, 악어이고, 그 다음으로 인간과 저급동물의 순이다. 그들이 자연을 정복할 수 있을 것이라는 생각은 전혀 없다.[12)]

인간과 자연의 관계에 대한 고대인들의 견해를 잘 알 수 있다.

두 번째 단계에 들어서면서 고대인들은 사물을 이해하기 위한 노력을 시작했고, "우주와 인간, 그리고 동물들은 어떻게 창조되었을까?" 또는 "태양과 달과 별은 어떻게 운행되는 것일까?"와 같은 근본적인 문제에 대한 해답을 구하려고 애를 썼을 것이다.

세 번째 단계에서는 자연을 이해한 후에 그것을 정복하고 통제하려는 강한 의지가 생기면서 태양이나 홍수의 정복과 같은 영웅 신화가 출현하게 되었을 것이다.[13)] 그리고 이어서 종족 간의 갈등과 사회의 진

---

12) C. G. Jung, 『Modern Man in Search of a Soul』(San Diego: HBJ, 1933), 144쪽 참조

13) 인간과 동물의 관계로 예를 들어보자. 고대인들은 처음 가장 가까운 동물에 대해 공포와 경외를 느꼈을 것인데, 이는 인도의 뱀 숭배 풍습 등에서 나타난다. 다음 인간과 동물을 동격으로 보았을 것인데, 이는 인도네시아

보와 함께 전쟁 고사 또는 문화 관련 고사가 출현한다고 추정할 수 있다.

한편 신화 발생의 시기에 대한 견해들을 정리하면 다음과 같다. ① 동물 시기, ② 몸짓언어 시기, ③ 시적 표현 충동 시기, ④ 다신론 시기, ⑤ 범신론과 만물유령론 시기 등.

먼저 동물 시기 이론을 주창한 비그놀리(Tito Vignoli)는 신화가 인류 진화 이전인 고등동물 단계 기간 중에 출현했다고 주장하고 있고, 몸짓언어 시기 이론을 세운 처치워드(A. Churchward)는 인류가 언어를 구사하기 이전에 신호나 상징을 나타내면서 신화가 만들어졌다고 주장한다.

그리고 시적 표현 충동 시기 이론을 세운 롤레스톤(T. W. Rolleston)은 사람들이 시적 표현을 구사하여 신을 찬미하는 시기에 성직자들을 중심으로 신화가 창조되었다고 주장하고, 다신론 시기 이론을 세운 인류학자 마렛(R. R. Marett)은 신화에 등장하는 다양한 신들의 이름, 성격, 또는 개성의 다양함에 비추어 볼 때 다신론 시기 중에 신화가 만들어졌다고 주장한다.

또 범신론(animatism)과 만물유령론(animism) 시기 이론을 내세운 타일러[14]는 우주의 모든 존재들에게 신령이 거주하고 있다는 원시 만물유령론 속에서 신화가 형성되었다고 주장한다. 종교 발전과정은 크게 모든 존재물들은 다 살아 있다고 하는 범신론, 이원론적 관점에서 모든 존재를 보는 만물유령론, 그리고 의인화된 신이나 정령의 단

소수민족 무당들의 동작과 표정을 묘사하는 춤에서 나타난다. 그리고 후에는 동물에 대한 두려움이 없어지고 정복대상이 되었는데, 이는 투우 풍습에서 나타난다.

14) 타일러는 문화인류학의 창시자로서, 일찍이 인류학을 통해 종교 기원과 관련된 만물유령론 이론을 제시하였다. 이 만물유령론이 토테미즘, 다신교, 일신교로 진화한다.

계인 유신론으로 나눌 수 있다. 이 중 만물유령론, 또는 그 이전 단계인 범신론 시기에 신화가 이미 생겼다고 하는 것이 그의 주장이다.

이상 소개한 이론들 대부분은 조금씩 단점이 있다. 신화와 언어의 기원에 관해 카시러(Ernst Cassirer)의 제자 란퍼(Susanne K. Lanfer)는 다음과 같이 말한다.

> 이러한 양식 중에서 가장 오래된 두 가지는 언어와 신화인 것 같다. 양자 모두 선사시대에 출현했으며, 각각의 시대를 확정하기는 힘들지만 양자가 쌍둥이처럼 같은 시기에 발생했다고 여길 만한 증거들은 많이 있다.[15]

그녀의 견해에 따르면 신화와 언어는 같은 시기에 발생했을 가능성이 크다. 필자의 견해로도 종교사적 견지에서 만물유령론 시기 이론이 가장 합리적이라고 보며 토테미즘과 다신교 시기는 신화의 진화 시기와 관련이 있다고 본다.[16] 그러므로 신화 시기가 언어보다 앞섰다고 하는 이론은 문제점이 있어 보인다.

신화의 기원 고찰에서 고려해야 할 또 다른 문제는 신화가 과연 어디에서 발생하였는가 하는 점이다. 이에 관해서는 인도-유러피언 이론, 인도 이론, 역사지리학 이론이 있다. 첫 번째 이론은 신화는 원시 아리안들에 의해 생겨났다는 그림(J. Grimm)의 제안이지만, 현

15) Ernst Cassirer, 『Language and Myth』(N. Y.: Harper, 1946), 9쪽 참조.
16) 여기서 잠시 신화의 발생 시기와 관련하여 현대에도 신화는 존재할 수 있는가? 라는 문제를 생각해 보자. 좁은 의미에서 보면 신화는 생산력이 낮은 고대 모권제 또는 노예제시기에 성행한 후 소멸하였다고 보는데, 광의의 의미에서 보면 봉건제 시기 등 각 역사 시기마다 신화의 원형과 정신이 내포된 새로운 신화가 생길 수 있다고 볼 수 있다. 보는 시각과 관점에 따라 차이가 날 수 있다.

재는 진부한 이론으로 여겨지고 있다. 신화는 고대 인도인들에 의해 만들어져서 전 세계로 퍼져 나갔다는 벤피(Theodor Benfei)의 이론도 역사지리학파에 의해 혹독한 비판을 받는다. 크론(Kaarle Krohn), 안티(Antti), 앤더슨(Walter anderson), 톰슨(Stith Thompson)이 주축이 된 역사지리학파 학자들은 신화가 어떤 한 특정한 지역에서 발생한 것이 아니고, 그 유형에 따라 다른 역사를 갖고 있다고 말한다.

그러나 또 다른 학자들은 다음과 같은 이유 때문에 역사지리학파를 비평한다. 먼저 원형의 재건은 어떤 의미에서 불가능하고, 원형이 가장 완벽하다고 하는 가정은 잘못되었으며, 신화의 다원적 발생 가능성을 간과했다는 것이다. 사실 신화 창조의 장소가 어떤 특정한 곳이라고 결론짓기는 힘들다. 신화를 우선 다원적 기원 이론의 각도에서 살펴보고 그 후 전파의 관점에서 고찰하는 것이 타당하다고 본다.

그럼 신화는 도대체 누가 만들었을까? 융이 집단 무의식을 강조한 바대로 신화는 개인적인 생활보다는 집단의 공동생활에 근거하며 한 사람에 의해서가 아닌 민중들의 집단 인식에서 비롯된다고 볼 수 있다. 그러므로 일반적으로 신화 내용은 인간의 상상력에 기원한 반복적이고 보편적인 고사들로 구성되어 있다.

3. 신화의 변형

신화가 만들어진 이후에는 누구에 의해 전해져 내려왔을까? 고대의 역사, 사상, 문화를 담고 있는 신화를 보존하는 주체 세력은 시베리아 지역의 샤먼과 같은 고대 종교 지도자와 시인, 문인, 역사가, 철학자로 추정된다. 사실 이들은 신화를 가공하고 개조하여 원래의 신화 모습을 변형시킨 당사자이기도 하다.

예를 들면 무사들은 신화를 원시종교와 결합시켰고, 시인과 문인들은 자신들의 감정을 표현하기 위해 신화를 가공시켜 운용하였다. 역사가들은 신화를 대대적으로 편집하여 역사라는 화려한 의상으로 바꾸는 작업을 하였고, 철학자들은 도덕적 교훈과 철리를 설명하려는 목적으로 민간에 전래되고 있던 신화의 원형을 수정하여 사용하였다. 소극적 관점에서 보면 신화가 변질되고 그 원형이 파괴되는 측면이 있지만, 적극적 관점으로 보면 그들 덕분에 신화자료가 보존되어 왔다고도 할 수 있다.

현존하는 신화 기록은 원래 모습과는 사뭇 다른데, 이는 신화가 전파 과정을 거치면서 계속 변화했기 때문이다. 재미있는 사실은 이 변화 과정 중에 몇 가지 공통의 법칙이 작용하고 있다는 점이다.

첫째, 망각과 확대가 원래의 신화를 변화시킨다. 즉 고사를 전하는 사람들의 망각은 전파 과정에서 전체 고사의 내용을 감소시키는 결과를 낳고, 때로는 빠진 부분을 보충하기 위해 신화 모티프들을 확대 또는 부연하기도 한다.

둘째, 프라이(N. Frye)가 「Literature and Myth」[17]에서 지적한 대로 신화는 항상 문화적으로 깊이 뿌리 박혀 있는 종교와 관련을 맺고 성장하기 때문에 종교가 변화함에 따라 신화도 변화과정을 겪는다. 여기서 잠시 고대 종교가 신화에 앞서 출현했는지 아니면 신화가 종교보다 먼저 발생했는지 하는 문제에 관해 살펴보자. 노신(魯迅)은 "신화는 종교의 싹이다."라고 하면서 신화가 종교에 앞서 출현했다고 보고 있다.[18] 원가(袁珂)는 이와 반대로 종교가 먼저 발생했고 거기에서 신화가 비롯되었다고 주장하며, 원시 종교의 신이 나타난

17) James Thorpe 편, 『Relations of Literary Study』(George Banta, 1967), 31쪽 참조.
18) 魯迅, 『중국소설사략』(서울: 학연사, 1992), 18쪽 참조.

후 사람들이 그 신을 의인화시켜 희망과 욕망을 지닌 신들의 이야기 즉 신화로 만들었다고 설명하고 있다.[19)]

이 문제에 대해 필자는 오히려 신화와 원시 종교가 같은 시기에, 같은 사회배경 하에서 발생했다고 하는 잠명자(潛明玆) 이론[20)]이 더욱 설득력 있다고 본다. 그 이유는 신화, 종교, 철학, 과학, 그리고 역사는 고대인들의 사고 속에 서로 분리될 수 없는 통합된 의식으로 남아 있기 때문이다.

셋째, 사회조직의 변화에 따라 신화도 변화한다. 처음에는 여성이 중심이 된 신화가 출현하였다가 이후 남성 관련 고사로 바뀌는데, 이는 사회가 모권제에서 부권제로 바뀌는 데 따른 변화라고 본다.

마지막으로 사람들이 역사, 신분, 도덕 등에 대한 이해가 깊어지면서 신화 속의 비합리적 요소가 수정되고, 마침내 신화는 역사화로의 변화과정을 겪는다.[21)]

잠시 신화와 역사의 관계에 대해 생각해 볼 필요가 있다.[22)] 역사가 신화로 변화한 것일까? 아니면 신화가 역사로 변화한 것일까? 이에 대해 유헤메루스(Euhemerus)나 아우구스틴(Augustine) 같은 고대 학자들은 신화는 역사의 변용이고 그 속의 신들은 실제 역사인물들이라고 주장한 바 있다.[23)] 하지만 역사의 신화화는 단지 몇 가지 경우에 한해 적용될 수 있을 뿐 일반적으로는 신화의 역사화가 지배적이

19) 袁珂 저, 전인초 · 김선자 역, 『중국신화전설I』(서울: 민음사, 1992), 50쪽-57쪽 참조.
20) 田兵編, 『中國少數民族神話論文集』(廣西: 廣西民族出版社, 1984), 27쪽-51쪽 참조.
21) 신화는 사실적(寫實的)이며 반복적으로 재현이 가능한 역사이고, 역사란 사실적(史實的)이며 일회적인 것이라고 구분 지을 수 있다.
22) 신화는 믿는 사람들에게는 진실이고 또 진실로서 전승되지만 실제로 일어난 사실을 의미하지 않는다는 점에서 역사와 차이가 있다.
23) 林惠祥, 『神話論』, 5쪽 참조.

다. 엘리아데의 "우리는 전사들이 영웅을 모방하고 이러한 전형적 모델에 가급적 가까이 접근하려 한다는 것을 보아 왔다"[24]라는 말처럼 역사인물들은 전형적 모델, 또는 신화 영웅과 같이 행동하려고 노력해 왔던 사실을 보면 알 수 있다.

4. 신화의 특징

신화의 특징에 관해서는 여러 각도에서 살펴볼 수 있는데,[25] 여기서는 신화와 언어, 전설 및 민담과의 관계성, 보편 모티프 탐색을 통해 신화의 일반적 특징을 살펴보도록 한다.

1) 신화와 언어

먼저 신화를 언어와 접목하여 고찰한 구조 인류학자 레비-스트로스(Claude Levi-strauss)의 견해를 살펴보자. 그는 서로 다른 지역에서 수집한 신화들을 조사한 결과, 신화들 간에 놀랍게도 어떤 유사성이 존재하고 있다는 점을 발견한다. 그리고 이에 착안하여 좀 더 심도 있는 의문, 즉 "신화의 내용이 서로 독립적이고 우연적으로 출현했다고 한다면, 모든 신화가 전 세계에 걸쳐 유사하다고 하는 사실을

24) Mircea Eliade, 『The Myth of Eternal Return』, 37쪽 참조.
25) 임혜상(林惠祥)은『神話論』(2쪽)에서 세계 각 민족의 신화가 주제와 형상 면에서 공통점이 있으며, 그 공통의 특징을 전승적(traditional), 서술적(narrative), 실제적(substantially true), 설명적(aetiological), 인격화(personification)로 분류하였다. 담달선(譚達先)은『中國神話研究』(臺北: 木鐸, 1983) 104쪽-125쪽에서 신화의 예술적 특징을 다음 세 가지로 서술하였다. 첫째, 상상과 환상이 풍부하고 신기하고 다양하면서도 소박하고 진실하고 생동감이 있다. 둘째, 고사성이 강하고 낭만주의적 구성을 띄고 있다. 셋째, 주인공의 성격이 선명하고 그 능력 또한 비범하다.

어떻게 합리화할 수 있는가?"라는 문제 제기를 한다.

그리고 그는 언어학적 탐구 방법에 적용되는 논리(logic)에 근거하여 신화 속에서 공통적 특징을 찾으려는 시도를 하였고, 결국 신화가 살아 숨 쉬는 가치를 갖게 되는 이유는 신화 표현 속의 특별한 패턴과 구조가 시간을 초월하여 과거, 현재, 미래에 걸쳐 항구적으로 존재하기 때문이라고 주장하게 된다.26)

그는 또 언어의 구조적 측면인 랑그(langue)와 통계적 측면인 파롤(parole) 사이의 구별을 밝힌 소쉬르(Saussure)의 구조언어학 이론을 채택하였는데, 여기서 랑그는 되돌아갈 수 있는 시간에 속하며 언어의 시스템, 방식(법칙, 규범, 규정)의 시스템을 말하고, 파롤은 되돌아갈 수 없는 시간에 속하며 랑그에 의해 가능해진 실제 담화 행위를 가리킨다.27)

레비-스트로스는 이 이론을 신화 연구에 적용하여 신화도 이러한 양면적 시스템을 내포하고 있음을 밝힌다. 언어 구조로부터 생성된 법칙이 신화에도 적용될 수 있다는 것이다. 이처럼 신화를 언어와의 관계성 속에서 살펴볼 때 신화는 언어와 마찬가지로 인류문화의 공통적 원류라는 특징을 내포하고 있음을 알 수 있다.

2) 신화와 전설, 민담

이제 전설, 민담과의 관계 속에서 신화의 특징을 살펴보자. 사실 신화를 전설이나 민담과 구분 짓는다는 것은 쉽지 않다. 한 신화 속에 세 가지의 특성이 모두 구비되어 있는 경우도 있기 때문이다.28)

26) Claude Levi-strauss, 「The Structural Study of Myth」 [Thoman A. Sebeok 편, 『Myth: A Symposium』(Bloomington: Indiana University, 1965), 83쪽-85쪽에 실림] 참조.

27) Philip Rice, Patricia Waugh 편, 『Modern Literary Theory』(London: Edward Arnold, 1990), 7쪽 참조.

28) 신화와 전설 모두 인간의 능력을 초월한 기적을 다루고 있고, 고대인들은

개괄적으로 말한다면 신화는 우선 사실적이고 신성한 것으로 간주되며 신성하게 여겨지지 않는 고사는 신화가 될 수 없다. 신화의 존엄과 신성성은 알로부터의 출생, 버림, 동물의 보호, 시련의 극복, 그리고 궁극적인 승리와 같은 고귀한 행위 속에서 구현된다. 신화의 신성성이 일단 깨어지면 그 이야기는 더 이상 신화가 아닌 것이다. 중국 신화의 경우 원래의 신화가 한대 신선고사(神仙故事)와 육조 지괴고사(志怪故事)로 점차 변형되어 간 것이 바로 대표적인 예이다. 반면 전설은 신성성이 결여되었지만 사실로서 간주되는 이야기이고, 민담은 오락과 여흥을 위해 존재하기 때문에 사실도 아니고 신성하게 여겨지지도 않는다.

신화는 인간과 동식물, 자연계가 서로 분리되어 따로 존재하거나 신분상 차이가 있지 않으며, 동등한 신분을 갖고 있다는 고대인의 관념에서 출발한 이야기이다. 반인반수의 모습, 동물의 인격화, 인간의 동물로의 변형 또는 환생과 같은 신화 내용은 우리에겐 기이한 고사로 보이지만 그들에게는 당연한 사실로서 신성하게 여겨졌던 것이다.

또한 신화 속의 주인공은 위대한 능력을 소유한 신이나 신성한 인물인 반면 전설과 민담의 주인공은 그들의 운명에 도전하고 많은 시련을 극복해야만 하는 보통의 인간이다. 다시 말해 신화는 신의 의인화이고 전설은 인간의 신격화인 셈이다.[29)]

실제로 그러한 행위가 사실이라고 믿고 있기 때문에 통상적으로 전설을 신화와 혼칭한다고 모순(矛盾)은 말하고 있다. 矛盾, 『神話硏究』(天津: 百花文藝出版社, 1982), 4쪽 참조.

29) 노신(魯迅)의 주장에 따르면 신화는 신격(神格)이 중심이 되고, 이후 신화가 발달함에 따라 그 중심이 점차 인성에 가까워지게 되는데 이를 서술한 것이 전설이며, 전설의 주인공은 신성을 가진 사람 또는 고대영웅이라는

신화는 천지개벽과 함께 출현하며 그 배경이 중국 신화의 곤륜산이나 그리스 신화의 올림푸스처럼 신성한 장소에서 이루어지는 반면, 전설은 구체적 시간과 장소를 설정하기는 하나 반드시 신성하지는 않으며, 민담은 구체적 시간과 장소가 설정되어 있지 않다.

최인학은 신화가 일회적 태초의 창조 발생에 관한 사건을 서술하며 신화적 진실을 강조하는 데 비해 전설은 태초가 아닌 중간시기의 어떤 특정인물, 구체적 장소를 설명하며 역사적 사실에 접근하고 있고, 민담은 여러 번 발생 가능한 전형적 사건을 묘사하고 있다고 주장한다.[30]

신화는 특히 엘리아데가 말한 바와 같이 식생활, 성생활, 노동, 교육 등 모든 종류의 행위를 제어하는 규정을 세우는 기능을 담당함으로써 사회적 규범을 조절하는 역할을 하고 전 민족에게 자부심을 주입시키는 반면, 전설은 특정 지역 내에서 지역적 애향심을 불러일으키는 역할을 한다.

3) 신화의 보편 모티프

세계 각국의 신화에 나타나는 가장 보편적이고 공통적인 모티프는 과연 무엇일까? 신화는 내용에 따라 세계창조 신화, 건국 신화, 신의 탄생 신화, 인류 기원 신화, 태양, 별, 바람, 천둥 등 자연현상과 관련된 신화, 홍수 신화, 죽음에 관한 신화, 재생 신화, 제의 관련 신화, 영웅 탐색 신화 등 여러 유형으로 분류된다.

이 중에서 세계적인 보편 모티프를 하나 선택한다고 하면 죽음과 재생 모티프를 들 수 있다. 죽음과 재생은 수많은 종교들이 끊임없이

것이다. 魯迅, 『中國小說史略』, 18쪽-19쪽 참조.

30) 김동욱 · 최인학 외 공저, 『한국민속학』(서울: 새문사, 1995), 326쪽-327쪽 참조.

탐구해 온 큰 주제이면서 신화의 주제이기도 하다. 이와 관련하여 카시르는 죽음의 원인을 규명하는 것은 인류에 의해 제기되어 온 가장 초기의 그리고 가장 진지한 문제들 중 하나라고 지적한 바 있다.

일반적으로 죽음이란 생명의 끝이라고 간주되기 쉽다. 하지만 고대인들은 사계절의 순환, 낮과 밤의 주기적 반복 등을 지켜보면서 죽음을 재생의 추진력으로 보는 긍정적 시각을 가졌을 것이다. 고대인들의 관념에서 보면 죽음은 생명의 끝이 아니라 재생의 과정이라고 한 타일러의 견해는 참고할 만하다.[31]

이러한 고대인의 사고는 신화 모티프에서 재현된다. 예를 들면 중국문학에서 양산박(梁山泊)이 사후에 그의 별자리 위치로 돌아가고, 악비(岳飛)가 죽임을 당한 후 원래 모습인 커다란 봉황으로 복원된다. 사후에 새로 변형되거나 하늘로 올라가는 것도 전 세계적으로 널리 퍼져 있는 신화 모티프이다.[32] 고대인의 생명관이 불법의 윤회 및 영원한 생명관과 유사하다는 것은 흥미로운 대목이다.

신화에 대한 해석을 재정리해 보면 다음과 같다. 신화는 단지 꾸며낸 이야기나 소설이 아니라 고대인들이 신성시했던 신에 관한 진실한 고사이다. 신화는 자연 현상에 대한 두려움, 이해, 그리고 극복의 과정 속에서 발생하였고 원형이라 불리는 고대인들의 집단 무의식에서 출현하였다. 신화 창조는 제의와도 관련이 있으며 대략 만물유령론이 광범위하게 퍼진 시점에 만들어진 것으로 파악된다. 신화는 주로 샤먼과 같은 종교 지도자에 의해 보존되어 왔고, 그 후 종교,

31) 자세한 내용은 E. B. Tylor, 『Primitive Culture』(London: J. Murray, 1920), chapxl. 417쪽-502쪽 참조.

32) 인간의 정신이 사후에 새로 변형되는 신화에 관해서는 프레이저의 『The Golden Bough』(N. Y. : Macmillan, 1958), 제18장에 많은 예들이 나와 있다.

관념, 제도 등이 변화하면서 신화도 역사사건 또는 문학으로 변화과정을 기도한다. 신화는 전 인류의 공통적 심리상태에서 나오며 문학의 원류로서의 역할을 하기도 한다. 그리고 죽음과 재생 모티프는 신화의 보편적 주제 중 하나라고 할 수 있다.

4) 신화와 문학

일반적으로 신화(myth)는 고대의 전통적인 이야기나 초월적 존재에 관한 전설 고사라고 정의 내릴 수 있다. 신화의 희랍 어원인 '뮈토스(muthos)'가 넓은 의미에서 진술, 이야기, 또는 연극 구성을 포함하는 구술 고사라는 점[33]에서 보면 신화 자체는 구전문학 범주에 속한다. 그리고 구전 신화는 시간이 흐르면서 문자 형태로 정착되고, 신앙적 요소가 사라지면서 새로운 형태의 문학으로 발전한다.

신화와 문학의 관계에 대해 체이스(Richard Chase)는 신화는 문학이며 인간의 상상력의 심미적 창조라고 말한 바 있고, 프라이(N. Frye)는 그의 글 「Literature and Myth」에서 인간의 곤경에 대한 신화적 설명은 아이러니 문학이 되고 신과 인간의 분리라는 신화적 감각은 비극의 문학이 되며 영웅의 모험에 관한 신화는 공상 문학이 된다는 등 구체적인 예를 들어 신화와 문학의 관계를 규명한 바 있다. 빅커리(John B. Vickery) 또한 다음과 같이 구체적인 주장을 하고 있다.

> 신화는 일종의 모형(母型)을 형성하는데, 문학은 바로 그 모형으로부터 사실적(史實的)으로 그리고 심리적으로 출현하게 된다. 그러므로 문학적 구성, 인물, 주제 및 이미지들은 기본적으로 신화와 민담의 유사한 요소들의 복합이나 전이인 것이다.

33) G. S. Kirk, 『Myth』(London: Cambridge, 1978), 8쪽 참조.

> Myth forms the matrix out of which literature emerges both historically and psychologically. As a result, literary plots, characters, themes, and images are basically complications and displacement of similar elements in myths and folk-tales.[34)]

신화는 결국 이야기 형태의 문학적 특징을 갖고 있는 민간문학이며, 후대 문학은 신화라는 모체이자 원형(原型)을 상속받아 확장・진보한 것이다. 그래서 문학은 문명화되고 개발된 신화라는 말이 나오기도 한다. 신화 속에는 고대인의 세계관과 더불어 문학성을 내포하고 있기 때문에 신화에 대한 연구 없이는 고전문학 사상이나 작품의 이해가 어려운 것이다.

신화와 문학의 밀접한 관계는 세계 각국에 공통적으로 나타나는 현상인데, 그 중 그리스 로마 신화가 후대 문학에 끼친 영향을 예로 들어보자. 밀톤(John Milton)[35)]의 『코머스』에는 페르세우스와 메두사 신화 고사가 다음과 같이 반영되고 있다.

> 저 뱀의 머리를 한 고르곤 방패란 무엇이었을까,
> 현명한 아테나, 저 정복되지 않는 처녀 신이 가지고 있던
> 그리고 그것에 의해 그녀의 적을 얼려 돌로 만들었다는 저 방패란.

여기서 신화가 후대문학에 어떻게 영향을 미치는지를 정리해보자. 내용 면에서 보면 신화는 깊이 있는 사고를 내포하면서, 자연과의 강한 투쟁 의지, 민중을 위해 폐해를 제거하는 용감한 희생정신과

34) John B. Vickery 편저, 『Myth and Literature』(Nebraska: University of Nebraska, 1966), 9쪽 참조.

35) 밀톤(1608-1674)은 영국의 시인으로 유명한 작품 『실낙원(Paradise Lost)』을 남기고 있다.

고상한 정절, 불굴의 반항정신 등 많은 전형 이미지를 창조해 내었다. 이러한 낙관주의 정신과 이미지는 사상적 전통을 조성하며 후대 문학에 영향을 미친다. 예술 면에서 보면 신화의 적극적 낭만주의 창작방법과 풍부한 환상, 열정과 기백, 그리고 대담한 과장과 진취적 정신이 후대 낭만주의 문학에 영향을 미친다.

이 밖에 신화 고사의 줄거리 채용, 작풍을 학습, 원작을 개편하는 방법으로 신화 소재를 활용하는데, 특히 주목할 만한 것은 신화의 영웅주의, 강렬하고 적극적인 현실개혁 의지, 아름다운 생활을 추구하는 염원 등이 후세의 진보적인 문인들의 작품 속에서 구현되고 있다.

신화의 어원은 넓은 의미에서의 고사라고 위에서 언급하였다. 신화의 이러한 서사문학적 구성 형식은 바로 소설의 형식과 발생론적으로 부합한다. 실제로 소설과 신화의 관계는 역사적으로 오랠 뿐 아니라 소설이 신화의 영향으로부터 완전히 벗어난 적이 거의 없다. 또한 신화는 소설 작법과 소재를 제공하기 때문에 신화가 발달하지 않았다면 소설도 발달할 수 없었을 것이다.

신화와 소설의 밀접한 영향 관계에 대해 엘리아데(Mircea Eliade)는 「The Myth of the Modern World」에서 다음과 같이 상술하고 있다.

> 신화의 원형이 소설 작품들에 어느 정도 남아 있다는 사실을 일단 상기해 보자. 소설 속의 영웅들이 겪어야 했던 고난과 시련이 신화 영웅들의 모험 속에 이미 묘사되어 있다. 원초의 물, 홀리 그레일의 탐색, 영웅적 그리고 신비적인 입문 등에 관한 신화적 주제들이 어떻게 현대 유럽문학에 여전히 지배적으로 등장하는지를 보여주는 것 또한 가능한 일이다. 아주 최근에도 우리는 초현실주의에서 신화적 주제와 원초적 상징들이 엄청나게 분출되고 있음을 보아 왔다…… 얼마나 많은 서정시인들이 신화를 새롭게 하고 지

속시켜 가는지를 우리가 상기할 필요가 있을까?

> Let us merely recall the fact that the mythical archetypes survive to some degree in the great novels. The difficulties and trials that the novelist's hero has to pass through are prefigured in the adventures of the mythic heroes. It has been possible also to show how the mythic themes of the primordial waters, of the quest of the Holy Grail, of heroic and mystical initiation, etc. still dominate modern European literature. Quite recently we have seen, in surrealism, a prodigious outburst of mythical themes and primordial symbols...... Need we recall how much lyric poetry renews and continues the myths?[36)]

노신·곽잠일·담정벽과 같은 중국의 대표적인 학자들도 신화는 소설의 원류이며 후대 소설 창작에 영향을 미친다고 주장한다.[37)] 그리고 후대 소설에의 영향을 창조, 홍수, 비극영웅, 기원 탐색, 감생, 문화영웅 모티프 등으로 나누어 구체적으로 관계성을 탐구하고 있다.

우리나라의 경우 신화적 재생 모티프를 수용한 「심청전」 소설에 관한 논문 등에서 신화와 소설의 밀접한 관계가 드러나고 있다. 한무숙의 『돌』, 고전소설인 『옹고집전』, 강경애의 『인간문제』, 오영수의 『수변』, 장웅탁의 『전설』 등 현대 소설에서도 각각 금기를 어겨 여인이 돌이 되는 장자못 고사와 아사달과 아사녀의 무영탑(無影塔) 고사 소재를 변용하고 있다. 또한 단편소설 『배따라기』 작품은 동생이 형을 찾아나서는 탐색영웅 모티프의 영향을 받은 작품으로 해석된다.[38)]

36) Mircea Eliade 저, Philip Mairet 역, 『Myths, Dreams, and Mysteries』 (N.Y. : Harper, 1960), 35쪽-36쪽에서 인용.
37) 전인초, 『중국고대소설사』(서울: 신아사, 1992), 58쪽-65쪽 참조.
38) 한국신화의 후대 문학에의 영향에 관한 연구로는 성기열의 『한국구비전승의 연구』(서울: 일조각, 1976) 등이 있다.

후대 소설가들은 신화를 소설 소재로 삼아 기교 운용상의 도구나 사상의 비유, 사회 고발 등 은유(metaphor)의 도구로 삼기도 하며, 작품 전체의 구성형식을 빌리기도 한다. 그러면서 신화의 기능은 상실하지만 소설로서의 작품성은 꽃을 발한다. 중국 소설은 특히 신화의 의식형태 즉 풍부한 상상력과 자연정복의 낭만주의 정신, 그리고 기이한 제재 등의 영향을 크게 받았다고 평가된다. 신화고사는 허구적이기는 하지만 그 속에 고대인들의 세계관이 형상화되어 있고 문학성도 내포되어 있기 때문에 이에 대한 연구 없이는 문학작품의 사상이나 형성과정에 대하여 알기가 쉽지 않은 것이다.

제2장
중국 신화의 특징과 유형

1. 중국 신화의 특징

중국 신화는 그리스 로마 신화에 비해 신화의 원시적 자료가 부족하고 단편적 자료가 여러 문헌에 흩어져 있으며, 신화 인물들에 대한 묘사가 너무 단순하거나 불분명하고 때로는 그들의 성격과 성별조차 확실하지 않다는 점이 특징이다. 그리고 신화 발생 이후에는 후대로 갈수록 그 발전을 멈추고 점차 변형화, 역사화, 퇴화의 과정을 밟는다는 점도 눈에 띈다.

그 원인에 대해 노신은 다음과 같이 분석하고 있다.[39] 첫째, 황하 유역에 거주하면서 자연의 혜택을 별로 받지 못했던 고대 중국인들은 자연히 실질을 숭상하고 상상의 세계를 멀리 하였기 때문에 옛 전설을 집대성하기가 불가능하였다. 둘째, 공자 이후 수신제가치국평천하(修身齊家治國平天下)의 실용적 교훈을 중시하여 황당하고 괴상한 귀신 이야기는 입에 올리기를 꺼렸으며, 이러한 유가사상의

39) 魯迅 저, 정범진 역, 『中國小說史略』(서울: 학연사, 1992), 25쪽-26쪽 참조

전통 위에서 신화는 빛을 보지 못했다. 셋째, 신(神)과 귀(鬼)의 구분이 모호하여 인간과 신이 뒤섞이면서 전에 있었던 것은 사라져 버리고 새로 나오는 것도 그다지 특출한 것이 없게 되었다.

엽경병(葉慶炳)도 중국 그 이유는 지리적인 환경과 유가철학이 신화의 형성과 보존에 부정적인 영향을 미쳤기 때문이라고 지적하고 있다.[40] 신화학자인 모순(茅盾)과 원가(袁珂)는 신화의 역사화(euhemerization)[41]를 그 이유 중 하나로 지적하고 있다.[42] 즉 역사가와 유가학파들에 의해 신화 속의 신들이 실제 역사인물로 변형되고 신화적 사건이 합리화되었다는 것이다. 종경문(鍾敬文)은 도가학파들이 단지 자신들의 철학적 효과와 비유를 위해 신화를 도용하였기 때문에 중국 신화의 퇴화를 가져왔다고 지적하고 있다.[43]

예를 들면 『한비자(韓非子)』에는 공자의 역사화 작업에 관한 일화가 있다. 중국 신화에 발이 한 개뿐인 종규(鍾馗)라는 기이한 존재가 있는데, 이에 대해 노나라 왕이 "종규는 발이 하나(一足)라고 들었는데 정말로 그런가?"라고 묻는다. 이에 공자는 "종규는 사람인데 어찌 발이 한 개이겠습니까?"라고 말한 뒤 종규의 주군인 순임금이 그의 음악적 재능에 감탄하여 종규와 같은 사람이면 하나라도 족하다(一

40) 葉慶炳, 『中國文學史(上)』(臺北: 學生書局, 1982), 33쪽 참조.
41) 예를 들면 신화 속에서 황제(黃帝)는 얼굴이 네 개였는데, 공자는 그것을 황제가 네 사람을 각각 사방으로 보내어 세상을 다스렸다고 교묘하게 해석하고 있다. 『웹스터 사전』에 의하면 이 단어는 신화상의 신들이 원래는 역사 인물이었는데, 신화와 전설에서 역사적 사건을 미화하여 해석한 것으로 정의하고 있다. 하지만 중국 신화학자들은 이 단어를 신화의 역사화라는 정반대 과정으로 보고 있다.
42) 茅盾, 『神話研究』(天津: 百花文藝出版社, 1982), 130쪽 참조. 또한 袁珂 저, 전인초 · 김선자 공역, 『중국신화전설I』(서울: 민음사, 1992), 59쪽 참조.
43) 鍾敬文, 『民間文學概論』 (上海: 上海文藝, 1984), 170쪽 참조.

而足)라고 말하였는데, 후에 잘못 전해져서 종규의 발이 하나라는 의미로 와전되었다고 설명했다고 한다.44) 이처럼 유가와 도가 사상은 초자연적 사실을 합리적인 용어로 해석하려 했는데, 이러한 경향성이 초기 중국신화의 보존에 상당한 타격을 입혔다는 것이다.

현존하는 중국 신화는 그리스 로마 신화의 일관성 있는 체계와는 달리 서로 연관성이 별로 없는 단편적인 신화고사들로 구성되어 있고 그 기원도 다르다는 점도 특징적이다.45) 중국 신화는 그리스 신화에 나오는 신국 최고의 통치자 제우스(Zeus)와 같은 초월적 존재에 해당하는 '제(帝)'가 일원적 통일 체계 속에 존재하고 있지 않고, 황제(黃帝), 제준(帝俊), 염제(炎帝), 소호(少昊) 등 총 12명의 제가 각기 다른 계통과 다른 신국의 우두머리로서 자리하고 있다. 보드(Derk Bodde)가 지적한 대로 중국신화에는 개별 신화들은 있지만 체계화된 신화가 없다.46)

이러한 현상이 나타나는 까닭은 바로 중국 상고시대는 단일민족의 획일적 단원문화가 아니라 다민족이 다양한 문화를 꽃피우며 다원문화 체계를 형성하고 있었기 때문이다. 중국 신화 중 황제와 염제

44) 이 밖에 필원은 『산해경』「해외북경」의 "공공의 신하 상류의 머리가 아홉(共工之臣曰相柳, 九首)"이라는 구절을 아홉 사람으로 해석했으며, 곽박은 『산해경』「대황남경」의 "희화는 제준의 처로 열 개의 태양을 낳았다.(羲和者, 帝俊之妻, 生十日.)"라는 구절을 열 명의 아들을 낳았다고 해석하고 있다.

45) 창조 신화를 예로 들면 중국에는 거인 반고(盤古)의 자연발생적 천지창조와 시체화생(屍體化生)의 인류창조가 있고, 이와는 별도로 창조주로서의 여신인 여와(女媧)의 인류창조가 있다.

46) Derk Bodde, 「Myths of Ancient China」 [Samuel Noah Krama 편, 『Mythologies of the Ancient World』(N. Y. : Doubleday & Company, 1961), 370쪽에 실림] 참조.

간, 황제와 치우 간, 그리고 전욱과 공공 간의 싸움 등 전쟁 고사와 전쟁 영웅에 관한 이야기가 심심치 않게 보이는 것 역시 각 민족 간의 접촉과 투쟁의 빈도가 높았다는 사실을 반증한다.

신화는 내용면에서 대체적으로 자연과 문화 질서의 창조와 유지, 그것에 대한 파괴와 도전, 자애로운 신들에 의한 자기희생, 인류의 복지를 위한 신화적 문화 영웅과 같은 주제들을 다루고 있다. 중국 신전(pantheon)의 신들은 대부분 자연의 신격화 및 의인화된 인물, 부족의 시조신, 그리고 고대 문화 영웅들로 구성되어 있다.

아울러 신화 인물들은 육체적 특색이 분명하게 묘사되고 있다. 즉 인간 형태, 동물 형태, 반인반수(半人半獸) 형태, 여러 동물들의 결합 형태 등 네 가지 형태 중에서 반인반수 형태를 대부분 갖고 있다. 반고(盤古)의 개머리와 사람 몸의 형태, 여와와 복희(伏羲)의 사람 얼굴에 뱀이나 용의 몸을 가진 형태, 염제의 사람 몸과 소머리의 형태, 제준의 사람 몸과 새머리의 형태, 서왕모(西王母)의 표범 꼬리와 범 이빨을 한 사람 모습의 형태 등 그 예는 수도 없이 많다.

사상면에서는 식양을 훔친 곤, 우, 과보, 형천, 정위, 우공 등의 고사에서 보듯 절대 굴하지 않는 불굴의 정신이 담겨 있고, 폭군의 전제에 대한 반항의식과 노동의 신성성도 강조되어 있다. 다만 사랑, 지혜, 기쁨, 운명, 질투의 신 같은 개념적 신들이 상대적으로 부족하다는 점이 눈에 띈다.

2. 연구 자료 및 현황

중국 신화자료는 문헌 신화자료와 구전 신화자료로 나뉜다. 전자는 여러 전적에 흩어져 있고 후자는 묘족(苗族), 여족(黎族), 요족(瑤

族), 포농족(布農族) 등 중국 남서부 등에 거주하는 소수민족 사이에 전해지고 있는 고사 및 샤먼들의 무가(巫歌)에서 찾아볼 수 있다.

대표적인 문헌자료로는 중국신화의 원시자료를 가장 많이 보존하고 있는 『산해경』[47]을 들 수 있다. 『산해경』에 등장하는 신들은 비교적 기이하고 때로는 무시무시하다. 후에 변형과정을 겪으면서 아름다운 신선으로 바뀐 서왕모(西王母)도 『산해경』에서는 남자도 여자도 아닌 흉악한 반인반수의 모습으로 등장한다. 『사기』, 『박물지』에서는 행운의 징조로 바뀌게 된 만만(蠻蠻)이라는 새는 『산해경』「서산경」에서는 "생김새가 물오리 같고 날개와 눈이 각각 하나로 상대와 합쳐져야 날 수 있고, 이것이 나타나면 천하에 홍수가 발생한다." 고 하는 불길한 동물로 묘사되어 있다.[48] 이 밖에 제준, 황제, 염제, 전욱, 곤, 우 등은 『산해경』 속에서 여전히 신화적 인물이며 그들의 가계나 혈통도 확정되지 않은 상태다.

장광직(張光直)은 동주(東周) 이후에야 제(帝)의 관념이 신격체에서 인간으로 바뀌었다고 주장한다.[49] 이 점에 비추어 『산해경』은 그야말로 중국신화의 원시적 면모를 잘 보존하고 있는 제1차적 자료임에 틀림없다. 아울러 『산해경』 기록에는 모계사회의 신격체 영웅의

47) 총 31,000여 자로 구성된 『산해경』 18권은 하우와 백익의 작품으로 전해지고 있지만 실제로는 초 지방을 중심으로 한 여러 명의 무명씨가 지은 책으로, 한 시대의 저술이 아니라 대략 전국시대 중기에서 한대 초기에 걸쳐 만들어진 것으로 보인다. 拙稿, 「山海經神話硏究」(國立臺灣師範大學 碩士論文, 1986), 29쪽-38쪽 참조.

48) 『사기』에는 이 새가 요, 순과 같은 덕왕이 세상을 재결합할 때만 나타나는 행운의 징조라고 묘사되어 있고, 『박물지』에는 망이라고 불리는 이 새는 발과 날개, 그리고 눈이 각각 한 개로서, 이 새를 한 번 타면 1,000년을 산다고 기록되어 있다.

49) 張光直, 『中國青銅時代』(臺北: 聯經, 1983), 288쪽 참조.

잔재가 적지 않게 남아 있다. 「대황경」에 나오는 여와의 장이 신들로 화한다는 내용이 그 한 예이다. 『산해경』 신화는 다른 기록과 비교해 볼 때 그 원형을 잘 간직하고 있으며, 『초사(楚辭)』의 문학적 신화나 『좌전(佐傳)』, 『국어(國語)』의 역사적 신화, 또는 『장자(莊子)』의 철학적 신화보다 원형을 더 잘 간직하고 있다고 할 수 있다.

『산해경』 내용을 보게 되면 역사, 지리, 지질, 천문, 해양, 의약, 동식물, 광물, 철학, 종교, 민속, 민족 등 그 범위가 넓지만, 신화에 관한 자료가 많기 때문에 신화서로 불리기도 한다. 이 책은 이미 초(楚) 지방 무사들 사이에 전해져 내려오던 무서(巫書)로 판명이 났으며,[50] 동이계 신화자료가 특히 많이 남아 있다.

다음으로 신화소설인 『목천자전』, 도가적 색채가 가미된 『회남자(淮南子)』, 철학적 의미가 함축된 『열자(列子)』 등에 신화자료가 많이 보존되어 있다. 이와 함께 시사(詩辭) 문학서로 분류될 수 있는 『시경(詩經)』과 『초사』(그 중에서도 「구가」, 「천문」, 「이소」), 그리고 신선지괴소설인 『수신기(搜神記)』와 『열선전(列仙傳)』, 『신선전(神仙傳)』에도 적지 않은 신화자료가 수록되어 있고, 자부(子部)에 속하는 『장자』, 『맹자(孟子)』, 『순자(荀子)』, 『묵자(墨子)』, 『한비자(韓非子)』, 『여씨춘추(呂氏春秋)』 등에도 약간의 신화 관련 기록이 남아 있다.

역사서인 『상서(尙書)』, 『좌전』, 『국어』 등에서도 신화자료의 일부를 정리해 낼 수 있으며, 송대에 편찬된 『태평어람(太平御覽)』과 『태평광기(太平廣記)』에는 야사와 필기소설이 주로 수록되어 있는데, 그 중 여와 고사와 황제 고사 등 신화자료도 일부 포함되어 있다. 이들 현존 문헌들은 중국 신화 연구에 귀중한 자료가 된다.

50) 노신(魯迅)의 『中國小說史略』, 13쪽과 원가(袁珂)의 『神話論文集』(臺北: 漢京, 1987), 25쪽 참조.

다만 후한 말에서 육조에 걸치는 기간 동안 도가 등의 영향으로 중국 고대 신화는 신선지괴고사의 형태로 변한다. 어떤 학자는 이를 신화의 소실과정으로 간주하고, 어떤 학자는 신화 자체의 자연적 변화과정으로 보고 있는데, 어쨌든 이러한 고사들은 중국 신화의 원시자료로 보기에는 무리가 따르고 다만 제2차적 자료로서 활용하는 것은 가능하다고 하겠다.

공자가 괴력난신(怪力亂神)은 멀리한다는 뜻에 따라 신화는 그 동안 중국에서 경시되어 왔다. 그러다가 1900년대 이후 서양의 신화학 이론이 소개되면서 중국학자들도 서서히 자신들의 신화에 대해 관심을 갖고 관련 자료들을 정리, 분석하기 시작하였다.[51)]

먼저 양계초(梁啓超)가 1902년 『음빙실문집(飮冰室文集)』 제14권에서 「지리여문명지관계(地理與文明之關係)」라는 논문을 발표하고, 이듬해인 1903년 관운(觀雲)이 「신화역사양성지인물(神話歷史養成之人物)」을 발표하였으며, 1923년 노신이 『중국소설사략』에서 「신화여전설(神話與傳說)」이라는 글을 내면서 중국신화 연구의 서막이 열리게 된다. 이 기간 중 왕국유(王國維), 유사배(劉師培), 전목(錢穆), 곽말약(郭沫若) 등 학자들의 논문들도 눈에 띄는 업적으로 평가된다.

하지만 중국 신화에 대한 본격적인 연구는 1925년 중국 신화학의 시금석이라 할 수 있는 『중국신화연구(中國神話研究)』를 출간한 모순(矛盾)으로부터 시작된다. 그는 여기서 처음으로 서양의 신화 관점과 이론을 중국신화에 적용하여 부분적으로 흩어져 있는 신화자

---

51) 1900년대 이후 중국신화에 관한 연구성과에 대해서는 馬昌儀編, 『中國神話學文論選萃』(北京: 中國廣播電視出版社, 1994), 下卷 870쪽-903쪽, 『中國古典小說研究專輯』(臺北: 聯經, 1979), 제1권, 263쪽-274쪽, 제6권, 359쪽-399쪽에 걸쳐 자세히 소개되어 있다.

료들을 체계화한다.

이후 종경문(鍾敬文)의 「약론중국적신화(略論中國的神話)」, 「중국신화지문화사가치(中國神話之文化史價值)」 등은 중국 신화학의 전환점이 되었고, 그와 더불어 오함(吳晗), 정덕곤(鄭德坤), 용조조(容肇祖) 등은 『산해경』 신화를 본격적으로 다루는 글들을 발표한다. 또한 고힐강(顧頡剛)과 문일다(聞一多)는 각각 『맹강녀고사연구집(孟姜女故事硏究集)』과 『신화여시(神話與詩)』를 발표하면서 중국 신화자료의 수집에 상당한 공헌을 한다.

20년대 이후 일본 군국주의에 저항하던 40년대까지 중국 신화 연구는 크게 발전하는데 새로운 민족학적 유물의 발견이라는 배경에 힘입은 바 크다고 하겠다. 이 기간 중 이상에서 소개한 학자들 외에 호적(胡適), 조경심(趙景深), 소설림(蘇雪林), 서욱생(徐旭生), 양관(楊寬), 임혜상(林惠祥), 진몽가(陳夢家), 손작운(孫作雲), 능순성(凌純聲) 등이 비교적 활발한 연구 활동을 펼쳤다.

40년대 이후 약 20년간은 신화 연구의 공백기라 할 정도로 업적이 미비하다가, 60년대 이후 중국 신화학은 다시 융성 일로를 걷는다. 대표적 신화학자로는 원가(袁珂)를 들 수 있는데, 그는 평생 중국 신화 연구에 헌신하면서 많은 저서와 논문을 발표하였다.

그 중 67가지 고사를 포함하고 있는 『신화고사신편(神話故事新編)』(1963), 상당히 신화자료를 수록한 동시에 제준, 여와, 후직 등의 고사를 체계화한 『중국고대신화(中國古代神話)』(1960), 고대 신화의 범위를 확대하여 다룬 『신화선일백제(神話選一百題)』(1980), 『산해경』에 대해 상세한 주를 단 『산해경교주(山海經校注)』(1982), 『고신화선석(古神話選釋)』(1984), 중국 신화에 관한 최초의 사전으로 3,006가지의 신화용어를 분석한 『중국신화전설사전(中國神話傳說詞典)』

(1985), 『신화논문집(神話論文集)』(1987), 중국 신화를 시대 순으로 정리 분석한 『중국신화전설(中國神話傳說)』(1987)은 그의 대표작품이라 할 수 있으며, 현재 많은 신화 연구가들이 그의 글을 참고로 하고 있다.

그는 신화 자료들을 역사시대 순으로 정리한 후 상상 기법을 동원하여 단편적인 신화들을 완전한 형태의 고사로 복원하는 데 나름대로의 공헌을 한 반면, 기원이 다른 신화들을 일원화하여 정리하였다는 비판도 일부 받고 있다.[52] 원가와 더불어 왕효렴(王孝廉)의 중국 신화에 대한 업적도 빼 놓을 수 없으며, 그의 대표작으로는 『중국적신화여전설(中國的神話與傳說)』(1977), 『신화여소설(神話與小說)』(1986) 등이 있다. 60년대 이후 현재까지 눈에 띄는 중국 신화학자로는 『중국신화학문론선췌(中國神話學文論選萃)』(1994)를 편찬한 마창의(馬昌儀), 『중국신화학(中國神話學)』(1994)을 지은 여류학자 잠명자(潛明茲) 등이 있다.

그리고 타이완학자로는 문숭일(文崇一), 부석임(傅錫壬), 고첨홍(古添洪), 변형 신화 연구에 업적을 남기고 『고전소설산론(古典小說散論)』(1976)을 지은 악형군(樂蘅軍), 『곤륜문화여불사관념(崑崙文化與不死觀念)』(1977) 등을 저술하였으며 월신(月神)의 관점에서 신화를 풀이한 두이미(杜而未), 『종비교신화도문학(從比較神話到文學)』(1977)을 편찬한 진혜화(陳慧樺), 『사도신화급기타(師徒神話及其他)』(1983)의 저자 이역원(李亦園), 『신화적고향-산해경(神話的故鄉-山

52) 원가는 『中國神話傳說』 등에서 산재되어 있는 신화를 한족 중심으로 재편한 역사의 틀 속으로 상상을 동원하여 연결시켰기 때문에 동이계와 남방계 신화를 위시한 다양한 계통의 신화가 견강부회 식으로 편집되었다는 점이 지적되고 있다.

海經』(1986)의 저자 이풍무(李豐楙) 등이 있고, 홍콩학자로는 요종이(饒宗頤), 서량지(徐亮之), 『신화예의문학(神話禮儀文學)』(1985)의 저자 진병량(陳炳良), 그리고 미국에서 활약한 『중국청동시대(中國靑銅時代)』(1983)의 저자 장광직(張光直) 등이 있다.

80년대 이후 중국문학계의 신화 문학 연구는 점차 관심을 끌면서 시, 산문, 소설 등 장르와 대등한 위치에서 활기 있게 진행되어 왔다. 물론 이상에서 소개한 대륙과 대만, 홍콩의 학자들이 중심이 되어 중국신화의 재건을 위해 상당한 공헌을 하면서 중국 신화학 체계를 다져 나갔다고 평가할 수 있다. 다만 신화 업적은 양적으로 팽창하였지만, 중국 신화를 분석하는 연구방법으로서의 신화 이론이 체계화되지 않은 관계로 인해 조직적이고 짜임새 있는 구성을 가진 참신한 연구 성과가 부족하다는 점은 아쉬움으로 남는다.

다행인 것은 그 동안 소외되어 온 소수민족 신화에 대한 자료 수집과 연구 풍토가 일어났다는 점과 한국, 일본 등 외국학자들이 중국신화 연구에 적지 않은 활기를 불어넣었다는 점이라고 할 것이다. 일본의 경우 1868년 메이지유신 이후 중국신화에 대한 공헌이 두드러졌는데, 출석성언(出石誠彦)의 『지나신화전설연구(支那神話傳說の硏究)』(1943), 삼삼수삼랑(森三樹三郞)의 『중국고대신화(中國古代神話)』(1944), 삼안태랑(森安太郞)의 『황제전설(黃帝傳說)』(1970), 백천정(白川靜)의 『중국신화(中國の神話)』(1975) 등은 그 대표적인 예라고 할 수 있다. 한국의 경우 80년대 이후 점차 중국 신화에 대한 연구가 활발하게 진행되었고, 최근에도 적지 않은 신화학자들이 중국신화에 관심을 갖고 연구에 몰입하고 있는데, 여기서는 구체적인 소개는 생략하기로 한다.

3. 중국신화의 유형과 내용

중국신화는 대부분 단편들로 쪼개져 여러 문헌에 산재되어 있고, 그 종류도 많은 편이며, 여러 모티프와 유형들이 결합되어 고사가 형성된 것도 적지 않아서 신화자료를 일목요연하게 분류하기가 쉽지 않다. 따라서 학자들이 분류하는 방법도 차이가 있다.

먼저 얀(Jan)과 월스(Yvonne Walls)는 톰슨의 『Motif-Index of Folk-Literature』에 근거하여 중국 신화를 200여 가지 모티프로 상세하게 분류하였고,[53] 모순은 여섯 종류, 즉 천지개벽 신화, 자연현상 신화, 만물유래 신화, 민족영웅의 무공(武功) 신화, 유명세계(幽冥世界) 신화, 인물변형 신화로 분류하였다.[54]

한편 장광직(張光直)은 자연 신화, 신선세계와 인간세계의 분열 신화, 천재(天災)와 구세(救世) 신화, 그리고 영웅 신화라는 네 가지 형태로 나누어 설명하고 있고,[55] 담달선(譚達先)은 인류의 자연현상에 대한 투쟁 신화, 인류 집단 간의 투쟁 신화, 자연현상을 해석하고 설명하는 신화, 그리고 인류의 문화창조 신화 등 네 가지 형태로 분류하고 있다.[56] 또한 풍천유(馮天瑜)는 천지개벽과 인류기원 신화, 자연계 신화, 인간과 자연의 투쟁 신화, 사수(射手) 신화, 홍수와 치수 신화, 그리고 사회 모순에 관한 신화 등 여섯 가지 형태로 분류하고 있고,[57] 원가는 시대 순에 따라 개벽 신화, 황염 신화, 요순(堯舜)

53) Jan and Yvonne Walls, 『Classical Chinese myths』(H. K. : Joint Publishing Co, 1984), 122쪽-130쪽 참조.

54) 茅盾, 『神話硏究』, 66쪽-67쪽 참조.

55) 張光直, 『中國青銅時代』(臺北: 聯經出版社, 1984), 299쪽-322쪽 참조.

56) 譚達先, 『中國神話硏究』(臺北: 木鐸出版社, 1983), 41쪽-69쪽 참조.

57) 馮天瑜, 『上古神話縱橫談』(上海: 上海文藝出版社, 1983), 61쪽-209쪽 참조.

신화, 예우(羿禹) 신화, 그리고 하은(夏殷) 신화로 나누어 다루고 있다.[58]

신화가 당시 현실생활을 바탕으로 해서 만들어진 인류 사고방식의 총결집이라는 시각에서 바라보면, 고대인들은 열악한 환경 속에서 수시로 다가오는 자연의 위협에 대한 공포와 경외심을 느꼈을 것이고, 이에 자연계의 사물과 현상에 대한 이해를 추구하면서 신성성을 부여하고 의인화한 신화를 만들었을 것이다. 동시에 자연의 법칙을 몸소 체득하면서 천지창조와 생명에 대한 기원, 그리고 우주의 모습에 대한 고사를 창조했을 것이다.

이후 인류의 자연에 대한 대항력이 생기면서 공포에서 벗어나 자연을 극복하려는 적극적인 의지를 영웅 신화로 표현하였을 것이다. 여기에는 민족 시조신과 천제(天帝)에 관한 고사 및 실패한 비극영웅 고사도 포함될 것이다. 이후 인문현상에 주의를 돌리면서 문화영웅과 사회 모순에 관한 신화를 만들었고, 부족 간의 갈등과 투쟁을 전쟁신화로 묘사해 내었을 것이다.

또한 인간 자신을 성찰하면서 영원불멸의 생명관과 죽음 이후의 세계에도 눈을 돌리면서 낙원과 유명세계에 관한 고사와 함께 먼 세계에 대한 상상의 세계를 묘사한 원국이인(遠國異人) 신괴고사도 만들었을 것이다.

58) 임금화(林錦花)는 우주관 신화, 거인족과 유명세계 신화, 자연계 신화, 그리고 제준과 예 신화 등 네 종류로 분류하고 있고, 임혜상(林惠祥)은 개벽신화, 자연 신화, 신괴 신화, 동식물 신화, 역사 신화, 풍속 신화, 영웅과 전기(傳奇) 신화 등 일곱 가지로 분류하고 있다. 袁珂, 『中國神話傳說I』, 林錦花, 『中國神話研究』(臺北: 信利, 1985), 38쪽-99쪽, 林惠祥, 『神話論』(臺北: 商務印書館, 1979), 67쪽 참조.

물론 신화는 종교와 불가분의 관계에 있었기 때문에 애니마티즘(animatism), 애니미즘(animism), 영육분리의 사고에 기초한 조상숭배(ancestor worship)와 토테미즘(totemism), 샤머니즘(shamanism) 등 원시신앙 및 다신론(polytheism)에서 신인동성론(anthropomorphism), 그리고 절대유일신론(monotheism)으로의 종교 변천도 신화에 영향을 주었음에 틀림없다.

이상에서 언급한 학자들의 분류방법을 참고로 하여 중국신화의 유형을 나름대로 분류하면 다음과 같다.

첫째, 천지창조와 인류창조, 그리고 우주관에 관한 신화가 있다. 태초에 천지와 음양이 분리되지 않은 혼돈에 관한 고사와 자연발생에 의한 천지개벽 고사, 반고(盤古)의 사체화생(死體化生)에 의한 인류기원 고사와 여와(女媧)가 흙을 빚어 인간을 만든다는 인류창조 고사가 있다. 『산해경(山海經)』에 나타난 곤륜산을 중심으로 사방으로 확산되는 우주관 고사와 『목천자전(穆天子傳)』에 나타난 동서 대칭의 우주관 고사도 있다. 그리고 여와가 무너진 하늘을 오색석(五色石)으로 보수하고 거북의 다리를 잘라 사극을 다시 세운다는 여와보천(女媧補天) 고사도 천지를 재건한다는 측면에서 여기에 포함시킬 수 있다.

둘째, 자연계에 관한 신화로는 우선 일월 신화가 있다. 태양의 어머니로서 열 개의 태양을 낳고 태양을 몰고 다니는 희화(羲和) 고사, 태양이 머무는 신목인 부상(扶桑), 태양 속에 머물며 태양을 태우고 다닌다는 태양조인 삼족오(三足烏) 고사가 있고, 달을 낳은 상희(常羲)와 남편 예(羿)가 서왕모로부터 얻은 불사약을 훔쳐 달로 달아난 항아분월(姮娥奔月) 고사, 후기에 나타난 달 속의 두꺼비(蟾蜍)와 흰토끼(白兎), 그리고 계수(桂樹)에 관한 고사가 있다. 다음으로 바람의 신 비렴(飛廉), 비의 신 병예(屛翳), 구름 신, 번개 신, 산신, 수신 수백(水伯)에 관한 고사가 있다.

굴원의 『초사』에는 하늘의 존신인 동황태일(東皇太一), 운신(雲神)인 운중군(雲中君), 상수(湘水)의 신인 상군(湘君)과 상부인(湘夫人)[59], 운명의 신인 대사명(大司命)과 소사명(少司命), 태양신인 동군(東君), 황하의 신인 하백(河伯), 그리스 신화 속의 주신(酒神)인 디오니소스(Dionysus)에 해당하는 산신 산귀(山鬼) 등 일련의 자연 관련 신화인물들이 출현한다.

셋째, 영웅에 관한 신화로는 우선 홍수를 다스린 곤(鯀)과 그의 아들 우(禹)의 치수 고사가 있다. 곤은 천제의 허락 없이 자라나는 흙인 식양(息壤)을 훔쳐 홍수를 막았는데 천제의 노여움을 사서 죽임을 당하는 비극적인 결과를 낳았고, 그의 배에서 나온 우가 소도(疏導)의 방법으로 마침내 치수에 성공한다. 이밖에 아홉 개의 태양을 쏘아 떨어뜨리고 각종 흉수(兇獸)를 제거한 예의 고사가 있다.

이어서 민족 또는 국가의 시조에 관한 신화로는 은나라 시조인 설(契)과 현조(玄鳥)의 알을 삼켜 그를 낳은 간적(簡狄), 주나라 시조인 후직(后稷)과 천제의 발자국을 밟아 감응으로 그를 낳은 강원(姜嫄), 화서씨(華胥氏)가 뇌택(雷澤)에서 거인 족적 감응으로 낳은 복희, 여추(女樞)가 무지개 감응으로 낳은 전욱(顓頊)에 관한 신화 등이 있다.

이어서 천제(天帝)에 관한 신화로는 서방신 황제, 동방신 제준, 신농(神農)으로 표현되기도 하는 염제, 백제(白帝) 소호 등에 관련된 신화가 있다.

비극영웅에 관한 신화로는 태양을 쫓다가 중도에서 갈증으로 죽

59) 상부인은 요임금의 두 딸이자 순임금의 두 비인 아황(娥皇)과 여영(女英)을 말한다.

은 과보(夸父), 염제의 딸 여왜(女娃)가 익사하여 화한 정위(精衛), 머리가 잘린 채 끝까지 창을 휘두르는 형천(刑天), 노인의 몸이지만 불굴의 정신으로 산을 옮기려는 우공(愚公)에 관한 고사가 있다.

문화영웅에 관한 신화로는 인류의 혼인 제도를 만든 여와, 돌을 부딪쳐 불을 취한 수인씨(燧人氏), 의약과 농업을 발명한 신농과 후직, 나무로 집을 만든 유소씨(有巢氏), 자연 현상을 보고 문자를 창조한 창힐(倉頡), 활을 발명한 소호의 아들 반(般), 축목의 신 왕해(王亥) 등에 관한 이야기가 있다.

넷째, 사회 갈등과 전쟁에 관한 신화로는 황제와 염제의 판천(阪泉)에서의 전쟁에서 황제가 승리한다는 고사, 황제와 치우(蚩尤)의 탁록(涿鹿) 전쟁에서 황제가 응룡과 발(魃)의 도움으로 치우를 물리친다는 고사, 공공(共工)과 전욱이 제위를 다투어 싸우다 공공이 패배하자 부주산(不周山)을 들이받아 천지를 기울게 한다는 공공과 전욱의 전쟁 고사, 우왕이 도처에서 악행을 저지르는 공공의 신하 상류(相柳)를 살해한다는 고사 등이 있다.

다섯째, 재생에 관한 신화로는 먼저 죽은 자가 다시 살아난다는 부활 형태의 신화로서 사람이 죽은 후 120년 후에 다시 살아난다는 무계국(無䏿國) 고사와 불사국(不死國)과 불사민(不死民) 고사 등이 있다. 다음으로 신이나 신선으로 환생(幻生)한다는 형태의 신화로서 황제가 사후에 승천한다는 고사 등이 있고, 다른 사람이나 동식물로 환생(還生) 또는 변형(transformation)하는 형태의 신화로서 과보가 태양을 쫓다 등림(鄧林)으로 화하는 고사, 여시(女尸)가 요초로 화하는 고사, 치우가 단풍으로 화하는 고사, 전욱과 후직이 물고기로 화하는 고사, 그리고 진몽의 딸이 말과 용으로, 곤이 세발 자라로, 우왕이 곰으로, 영고가 황사(黃蛇)로, 항아가 두꺼비(蟾蜍)로, 여왜가 새로, 우왕 부인인 도산씨(塗山氏)가 돌로, 그리고 견우와 직녀가 하늘의 별로 화하는 고사도 있다.

여섯째, 낙원과 유명세계(幽冥世界)에 관한 신화로는 도광지야(都廣之野)나 화서씨지국(華胥氏之國)과 같은 이상 낙원세계에 관한 고사와 종북국(終北國)과 같은 비관적인 모습의 유명세계에 관한 고사가 전해지고 있다. 낙원세계는 황제가 지키고 유명세계는 후토(后土)라는 신화인물이 지키며, 낙원은 천상에 위치하고 유명세계는 지하에 위치한다.

일곱째, 원국이인과 신괴에 관한 신화로는 『산해경』에 나오는 불사국, 결흉국(結胸國), 일목인(一目人), 삼면인(三面人) 등 기국이인(奇國異人)에 관한 신화와 용(龍), 봉(鳳), 기(夔), 비유(肥遺), 궁기(窮奇), 시육(視肉), 필방(畢方) 등 신화적 동물인 기금이수(奇禽異獸)에 관한 신화가 있다.

유형별로 대표적인 신화와 그 고사 내용을 소개하면 다음과 같다.

1) 천지와 인류 기원

세계와 인류의 기원을 다루는 창조 신화[60]는 무엇이 어떻게 탄생했는지 또는 존재하기 시작했는지를 말해 주고 있다.[61] 태초(ab initio)에 일어난 원초적인 사건을 이야기한다는 점에서 고대인들 자신의 존재뿐만 아니라 전우주의 궁극적인 의미에 관심을 갖고 인간의 가장 기본적인 문제들에 접근하고 있다.[62] 중국에는 창조 신화의

60) 여기서 창조 신화라는 명칭을 사용했는데, 신화학적으로 통일된 용어가 없으며, '창세 신화', '개벽 신화', '기원 신화', '해석 신화' 등으로 불리기도 한다.
61) Mircea Eliade, 『Myth and reality』(N. Y. : Harper & Row, 1968), 6쪽 참조.
62) Marie-louise von Franz, 『Creation Myths』(N. Y. : Spring Publications, 1972), 5쪽.

내용들이 비록 완전한 형태는 아니지만 문헌과 구전의 형태로 남아 있다.[63]

중국신화에서는 세상이 존재하기 전에 무의식 단계인 혼돈(chaos)[64]의 상태가 있었다고 보고 있다. 기원전 300년경에 편찬된 『장자』「응제왕(應帝王)」에 혼돈 관련 부분이 다음과 같이 전해지고 있다.

> 남해의 왕은 숙(儵)이라 하고 북해의 왕은 홀(忽)이라 하며 중앙의 왕은 혼돈이라 한다. 숙과 홀이 때때로 혼돈의 땅에서 서로 만났는데, 혼돈이 그들을 아주 잘 대접하였다. 숙과 홀은 혼돈의 은혜에 보답하고자 말하길, "사람은 누구나 일곱 구멍이 있어 보고 듣고 먹고 숨을 쉬는데, 오직 혼돈에게만 없으니 우리가 시험삼아 그에게 구멍을 뚫어 주자."고 하였다. 매일 한 구멍씩 뚫었는데 7일이 지나자 혼돈은 죽고 말았다.
>
> 南海之帝爲儵, 北海之帝爲忽, 中央之帝爲混沌. 儵與忽時相與遇於混沌之地, 混沌待之甚善. 儵與忽謀報混沌之德, 曰人皆有七竅以視聽食息, 此獨無有, 嘗試鑿之. 日鑿一竅, 七日而混沌死.

이처럼 혼돈은 마치 구멍도 얼굴도 없는 주머니와 같은 모습으로 묘사되고 있다.

『산해경』「서차삼경」에 혼돈에 관한 또 다른 기록이 있다.

> 어떤 신이 있었는데 그 형상이 누런 자루 같은데 붉기가 빨간 불꽃같고 여섯 개의 다리와 네 개의 날개를 갖고 있으며 얼굴이

63) 중국 창조 신화에 관해서는 陶陽·鍾秀 공저, 『中國創世神話』(上海: 上海人民出版社, 1989)에 자세히 나와 있다.

64) 혼돈은 대략 혼란, 불명확, 선명치 않음, 난해, 분리되지 않았지만 조화로운 상태, 근거나 이유 없이 존재, 헤아릴 수 없음, 끝이 보이지 않음 등 함축적인 의미를 가지고 있다. Marie-louise von Franz, 『Creation Myths』, 93쪽-94쪽 참조.

전연 없다. 가무를 이해할 줄 아는 이 신이 바로 제강이다.

有神焉, 其狀如黃囊, 赤如丹火, 六足四翼, 渾敦無面目, 是識歌舞, 實爲帝江也.

눈, 코, 귀가 없는 얼굴에 두루뭉술한 자루의 모습을 하고 있는 신 제강은 바로 홍몽한 원기인 혼돈의 모습을 이미지화한 것이다. 『회남자』「정신훈(精神訓)」에는 혼돈신화에 대한 주석인 듯한 구절이 다음과 같이 나온다.

옛날 천지가 아직 생기기 전에는 아무런 형태도 없고, 깊고 컴컴하고 흐릿하고 아득하고 까마득해서 그 문을 알 수가 없었다. (그 가운데) 두 신이 함께 생겨나 천지를 다스렸다.

古未有天地時, 惟像無形. 窈窈冥冥, 芒芠漠閔, 澒濛鴻洞, 莫知其門. 有二神混生,65) 經天營地.

이 밖에 혼돈 신화에 관한 기록들은 중국 소수민족의 구전고사에도 많이 남아 있다.66) 혼돈 신화가 고대 중국에 널리 퍼져 있었음을 확인케 해 주는 증거들이다.

그렇다면 이제 혼돈의 상태 속에서 세계가 어떻게 창조되었는가? 먼저 반고(盤古) 신화부터 이야기해 보면, 반고는 창조력을 가진 일

65) David C. Yu는 "두 신이 혼생하였다."라는 표현은 바로 혼돈 신을 가리키는 것이라고 말하고 있다. 그의 「The Creation Myth and Its Symbolism in Classical Taoism」,(『Philosophy East and West』 (Honolulu: Univ. of Hawaii, 1981), vol. 31, no. 4, 485쪽) 참조.

66) 묘족(苗族)의 「개천벽지가(開天劈地歌)」와 포랑족(布朗族)의 창조 신화에는 천지만물이 출현하기 전의 우주는 단지 안개와 같은 혼돈 상태였다고 기술하고 있다. 田兵·陳立浩 편, 『中國少數民族神話論文集』(廣西: 廣西民族出版社, 1984), 367쪽 참조.

종의 아담(Adam) 유형의 우주적 형상으로서, 천지를 창조하고 동시에 세상 만물로 화한 일종의 창조자로 여겨지고 있다. 그의 사후, 시체는 썩어 세상 만물의 여러 부분들로 화한다.

반고

반고 고사는 3세기경 서정(徐整)이 편찬한 『삼오역기(三五曆紀)』와 『오운역년기(五運歷年記)』에 실려 있는데, 먼저 『태평어람』에 인용된 『삼오역기』를 소개하면 다음과 같다.

> 하늘과 땅이 아직 계란처럼 혼돈의 상태에 있었고, 그 안에서 반고가 생겨나 18,000년이 지나 천지가 개벽되었는데, 양기와 맑은 기운은 하늘이 되었고, 음기와 탁한 기운은 땅이 되었다. 반고가 그 안에서 하루에 아홉 번 변하며 하늘에서는 신이 되고 땅에서는 성인이 되었다. 하늘은 매일 1장씩 높아지고, 땅은 매일 1장씩 두터워지고, 반고는 매일 1장씩 자랐다. 이처럼 18,000년이 지나면서, 하늘은 지극히 높아지고, 땅은 지극히 깊어지고, 반고는 지극히 커졌다. 그 후 삼황이 출현했다.
>
> 天地渾沌如鷄子, 盤古生其中. 萬八千歲, 天地開闢, 陽淸爲天, 陰濁爲地. 盤古在其中, 一日九變, 神於天, 聖於地. 天日高一丈, 地日厚一丈, 盤古日長一丈. 如此萬八千歲, 天數極高, 地數極深, 盤古極長. 後乃有三皇.

『역사(繹史)』 권1에 인용된 『오운역년기』에는 다음과 같은 내용이 첨가되어 있다.

반고가 죽은 후, 그의 숨은 바람과 구름으로, 그의 목소리는 천둥으로, 그의 왼쪽 눈과 오른쪽 눈은 각각 해와 달로, 그의 사지오체는 땅의 사극과 오악으로, 그의 피는 강으로, 그의 근육과 혈관은 지층으로, 그의 살은 토양으로, 그의 머리와 수염은 별자리로, 그의 피부와 몸의 털은 식물과 나무로, 그의 치아와 뼈는 금속과 돌로, 그의 골수는 금과 보석으로, 그의 땀은 비로 화하였다. 그리고 그의 몸의 벌레들은 바람의 감응에 의해 인간으로 변했다.

首生盤古, 垂死化身, 氣成風雲, 聲爲雷霆, 左眼爲日, 右眼爲月, 四肢五體爲四極五嶽, 血液爲江河, 筋骨爲地理, 肌肉爲田土, 髮髭爲星辰, 皮毛爲草木, 齒骨爲金玉, 精髓爲珠石, 汗流爲雨澤, 身之諸蟲, 因風所感, 化爲黎民.

이처럼 태초에는 계란 같이 둥근 혼돈의 상태에서 반고라는 이름의 창조신만이 존재하였다. 계란 형태의 혼돈은 바로 완전, 잠재력, 다산의 상징을 나타낸다.[67] 심리학적 측면에서 보면 우주계란은 바로 의식 이전의 전체성(pre-conscious totality)을 나타내는 것이다.[68]

반고 신화는 현재까지 중국 남부 지역의 묘족(苗族), 동족(侗族), 요족(瑤族) 사이에서 구전으로 전해지고 있다.[69] 더욱이 그들은 반고를 창조자로서 제사를 드릴 때 반왕(盤王)이라고 호칭하고 있다.[70]

고대 중국에는 하늘의 보수자 여와 관련 창조신화도 있다. 여와 고사는『초사』「천문」에 처음 기록되어 있는데 그 내용은 다음과 같다.

67) David C. Yu,「The Creation Myth and Its Symbolism in Classical Taoism」, 179쪽 참조.

68) Marie-louise von Franz,『Creation Myths』, 147쪽 참조.

69) 예를 들면 동족의「開天闢地歌」에 이르길, "又是盤古開天地, 開天闢地生乾坤. 生得乾坤生萬物, 生得萬物人最靈."『古神話選釋』(臺北: 長安, 1984), 6쪽-7쪽 참조.

70) 王孝廉,『神話與小說』(臺北: 時報, 1986), 17쪽 참조.

황대가 열 겹인데 누가 그걸 끝내었는가? 여와는 올라가서 임금이 되었는데 누가 그 일을 받들어 전하였는가? 여와는 창조의 몸인데 누가 그를 만들었는가?[71)]

璜臺十成, 誰所極焉? 登立爲帝, 孰道尙之? 女媧有體, 孰制匠之?

여와는 이처럼 창조자임에 틀림없다. 이후 여와는 하늘을 보수하게 되는데, 그 내용이 『회남자』「남명훈」에 다음과 같이 나온다.

옛날에 사극이 무너지고 구주가 찢어져서 하늘은 땅을 다 덮지 못하고 땅 또한 만물을 두루 싣지 못하였다. 화염이 만연하여 그치지 않고 홍수도 넘쳐 그치지 않고 맹수는 선량한 백성을 먹어 치우고 사나운 새들은 노약자를 채 갔다. 이에 여와는 오색석을 단련하여 하늘 구멍을 막고 자라의 다리를 잘라 사극을 세웠다…….

往古之時, 四極廢, 九州裂, 天下兼覆, 地不周載, 火爁炎而不滅, 水浩洋而不息, 猛獸食顓民, 鷙鳥攫老弱, 於是女媧煉五色石, 以報蒼天, 斷鼈足, 以立四極…….

이리하여 여와는 돌을 녹여 하늘을 보수하고 거대한 거북의 다리를 잘라 사극을 세웠던 것이다.

반고와 여와 신화는 그 기원부터 내용까지 완전히 다르다. 시기면에서는 여와가 여성 창조자로서 고대 모계사회의 모신 숭배의 한 단면을 반영하고 있기 때문에 후자가 먼저 출현한 것이므로 보인다.

인류 창조 고사는 『회남자』「정신편」에 다음과 같이 나온다.

두 신이 섞이어 출현하여, 천지를 다스렸다……. 혼탁한 기운은 벌레가 되었고, 맑은 기운은 사람이 되었다.

71) 屈原 저, 유성준 역, 『초사』(서울: 혜원출판사, 1993), 77쪽 참조.

有二神混生, 經天營地,…… 煩空爲蟲, 精氣爲人.

인류는 기체(氣體)의 변화에 의해 출현한 것으로 되어 있는데 인류 기원에 관한 설명이 너무 단순하여 널리 알려지지는 못했다.

이 밖에 위에서 언급한 『역사』에는 반고 몸의 벌레들이 바람의 감응에 의해 인간으로 변했다고 묘사되어 있고, 『술이기』에는 반고와 그의 부인이 음과 양을 만들었으며,[72] 각각 천지 창조자와 인류 창조자로 묘사되고 있다. 후자는 일면 합리적인 사고인 듯 보이지만 아쉽게도 인류가 어떻게 창조되었는지에 관해 구체적 묘사가 없다.

중국에서 인류 기원에 관한 진정한 신화는 사실 여와의 인류 창조 고사에서 발견할 수 있다. 『산해경』「대황서경」에 이르길,

열 명의 신이 있는데, 여와의 장이라고 부르며, 신으로 화하였다…….

有神十人, 名曰女媧之腸, 化爲神…….

이 구절에 대해 곽박은 주에서 이르길,

여와는 고대의 여성신으로서 제가 되었다. 사람 얼굴에 뱀의 몸을 갖고 있고, 하루에 70번 변하는데, 그가 화하여 신이 되었다…….

女媧, 古神女而帝者. 人面蛇身, 一日七十變, 其腹化爲神…….

이러한 기록들에 따르면 여와는 인류 창조에 상당한 공헌을 했음이 틀림없다. 더욱이 인류를 창조하는 데 있어서 여와는 자신의 몸을 여러 차례

72) 『술이기』 권상에 이르길, "盤古夫妻, 陰陽之始也."

변형시켰는데, 이러한 변형 현상은 반고의 변형 고사와 더불어 초월적 존재의 육체 일부분이 우주만물의 요소로 변형되는 고사의 원형에 속한다.[73)]

『산해경』 외에 『설문해자』, 『회남자』 등에도 여와 신화의 잔재가 남아 있다. 『설문해자』에 이르길,

> 여와는 고대의 신성한 여신으로서, 만물을 만들었다.
> 媧, 古之神聖女, 化萬物者也.

『회남자』「설림편(說林篇)」에 이르길,

> 황제는 음과 양을 낳고, 상병은 이목을 낳고, 쌍림은 비수를 낳았는데, 이들은 여와가 70번 화한 것이다.
> 黃帝生陰陽, 上騈生耳目, 桑林生臂手, 此女媧所以七十化也.

이러한 기록들은 변형 모티프의 흔적을 보여 주고 있다. 또한 인류의 창조자 여와는 여신임을 알 수 있는데, 곽박의 주와 허신의 『설문해자』에 각각 기록된 "고대의 여성신", "고대의 신성한 여신"이라는 단어가 이 점을 분명히 확인시켜 주고 있다.

물론 여와 신화는 고대 모권제 사회를 반영하고 있으며, 이러한 모권제 흔적은 타이완 원주민인 태아족의 신화에서도 찾아 볼 수 있다. 여와의 창조적 욕구, 타고난 변형 능력은 확실히 대지모(大地母) 원형 속의 변형 특성을 가리키고 있다고 하겠다.[74)]

73) 리투아니아 신화에서는 창조자 자신 또는 그의 땀에서, 태평양 국가의 신화에서는 창조자의 타액에서, 그리고 브라질의 인디안 신화에서는 부러진 발톱에서 인류가 발생한다고 설명하고 있다. Jan Harold Brunvand, 『The Study of American Folklore』(N. Y.: W. W. Norton & Company, 1968), 82쪽-83쪽 참조.

이와 함께 여와의 형상은 원시 토테미즘의 면모를 보여 주고 있다. 왕일과 곽박의 주에 언급된 "여와는 인간의 얼굴에 뱀의 몸을 갖고 있다."는 문장은 아마도 이 고사가 뱀이나 용을 숭배하는 부족에 의해 만들어졌다는 것을 말해 주는 것인지도 모른다.

『태평어람』 권78에 인용된 한대 『풍속통의』의 기록에도 여와를 인류의 창조자로 묘사하고 있다. 하지만 변형 모티프와는 완전히 다른 구조로 설정되어 있다.

> 속설에 천지가 열릴 때, 아직 사람들이 없었다. 이에 여와가 황토를 빚어 사람을 만들었다. 하지만 힘을 다 쏟아도 공급할 틈이 없어서, 이에 진흙 속에 끈을 넣고 휘저어 올려서 사람을 만들었다.
> 俗說天地開闢, 未有人民. 女媧摶黃土作人. 極務力不暇供, 乃引繩於泥中, 擧以爲人.

『노사』에서 인용한 『풍속통의』에는 다음과 같이 기록되어 있다.

> 여와는 신에게 빌어, 혼인을 주관하는 여신이 될 수 있도록 기원하였는데, 마침내 처음으로 혼인제도를 만들었다.
> 女媧祈祠神, 祈而爲女媒, 因置昏姻,

이와 같이 여와는 인간을 창조하였고 그들에게 자손 번성의 방법을 가르쳐 주었던 것이다.

운남성에 거주하고 있는 소수민족 독룡족(獨龍族)의 신화에도 유사한 내용이 전해지고 있다. 그들의 『창세기(創世紀)』 중 인류 탄생에 관한 부분을 요약하면 다음과 같다.

74) Wang Jing, 『The Story of Stone』, 45쪽 참조.

하늘의 대신 알모(嘎姆)와 알사(嘎莎)가 땅에 내려와 거대한 돌에서 진흙을 비벼 내어, 그것으로 두 명의 흙 사람을 빚어 만들었다. 그 중 한 명은 잘 빚어서 남자가 되었고, 다른 한 명은 잘못 빚어 하반신에 균열이 생겨 여자가 되었다. 대신이 흙 사람을 향해 세 차례 불자 그들은 생명을 얻고 호흡을 하며 피가 돌았다. 이리하여 인류가 생겨난 것이다.[75]

이후 여와 신화는 복희 신화와 결합되어 또 다른 구조를 형성하기도 하고 여와가 그녀의 오빠와 결혼하여 인류를 재창조하는 고사로도 만들어진다. 후자에 관한 고사는 당대 이용(李冗)이 쓴 『독이지(讀異誌)』에 처음 나타난다.

옛날 우주가 처음 열릴 때, 여와의 형매(兄妹) 두 사람만이 곤륜산에 거주하였고, 천하에는 사람이라곤 없었다. 서로 부부가 되자고 논의했지만 부끄러웠다. 오빠는 이에 누이와 함께 곤륜산에 올라가 하늘에 고하기를, "하늘이 만약 우리 둘이 부부가 되는 것을 허락한다면 연기가 서로 합할 것이고, 만약 아니라면 연기가 흩어지게 하소서." 이에 연기가 합쳐졌다. 누이는 이에 오빠에게 다가서는데, 풀을 엮어 부채를 만들어 그 얼굴을 가렸다. 현재 부인을 맞을 때 부채를 집는 것은 그 때의 일을 본뜬 것이다.

昔宇宙初開之時, 有女媧兄妹二人, 在崑崙山, 而天下未有人民. 議以爲夫妻, 又自羞恥. 兄卽與其妹上崑崙山, 咒曰: "天若遣我二人爲夫妻, 而煙悉合, 若不, 使煙散." 於煙卽合. 其妹卽來就兄, 乃結草爲扇, 以障其面. 今時取婦執扇, 象其事也.

고고학적 측면에서 살펴보면, 복희와 여와가 한 쌍으로 표현된 그림이 한대의 석각화에 보인다.[76] 또 『문선』에는 복희의 몸에 비늘이 있고 여와

75) 『中國各民族宗敎與神話大詞典』(北京: 學苑出版社, 1993), 123쪽 참조.
76) 聞一多, 『神話與詩』(臺北: 複寫本, 1936), 6쪽-8쪽 참조.

의 몸은 뱀의 형상을 하고 있다고 기록되어 있다. 이로 볼 때 복희와 여와의 결합 신화는 당시 사람들에게 상당한 영향을 미쳤던 것으로 보인다.

하지만 모권제에서 부권제로의 전이라는 사회 발전과정 측면에 비추어 본다면, 여와 일인 창조신화는 모권제 시대의 신성한 여성영웅을 대표하는 것이며, 복희와 여와의 결합 신화보다 훨씬 일찍 출현했다고 보는 것이 옳다.

한편 중국의 홍수 신화 중에는 남매배우형(男妹配偶型) 홍수 또는 홍수와 남매혼(男妹婚)으로 불리는 이야기가 전해진다. 여기에는 홍수 이후 남매만의 생존, 테스트 및 결혼 후 인류 조상이 되는 일련의 모티프가 존재한다. 즉 인간의 싸움 또는 신들의 전쟁으로 인한 홍수의 발생과 세상의 파멸, 그리고 인류의 복원이라고 하는 인류 재생 신화 유형으로 볼 수 있다.

문일다(聞一多)의 조사에 따르면 중국 남서 지방의 묘족(Miao tribe), 요족(Yao tribe), 파나족(巴那族, Ba-hnars tribe), 비이족(比爾族, Bhils tribe), 그리고 타이완의 아미족(阿眉族, Ami tribe) 원주민들을 중심으로 전해 내려오는 홍수 신화만 해도 나공나모가(儺公儺母歌), 나신기원가(儺神起源歌), 반왕가서호로효가(盤王歌書葫蘆曉歌) 등 25종이 넘는다고 한다.[77]

채집된 고사들의 내용은 조금씩 다르기는 하지만 다음과 같이 큰 틀에 있어서는 대체로 일치한다.

① 홍수가 왜 발생했는지에 관한 묘사
② 홍수의 도래
③ 한 남매만이 생존
④ 신의 뜻을 알아보기 위한 테스트의 실시

77) 聞一多, 『神話與詩』, 9쪽-11쪽 참조.

⑤ 남매가 결혼하여 인류의 조상이 됨

먼저 홍수의 발생 원인에 대해서는 자료에 따라 각각 다르게 표현되어 있다. 묘족 신화에서는 두 형제가 상속 문제로 서로 싸우다가 급기야는 형이 대홍수를 일으켜 동생을 익사시킨다고 묘사되고 있다.[78] 요족 신화에 의하면 뇌공(雷公)과 남매 아버지인 용사(勇士) 간의 싸움 과정에서 홍수가 비롯되었다고 한다.[79]

원가는 고고학적 증거에 입각하여 남매배우형 홍수 신화의 최초 자료는 고대 문헌으로 전해 오는 남매 커플인 복희와 여와의 신화라고 주장하고 있다.[80] 이 신화에서는 홍수의 원인을 황제와 염제의 싸움에 이은 공공과 축융 간의 싸움 결과 때문이라고 묘사하고 있다. 『사기』「삼황본기」에 이르길,

> 여와의 말년에 제후 중에 공공씨가 있었는데...... 이에 축융과 싸워 이기지 못하자 화가 치밀어, 머리로 부주지산을 받아 붕괴시키니, 하늘 기둥이 끊어지고 땅을 지탱하는 줄도 훼손되었다.
>
> 當其末年也, 諸侯有共工氏...... 乃與祝融戰, 不勝而怒, 乃頭觸不周山崩, 天柱折, 地維缺.[81]

---

78) "苗族傳說⋯⋯ 只說兄弟二人因爭財產不睦, 哥哥一氣, 便發起洪水來淹沒弟弟所管領的大地." 聞一多, 同書, 49쪽-50쪽 참조.

79) 왕효렴(王孝廉)이 채록한 고사 내용은 다음과 같다. "內容是說雷神發了怒, 要以洪水淹沒大地, 這時有一個勇士, 爲了挽救大地上的生靈⋯⋯ 和降臨地上的雷神作水死戰, 勇士終於禁住了雷神⋯⋯ 雷神得了水以後馬上就恢復了神力⋯⋯ 片刻之間, 洪水淹沒了大地." 王孝廉, 『花與花神』(臺北: 洪範書店, 1983), 60쪽-61쪽 참조.

80) 聞一多, 『神話與詩』, 3쪽-9쪽 참조. 또한 袁珂, 『中國神話傳說』(臺北: 駱駝出版社, 1987), 92쪽 참조.

81) 사마정(司馬貞)의 『補史記三皇本紀』에는 "제후 중에 공공씨가 있었는데, 지략과 형벌을 사용하여 강해졌기 때문에 패도이지 왕도가 아니었다. 물

또 공공과 전욱의 싸움으로 홍수가 발생하였다고 하는 고사도 몇 군데 기록에 남아 있다. 『회남자』「천문훈」에 이르길,

> 옛날에 공공과 전욱이 제왕이 되려고 서로 다투었는데, (공공이) 노하여 부주지산을 받으니, 하늘 기둥이 끊어지고 땅을 지탱하는 줄이 끊어져서, 하늘이 서북으로 기우는 고로, 일월성신이 나아가기 시작했다. 땅은 동남쪽이 차지 않아, 온갖 물이 흘러들어 홍수가 일어났다.
>
> 昔者共工與顓頊爭爲帝, 怒而觸不周之山, 天柱折, 地維絶, 天傾西北, 故日月星辰就焉. 地不滿東南, 百川水潦歸焉.[82]

다음으로 홍수를 피하기 위해 설정된 도구는 고사에 따라 각각 다양하게 나타난다. 예를 들면 호리병박, 상자, 나무절구, 나무통, 나무배, 북, 오이 씨앗, 호박 씨앗 등이 사용되고 있다.[83] 남매가 결혼 전 신의 의향을 타진하기 위해 시도한 테스트의 방법도 자료에 따라 다양하게 나타난다.

> ① 서로 떨어진 산에서 각각 불을 질러 공중에서 연기가 서로 합쳐지는지의 여부를 본다.

로써 나무를 이기고자 이에 축융(祝融)과 싸움을 벌이는데 이기지 못하자 노하여 머리로 부주산을 받아 무너뜨렸다. 이에 하늘기둥이 끊기고 땅의 모퉁이가 일그러졌다.(諸侯有共工氏, 任智刑以强, 霸而不王. 以水乘木, 乃與祝融戰, 不勝而怒, 乃頭觸不周山崩. 天柱折, 地維缺.)"라는 기록이 있다.

82) 왕충(王充)의 『論衡』「談天」에는 "공공이 전욱과 천자가 되기 위한 싸움을 벌이다 이기지 못하자 노하여 부주산을 들이받아 하늘기둥과 땅의 밧줄이 끊겼다.(共工與顓頊爭爲天子, 不勝, 怒而觸不周之山, 使天柱折, 地維絶.)"라는 기록이 있다. 이 밖에 『회남자』「원도훈(原道訓)」, 『열자』「탕문편(湯文篇)」, 『초사』「천문(天問)」 등에도 유사한 기록이 있다.

83) 그 중 호리병박이 출현하는 고사가 가장 많고, 다음으로 씨앗의 출현 빈도가 많다. 홍수를 피하는 도구가 자연물인 경우는 약 57%, 인조물인 경우는 약 42% 정도이다. 聞一多, 『神話與詩』, 67쪽 참조.

② 맷돌,[84] 대나무 조각들, 바늘과 실, 혹은 칼들을 아래로 굴려 그것들이 서로 포개지는지의 여부를 본다.
③ 오빠가 큰 나무 주위를 돌면서 누이를 쫓아가다가 갑자기 몸을 돌려 반대 방향에서 오는 누이를 껴안는다.[85]
④ 청개구리가 남매가 결혼할 수 있도록 계책을 꾸민다.
⑤ 금빛 거북이(金龜)가 중재한다.[86]

인간을 만드는 방법도 다음과 같이 다양하게 묘사되고 있다.

① 남자와 여자가 호리병박, 씨앗, 혹은 드럼 등에서 출현한다.
② 오이는 여자로 변하고 그 씨가 남자로 변한다.
③ 결혼한 커플이 씨를 하나 낳았는데, 그 씨가 수많은 조각으로

84) 맷돌(millstone)의 상징에 관해 진 쿠퍼(J. C. Cooper)는 말하길, "맷돌은 변화시키는 것, 숙명을 뜻한다. 창조 세계를 만들어 내는 우주의 맷돌은 아랫돌 하석이 대지, 회전하는 윗돌 상석이 하늘인데, 윗돌을 돌리는 하늘 신은 위대한 돌리는 자(great turner)라고 불린다.…… 맷돌은 곡식의 풍요와 관계되며 바퀴를 나타내기도 한다. 북유럽의 신화에서 맷돌은 회전하는 우주를 상징한다." 진 쿠퍼 저, 이윤기 역, 『그림으로 보는 세계문화 상징 사전』(서울: 까치, 1994), 212쪽 참조. 그 밖에 나경수는 맷돌을 통해 신성과 신력을 드러내기 때문에 맷돌은 성체이며 신체(神體)의 대리자로 보고 있다. 또한 맷돌은 곡식을 빻는 기구로서, 곡식을 빻는다는 것은 여성의 중요한 일 중의 하나로 여성의 생산 원리를 찾을 수 있다고 파악하고 있다. 나경수, 『한국의 신화연구』, 232쪽-237쪽 참조. 王孝廉, 『花與花神』(臺北: 洪範書店, 1983), 60쪽-61쪽 참조.
85) 묘족 신화의 일부를 인용하면 다음과 같다. "他們都已長大成人, 哥哥便想要和妹妹結婚, 可是妹妹却不願意. 妹妹說, '這不可以, 我們是親兄弟口牙!' 經不起哥哥再三懇求, 妹妹不能推拒, 便向哥哥說, '如果能句多追到, 就答應和哥哥結婚.' 於是哥哥和妹妹, 就繞着一顆大樹, 追走早起來. 妹妹機靈敏捷, 追了好久, 總是追不到. 哥哥心生一計, 追着追着, 忽然轉身而走, 這樣, 一點也沒有防備的氣喘口于的妹妹, 就迎面投入了哥哥的懷抱, 他們於是就結婚爲夫婦." 陳炳良, 『神話禮儀文學』, 44쪽 참조.
86) 聞一多, 『神話與詩』, 62쪽-68쪽 참조.

쪼개지면서 다수의 인간으로 변하게 된다. 혹은 고기 덩어리 인 육구(肉球) 또는 육괴(肉塊)가 쪼개지면서 인간으로 변한 다고도 한다.

④ 결혼한 커플이 씨를 낳아 그것을 심었더니 인간이 되었다.[87)]

중국의 홍수 신화는 세계 보편적 홍수 신화의 범주에 들어간다.[88)] 프레이저가 『The Golden Bough』에서 유사한 대홍수 신화가 전 세계에 유포되었다고 한 말을 상기해 보면 더욱 수긍이 가는 대목이다.

한편 구조분석학이나 심리학적 측면에서 홍수 고사를 본다면 홍수가 실제적 사건 묘사라기보다는-실제로 일어났다고 하더라도 직접적으로 단지 홍수 자체를 묘사하려는 의도가 아니라 생명의 원천 혹은 그 원천의 통로를 상징한다.[89)] 이 점에서 홍수 신화는 물속으로의 통합과 갱생이라는 생명 탄생의 반복 과정을 해석하려는 고대인의 사유의 표현 또는 최초 조상에 대한 추정의 표현이라고 볼 수도 있다.

87) 聞一多, 『神話與詩』, 65쪽-66쪽 참조.

88) 잔과 윌스(Jan and Yvonne Walls)도 대표적 홍수 신화인 『구약』의 노아와 방주 고사는 메소포타미아의 길가메쉬(Gilgamesh) 신화에서 나온 것으로 중국의 홍수 신화와도 많은 유사점을 갖고 있다고 말하고 있다. "Perhaps the version with which most Western readers are familiar is the Hebrew story of 'Noah and the Ark'. This account, which in fact originated in an earlier Mesopotamian version as told in the Epic of Gilgamesh, shows interesting similarities and contrasts with the classical Chinese versions included here." Jan and Yvonee Walls, 『Classical Chinese Myths』(H. K. : Joint Publishing Co., 1984), 4쪽-5쪽 참조.

89) 캄벨은 홍수 모티프는 신화적 아이디어이며 모든 것은 물로부터 나오고 다시 돌아가는 반복을 거치면서 새로운 세계를 창출한다고 하는 신화적 모티프라고 말하고 있다. John M. Maher and Dennie Briggs, 『An Open Life』(N. Y. : Harper & Row, 1990), 83쪽 참조.

다시 말해 태아의 모태 양수로부터의 탄생이라는 통과의례 구조를 실제적이고 구체적 사건인 홍수와 연관시켜 홍수 후 인류 재생이라는 도식으로 만들어 표현해 낸 것이라고 해석할 수 있다. 결국 문일다의 말대로 인류 기원 탐구, 홍수의 경험, 민족 감정 등이 상징적으로 묘사되면서 복잡하고 다양한 고사가 형성되었다고 볼 수 있다.[90]

2) 자연계

자연계 신화 중 열 개의 태양이 한꺼번에 출현한다는 십일병출(十日并出)과 예사일(羿射日) 이야기는 왕일의 『초사』 주에서 인용한 『회남자』에 나온다.

> 요임금이 예에게 위로 열 개의 태양을 쏘라고 명령하니, 이에 그 중 아홉 개의 태양을 적중시켰고 태양 속의 아홉 까마귀가 모두 죽어 그 깃털을 떨어뜨렸다. 고로 그중 한 개의 태양만이 남게 되었다.
> 堯命羿仰射十日, 中其九日, 日中九烏皆死, 墮其羽翼, 故留其一日也.

이처럼 고대인들은 커다란 불덩어리의 태양이 스스로 천공을 떠다닌다고 생각하기보다는 거대한 태양을 하늘에서 자유자재로 나는 새가 태우고 다닌다고 생각하는 것이 합리적이라고 보았던 것이다. 더군다나 태양의 둥근 모양은 새의 알과 흡사하고 태양의 흑점은 까마귀 모습을 하고 있어 이러한 사고는 더욱 굳어졌고 그래서 우리나라 고구려 벽화에 보이는 태양 속의 삼족오(三足烏) 그림의 예처럼 전 세계적으로도 태양조(sun bird)의 신앙이 널리 퍼져 있는 것이다. 산동 지방의 암각화 중 태양 속의 까마귀 그림도 태양 속에 까마

90) 聞一多, 『神話與詩』, 59쪽 참조.

귀가 살고 있다고 하는 고대인의 믿음을 반영하고 있다.[91)]

그렇다면 이러한 모티프가 고대 중국에서 어떻게 발생한 것일까? 몇몇 학자들은 고대인들이 태양 속에서 흑점을 발견했는데 이것이 결국 태양조 이야기로 변형된 것이라고 주장한다. 어떤 학자들은 태양조 모티프는 매일 조석으로 까마귀가 왔다 갔다 하는 이미지에서 유래하였다고 주장한다. 한편 "태양이 여섯 마리의 용이 이끄는 수레에 앉아 있고, 태양의 어머니인 희화가 그 수레를 공중에서 운전해 간다."고 하는 고대 희화어일(羲和御日) 신화도 전해지고 있다.[92)]

달과 관련해서는 달 속에 두꺼비가 살고 있는데, 예의 처 항아(姮娥)[또는 항아(嫦娥)]가 달에 몸을 맡긴 후 변한 것이라는 고사가 있다.[93)] 『회남자』「정신훈(精神訓)」에 "月中有蟾蜍."와 "嫦娥託身於月, 是爲蟾蜍."라는 구절이 있다.

바다의 신으로는 해신(海神)·해약(海若)·우강(禺疆)·우경(禺京)·우괵(禺虢) 등이 있다.[94)] 아울러 천오(天吳)라고 하는 머리와 다리, 그리고 꼬리가 모두 여덟인 바다의 신 수백(水伯)도 있다.[95)] 강의 신 하백은 풍이(馮夷)라고도 하고 빙이(冰夷)라고도 하며 이에 관한 고

91) 古添洪·陳慧樺 편저, 同書, 136쪽 참조.

92) 중국신화에 있어서 희화는 제준의 처이자 태양을 낳은 어머니로[羲和者, 帝俊之妻, 始生十日(『산해경』「대황남경」)] 태양이 수레에 타면 여섯 마리 용이 끌고 희화는 몰고 다녔다[日乘車駕以六龍, 羲和御之(『초사』洪興祖補注)]고 한다.

93) 『유양잡조(酉陽雜俎)』·「천지(天咫)」에 이르길, "舊言月中有桂, 有蟾蜍."

94) 『산해경』「대황동경」에 이르길, "우경은 북해에 있고, 우괵은 동해에 거주하는데, 이들은 해신이다.(禺京處北海, 禺虢處東海, 是爲海神.)" 해신에 관한 최초의 이름인 것이다. 해신에 관해서는 袁珂, 『中國神話傳說詞典』(上海: 上海辭書出版社, 1985), 334쪽 참조.

95) 『산해경』「해외동경」에 이르길, "朝陽之谷, 神曰天吳, 是爲水伯...... 其爲獸也, 八首人面, 八足八尾."

사가 전해지고 있다.[96]

『산해경』「대황북경」에는 촉룡에 관한 기록이 다음과 같이 나오는데, 이는 주야라는 자연현상에 대한 신화적 해석으로 볼 수 있다.

> 신이 있어 사람의 얼굴에 뱀의 몸으로 붉은데 세로 눈이 곧바로 합쳐져 있다. 그가 눈을 감으면 어두워지고 눈을 뜨면 밝아진다. 먹지도 잠자지도 쉬지도 않으며 비바람을 불러 올 수 있다. 이것은 대지의 밑바닥을 비추며 이름을 촉룡이라고 한다.
>
> 有神, 人面蛇身而赤, 直目正乘, 其瞑乃晦, 其視乃明, 不食不寢不息, 風雨是謁, 是燭九陰, 是爲燭龍.

3) 영웅

신화 속 자연 정복 영웅(hero of mastery over nature)으로는 자연재해를 막은 전형적 영웅 예(羿)를 꼽을 수 있다. 열 개의 태양 중 아홉 개를 쏘아 떨어뜨린다는 또 다른 십일병출(十日并出)과 예사일(羿射日) 고사가 기록된 『회남자』「본경편」을 인용하면 다음과 같다.

> 요임금 시절, 열 개의 태양이 한꺼번에 출현하여, 곡식을 태우고 초목을 죽이니, 백성들은 먹을 것이 없었다. 또한 알유, 착치 등은 모두 백성들의 해가 되었다. 요임금이 이에 예로 하여금 착치를 주화의 들에서 죽이게 하고...... 위로 열 개의 태양을 쏘고 아래로 알유를 죽였다.......[97]

96) 『초사』「구가」에 나오는 하백에 대해 홍흥조는 『포박자(抱朴子)』「석귀(釋鬼)」를 인용하여 "풍이는 팔월 상경일에 강을 건너다가 빠져 익사하였는데, 천제가 하백으로 봉했다.(馮夷以八月上庚日渡河溺死, 天帝署爲河伯.)"라고 주를 달고 있다.

97) 『산해경』「해내경」에도 예의 영웅적 고사가 다음과 같이 나온다. "제준이 예에게 붉은 활과 흰 화살을 주고, 하국(下國)을 도우라고 명한다. 예가 이

堯之時, 十日並出, 焦禾稼, 殺草木, 而民無所食. 猰貐, 鑿齒…… 皆爲民害. 堯乃使羿誅鑿齒於疇華之野…… 上射十日而下殺猰貐 ……

이처럼 그는 재해로부터 세상을 구하고, 오늘날 하늘을 운행하는 태양 한 개만을 남겨두었다. 과학적 지식이 부족했던 고대인들은 어제 동쪽에서 출현하여 서쪽에서 지는 태양이 오늘 동쪽에서 출현하는 태양과는 다른 태양으로 느꼈을 것이고, 이에 열 개의 태양 즉 많은 수의 태양이 존재한다고 인식했을 것으로 생각된다.

흥미롭게도 타이완 원주민 태아족(泰雅族)의 영웅사일(英雄射日) 고사에는 두 개의 태양이 등장하자 그중 하나의 태양을 쏘았고, 그 맞은 태양은 빛을 잃고 달로 변한다는 고사가 전해지고 있다.

아득한 옛날, 하늘에는 두 개의 태양이 떠 있었는데, 그 중 한 개는 지금의 태양보다도 더 컸다. 그리하여 날씨는 혹독하게 더웠고 초목들은 말라죽고 강물도 마르고 농작물은 자랄 수 없었다. 두 태양이 서로 번갈아 출현하여 주야의 구분이 없어졌고 백성들 생활은 어려워졌다. 이에 마을 사람들이 한 개의 태양을 쏘아 떨어뜨리기로 결정했다…… 이에 세 명의 용사가 지원하여 각기 한 명의 아이를 업고 출발하였다…… 태양이 있는 곳까지 가는 동안 세 용사들은 모두 늙어 죽었지만 아이들이 성장하여 계속 행진하여 결국 태양이 뜨는 곳까지 이르렀다…… 다음날 아침 세 명의 청년이 태양이 나오는 것을 보고 동시에 쏘아 그 중 하나를 쏘아 맞혔다…… 그 이후 한 개의 태양만이 있어서 주야가 분명해졌고, 우리가 지금 보는 달은 바로 그 화살에 맞은 태양의 시체인 것이다.[98]

에 비로소 하지(下地)의 많은 어려움을 구하였다.(帝俊賜羿彤弓素矰, 以扶下國, 羿是始去恤下地之百艱.)"

98) 李亦園, 『師徒神話及其他』(臺北: 正中書局, 1983), 123쪽-124쪽에서 발췌하

영웅사일 신화의 출현은 『초사』 「천문」의 "예가 어떻게 활로 태양을 쏘았는가? 까마귀가 어찌하여 깃털을 흩뜨리는가?(羿焉彃日? 烏焉解羽?)"라는 기록을 통해 그 작성 시기가 적어도 기원전 4세기경까지 거슬러 올라간다고 추정할 수 있다.

다음으로 홍수를 막고 치수에 성공한 영웅인 우에 관한 고사에는 자연 재해를 극복하려는 고대인들의 강인한 의지가 반영되어 있다. 우의 치수에 관해서는 『시경』의 「장발(長發)」, 「문왕유성(文王有聲)」 양편에 기술되어 있다.

> 밝고 밝은 이 상나라, 오래 전부터 상서로운 징조 나타났네.
> 홍수가 망망한 천지 뒤덮었을 때, 우 임금이 천하 땅 정리하셨네.[99]
> 濬哲維商 長發其祥.
> 洪水芒芒, 禹敷下土方.

우의 아버지 곤과 아들 계가 연계된 곤(鯀)-우(禹)-계(啓) 관련 신화 기록은 여러 문헌에 흩어져 있는데, 그중 『산해경』 「해내경」의 기록을 인용하면 다음과 같다.

> 홍수가 온 하늘에 넘치자, 곤은 황제의 식양(계속 자라나는 흙)을 훔쳐 홍수를 막았는데, 황제의 명령을 기다리지 않았다. 황제는 축융에게 명하여 곤을 우교에서 죽이도록 하였고 곤은 뱃속에서 우를 낳았다. 황제는 우에게 명하여 마침내 흙을 갈라 구주를 정하였다.
> 洪水滔天. 鯀竊帝之息壤以堙洪水, 不待帝命. 帝令祝融殺鯀於羽

여 요약 번역함.

99) 『시경』 역문은 하정옥 역, 『시경』 (서울: 평범사, 1976)에 주로 의거한다.

郊, 鯀復生禹. 帝乃命禹卒布土以定九州.

여기서 곤과 우의 부자관계 설정, 홍수 범람 및 치수, 곤의 비참한 최후 등이 간명하게 나타난다.

건국시조(founder of nation) 역시 영웅의 한 형태로 간주할 수 있다. 씨족사회는 부족사회로, 부족사회는 부족연맹으로, 그리고 부족연맹은 하나의 국가로 진화 발전한다. 이 과정 속에서 건국 시조는 백성들의 추앙을 받아왔다.

건국 영웅들은 황제, 염제, 제준, 요, 순과 같은 전설의 제왕 집단과 은, 주와 같은 역사시대의 왕 집단으로 분류할 수 있다. 『산해경』에 기록된 전설적 제왕들에 관한 고사 자료를 정리하여 그 혈통과 계보를 추적해 보면 신국(神國)이 존재했음을 확인할 수 있다.[100] 중국의 전설적 제왕들은 반인반수의 모습으로 신성이 강조되고 있는데, 아마도 제(帝)라고 불리는 천제에 기원을 두고 있기 때문일 것이다.[101]

건국 신화에는 건국시조의 기이한 탄생 모티프가 발견된다. 『사기』「은본기」에 은나라 건국 시조 설(契)의 탄생 기록이 나온다.[102]

은민족의 선조인 설의 어머니는 제곡(帝嚳)의 둘째 부인인 유융

---

100) 필자는 『산해경』에 나타난 전설성의 제왕들의 계보 및 그 행적을 정리한 바 있다. 졸고, 「山海經神話研究」 (國立臺灣師範大學 碩士論文, 1986), 138쪽-154쪽 참조.

101) 중국어로 '제'라는 단어는 초기에는 최고의 조상이나 황실의 시조, 즉 우두머리 조상신이 되었을 것이다. 이후 제는 계급상의 우두머리나 중국 황제의 이름을 의미하게 된다. 이것이 아마 그들이 원시성과 신성을 함께 보유하고 있는 이유일 것이다. Louis Heren, 『China's Three Thousand Years』(N. Y.: Macmillan Publishing Co, 1973), 21쪽 참조.

102) 『시경』 303편 「현조(玄鳥)」에는 "하늘이 검은 새에게 명하시어, 내려와 상(商)나라 조상 낳아, 광막한 은(殷) 땅에 살게 하셨네.(天命玄鳥, 降而生商, 宅殷土芒芒.)"라는 기록이 있다.

씨(有娀氏)의 딸인 간적(簡狄)이라고 불린다. 두 동료와 목욕을 하면서 간적은 검은 새 한 마리가 알을 떨어뜨리는 것을 보고 그것을 집어삼킨다. 이리하여 임신하였고 마침내 설을 낳는다.

殷契母簡狄, 有娀氏之女, 爲帝嚳次妃, 三人行浴, 見玄鳥墮其卵, 簡狄取呑之, 生契.

난생 모티프가 담겨있는데, 『사기』「진본기」의 진나라의 건국 시조 전욱(顓頊)의 후손의 탄생 고사에서도 역시 난생 모티프가 발견된다.

진 민족의 선조는 제전욱으로, 그의 손녀 중에 여수가 있었다. 여수가 실을 짜는데 검은 새가 알을 떨어뜨려 그녀가 그 알을 삼키고는 대업이라는 아들을 낳았다.

秦之先, 帝顓頊之苗裔孫曰女脩. 女脩織, 玄鳥隕卵, 女脩呑之, 生子大業.

여진족(女眞族)의 후예인 만주족(滿洲族) 시조 고사에도 나오는데, 난생 모티프는 일종의 신성 감응에 의한 탄생에 속한다.[103)]

장백산 아래 세 자매가 있었는데, 그 중 막내의 이름은 불고륜(佛庫倫)이다. 세 자매가 산 속에서 놀던 중 깊고 맑은 연못을 발견했는데, 거울처럼 맑아 옷을 벗고 들어가 목욕을 하였다. 홀연 두세 마리의 신령한 까치가 날아왔는데, 그 중 한 마리가 입에 물고 있던 알을 뱉어 연못가 불고륜의 옷 위에 떨어뜨렸다. 불고륜이 이를 주워 입 속에 넣는데, 언니들이 무슨 물건이냐고 물었지만 알은 이미 삼킨 후였다. 집에 돌아온 후 배가 불러왔고 10개월이 지나

103) 고대인들은 자신들의 토템이 뱃속에 들어와서 아이가 생겨나는 것이라고 믿었는데, 이러한 토테미즘 관념이 후대 감응 탄생 신화의 기원이 된다.

한 남자아이를 낳았다. 아이는 용모가 수려했고 말도 또박또박 잘 했다. 아비 없이 낳은 이 아이를 애신각라포고리(愛新覺羅布庫里)라 불렀는데, 이 아이가 곧 만주족의 시조였던 것이다.[104]

한편 전욱의 탄생에 관한 『하도위(河圖緯)』 기록은 다음과 같다.

한 처녀가 어두운 방에서 무지개가 태양을 관통하듯 옥과 같은 별의 흰 빛을 받고, 전욱 임금을 낳았다.
瑤光星如虹貫日正白感處女於幽房之宮, 生帝顓頊.

이 구절의 구조를 이루는 세 가지 주 화소는 처녀, 하늘로부터의 빛, 그리고 어두운 방이다.[105] 이 요소들은 바로 유화가 결혼하지 않은 처녀의 몸으로 어두운 방에서 햇빛을 받고 주몽을 잉태한다는 주몽 탄생 신화의 주요 화소들과 정확히 일치한다.

처녀가 빛의 신성한 감응으로 임신한다는 탄생 모티프의 기원은 고대 모신 숭배에서 비롯되었다고 보는 견해가 지배적이다. 신성한 감응을 받은 처녀는 종종 고대 종족의 모신이 되곤 하였다. 처녀가 영웅을 낳는 신화적 관념은 인간의 정신적 삶의 태어남을 가리킨다는 견해도 있다.[106]

다음으로 주 민족의 시조 후직(后稷)의 기이한 출생과 성장 이야기는 「생민(生民)」에 묘사되어 있다.

그 처음 백성을 낳으신 분, 바로 강원님. 백성을 어떻게 낳으셨을까?

104) 馮天瑜, 『上古神話縱橫談』(上海: 上海文藝出版社, 1983), 79쪽-80쪽 참조.
105) 노약등(盧若騰)의 『島居隨錄』 卷上의 "顓頊母及商湯母皆感月而孕." 문구에서 보듯, 전욱의 어머니와 상나라 탕왕의 어머니 모두 달의 신성한 감응에 의해 임신한다는 내용이 있다.
106) John M. Maher and Dennie Briggs, 『An Open Life』(N. Y.: Harper & Row Publishers, 1990), 23쪽 참조.

정결히 제사지내어, 자식 없는 나쁜 징조 쫓아내시고,
상제 엄지발가락 자국 밟고 마음 기뻐져, 그 자리 쉬어 머무셨네.
곧 아기 배어 삼가시고, 아기 낳아 기르시어, 이분이 바로 후직님이네.

厥初生民, 時維姜嫄. 生民如何?
克禋克祀, 以弗無子,
履帝武敏歆, 攸介攸止.
載震載夙, 載生載育, 時維后稷.

아기를 좁은 골목에 버렸으나, 소와 양도 감싸주고 아껴 주었으며,
넓은 숲 속에다 버렸으나, 마침 숲의 나무를 다 베어 냈었고,
찬 얼음 위에 버렸으나, 새가 날개로 덮어 주었네.
새가 날아가자, 후직께서 우시고,
큰 소리 멀리 퍼져 나가, 그 소리 길까지 들리네……

誕寘之隘巷, 牛羊腓字之.
誕寘之平林, 會伐平林,
誕寘之寒氷, 鳥覆翼之.
鳥乃去矣, 后稷呱矣,
實覃實訏, 厥聲載路……

이 고사는 주 나라 시조 후직의 어머니인 강원이 거인의 족적을 밟고 후직을 낳았는데, 후직이 영웅의 일생에서 나타나는 패턴, 즉 모친의 감응에 의한 기이한 출생 후 버림을 받고[107] 동물의 도움을 받아 결국에는 성공한다는 구성으로 이루어져 있다.

107) 출생 후 일정 기간 버림을 받는다는 것은 영웅 일생에 있어서의 일반적인 통과의례다. 예를 들면 한국 주몽 신화에서도 유화가 하늘의 감응을 받고 낳은 주몽이 처음 알로 태어난 후 버림을 받는 모습이 나오고 『구약』에 나오는 모세의 고사에서도 버림받는 모습이 나온다. 영웅이 버림받는 모티프는 고대 아기를 낳은 후 일정 기간 버려두는 관습의 상징적 표현이라는 주장이 제기되고도 있는데, 아무튼 후직의 다른 이름이 '기(棄)' 즉 '버림'이라는 뜻에서도 버림이라는 관습을 엿볼 수 있다.

『시경』「대아(大雅)」에도 후직의 기이한 출생이 묘사되어 있다.

(강원이) 자식이 없어 제사를 드렸다. 천제의 엄지발가락 자국을 밟으니 기쁜 마음이 들어, 집에 돌아와 쉬었는데, 곧 임신을 하였고 조신하였다. 아이를 낳아 기르니 이 사람이 곧 (주의 시조인) 후직이다.

克禋克祀, 以弗無子. 履帝武敏歆, 攸介攸止: 載震載夙, 載生載育, 時惟后稷.

후직 외에 복희[伏犧, 또는 복희(宓犧), 황희(皇犧)]의 신화도 여러 문헌에 기록되어 있다.

큰 발자국이 뇌택에 출현했는데, 화서씨가 이를 밟고 복희를 낳았다.

大跡出雷澤, 華胥履之而生伏羲. (『산해경』「해내동경」)

이들 시조 또는 신격체의 탄생 신화에는 족적 감생 유형이 나타나는데, 여기에서 족적은 일반적으로 성을 암시한다고 해석할 수 있다. 『사기』「주본기(周本紀)」에도 『시경』 기록과 유사한 내용이 있는데, 후직이 버림받은 후의 상황에 대해서는 다음과 같이 기록되어 있다.

강원이 신령스럽게 여겨 드디어 그 아이를 거두어 키우기로 했다. 처음에 그 아이를 버리려고 했기 때문에 이름이 기(棄)가 되었다. 기는 어린 시절…… 나무와 콩을 심는 것을 좋아하였는데…… 요임금이 기에 관한 소식을 듣고 그를 농사(農師)의 직위를 주었다.

姜原以爲神, 遂收養長之. 初欲棄之, 因名曰棄. 棄爲兒時…… 好種樹麻菽…… 帝堯聞之, 擧棄爲農師.

정리하면 다음과 같은 영웅 일생 패턴이 나온다.

① 그는 비범한 능력을 갖고 있다.
② 그는 버림받는다.
③ 그는 동물 또는 신분이 낮은 사람에 의해 구조된다.
④ 그는 별 어려움 없이 후계자가 된다.

후직 외에 은의 설과 진의 대업의 일생도 이상의 네 가지 패턴을 벗어나지 않는다.

신화 속 거인 과보는 불굴의 정신으로 태양을 쫓아 끝까지 따라가지만 도중에 탈진하여 죽은 후 등림이 되는 전형적인 비극영웅으로, 『산해경』에 과보추일(夸父追日) 고사 나온다.

과보가 태양과 달리기 경주를 하러 태양 속에 들어갔는데, 갈증 때문에 물을 마시고자 하였다. 황하와 위수를 마셨지만 부족하였다. 그래서 북쪽의 대택(大澤)까지 마시려 했는데 결국엔 이르지 못하고 도중에 목이 말라죽었다. 그의 지팡이를 던지니 등림(鄧林)으로 화했다.

夸父與日逐走, 入日, 渴欲得飮. 飮於河渭, 河渭不足. 北飮大澤, 未至, 道渴而死. 棄其杖, 化爲鄧林. (「해외북경(海外北經)」)

과보가 힘을 헤아리지 않고 태양을 쫓아가기로 하였다. 우곡(禺谷)까지 쫓아가 강물을 마셨지만 부족하였다. 장차 대택(大澤)으로 가려고 했지만 이르지 못하고 이곳에서 죽고 만다.

夸父不量力, 欲追日景, 逮之於禺谷, 將飮河而不足也. 將走大澤, 未至, 死於此. (「대황북경(大荒北經)」)

거인 과보는 신인(神人)의 이름으로서 그 자신은 인간으로서의 성질과 한계가 있다. 유한한 생명을 가진 그가 힘을 헤아리지 않고 무한한 시간을 가진 자연물 태양과 경주를 한다는 것은 무모함과 다를 바가 없다. 종점에서 태양을 따라잡았지만 작렬하는 태양의 열기를 견디지 못하고 마침내 인간의 생리현상인 갈증을 드러내고 사망에 이른다. 하지만 그는 불굴의 신념으로 그 지팡이를 던져 등림으로 화하여 뿌리를 대지에 내리고 끝까지 수원(水源)을 찾아가려 했기에 그는 죽음에도 불구하고 결국 불사의 분투정신의 상징이 된다.

『산해경』에는 비극영웅 정위와 형천의 신화 원형도 있다.

> 새가 있는데 모습이 까마귀 같고 머리는 무늬가 있으며 부리는 희고 발은 빨갛다. 이름이 정위라고 하며 그 울음은 자기 이름 소리를 낸다. 이 새는 염제의 어린 딸로 이름이 여왜(女娃)였다. 여왜는 동해에서 놀다가 물에 빠져 돌아오지 못하고 정위라는 새가 되어 항상 서산의 나무와 돌을 물어다가 동해를 메우는 것이다.
>
> 有鳥焉, 其狀如烏, 文首白喙赤足, 名曰精衛, 其鳴自詨. 是炎帝之少女名曰女娃. 女娃游于東海, 溺而不返, 故爲精衛, 常銜西山之木石, 以堙于東海. (「북산경(北山經)」)

> 형천이 천제와 이곳에서 신의 지위를 다투었는데 천제가 그의 머리를 잘라 상양산(常羊山)에 묻자 곧 젖으로 눈을 삼고 배꼽으로 입을 삼아 방패와 도끼를 들고 춤을 추었다.
>
> 刑天與帝至此爭神, 帝斷其首, 葬之常羊之山, 乃以乳爲目, 以臍爲口, 操干戚以舞. (「해외서경(海外西經)」)

여왜가 동해 바다에 빠져 죽은 후 여한이 있어 정위로 화한 후 미미한 작은 나무와 돌로 자신이 빠져 죽은 무한한 동해를 메우려 하는 고집과 비장함은 사람들의 심금을 울린다. 형천 고사 속 의식 기조 역시 대체적으로 과보와 정위 고사와 유사하다. 천제와 평등한 지위에 있다고 여긴 형천이 천제와 신위를 다투는 격렬한 전쟁을 전개하다가 뒤 머리가 잘린 뒤에도 굴하지 않고 "젖으로 눈을 삼고 배꼽으로 입을 삼아(以乳爲目, 以臍爲口)"라는 정신으로 돌파해 간다. 이러한 불굴의 행위는 고대인들의 환난 중 생존의 의지를 대변하고 있다.

한편 공공과 우왕의 부친 곤은 각각 전욱(顓頊)과의 전쟁에서 패한 후 부주지산(不周之山)을 들이받아 홍수를 일으킨 비극영웅과 천제 몰래 식양을 훔쳐 홍수를 막았지만 결국 천제의 분노를 사서 죽임을 당한 프로메테우스 유형의 비극영웅으로 등장한다.

고대사회는 성숙해질수록 문명생활을 영위하기 위한 각종 발견 또는 발명을 하는 문화 영웅(culture hero)이 출현한다. 절도가 있으며 과격한 것을 즐기지 않는 반신반인적 존재인 이들은 일찍이 지상에 생존하면서 여러 종류의 문화를 창조하고 부족 사이에서는 신앙과 숭배의 대상이 된다.

인신우수의 신농

중국에서는 위대한 업적을 남긴 전설상의 제왕들이 숭배되어 왔다. 우선 불을 발견한 수인(燧人), 사냥하는 법과 그물을 이용하여 고기 잡는 법을 가르친 복희(伏羲),[108] 사람들에게 농사 방법을 가르쳐 준 신농(神農)[109] 등 삼황(三皇)이 있다.

108) 복희(伏羲)는 동물의 정복자라는 의미의 이름이다. 희황(羲皇) 또는 포희로도 불리며 인류에게 또 다른 문명을 가져다 준 동방의 상제다. 『주역(周易)』「계사(繫辭)」에는 "포희씨(包羲氏) 즉 복희씨는 처음으로 팔괘를 만들어, 신명의 덕을 관통하고 만물의 상황을 분류하였다.(包羲氏始作八卦, 以通神明之德, 以類萬物之情.)"라는 기록이 있다.

109) 신농은 의약의 신이기도 하다. 『회남자』「수무편(修務篇)」에 "신농이 일찍이 여러 풀들의 맛을 보느라고 하루에도 칠십 가지의 독을 만났다.(神農嘗百草之滋味, 一日而遇七十毒.)"라는 기록이 있다.

그 뒤를 이어 금슬(琴瑟)을 발명한 소호(少昊), 농기구, 무기, 피리, 종 등을 창조한 제준(帝俊), 코끼리를 이용하여 농사를 지은 순(舜), 수레, 면류관, 솥, 시루, 집 짓는 법을 터득한 황제(黃帝), 음악을 창조한 계(啓)와 전욱(顓頊), 의술의 선구자 유부와 뇌공, 치수의 방법을 개발한 우, 순임금 시절 농업과 교육을 맡은 직110)과 설 등 그 예는 수없이 많다.

이밖에 문화 영웅에 관한 기록이 『산해경』「해내경」에 나온다.

> 염제의 손자 백릉이...... 고, 연, 수를 낳았는데, 수는 처음으로 과녁을 만들고, 고와 연은 처음으로 종과 음악을 만들었다.
> 炎帝之孫伯陵...... 是生鼓延殳. 始爲侯, 鼓延是始爲鍾, 爲樂風.

> 제준이 우호를 낳고, 우호가 음량을 낳고, 음량이 번우를 낳았는데, 그가 처음으로 배를 만들었다. 번우가 해중을 낳고, 해중이 길광을 낳았는데, 길광이 처음으로 나무로 수레를 만들었다.
> 帝俊生禺號, 禺號生淫梁, 淫梁生番禺, 是始爲舟. 番禺生奚仲, 奚仲生吉光, 吉光是始以木爲車.

> 소호는 반을 낳았는데, 반은 처음으로 활과 화살을 만들었다.
> 少皞生般, 般是始爲弓矢.

> 제준이 안룡을 낳았는데, 안룡은 거문고를 만들었다.
> 帝俊生晏龍, 晏龍是爲琴瑟.

> 제준은 여덟 아들이 있는데, 이들이 처음으로 가무를 만들었다.
> 帝俊有子八人, 是始爲歌舞.

110) 『사기』「주본기」에 이르길, "요임금이 듣고는 기(棄)를 농사로 천거했다… 공이 있어 순임금이 기를 태(邰) 지방에 봉하고 후직이라 불렀다.(帝堯聞之, 擧棄爲農師…… 有功, 帝舜封棄於邰, 號曰后稷.)"

제준이 삼신을 낳고, 삼신이 의균을 낳았는데, 의균이 처음으로 교수가 되어 하계의 백성들에게 여러 기물을 만들어 주었다.

帝俊生三身, 三身生義均, 義均是始爲巧倕, 是始作下民百巧.

후직은 온갖 곡식을 파종하였다. 그의 손자인 숙균은 처음으로 소 농사를 지었다.

后稷是播百穀. 稷之孫曰叔均, 始作牛耕.

우와 곤이 처음으로 땅을 갈라 구주를 균등하게 정하였다.

禹鯀是始布土, 均定九州.

물론 이들 영웅들은 실제와 상상의 결합을 통해 진화되어 오긴 했지만 역사적 증거가 더 이상 나오지 않는 한 전설보다는 신화의 영역에서 다루어져야 할 것이다.

4) 전쟁과 갈등

전쟁 신화 중에서는 황제와 치우의 전쟁 고사가 가장 유명하다. 치우가 안개와 비바람을 부리는 데 상당한 능력을 갖고 있었던 점이 특징이다. 『산해경』「대황동경」에 이르길,

치우가 병사를 일으켜 황제를 공격했는데, 황제가 이에 응룡(應龍)으로 하여금 기주(冀州)의 들에서 치우를 공격하게 하였다. 응룡이 물을 빨아들이자 치우는 풍백(風伯)과 우사(雨師)를 청하여 큰 비바람을 일으키니, 황제는 이에 천녀인 발(魃)을 내려 보내 비를 멈추게 하고 드디어는 치우를 죽였다.

蚩尤作兵伐黃帝, 黃帝乃令應龍攻之冀州之野. 應龍畜水, 蚩尤請風伯雨師, 縱大風雨. 黃帝乃下天女曰魃, 雨止, 遂殺蚩尤.

이 밖에 치우가 안개를 일으켰다는 고사가 여러 문헌에 나온다.[111] 이미 언급한 바와 같이『회남자』「천문훈(天文訓)」에는 공공과 전욱의 싸움 이야기가 전해진다.

> 옛날 공공과 전욱이 천제가 되기 위해 싸움을 했다. (공공이 지자) 노하여 부주산을 들이받자 천주가 부러지고 땅을 받치는 끈이 끊어졌다.
> 昔者共工與顓頊爭爲帝, 怒而觸不周之山, 天柱折, 地維絶.

하늘기둥(cosmic pole) 즉 천주 관련 고사는 세계수(世界樹) 또는 우주수(宇宙樹) 고사와 함께 중국뿐만 아니라 세계 각국의 고대 신화에 나오는 중요한 모티프로서, 하늘과 땅을 받쳐 주는 기둥이나 나무를 통해 천지를 왕래한다는 고대인의 보편적인 우주관이 배어 있다.

5) 재생, 변형 그리고 원국이인

『웹스터 사전(Webster's Dictionary)』에 따르면 '재생(rebirth)'은 죽음이라는 과정을 전제로 하여 사망 후에 나타나는 제2의 삶, 또는 소생(renewal)이라고 정의 내리고 있다. 재생이란 사에서 생으로의 복원, 특히 사망 후 사체 또는 영혼의 재활을 의미한다고 하겠다.

생사의 리듬을 반영하는 재생 모티프는 중국신화에도 보편화되어 있다. 물론 이러한 '다른 세계'의 설정은 인간의 영혼과 육체가 분리

111)『태평어람』권15에서는『지림(志林)』을 인용하여 다음과 같이 묘사하고 있다. "황제와 치우가 탁록의 들에서 싸우는데, 치우가 큰 안개를 삼일간 일으키자 군인들이 모두 미혹되었다.(黃帝與蚩尤戰於涿鹿之野, 蚩尤作大霧彌三日, 軍人皆惑.)" 또 진(晉) 최표(崔豹)의『고금주(古今注)』에 이르길, "치우가 큰 안개를 일으키니, 병사들이 모두 헤매었다.(蚩尤作大霧, 兵士皆迷.)"

될 수 있으며 영혼은 육체로부터 분리되어 죽음의 경계를 넘어 영원히 산다고 하는 가정에서 출발한다. 영육분리(靈肉分離)의 이원사상과 영혼불멸(靈魂不滅)사상은 중국에서는 혼(魂)과 백(魄)에서 나타난다. 『태평어람』 권549 예의부28 복혼조와 『예기』 권5의 기록을 각각 참고하면 다음과 같다.

> 사람의 정기는 혼이라 하고, 형체는 백이라 부른다. 이는 음양 두 기운이 합쳐 생기는 것이다.
> 人之精氣曰魂, 形體謂之魄. 合陰陽二氣而生也.

> 혼기는 하늘로 돌아가고 형백은 땅으로 돌아가는 고로 제사 지내어 음양의 의를 구한다.
> 魂氣歸于天, 形魄歸于地, 故祭求諸陰陽之義也.

혼은 하늘로 백은 땅으로 돌아간다는 혼백이원사상(魂魄二元思想)을 믿어왔던 것이다. 이러한 영육분리 사고에 기초한 영혼불멸사상은 달이 기울고 차는 등 자연의 생사 순환원리를 체득하면서 생명의 재생관념으로 형성되었고, 마침내 재생 모티프로 자리 잡은 것이다.[112]

재생은 크게 세 가지로 나눌 수 있다. 죽은 자가 다시 살아나 생명을 연장하는 부활(復活), 다른 사람이나 동식물로의 환생(還生), 그리

112) 두이미(杜而未)는 「盤古神話及其類型」[『文史哲學報』(臺北: 臺灣大學文學院, 1987), 제35기, 183쪽-226쪽에 실림]에서 달이 지고 난 후 다시 새롭게 재생하는 등 달 모양의 변화 과정이 반고의 사후 시체가 변화하는 고사 등 일련의 재생 관련 신화의 형성 근거가 되었다고 설명하고 있다. 그는 또 『佛教原義的發明』[(臺北: 學生書局, 1978), 180쪽 참조]에서 남태평양 원주민들이 달이 지고 뜨지 않을 때 연속 3일 간 잠을 잔 후 달과 함께 재생하는 의식이나, 남아시아 Chams 사람들이 불사의 은혜는 달에서 비롯되었다고 여기는 사실 등을 들어 달과 재생 신화의 연관성을 강조하고 있다.

고 신(神), 신선(神仙), 또는 정령(精靈)으로의 환생(幻生)이다.[113]

중국신화 중 부활 유형으로는 『산해경』「해내서경」에 이부(貳負)의 신하에게 죽임을 당한 알유(窫窳)가 부활하려는 고사를 들 수 있다.

> 개명 동쪽에 무팽, 무저, 무양, 무리, 무범, 무상이 있어서, 알유의 시체를 둘러싸고 모두 불사약으로 죽음을 막고 있다. 알유는 뱀의 몸에 사람 얼굴을 하고 있는데 이부의 신에 의해 피살되었다.
>
> 開明東有巫彭巫抵巫陽巫履巫凡巫相, 夾窫窳之尸, 皆操不死之藥以距之. 窫窳者, 蛇身人面, 貳負臣所殺也.

『산해경』「해외북경」 속 원국이인(遠國異人) 중 하나인 무계지국(無䏿之國)에 대한 곽박(郭璞)의 주에는 다음과 같은 내용이 나온다.

> 그 사람들은 굴에 살며 흙을 먹는데, 죽어서 묻으면, 심장은 썩지 않고, 백 이십 년이 지나면 다시 살아난다.
>
> 其人穴居食土, 無男女, 死卽埋之, 其心不朽, 死百二十世乃復更生.

환생(還生) 모티프는 죽은 자가 원래의 모습이 아닌 새로운 형태의 생명으로 재생하는 모티프로서, 죽을 수밖에 없었던 존재는 시공을 초월하여 동식물 또는 광물로의 변형을 통해 영생을 얻게 된다.

물고기로의 변형 신화로는 『산해경』「대황서경」의 전욱 관련 신화를 예로 들 수 있다.

> 반신 불구의 고기가 있어 어부라고 불리는데, 전욱이 죽은 후 다시 살아난 것이다……. 뱀이 물고기로 화했는데, 이는 어부로서 전욱이 죽은 후 다시 살아난 것이다.

113) 최운식, 『한국설화연구』(서울: 집문당, 1991), 214쪽 참조.

有魚偏枯, 名曰魚婦, 顓頊死卽復蘇…… 蛇乃化爲魚, 是爲魚婦, 顓頊死卽復蘇.

곰으로의 변형 신화는 『좌전』 소공(昭公) 7년의 기록과 『한서』「무제기(武帝紀)」의 기록에 각각 나온다.[114] 곤과 그의 아들 우왕의 곰으로의 변형 고사이다.

옛날 요임금이 곤을 우산에서 처형했는데, 그 신이 화해서 누런 곰이 되어 우연에 들어갔다.
昔堯殛鯀于羽山, 其神化爲黃熊, 以入于羽淵.

우왕이 홍수를 다스리고, 헌원산을 지나 곰으로 화했다.
禹治鴻水, 通軒轅山, 化爲熊.

곤이 황룡(黃龍)이나 자라로 변한다는 설도 있다. 『산해경』「해내경」 주에 인용된 『개서(開筮)』와 『국어』「진어(晉語)」에 각각 이르길,

곤이 죽어 삼 년 간 썩지 않자, 오도라는 보검으로 시체를 가르니, 황룡으로 화했다.
鯀死三歲不腐, 剖之以吳刀, 化爲黃龍.

옛날 곤이 황제의 명을 어겨, 우산에서 처형당했는데, 황능(여기서는 발이 세 개인 자라를 칭함)이 되어, 우연에 들어갔다.
昔者鯀違帝命, 殛之于羽山, 化爲黃能, 以入于羽淵.

뱀으로의 변형 모티프는 영고(靈鼓)가 황사(黃蛇)로 변한다는 『목

114) 『楚辭』「天問」에도 다음과 같은 의문문 형태의 기록이 있다. "阻窮西征, 巖何越焉? 化爲黃熊, 巫何活焉?"

천자전』 권5 속 고사에서 찾을 수 있다.

> 천자가 그에게 영고를 남겼는데, 이에 황사로 화하였다.
> 天子遺其靈鼓, 乃化爲黃蛇.

중국신화에는 요초, 풍(楓), 등(鄧) 등 식물로의 변형 모티프가 있는데, 요초와 단풍나무에 관해서는 『산해경』「중산경」, 「대황남경」 및 곽박의 주에 각각 나온다.

> 황제의 딸이 죽은 후, 그 이름이 여시로 불리었고, 요초가 되었는데...... 이를 복용하면 사람들을 매혹시킨다.
> 帝女死焉. 其名曰女尸, 化爲瑤草...... 服之媚于人.

> 대황 가운데 송산이 있는데, 그 곳에 적사가 있고, 이름이 육사이다. 산 위에 자라는 나무가 있는데, 이름이 풍목이다. 치우가 버린 바로 그 족쇄로, 이것이 풍목이 되었다.
> 大荒之中, 有宋山者, 有赤蛇, 名曰育蛇. 有木生山上, 名曰楓木. 楓木, 蚩尤所棄其桎梏, 是爲楓木.

> 치우가 황제에 잡혀 형틀에 채워져 죽임을 당했는데 나중에 그 형틀을 던져 버리자 나무로 변하였다.
> 蚩尤爲黃帝所得, 械而殺之, 已搞棄其械, 化而爲樹也.

이 밖에 여와가 하루에 70번 화(化)한다는 이야기와 같이 여와의 화생(化生)에 의해 만물이 출현한다는 신화와 반고의 시체가 화하여 우주만물이 출현한다는 신화 모두 환생 유형으로 볼 수 있다.

환생(幻生)에 관한 신화는 사후에 신, 신선, 정령(精靈)으로 변하거나 하늘로 승천하는 유형으로서, 복희의 딸 복비(宓妃)가 낙수신(洛

水神)으로 변하는 고사와, 요임금의 딸이자 순임금의 처인 아황(娥皇)과 여영(女英)이 상수(湘水)의 여신으로 변하는 고사가 있다. 전자는 복비가 물에 빠져 죽은 후 하신이 된다는 내용이고,[115] 후자는 순임금이 남쪽 땅에 순시 나갔다가 창오의 들에서 서거한 후 아황과 여영이 상수에 빠져 따라 죽었으며 이후 각각 상군(湘君)과 상부인(湘夫人)으로 불리는 상수의 여신이 된다는 내용이다.[116]

신화에 나타난 재생 모티프는 고대인들의 영원한 삶을 강하게 희구하는 적극적인 사고를 반영하는 동시에 자연의 순환 원리를 인간의 생명에 연계시켜 생명의 영원성 또는 그 반복 원리를 나타내고 있다. 한편 생사 생명의 순환 과정뿐만 아니라 유년기에서 청장년기로의 새로운 전환, 입사(入社) 등과 같은 통과의례로 해석할 수도 있다.

6) 기타

이밖에 동식물 관련 고사들도 전해지고 있다. 예를 들면, 비익조(比翼鳥)[117]는 자웅이 각각 하나의 눈과 하나의 날개를 갖고 있으므로 둘이 함

115) 『문선』 권19 『낙신부(洛神賦)』 주에 이르길, "복비는 복희의 딸로, 낙수에 빠져 죽어 신이 되었다.(宓妃, 伏羲氏之女, 溺死洛水, 爲神.)"

116) 이현(李賢)의 『후한서』 주에 『열녀전(列女傳)』을 인용하여 이르길, "순이 지방을 순시하다가 창오에서 사망하였다. 두 부인이 강, 상 사이에서 따라 죽었는데 사람들은 이들을 상군, 상부인으로 불렀다.(舜陟方, 死于蒼梧. 二妃死于江湘之間, 俗謂之湘君湘夫人也.)"

117) 비익조는 한 새가 눈 하나와 날개 하나만 있어서 두 마리가 서로 나란히 해야 비로소 두 날개를 이루어 날 수 있다고 하는 새라고 전해지고 있다. 관련 기록을 보면 먼저 『산해경』 「해외남경」에 이르길, "비익조는 그 동쪽에 있는데, 그 새는 몸빛이 푸르고 붉으며 두 마리 새가 날개를 나란히 하고 있다.(比翼鳥在其東, 其爲鳥青赤, 兩鳥比翼.)" 「서산경」에 이르길, "이곳의 어떤 새는 생김새가 물오리 같은데 날개와 눈이 각기 하나로 상대방과 합쳐져야만 날아간다. 이름을 만만이라고 한다.(有鳥焉, 其狀如鳧,

께 합하여서만 날 수 있다는 상상의 새이고, 연리지(連理枝) 역시 뿌리가 서로 다른 두 그루가 가지가 서로 이어져 하나가 된다는 상상의 나무이다.

한편 돌 즉 석두 관련 모티프도 적지 않게 전해진다. 석두 모티프 신화에는 인류와 자연물의 탄생, 변형을 통한 재생, 거석숭배와 원형회귀 모티프들이 함축되어 있다.

돌에서의 출생에 관한 대표적인 신화로는 우왕 고사를 들 수 있다. 돌이 생식력을 구비하고 있다고 하는 관념이 담긴 최초의 기록이 『회남자』「수무훈」과 『사기』「육국연표(六國年表)」에 나온다.

> 우가 돌에서 출생했다.118)
> 禹生於石.

> 맹자는 우가 석뉴(石紐)에서 나왔으며, 서이인(西夷人)이라고 칭했다.
> 孟子稱禹生於石紐, 西夷人也.

아들 계와 아버지 곤의 행적 역시 돌과 연관이 있다. 계의 출생에 관해서는 『한서』「무제기(武帝記)」 안사고주(顔師古注)에 인용된 『회남자』에 다음과 같은 내용이 나온다.

> 우가 홍수를 다스려 헌원산을 통하게 하고 곰으로 화하였다. 도

而一翼一目, 相得乃飛, 名曰蠻蠻.)" 또 곽박의 주에 이르길, "(이는) 비익조이다. 청적색의 빛깔이며 나란히 붙어 있지 않으면 날지를 못한다. 『이아(爾雅)』에는 겸겸조라고 되어 있다.(比翼鳥也. 色青赤, 不比不能飛, 爾雅作鶼鶼鳥也.)" 비익조는 조조의 『선재행(善哉行)』의 "比翼翔雲漢, 羅者安所羈" 구절에도 등장한다.

118) 이 부분에 대해 고유(高誘)는 주에서 우의 모친이 돌의 감응으로 우를 임신하였는데, 우가 그녀의 가슴을 가르고 태어났다고 기술하고 있다.

산씨에게 "식사를 가져오려면 북소리를 듣고 오시오"라고 말하였다. 우가 돌을 잘못 밟아 북에 잘못 맞자 도산씨가 갔다. 가보니 우가 곰으로 변한 것을 보고 부끄러워 돌아갔다. 숭고산 아래 이르러 돌로 화하고는 계를 낳으려 할 때 우가 "내 아들 돌려줘!"라고 외치니, 돌이 북쪽으로 깨지며 계가 출생하였다.

禹治鴻水, 通軒轅山, 化爲熊, 謂塗山氏曰...... "欲餉, 聞鼓聲乃來."禹跳石, 誤中鼓, 塗山氏往, 見禹方作熊, 慙而去. 至嵩高山下, 化爲石, 方生啓. 禹曰: "歸我子!" 石破北方而啓生.

우왕 신화에 나오는 계모석(啓母石) 고사이다. 곰의 형태로서 배회하던 우의 모습을 보고 놀란 부인 도산씨가 변하여 돌이 되었는데, 그 돌에서 아들 계가 태어난다는 이야기에서 돌과 생명의 탄생 간의 밀접한 관계가 엿보인다.

곤에 관한 기록은 『산해경』「해내경(海內經)」 주에서 인용한 『개서(開筮)』에 다음과 같이 나온다.

홍수가 넘쳐 끝남이 없는 바, 백곤이 이에 식석(息石)과 식양(息壤)으로 홍수를 막았다.

滔滔洪水, 無所止極, 伯鯀乃以息石息壤, 以堙洪水.

이처럼 우왕 가족은 석두 가족이라고 칭해도 무방할 정도로 이야기 주요 부분에서 돌과 밀접한 관계를 맺고 있다.

한편 소수민족 여족(畲族)의 석두 고사에는 재생 유형이 보인다.

홍수 이전에 큰불이 나서 인류를 태워 죽여, 반석랑(磐石郞)과 남화고(藍禾姑) 둘만 남았다. 그들은 석사자 입 안에서 화재를 피했다. 후에 둘은 결혼하여 반가(磐哥)와 운닙(雲囡)을 낳았다. 어느 날 뇌신이 남화고를 죽이자 반석랑은 복수를 하기로 하였다. 그는 마침내 뇌신을 잡았지만, 뇌신이 반가와 운닙을 속여 풀려났다……. 홍수가 도래할 때 두 아이는 박 안에 숨고, 반석랑은 돌배에 숨었다. 홍수가 물러날 때 두 아이만 생존했다…….

在洪水之前, 曾有一場大火把人類都燒死了, 只乘下磐石郎和藍禾姑兩人. 他們是躲在石獅子口中逃過大災的. 後來, 他們結了婚, 生下了磐哥和雲囡. 一天雷神把藍禾姑殛死了. 磐石郎要爲她報仇. 他終於把雷神促住, 但雷神把磐哥和雲囡騙了, 把他放出來……. 到了洪水來時, 兩小孩便躲進瓜裏, 而磐石郎却躲在石船裏. 當洪水退却時, 只有這兩小孩生還…….[119)]

피난처로서의 중개 역할을 하는 석사자 입 안과 돌로 만들어진 배, 그리고 생존자 반석랑이라는 이름에 들어 있는 석(石)은 인류 재생의 기반 역할을 하고 있다. 생명력의 상징인 돌에서의 출생, 출생된 인간의 화석, 화석의 사람으로의 복귀라는 재생 순환 원리가 담겨있다.

맷돌은 홍수 신화에 반영되어 테스트 도구로서 쓰이는데, 폴 비알(Paul Vial)이 1898년 상하이에서 출판한『Les Lolos』중 로로족 창세 신화에서 맷돌이 다음과 같이 등장한다.

그 창조된 사람은 형(mou)과 매(neu) 두 사람이었으며 이름은 테치(Techi)라고 하였다. 물론 아비(iba)도 없었으며 어미(ima)도 없었고 지상에는 한 사람의 사람도 있지 아니하였다. 그리고 그 남매는 전혀 이토(泥土)로 창조되었다. 남매는 두 산상에 각각 있어 서로 둥근 돌을 던져 보았다. 그러나 누이의 돌이 떨어진 위에 형의 돌이 얹혔다. 그들은 또 한 개씩의 체(篩)를 가지고 돌려보았다. 누이의 것은 좀 앞에서 그치고 형의 것은 산록에서 바로 그 뒤에 떨어졌다. 그들은 각각 산상에서 불을 피웠더니 연기는 천상으로 올라가서 한 산 위에 모였다. 그 뒤에 형매(兄妹)는 부부가 되어 누이는 박(瓢)을 낳았다. 그 박 중에는 모든 종류의 사람 씨가 들어 있었으므

119) 陳炳良,『神話禮儀文學』, 45쪽

로 사람은 이렇게 번식하게 되었다.[120]

천의(天意)의 테스트 결과 맷돌이 서로 포개지는 장면은 바로 성애의 의의를 상징한다고 해석할 수 있다.

인간이 화석(化石)이 되는 망부석 고사는 『고소설구침(古小說鉤沉)』에서 채록한 「유명록(幽明錄)」 기록에 나온다.

> 무창 신현의 북산 위에 망부석이란 것이 있었는데 그 형상이 마치 사람이 서 있는 것과 같았다. 전하는 말에 이르기를, 옛날에 한 정부(貞婦)가 있었는데 그 남편이 군인으로 멀리 국난(國難)에 나가게 되자 그 부인은 어린 아들을 데리고 이 산에서 그의 남편을 전송하였는데 서서 바라보다가 그대로 돌로 변해 버렸다고 한다.[121]
>
> 武昌新縣北山上有望夫石, 狀若人立者. 傳云, 昔有貞婦, 其夫從役, 遠赴國難, 婦攜幼子, 餞送此山, 立望而形化爲石.

원부(怨婦)가 화석이 된다는 내용의 배경에는 고대 거석 숭배 신앙과 사후에 생명이 돌로 회귀한다는 원시 신앙이 내포되어 있다.

우왕과 도산씨 고사 중 우왕이 돌을 잘못 밟자 이에 좇아간 도산씨가 남편의 모습을 보고 부끄러워 돌로 화했다고 하는 내용에도 인간의 화석으로의 변형 요소가 담겨있다.

120) 손진태, 『한국민족설화의 연구』(서울: 을유문화사, 1954), 9쪽-10쪽 참조.
121) 魯迅 저, 정범진 역, 『中國小說史略』, 48쪽-49쪽에서 인용. 이 고사는 『태평어람』 권64에 인용된 『선성도경(宣城圖經)』에도 실려 있다.

제3장

중국신화 깊이 읽기

1. 신화의 시원과 변형

달나라 원주인은 토끼일까? 두꺼비일까?

신화는 단지 고대인의 허구적 상상의 결과물, 괴이한 이야기 또는 한낱 소소한 이야깃거리만은 아니다. 당시 현실의 바탕 하에 풍부한 상상력과 예지력을 가미하여 만든 고대인의 사상, 가치관, 과학, 의술, 종교, 문화가 함축된 백과사전이다. 따라서 신화 속에는 고대인의 깊은 사유방식과 비전이 담겨있다. 신화는 고대문명의 보물창고를 여는 열쇠라고 비유할 수 있다. 여기서는 신화의 문저(文底)에 흐르는 원초적 의미를 읽어보고, 시원적 모습과 변형된 이야기 사이의 간극을 확인해보고자 한다.

달나라 토끼 고사부터 이야기를 시작해보자. 우리가 잘 아는 동요에는 "푸른 하늘 은하수… 계수나무… 토끼 한 마리…"라는 구절이 나온다. 달 속에는 토끼가 살며, 계수나무 아래서 절구를 찧는다는 이야기가 전해진다. 진(晋) 부현의 시에는 "달 속에 무엇이 있는가, 흰 토끼가 약을 찧고 있네.

달 속의 토끼

(月中何有, 白兎搗藥)"라는 문구도 있다.

그런데 여기서 의문이 생긴다. 왜 수많은 동물 중에 토끼가 달의 주인이 되었을까? 그리고 토끼는 왜 우리가 상상해오던 곡식이 아닌 약을 찧고 있는 것인가? 태양에는 태양조인 삼족오가 있어서 태양을 싣고 하늘을 난다는 이야기는 그런대로 이해가 되지만, 달 속에서 토끼가 약을 찧는다는 고사의 연유는 알기가 어렵다.

결론적으로 신화적 시각에서 볼 때 토끼와 달은 아무런 관계가 없다. 즉 신화의 정신이 사라진 변형 고사를 우리는 원형으로 알고 있는 것이다. 토끼와 계수나무, 방아 찧기 등이 담긴 변형 고사와 원형 신화는 구분되어야 한다.

사실 중국신화에는 달에 관한 또 다른 고사가 전해지고 있다. 『회남자』「남명훈」에 "예가 서왕모로부터 불사약을 청하였는데, (예의 부인인) 항아가 몰래 훔쳐 달로 달아났다.(羿請不死之藥于西王母, 姮娥竊以奔月.)"는 항아분월(姮娥奔月)과 이후 달에서 항아가 두꺼비(蟾蜍)로 변하고 약을 빻는다는 이야기다.

서관한묘(西關漢墓)의 화상석과 서한 마왕퇴(馬王堆) 1호 한묘에서 출토된 벽화 그림에 모두 달 속 두꺼비가 그려져 있는데, 여성인 항아가 불사약을 훔쳐 달로 도망가서 월정(月精)인 두꺼비가 된다는 고사와 합치된다.

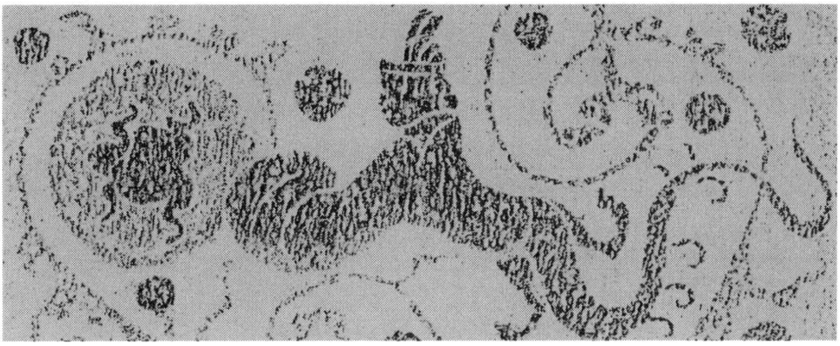

항아분월 이야기가 담긴 석각화

그러면 왜 여성 항아가 굳이 멀미약이나 설사약도 아닌 불사약을 복용하고, 북두칠성도 아닌 달(月宮)로 도망을 갔을까? 그리고 왜 두꺼비로 변해야만 했을까?

신화적으로는 달의 여성원리와 여성 항아의 연결고리로 해석이 된다. 불사약은 차고지는 순환을 통해 생사 반복하는 달의 영원한 생명성에 대한 인식과 장수하고픈 갈망을 연결고리로 표현하였다고 본다.

두꺼비로 화했다는 모티프는 원형회귀 관점에서 보면 원래의 토템으로 돌아간다는 의미를 내포한다. 두꺼비와 달은 생식원리 관점에서 연결 지을 수 있다. 여성 원리로서의 달과 은 민족의 생식숭배 대상이자 다산의 상징인 개구리(두꺼비와 같은 부류)가 결합된 것이다.

달 관련 고사를 신화적 이치에 맞는지 여부로 판단해 보면 항아가 달로 도망간 후 두꺼비로 변했다는 고사는 신화적 이치에 부합하는 원형 고사로 판단할 수 있고, 토끼나 은하수, 계수나무 그리고 절구로 곡식을 빻는 행위 등은 이후에 등장한 변형 고사로 볼 수 있다. 결국 달나라 원주인 자격은 토끼가 아닌 두꺼비에게 있다고 봄이 옳다.

시원적 신화는 단순히 황당하고 허구적인 이야기가 아닌 고대인의 깊은 사유방식을 담고 있다. 반면 이후에 변형된 고사는 본래의 고대 사상이 소멸되고 오락적 요소가 가미되어 있다. 고대인의 사유방식이 함축된 원형 신화와 이후 변형되거나 재구성된 고사 사이에는 이처럼 커다란 차이가 있음을 상기시켜주는 대목이다.

2. 신화 속 의미와 사유방식

신화는 고대 문화사상을 추론해 낼 수 있는 단서가 된다. 항아분월 고사에서 신화 속에 담긴 고대인의 문화사상을 엿볼 수 있듯이, 우왕치수 고사로 대표되는 곤-우-계 신화에서도 단서를 찾을 수 있다. 고사의 주요 내용을 다시 정리하면 다음과 같다.

> 홍수로 고통을 받는 인간세계의 모습을 본 곤(鯀)은 천제 몰래 자라나는 흙인 식양(息壤, growing soil)을 훔쳐 홍수를 막는다. 하지만 천제의 노여움을 사서 우교에서 죽임을 당했고 그의 뱃속에서 우가 나왔다. 곤은 죽은 후 황룡 (또는 자라나 곰)이 되어 우연(羽淵)으로 들어갔다. 천제는 우에게 명하여 마침내 물길을 내는 방법을 택하여 홍수를 다스리고 백성들의 피해를 제거한다. 도산씨 여자와 결혼한 후에도 치수에 힘을 쏟았다. 원래의 모습이 곰이라는 것을 감추기 위해 우는 도산씨에게 "식사를 가져오려면 북소리를 듣고 오시오."라고 말한다. 하지만 우가 돌을 잘못 밟아 북에 잘못 맞자 도산씨가 와서 우가 곰으로 변한 것을 보고 부끄러워 돌아갔다. 숭고산 아래 이르러 돌로 화하고는 아들을 낳으려할 때 우가 "내 아들 돌려줘!"라고 말한다. 그때 돌이 북쪽으로 깨지며 계(啓)가 출생하였다.

먼저 아버지 곤의 배에서 아들 우가 출생하는 장면은 부계사회를 반영하고, 남성 곤의 뱃속에서 아들이 나오는 장면과 여성 도산씨가 갈등 속에서 몸이 파열되면서 아이를 낳는 장면은 모계사회에서 부계사회로 전이와 그 과정에서 갈등 국면이 나타남을 상징적으로 보여준다. 황웅으로의 변형은 곰 토템 사상과 토템으로의 회귀를 반영하며, 도산씨의 화석(化石)과 돌로부터의 출생 구조는 돌의 영원성과 생명력에 대한 고대인의 사유방식을 보여준다.

다음으로 거인 반고의 화생 고사 속에 담긴 사유방식을 살펴보면, 거인 반고의 신체 각 부분이 자연물이나 자연현상으로의 사체화생(死體化生)되는 장면은 인간과 자연을 동등한 시각에서 바라보며 인간과 자연과 우주를 하나로 연결하여 바라보는 시각이 담겨있다. 반고의 몸속 벌레로부터 인간이 출현하는 부분 역시 인간과 동식물을 동등한 관점에서 바라보는 토테미즘 사고가 반영되어있다.

또 다른 인류기원 신화인 여와의 조인(造人) 고사에서 "여와가 진흙을 빚어 사람을 만들었다.(女媧摶黃土作人)(『태평어람』 권78에 인용된 『풍속통의』)"라는 표현 역시 인간과 흙이라는 자연물을 공존과 공생의 시각에서 바라보는 사고방식이 내포되어 있다고 해석된다.

다음으로 과보, 정위, 형천의 변형을 통한 재생 모티프에 함축된 사유방식을 고찰해보면, 이들 신화 속 영웅들은 변형이라는 수단을 통한 재생을 획득한 후 못다 이룬 목표를 향해 끊임없이 도전한다는 불굴의 투쟁정신이 발견된다. 생존을 위해 온몸으로 자연과 싸우고 장해와 투쟁하는 속에서 축적된 자연에 대한 직관력과 불요불굴의 의지가 신화 속에 반영되어 있다.

다음으로 "여와가 오색석을 단련하여 하늘을 보수하고 거북이 다리를 잘라 시극을 세운다.(女媧煉五色石, 以報蒼天, 斷鼈足, 以立四極.)"는 장면은 하늘의 무지개 현상, 그리고 천지가 변함없는 형태를 유지하고 있는 상황에 대한 나름의 고심이 반영된 해석으로 보인다.

전욱과 공공의 싸움에서 공공이 화를 이기지 못하고 부주산을 들이받아 하늘과 땅이 기울어 별이 움직이고 물이 흘러간다는 장면은 일월과 별의 움직임과 하천의 흐름이라는 자연의 현상과 법칙을 해석하는 것으로 보인다.

그리고 중국의 초기 문헌 기록에 여신인 여와와 서왕모가 등장하는 것은 모계사회 존재의 흔적을 보여주는데, 이후의 기록에서 고사가 변형되어 여와와 복희가 결합하고, 서왕모와 동왕공이 결합하는 모습은 사회제도가 모계에서 부계로의 사회제도 전이를 보여주는 것이자 봉건가부장적 남성 지배구조 사회시스템에 부합되도록 신화가 의도적으로 변형된 것이라고 설명할 수 있다. 그리고 농사의 신 신농(神農)의 형상은 인신우수(人身牛首)인데, 이는 소와 농사의 밀접한 연계성을 반영한다.

3. 신화와 역사

신화는 역사가 아니지만, 그 속에는 일부 역사적 잔재가 어렴풋이 남아있다. 신화는 역사왜곡을 감시할 수 있는 오염되지 않은 증거자료로서 활용되기도 하며, 신화들 간의 구조나 요소의 동질성을 통해 민족 간 친연성 여부도 확인할 수 있는 도구가 되기도 한다.

신화인물 황제는 화하계인 한족 시조로서 『사기』를 통해 중국역사 속으로 들어왔고, 묘만계의 시조로 숭앙받는 치우는 기이하고 포악한 비극인물로서 전해져오고 있다. 서방 화하계 리더 황제와 동방 동이와 묘만계 리더 치우의 전쟁 고사 속에서 과거의 역사에 대한 진실을 알아보자.

중화민족의 시조 황제

치우가 무기를 만들어 황제를 벌하자, 황제가 이에 기주의 들에서 그를 공격하게 하였다. 응룡이 물을 모았지만, 치우는 풍백과 우사를 시켜 큰 폭풍우를 만들었다. 황제가 이에 천녀인 발을 내려 보내 비를 멈추게 하고 드디어 치우를 죽였다.

蚩尤作兵伐黃帝, 黃帝乃令應龍攻之冀州之野. 應龍畜水, 蚩尤請風伯雨師, 縱大風雨. 黃帝乃下天女曰魃, 雨止, 遂殺蚩尤. (『산해경』「대황북경」)

황제와 치우가 탁록의 들에서 싸우는데, 치우가 큰 안개를 삼일간 일으키자 군인들이 모두 미혹되었다.

黃帝與蚩尤戰於涿 鹿之野, 蚩尤作大霧彌三日, 軍人皆惑. (『태평어람』)

황제와 치우가 싸운 곳은 기주(冀州)의 들이다. 지금의 하북(河北) 지방으로서 범 중원지역이다. 옛 중원지역은 수천 년간 동이계와 화하계 민족들이 서로 연극무대처럼 번갈아 점유하면서 상당한 영향을 미쳐왔던 곳이다. 황제가 치우를 벌하러 멀리 변방으로 가서 싸운 것이 아니라 문화의 중심지역에서 전쟁을 치른 것이다. 이는 당시 동방의 치우계가 중원에서 오랜 기간 동안 머무르며 활약하고 있었음을 반증한다.

치우가 황제를 벌한다는 이야기 속 '벌(伐)'이라는 글자는 일반적으로 상대가 잘못했을 경우 공격한다는 의미가 담겨있다. 반면 침(侵)이라는 글자는 법과 규칙에서 벗어나 의롭지 않게 상대를 공격하는 경우에 사용한다. 즉 치우가 악한 인물이고 황제가 선한 인물이라면 침이라는 글자를 사용했음이 마땅한데, 여기서는 벌이라는 글자를 사

치우 형상

용하고 있다. 즉 벌(伐)은 황제가 정의이고 치우가 불의라는 인식이 잘못되었음을 반증하는 글자이다. 다만 치우가 여러 차례승리를 하였지만 마지막에 패함으로써 포악한 비극영웅으로 전락하게 되고 후세에 그러한 이미지가 고착된 것이다.

이제 중국 소수민족 만주족의 애신각라 포고리옹순 고사를 보자.

> 처음에 하늘의 세 선녀가 내려와 장백산 동쪽 물가에서 목욕을 하였다. 큰언니 은고륜, 둘째 정고륜, 막내 불고륜이었다. 목욕 후 물가로 나오니, 신작(神鵲)이 붉은 과일(朱果) 하나를 물어다가 불고륜의 옷 위에 떨어뜨렸는데 색깔이 너무 고와 차마 손에 내려놓지 못하고 입에 물었다. 옷을 입다가 그 과일이 배속으로 들어간 후 감응으로 임신을 하였고, 한 남자아이를 낳았는데 말을 잘 했고 금방 성장하였다. 불고륜은 포고리에게 세상을 다스리라고 말하고는 포고리를 배를 천지에 놓고 배 안에 그를 앉혀놓았다……포고리는 지상에 올라와 버들가지와 쑥을 잘라 방석을 만들어 그 위에 앉았다.

고사가 전체적으로 유화(柳花)와 주몽 고사와 흡사하다. 장백산과 천지는 유화가 노닐던 압록강과 동일지역이고, 포고리의 버들가지 방석은 유화(柳花)와 상응하며, 불고륜이 여러 자매와 강에서 목욕하다가 주과의 감응으로 임신하는 장면은 유화가 여러 자매와 목욕하다가 태양 감응으로 임신하는 장면과 유사하다. 이와 함께 만주족 사극사 고사에서 사극사은도리가 태어날 때 입술이 뾰족하고 깃털이 등에 덮여있는 모습은 새부리 모양의 입술을 가진 혁거세 부인 알영과 긴 입술을 가진 주몽의 모친 모습과도 흡사하다.

한편 몽골족 영웅 장가르 고사에서 죽은 자의 살을 만들고 깨워 살린다는 이야기는 우리나라 무가(巫歌)에서 바리공주가 꽃잎으로 부모의 뼈에 살을 붙이는 샤머니즘적 재생 모티프와 동일하다. 이외에 혁철족, 악륜춘족 등 북방 소수민족들의 신화고사에서 우리나라 고사와의 유사성이 많이 발견된다. 이처럼 신화 비교를 통해 역사의 밀접성과 민족 간 친연성을 확인할 수 있다.

4. 신화와 고대 중국문화

고대 중국문화는 일원적 단원문화가 아니라 다민족, 다문화의 다원구조의 형태였다. 에버하르트(Wolfram Everhard)는 중국 상고시대에는 단일문명이라는 것은 존재하지 않았고 다양한 지방문화(local culture)들 간의 상호 교류만이 존재했으며, 주나라 이후에야 자기 동질성을 추구하기 시작했다고 보고 있다. 중국학자 소병기, 능순성, 장광직도 다원적 기원론을 지지하고 있으며, 국립타이완대학 총장을 지낸 부사년은 이하동서설, 즉 크게 서쪽 황하 유역 황제 중심의 화하계와 동쪽 예를 중심으로 하는 동이계로 이분하고 있다.[122] 그리고 주 이전의 상고시대에는 다양한 문화 중 동이문화가 중국문화의 원류로서 큰 몫을 하였다는 주장도 제기되고 있다.

신화를 통해서 볼 때도 다양성의 특질이 그대로 중국문화 속에 존

122) 중국학자 진몽가는 조선이 상(商)의 발상지라고 언급하였고, 하버드대학 장광직도 상 왕조를 건립한 씨족들이 동쪽에서 왔다고 주장하고 있다.

재하고 있으며, 중국문화의 원류로서 동이문화(東夷文化)가 엄연히 존재하였음도 알 수 있다.

예를 들면 중국에는 그리스 · 로마처럼 완전한 체계의 신화가 없다. 오히려 서로 다른 계통의 신화가 공존하고 있다. 창조 신화 중 여와(女媧) 신화와 반고(盤古) 신화, 홍수 신화 중 우왕치수(禹王治水) 신화와 공공(共工) 신화 등 서로 다른 계통의 신화가 각기 다른 고사로서 존재하거나 인위적 연결로 인해 비논리적인 상태로 공존하고 있다. 중국에 전쟁 신화와 이에 따른 전쟁 영웅이 많으며, 신화 속에 천제(天帝)가 십여 명에 달하는 것도 상고시대 중국의 다원적 사회구조와 문화구조를 반영한다.

한편 중국의 남방 신화가 다수 포함되어 있는 『초사』에 등장하는 신들의 60% 이상이 동이계 신화에서 유래하는 등 현재 알려진 중국 신화의 65% 이상이 동이계 신화이다. 만주족, 몽골족 신화와 함께 태양숭배나 난생, 태양조 모티프 등에 있어서 유사한 점이 상당히 많다.

실례로서 유화가 태양의 감응으로 알을 낳는다는 고구려 주몽 신화와 하늘에서 내려온 현조(玄鳥)가 낳은 알을 간적이 삼키고 설(契)을 낳는다는 은의 시조 신화는 태양숭배와 난생이라는 공통 모티프를 갖고 있다. 중국의 『위서(魏書)』 「고구려전」의 주몽 신화도 동일 계열의 난생고사로서, 알을 낳아 그것이 깨지면서 주몽이 태어난 점이 차이 날 뿐이다.

그리고 은의 선조인 제준(帝俊)의 준(俊)은 갑골문자에 의하면 조두인신(鳥頭人身)의 형상으로서 은나라 건국 신화의 현조이자 태양조(sun bird)인 삼족오(三足烏)이다. 이는 고구려 주몽의 난생 신화 등과 관련이 있는데, 하버드대학의 장광직도 다음과 같이 말하고 있다.

왕조는 자성(子姓)의 씨족에 의해서 건립되었으며 그 시조는 설(契)이다. 상 왕조의 신화에 의하면 설의 어머니가 제비 알을 삼킨 뒤 수태하여 설을 낳았다고 한다. 이 같은 난생 신화는 고대 중국의 동부 연해지역과 아시아 동북부 지역의 부족들 사이에 유행했으므로 어떤 학자들은 상 왕조를 건립한 씨족들이 동쪽으로부터 왔다고 주장하고 있다.123)

그의 주장은 즉 은대 문화는 바로 동방의 동이문화와 유관하다는 사실을 지적하고 있는 것이다. 문화적으로도 은 민족이 순장제도를 갖고 있으며 점과 술을 좋아한다고 하는 부분은 한민족의 풍습과도 유사하다.124)

그리고 부여의 금와(金蛙) 신화에서 금와라는 이름에 등장하는 개구리(蛙)는 은 민족의 생식 숭배 대상이고, 또 하백의 딸 유화가 해모수와 사통하여 활을 잘 쏘고 말을 잘 부리는 주몽을 낳는다는 부여 신화와 활을 잘 쏘는 예가 하백의 처와 간통하고 활을 잘 쏘는 제자 봉몽을 두고 있다는 동이계열인 예(羿)의 신화가 구성면에서 유사하다. 유화 고사와 동이계열의 소호(少昊)의 어머니 황아(皇娥) 고사도 흡사한데, 이러한 사실들을 통해 볼 때 당시 만주를 배경으로 했던 고구려, 부여와 은의 관계가 단절되지 않았음을 엿볼 수 있다.

이 밖에 『산해경』에 나오는 동이계열의 제준, 즉 순에 관한 기록이 같은 중국 고서 『조선기』에도 그대로 언급되어 있어서 손작운(孫作雲)은 이 책을 동이계 고서로 단정하고 있고, 하유기(何幼琦)는 『산해경』 중 「해경」의 배경이 산동 중부지역이라고 주장하고 있다. 이

123) 張光直 저, 이철 역, 『신화미술제사』(서울: 동문선, 1990) 참조.
124) 은대에 술잔이 많이 남아 존재하고 있는데 이는 은대 사람들이 술을 많이 마셨다는 증거로 볼 수 있다. 張光直, 同書, 96쪽 참조.

러한 주장들을 염두에 두고 본다면, 『산해경』은 동이문화를 대표하며 은(殷), 제(齊), 연(燕), 초(楚) 문화와 관계가 깊다고 할 수 있다.125)

이러한 특징을 가진 『산해경』에는 고대 한국을 의미하는 기록들이 나오는데, 조선(朝鮮), 숙신(肅愼), 맥국(貊國), 개국(蓋國), 그리고 부여(夫餘)를 뜻하는 호불여국, 삼한(三韓)을 의미하는 한안(韓鴈), 그밖에 군자국(君子國), 백민국(白民國) 등이 그 예이다. 군자국에는 무궁화를 뜻하는 훈화가 등장하고, 백민국에는 백색 숭배의 습속이 드러나는데, 은 민족과 부여족 모두 백색을 좋아했다는 『삼국지』「위지 동이전」의 기록을 참고해 보면 은과 부여의 밀접한 관련성을 잘 알 수 있다. 또한 「중산경」에 나오는 호랑이와 웅산(熊山), 굴, 곰, 신인(神人) 등의 요소는 고조선의 단군 신화에 나오는 환웅과 웅녀, 그리고 보금자리 굴 등과 연계되어 있다고 볼 수 있다. 아울러 「서산경」의 염유어와 「해외서경」의 승황은 고구려 고분벽화와 유사하다.126) 이러한 사실들은 『산해경』이 부여, 고조선, 고구려와 밀접한 관련이 있음을 말해 주는 것이다.

이와 같이 신화적 시각을 통해 볼 때, 중국 상고시대의 문화는 다양한 문화가 존재하였고, 그중 동이문화가 엄연히 존재했었음과 동시에 중국문화의 원류로서의 역할을 해냈다는 점을 확인할 수 있다.

5. 신화와 비전

신화에는 무한한 상상력과 함께 미래에 대한 비전이 담겨있다. 고

125) 정재서, 『동양적인 것의 슬픔』, 113쪽, 123쪽 참조.
126) 정재서, 同書, 115쪽, 129쪽-132쪽 참조.

대인들은 비록 과학과 기술력은 뒤떨어져 그 상상력이 현실에서 실현되지는 않았지만 인간의 변치 않는 본성에 간직된 직관과 희망, 바램들은 신화에 고스란히 녹아있다. 허망하게만 보였던 신화적 상상력이 현재는 이미 실현되었거나 실현을 앞두고 있기도 하다. 또한 고대 원시사회에서 아무런 예고도 방패도 없는 상황에서 자연의 엄청난 재앙들을 그대로 몸으로 막아내야 했던 선민들은 아마도 겨울에도 여름처럼, 여름에도 겨울처럼 살 수 있는 현대인보다도 직관력이나 예지력이 더 뛰어났을지도 모른다. 그들의 이러한 직관은 21세기를 사는 우리에게 하나의 비전으로 다가오고 있는 것인지도 모른다. 신화적 상상이 인간의 변함없는 욕망으로 현실화되는 예를 들면 다음과 같다.

① 인간과 동식물이 평등하다는 관념과 토템 및 주술적 요소가 가미되어 출현한 반인반수(半人半獸) ↔ 쥐나 돼지의 몸에 인간의 장기를 이식하고 증식시킴. 쥐의 정소에 사람의 정자를 주입하는 기술과 사람의 정소세포를 쥐의 난소에 키워 다시 사람의 난자에 수정하는 기술 개발. 개구리 배(胚)에 인간의 눈 등 감각기관 세포 배양 성공.
② 처녀의 감생 신화 ↔ 체세포 이식으로 여성 혼자서 임신할 수 있는 기술 개발.
③ 기계인(機械人)과 인조인 ↔ 로봇과 AI개발.
④ 항아분월 고사 ↔ 달 정복 및 지속적인 위성 탐사.
⑤ (120년간의 휴면 후) 생명의 부활 고사 ↔ 정자의 냉동보관으로 언제든지 생명체로 다시 살릴 수 있는 단계에 도달. 시신의 급속냉동 보관 및 후대 과학기술에 기대.
⑥ 기굉국의 비거(飛車) ↔ 비행기, 드론.
⑦ 천리안(千里眼), 순풍이(順風耳) ↔ TV, 전화기, 스마트폰.
⑧ 오장육부 꿰뚫어보는 능력 ↔ X-레이, MRI.

⑨ 육구(肉球, meat ball) ↔ 복제양, 복제인간
⑩ 자라나는 흙인 식양(息壤) ↔ 화산재에서 추출한 벤토나이트

제2부
중국소설

제1장

소설의 정의와 기원 그리고 유형

중국에서 '소설(小說)'이라는 용어는 전국시대 『장자(莊子)』에 처음 등장한다. 하지만 소설이라는 용어가 사용될 당시는 '소소한 이야기(small talks)', '가십거리(gossip)'를 의미했다. 소설 문학형태를 의미하는 것이 아니라 경시적인 의미를 담고 있는 용어에 불과했던 것이다. 중국에서는 소설이라는 용어가 먼저 출현했고, 현재 우리가 알고 있는 소설 작품은 아직 출현하지 않았다.

그러면 중국에 소설작품은 언제부터 출현하기 시작했을까? 이 물음에 답하기 전에 우선 소설이라고 정의내릴 수 있는 기준 요소에 대해 언급해보자. 소설을 역사와 구분하는 기본적인 요소로 주제(theme), 인물(character), 문맥 또는 상황(context)을 든다.

하지만 소설에 대한 기준과 분류는 서양과 중국의 생성 토양이 달랐던 관계로 다소 차이가 난다. 중국의 경우, 일단 기본적으로 고사를 서술하면서 작가의 의식적인 의도나 동기(conscious intention or motive)가 결합해야만 소설이라고 칭할 수 있다. 즉 소설이란 무언가 소설이 되도록 의도된 것(something intended to be fiction)이라고 정의내릴 수 있다. 이러한 관점에서 본다면 중국소설은 육조시대(六朝時

代)부터 시작되었다고 보는 것이 타당하다. 그 이전 한대(漢代) 신선고사라든가 사마천의 작품, 그리고 반고(班固)의 『한서(漢書)』「예문지(藝文志)」의 구류십가(九流十家) 중 소설가로 분류된 소설 작품 목록들은 소설로서의 자격이 없다. 왜냐하면 의도적으로 소설이라고 작정하고 쓴 작품이 아니기 때문이다.

일부 학자들은 당대 소설 작품을 중국 소설의 시작으로 보기도 하지만, 실제로 육조 작품들을 고찰해보면 적어도 어느 정도는 소설 작품을 쓰려는 의도가 보이기 때문에 육조부터 소설 작품이 출현했다고 보는 것이다.

하지만 중국소설의 기초가 되는 원천은 노신이 주장했듯이 선진 고대 신화와 전설로 거슬러 올라간다. 이후 한대 신선고사를 거치면서 소설적 토양이 만들어지고, 육조 지괴고사(志怪故事)와 당대 전기(傳奇)로 이어지면서 중국 소설은 꽃을 피우기 시작한다.

중국문학사를 통틀어 볼 때 시(poetry)가 가장 먼저 발생하였고, 중국소설은 마지막 장르로서 나타났다. 소설이 늦게 발전하게 된 이유는 공자의 논어(論語) "자불어괴력난신(子不語怪力亂神)" 문구에서 보듯이 괴이하고 난잡한 귀신 관련 이야기는 하지 않는다는 유가사상의 전통과 영향력 때문이다.

따라서 실제로 소설 작품이 그 가치 면에서나 양적인 면에서 뒤떨어지지 않음에도 불구하고 희곡과 함께 1919년 5.4 문학운동 이전(Pre-May 4th Movement)까지는 '소소한 이야기'나 '가담항어(街談巷語)' 등으로 인식되면서 합당한 문학적 평가나 대우를 받지 못하였다.

송대 구양수(歐陽修)가 이러한 작품들을 소설로 보려고 한 흔적이 있기는 하지만. 소설이나 소설가가 5.4 문학운동 이전까지 대우를 받지 못한 이유는 유가사상과 경학에 치중한 과거제도 때문이기도 하다. 즉 이때까지 소설은 문학으로 여겨지지 않았던 것이다. 5.4 이후 학자들에 의해 재조명되고 소설에 대한 연구와 평가가 지속적으로 이루어지면서 소설이 누려야 할 원래의 위치를 찾아간 것이다.

중국 소설은 우선 5.4 이전과 이후로 나누어 고전소설과 현대소설로 분류된다. 현대소설은 1949년 신중국 성립 후에는 당대소설, 문혁 이후인 1976년부터는 신시기소설이라고 부르기도 한다.

소설(fiction)은 우선 개념용어(umbrella term)로 쓰이며, 길이에 따라 단편소설(short story)과 장편소설(full size novel)로 나뉜다. 엄밀히 말하면 장(章, chapter)으로 나뉘어졌는지 여부에 따라 단편과 장편으로 나뉜다. 내용이 아무리 길어도 장(章) 또는 회(回)로 구분이 되지 않으면 단편이고, 길이에 관계없이 여러 장으로 나뉘면 장편이다. 또한 언어 유형에 따라 문어체인 문언소설과 구어체인 백화소설로 구분된다. 장편은 『삼국연의』를 제외하고는 거의 모두 백화체 소설이라서 우리가 독해할 때 좀 더 쉽게 읽혀지는 느낌을 받게 된다.

중국 소설은 시기별로 다른 유형의 장르가 출현한다. 선진 신화와 전설, 한대 신선고사, 육조의 지인지괴와 필기고사, 당 전기와 변문, 송 화본, 명 공안, 명·청 장편소설 등의 장르들이 출현한다. 장르별, 길이별, 언어별로 정리하면 다음과 같다.

(장르)	(시기)	(길이)	(언어)
신화전설	선진	단편	문언
신선고사	한	단편	문언
지인지괴, 필기(筆記)소설	육조	단편	문언
전기(傳奇)소설	당·송·명	단편	문언
변문(變文)	당·오대	단편	문언
화본(話本)소설	송·원·명	단편	백화
공안(公案)소설	명	단편	문언·백화
장회소설	명·청	장편	백화

이처럼 중국 소설사에 있어서 가장 이른 소설 작품은 단편 문언이며, 그 후 백화소설이 등장하고, 이어 중편소설과 장편 백화소설이 등장한다.1)

1) 소설 일반 참고자료로는 유대걸(劉大杰)의 『중국문학발달사(中國文學發達史)』 중 소설부분, 노신(魯迅)의 『중국소설사략(中國小說史略)』, 송대에 초점을 맞춘 담정벽(譚正璧)의 『중국소설발달사(中國小說發達史)』가 있고, 단편소설 자료로는 『중국고전단편소설선(中國古典短篇小說選)』, 『Traditional Chinese stories: themes and variations』, 『Chinese short story』 등이 있다. 담정벽의 소설사는 노신의 소설사를 본뜨면서도 새로운 자료를 첨가했다는 점에서 특징적이다.

제2장
소설의 시기별 흐름

중국 소설의 발전 흐름을 식물성장에 비유하면 선진 시기 신화전설은 토양을 마련했고, 양한 시기는 씨를 뿌렸으며, 육조 시기는 싹을 키웠다고 할 수 있다. 즉 한 · 위 · 육조 시기는 중국 소설의 발아기 또는 초기 형성기라고 할 수 있다.

그러면 이제 중국소설이 시기별 장르에 따라 어떻게 전개되는지 알아보고자 한다. 우선 한대에는 진시황과 한무제의 구선사상(求仙思想), 추연의 대구주설에서 비롯된 도가와 방사들의 상상력 및 이상세계 추구가 신선고사 홍성에 한 몫을 한다. 하지만 한대 작으로 전해지는 대부분의 작품이 실제로는 위서(僞書)로 판명되고 있다. 지리박물고사 유형인 동방삭[2]의 『신이경』과 『십주기』, 장생불사 등 신선고사 유형인 반고의 『한무제고사』와 『한무제내전』, 곽헌의 『동명기』, 유흠의 『서경잡조』, 그리고 역사고사 유형인 『연단자(燕丹子)』,

2) 『태평광기』에 동방삭 관련 문장은 총 21개 조목이나 기록되어 있다. 다른 사람에 비해 주목을 받을 수 있는 요인은 그의 익살과 해학 때문이며, 이는 또한 고대 소설이 처음 쓰이고 읽히는 과정에서 중요한 인물로 부각시키게 만들었다.

『열녀전』 등은 육조 시기의 작품으로 보인다. 다만 유향(劉向)의 『열선전(列仙傳)』만은 한대 작품으로 인정되고 있다.

다음으로 육조 소설은 『유령(劉伶)』을 대표작으로 하는 지인(志人, human activity)과 지괴(志怪, supernatural), 그리고 필기로 나뉜다. 특히 육조 문인들은 당시 정통문학에서는 취급하지 않았던 기이한 이야기나 신화 · 전설 · 민담 · 야사 등 지괴적 소재를 가지고 문장을 발표해서 명성을 얻는 풍조가 성행하면서 지괴소설이 홍성하게 된다. 지괴고사의 대표작 『담생(談生)』은 남자인 인간과 여자인 귀신 사이의 연애를 다루고 있다. 고사 내용은 비극적인데 인간이 아닌 여자 쪽이 더 비극적으로 묘사되는 구조로 이루어져 있다. 이러한 구조는 육조 지괴소설의 대중적인 주제로 자리 잡게 된다.

이밖에 제 · 량 간에 나온 『연단자』,[3] 진(晉) 장화의 『박물지(博物志)』[4]와 『열이전(列異傳)』, 간보의 『수신기(搜神記)』,[5] 도잠(陶潛)의 『수신후기(搜神後記)』 등이 전해지고 있다. 또한 유의경(劉義慶)의 『세설신어(世說新語)』는 동한까지의 사대부 언행을 기록한 작품으

3) 연 태자 단이 진에 들어간 후 진왕을 증오하고, 형가(荊軻) 이수(易水)에서 노래하며 복수를 다지지만 미완성으로 끝나는 내용이다.

4) 『수신기』와 함께 육조 지괴소설의 대표작으로서 10권으로 이루어졌으며 산천과 지리, 기이한 동식물, 각국의 풍속, 신선과 방술, 역사, 신화전설, 의학 등 다양한 내용을 백과사전식으로 기록하고 있다. 『박물지』는 특히 호기심을 자극하고 풍부한 상상력을 제공해주는 문장이 많아 중국소설 발전 과정에 상당한 역할을 하였다. 후대 문언소설의 한 유파를 형성하였고, 송 『속박물지』와 명 『박물지보』 등 작품에 영향을 미쳤다.

5) 간보가 일찍이 아버지의 계집종이 죽었다가 10년 만에 되살아나고 형이 죽은 후 깨어나서 귀신을 보았다는 말을 듣고 『수신기』 20권을 편찬했다고 한다. 귀신을 수색한다는 책 제목과 같이 신선 · 도사 · 괴물 · 술객 · 이인 등에 관한 이야기로 구성되어 있다.

로서 최초의 필기소설로 기록된다.[6] 유머집 성격을 띤 작품으로는 한단순(邯鄲淳)의 『소림(笑林)』이 있다.[7]

육조에서 당으로 이어지는 과정 중 전환기적 작품으로는 수나라 『후백(侯白)』[8], 『임씨전(林氏傳)』, 『이문집(異聞集)』이 있다.

사실 육조시대 대부분의 작품은 유실되거나 실전되고, 원형과도 약간의 거리가 있는 상황이었다. 한대 역시 작품 목록은 있으나, 실제 작품은 약간의 부분적 편린만 남아있는 상태였다. 이러한 상황 속에서 노신은 소설연구를 위한 기초를 다지기 위해 『고소설구침(古小說鉤沈)』을 편찬한다. 말 그대로 같은 문헌들 여기저기에 수록된 고소설 작품들을 낚시로 하나하나 건져 올린다는 마음으로 작품들을 수집하여 정리한 노작이다. 당 이전 즉 선진에서 육조까지의 소설 연구를 위한 자료라는 점에서 가치가 있다고 하겠다.[9]

당대에 들어오면 우선 전기(傳奇)[10]라는 장르가 유행한다. '전기(傳奇)'라는 명칭의 출현은 배형(裴鉶)의 『전기(傳奇)』라는 작품에서 비롯된다. 처음에는 이 특정 작품만을 지칭하는 명칭이었는데, 후에

6) 『세설신어』 이전에 『어림(語林)』과 『곽자(郭子)』 등 비슷한 유형의 책이 나왔지만 현재 실전된 상태이다. 이후에는 유효표(劉孝標)의 『속세설』, 청 왕탁(王晫)의 『금세설』, 역종기(易宗夔)의 『금세설』 등 모방작이 출현한다.
7) 이후 유머 관련 문체가 독립된 장르로 발전하지는 못했지만, 『소림광기(笑林廣記)』 등의 작품이 전해지고 있다.
8) 『후백(侯白)』은 소화(笑話)인데 대체적으로 소설에 속한다.
9) 이밖에 육조 지괴소설에 관한 참고자료로는 이검국(李劍國)의 『당전지괴소설사(唐前志怪小說史)』와 『당전지괴소설집석(唐前志怪小說輯釋)』이 있다. 전자는 소설사적 관점에서 지괴소설을 규명한 연구서이고, 후자는 작품 관점에서 지괴소설을 정리한 연구서이다.
10) 전기(傳奇)는 당대에는 소설을 통칭하였지만, 명・청 시기에는 희곡 작품을 의미하였다.

이러한 유형의 고사 전체를 대표하는 장르 용어가 된 것이다. 당대 소설을 전기라고 부르게 된 이유는 고사가 지괴의 흔적을 벗어나지 못했기 때문인데, 이 용어는 당대 소설을 폄하하는 의미도 담겨있다.

사실 당대 초기에는 전기 소설이 별로 없었고 육조의 지괴와 비슷한 작품이 많았으나, 8세기 후반 이후에는 현실감 있고 생동하는 고사들이 출현하게 된다. 적지 않은 정통파 문인들은 소설을 업신여겼으나 저명한 문인들이 작품 활동을 하였으며 현재는 대략 50편 정도의 전기 작품이 전해져오고 있다. 육조의 지괴와 같은 단편적인 고사들이 점차 문맥을 갖춘 full piece로 발전하게 된 배경은 다음과 같다.

우선 과거제도의 영향을 들 수 있다. 과거제도는 수나라 때부터 시작되었다. 그 이전에는 추천제였는데 일반 백성에게도 문호를 넓힌다는 취지로 과거제도가 실시되었으며, 활발하게 시행된 시점은 당대 측천무후 시절부터이다. 이러한 과거제도의 활발한 시행과 더불어, 수재(秀才)에서 진사(進士)가 되기 위한 과거 시험을 보기 전에 전국의 과거 응시생들은 한두 편의 전기 고사를 지어 주고관(主考官)에게 헌납하여 사전에 자신의 인상을 남기고 실력을 과시하려는 풍조가 일어났다. 이러한 풍습인 온권(溫卷) 또는 행권(行卷)이 활발하게 일어나면서 전기가 자연스럽게 발전하게 된다.

다음으로는 당대에 흥성했던 고문운동(古文運動)과 결합되면서 언어와 문맥 그리고 내용면에서 전기의 발전은 탄력을 받게 된다. 이전까지 사용된 사육변문(四六騈文)이 소설을 쓰기에 적합한 방식이 아니라 더 긴 고사의 출현 가능성이 적었지만, 이제 소설에 적합한 고문 문체가 출현하여 문체를 해방함으로써 자유롭게 묘사할 수 있는 여건이 조성된 것이다.

이밖에 경제생산력 발전으로 도시에 새로운 계층과 직업을 가진 인물들이 형성되고 창작 소재가 다양해지면서 전기의 내용도 풍성해진다. 또한 순수 한족이 아니고 북방 혈통과의 혼혈인 당 왕실은 사상이 자유롭고 문화적 상호 작용이라는 측면에서 상당히 대외 개방적인 사고를 가지고 있었다. 이에 장안에서 실크로드를 따라 서방 세계와 연결하여 다른 문화·종교와 교류하는 과정에서 맞게 되는 문화적 자극이 전기 소설을 더 많이 창작해내는 계기가 된다. 이밖에 당대 도가의 무위자연설과 이밖에 도교에서 추구하던 성신(成神), 신선, 피세은일 등도 전기 소설의 좋은 소재가 되었다.

당 전기는 따라 신괴(神怪)소설, 관장(官場)소설, 애정(愛情)소설, 검협(劍俠)소설로 나눌 수 있다. 신괴소설은 대부분 전환기적 작품이라고 할 수 있다.

영특한 거울이 귀신요괴를 비추고 치료도 한다는 내용이 담긴 왕도(王度)의 『고경기(古鏡記)』와 원숭이와 사람 사이에서 인간이 태어난다는 내용으로서 구양순이라는 특정 인물을 비하시키려는 의도가 담긴 무명씨의 『보강총백원전(補江總白猿傳)』이 대표적인 작품으로서 육조의 지괴적 전통이 많이 남아있다.

그리고 일인칭주어를 사용하여 사랑이나 성적 행위를 직설적으로 묘사한 중국 최초의 에로틱 소설인 장작(張鷟)의 『유선굴(遊仙窟)』은 비록 변문으로 쓰이긴 했지만 소설을 진지하게 쓰고자 한 첫 작품으로서 짜임새가 있고 일반 전기보다 길이가 길다.[11] 이밖에 전기적 성격이 강한 작품집으로 우승유(牛僧儒)의 『현괴록(玄怪錄)』, 단성식(段成式)의 『유양잡조(酉陽雜俎)』, 이복언(李复言)의 『속현괴록』, 장독(張讀)의 『선실지(宣室志)』, 소악(蘇鶚)의 『두양잡조(杜陽雜俎)』

11) 청대 진구(陳球)의 『연산외사(燕山外事)』 역시 『유선굴』과 같이 미사여구가 많은 문체로 쓰인 작품이다.

등이 있다.

관장류 소설로는 우선 탐정소설이자 후대 공안소설의 길을 연 『사소아전(謝小娥傳)』[12]이 있다. 그리고 애정류 소설로는 여우 여자로서 후대 『요재지이』에 영향을 준 『임씨전』, 용녀가 나오는 『유의전(柳毅傳)』, 기녀 곽소옥이 등장하는 『곽소옥전』, 당현종과 양귀비의 비극적 사랑을 그린 진홍의 『장한가전』,[13] 장안을 배경으로 한 백행간(白行簡)의 『이와전(李娃傳)』[14], 그리고 일명 『회진기(會眞記)』라고도 불리는 원진(元眞)의 『앵앵전(鶯鶯傳)』[15] 등이 있다.

애정류 전기 소설 대부분은 구성상 남녀 간에 갈등 국면이 형성되어 어느 단계에 이르면 결정을 내리게 되는데, 결국 그 관계가 깨져 실패로 돌아가고 마침내 사대부 사회가 승리하는 경우가 대부분이다. 『연국부인(姸國夫人)』으로도 불리는 『이와전』에서도 보듯이 갈등이 전개되면서 결국 아버지는 여인과 이별하게 하고 외아들을 거두어들이는 결정을 하게 된다. 마지막에는 아들이 유감을 말하고 가족이나 가문으로의 복귀를 선택하게 되는데, 이는 당시 사회적 시각이나 통념과 맞아떨어졌기 때문이다. 아버지는 사회를 상징하고 아들은 개인을 나타내는데, 결국은 사회의 승리로 귀결되고 만다.

---

12) 자신의 남편을 살해한 가해자를 찾아 복수하고자 했던 사소아는 꿈속에서 "禾中走, 一日夫, 車中猿, 東門草"라는 말을 듣고 가해자의 이름이 신춘(申春)과 신란(申蘭)임을 밝혀낸 후 결국 복수를 한다는 이야기다.

13) 『장한가전』은 백거이 시 『장한가』를 이야기로 꾸민 소설로서, 청 홍승(洪昇)의 희곡 『장생전전기(長生殿傳奇)』에 영향을 끼친다.

14) 『이와전』은 원 잡극 『곡강지(曲江池)』와 명 희곡인 설근연(薛近兗)의 『수유기(綉襦記)』에 영향을 준다.

15) 이 작품은 이후 금 동해원(董解元)의 제궁조 『서상기(西廂記)』, 원 왕실보(王實甫)의 『서상기』와 관한경(關漢卿)의 『속서상기』, 명 이일화(李日華)·육채(陸采)의 『남서상기』에 영향을 미친다.

흥미로운 점은 작품의 여자주인공들은 예외 없이 똑똑하고 영리하며, 아름다우면서도 과단성 있고, 재주가 많고 기지가 넘치는 특성을 갖고 있는 반면에 남자들은 잘난 얼굴과는 달리 어리석고 반응이 느리고, 멍청하다. 작가가 남자였다는 점을 고려하면 참 기이한 현상으로서, 당 이후에도 이러한 현상은 찾아보기 힘들다. 당시 사회의 이면에 대한 풍자(sarcastic)로밖에 설명할 길이 없다.

검협소설은 당 후기에 많이 출현하였으며, 전형적인 무협소설인 『무쌍전(無雙傳)』과 내면의 특징을 잘 묘사하고 있으며 구성이 많은 반면 싸움을 반대하는 내용의 『규염객전』 등이 있다. 무협소설은 단편소설의 한 형태로서, 무협(武俠)은 협의의 용어이고 협의(俠義)는 광의의 용어로 쓰이며, 무협소설의 기원은 멀리 『사기』 「유협열전」, 『연단자』까지 거슬러 올라간다.[16)]

이밖에 출세를 못한 노생이 한단(邯鄲)의 한 여관에서 여옹(呂翁)을 만난 후 꿈속으로 들어가 밥이 아직 덜된 시간동안 부귀영화를 누리는 꿈을 꾸고 세상 이치를 깨닫는다는(人生之適, 亦如是矣) 내용이 담긴 심기제(深旣濟)의 『침중기(枕中記)』,[17)] 꿈에 괴안국(槐安國)이 출현하고 성공을 이루지만 현실로 돌아와 보니 집주위의 개미

16) 당 이후 5.4 문학운동까지의 무협소설에 관한 박사논문으로는 최봉원의 『中國古典短篇俠義小說硏究』가 있다. '협(俠)'의 정의와 기원, 협의소설의 탄생과 그 발전, 주제와 구조형식, 인물형상, 무예 및 종교의 영향 등을 다루고 있다. 한편 중국에서 영웅(hero)은 '협(俠)'으로 표현되는데, 서양의 영웅 개념과 다소 차이가 난다. 서양에서는 나쁜 여자라도 때리지 않으며 미녀와 함께 있어야 영웅으로 보지만, 중국에서는 여자를 때리기도 하고, 뒤에서도 비신사적으로 공격하기도 하는 반면 호색하면서 좋은 무공을 갖는 것이 불가능하다고 보기 때문에 남녀관계에 대해서는 이야기하지 않는다.

17) 몽환문학으로 분류되는 『침중기』는 명 탕현조의 『한단기(邯鄲記)』, 청 포송령의 『요재지이』 「속황량(續黃粱)」에 영향을 미친다.

굴이었고 결국 남가일몽으로 끝난다는 이공좌(李公佐)의 『남가태수전(南柯太守傳)』[18]을 들 수 있다. 현실과 꿈의 세계를 넘나들며 서로 다른 시간과 공간 속에 곡절을 겪으며 나름의 이치를 깨닫고 명문명리에 대한 풍자가 담긴 몽환문학의 일종으로 볼 수 있다.

주목할 점은 『임씨전』, 『이와전』 등 많은 전기 작품들이 장안을 배경으로 하고 있고, 『앵앵전』처럼 장소는 포주(蒲州)이지만 종종 장안의 장소에 대한 면면을 기술하고 있는 점이다. 또한 주제는 주로 유가사상과 관련이 많고, 현재에 초점을 맞추고 최근 상황에 대해 묘사를 많이 하고 있다는 점이다. 이는 중앙의 시험관들이 주로 장안에 거주하고 있어서 장안 지역을 배경으로 설정하면 읽기에 편하고 익숙하기 때문이다. 또한 시험관은 대부분 고관이므로 유가사상과 관련된 주제를 많을 포함시키는 것이 자연스러웠을 것이다. 참고할 사항은 당 소설을 연구하려면 당시 장안의 구조와 상황 등에 대한 지식이 필요하다는 점이다.[19] 당 전기 작품은 내용

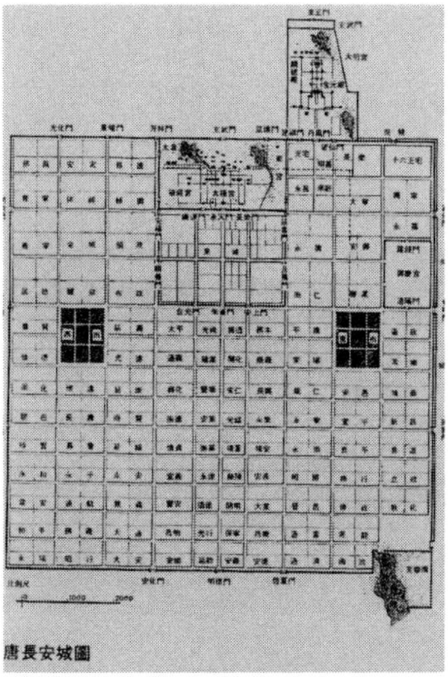

바둑판 모양의 당대 장안 지도

18) 명 탕현조의 희곡 『남가기』에 영향을 준다. 이공좌는 이밖에도 초주 지방의 강의 신인 무지기(無支祁)에 관한 고사로서 후대 오승은의 『서유기』에 영향을 미쳤다고 여겨지는 『이탕』(일명 『고악독경』)도 지었다.

19) 예를 들어 장안을 배경으로 한 소설 『이와전』에서 남자 주인공이 초경(初更) 시 마담에게 집에 갈 수 없다고 하였는데, 왜 문이 닫히고 집으로 돌아갈 수 없었는지에 대한 의문이 생기게 된다. 당시 장안의 궁궐과 성(Palace Complex)은 가로 세로 반듯한 바둑판 모양으로 이루어져 있고, 한 블록에 해당하는 리(里)가 120개가 있다. 밤이 시작되면 각 리(里)의 모든 문이 치

면에서 또 몇 가지 공통점이 보인다. 먼저 『임씨전』, 『이와전』 등의 작품에는 남자 주인공이 장생(張生), 이생(李生), 노생(盧生), 생(生) 등으로 익명 처리된다. 그 이유는 남자 주인공을 공동의 영웅으로 일반화시키고 전형 인물의 상징으로 만들어, 잠재적 시험관이 대부분인 독자가 내용에 빠져들면서 "이것이 나에 관한 글인가?"라고 여길 가능성에 대비하고, 너무 구체화하여 진위 여부가 가려지는 것을 피하기 위함이다. 그러면서 마지막 문장은 "나는 신뢰할만한 신사라서 사실을 말한다."라고 말하고는 진짜 사실처럼 보이도록 하기 위해 당시의 지리 등 상황들을 잘 배합하여 구성하고 있다. 이 점에 비추어볼 때 당시 소설가는 육조 작가와는 달리 확실히 스마트하고 기교가 있다고 할 수 있다. 하지만 대부분의 당 소설가가 인생에서 성공하지 못한 점은 아이러니가 아닐 수 없다.

다음으로 당 전기에서는 남녀관계가 종종 직접적이고 개방적으로 묘사된다. 『앵앵전』이 그 좋은 예라고 할 수 있다. 당 왕조가 흉노, 선비 등 북방 중앙아시아 혈통을 지니고 있고 다른 문화에 대해 비교적 개방적인 사고를 지녔기 때문이다. 최초의 여황제 측천무후와 고종, 양귀비와 현종의 파격적인 관계에서도 잘 나타난다. 성리학이 발달하고 여성에 대한 구속이 강화되는 송과 명 · 청 시기의 분위기와는 사뭇 다르다.

당 전기는 육조소설에 비해 훨씬 의식적으로 의도를 갖고 창작하였으며 지괴에서 벗어나 인간사회의 여러 소재를 다루고 있다. 또한

안상 닫히고 통행금지가 시작되어 당시 장안의 저녁생활은 없는 것이나 다름없었다. 그래서 집에 돌아갈 수 없다고 말을 한 것이다. 또한 이와가 귀족인 남자 주인공을 기생원에서 쫓아내지 못하는 상황이 나오는데 이는 당시에 귀족을 쫓아내는 것이 규정상 불가능했기 때문이다. 이처럼 당시 장안 상황을 인지하면 소설에 대한 이해도가 높아진다.

현실사회에 대한 깊은 관찰과 신분갈등 등 현실에 대한 인식이 내포되어 있고 애정에 대한 적극적인 추구와 인생에 대한 환상적이고 낭만적인 표현이 특징적이다.

전기와 더불어 당대에는 변문(變文)이라는 소설 장르도 출현한다.[20] 사실 당 소설의 대표 장르는 전기와 변문인데, 청대까지도 변문에 대해 알고 있는 사람이 없었다가 실크로드의 중심지 돈황에서 변문이 발견된 이후에야 비로소 세상에 알려지게 되고 그 문학적 중요성이 주목받게 되었다.[21] 1900년대 헝가리계 영국인 스타인(Stein), 프랑스인 펠리오(Paul Pelliot), 그리고 일본인 오타니가 차례로 당시 관리인이었던 왕원록의 묵인 하에 돈황 자료들을 해외로 약탈해간 이후 중국정부가 수습하면서부터 관심을 갖게 된 것이다.

사실 불교가 중국 동한시기에 처음 전래된 후 육조까지 이어지면서, 불경이나 교리가 산스크리트(sanscrit)나 팔리문(pali, 巴里文) 등으로 전해졌기 때문에 이해하는 데 어려움이 많고 분량 또한 적지 않아 문장을 대중화하고 단순화하는 작업이 필요한 상황이었다. 이에 그 기능을 수행할 변문이라는 문체가 출현하게 된 것이다.

변문과 함께 알아두어야 할 부분이 바로 그림으로 쉽게 표현한 변상(變相)이다. 연환도(連環圖)라고도 하는 변상은 변문을 강의할 때 설명을 돕기 위해 그려진 그림으로 불경 이야기를 그려놓은 그림말이다. 시기적으로는 변상이 먼저 출현하고 그 후 변문이 만들어졌다.

변문의 전반적인 내용은 불교와 도교, 그리고 역사에 관한 내용으로 구성되어

20) 변문과 전기를 동격에 놓을 수는 없다. 당시 변문이 10이면 전기는 40-50일 정도로 전기가 변문보다 훨씬 대중화되었기 때문이다.

21) 돈황 막고굴 제16굴을 청소하던 중, 우연히 동굴 틈으로 제17굴 즉 장경동이 발견되었는데, 이곳에서 변문이 대량 발견된다. 신라 혜초의 『왕오천축국전』도 이곳에서 발견되었다.

변상 또는 연환도

있으며, 각각 80%, 15%, 5% 정도를 차지하고 있다. 변문의 기본 형태는 산운균형(散韻均衡), 이산위주(以散爲主), 이운위주(以韻爲主)이다. 대표적인 작품으로는 『맹강녀변문(孟姜女變文)』·『추호변문(秋胡變文)』·『왕소군변문(王昭君變文)』·『동영변문(董永變文)』『오자서변문(伍子胥變文)』·『묘법연화강경문(妙法蓮華講經文)』 등이 있다.

변문은 출현 이후 점차 유명해지면서 다른 작품들도 이를 모방하기 시작한다. 그러다가 오대(五代) 초기에 돈황이 봉쇄되고, 북송 초에는 중앙정부에서 돈황학을 금지하고 승려들이 작품을 만드는 것을 금지했다. 이로 인해 변문 자체는 오랫동안 지속되지 못하고 소실되었지만, 그 형태나 문체는 창본(唱本)·보권(寶卷)·탄사(彈詞)·고사(鼓詞)·거자이시(歌仔戲) 등에 영향을 미쳤고, 송대 이후 화본 탄생의 기반이 된다. 산문과 압운(rhyme)의 중간 성격인 설창문학(說唱文學), 강창문학(講唱文學)의 효시가 된다.

당대(唐代) 소설 자료로는 『단편문언소설(短篇文言小說)』, 정의중(程毅中)의 『고소설간목(古小說簡目)』, 후충의(侯忠義)의 『중국문언소설서목(中國文言小說書目)』, 왕국원(王國垣)의 『당인소설(唐人小說)』(훌륭한 문집으로 『고경기(古鏡記)』에서 『유선굴(遊仙窟)』까지 담고 있음), 『당인소설교석(唐人小說校釋)』, 왕몽구(王夢鷗)의 『당인소설연구이집(唐人小說研究二集)』, 유개영(劉開榮)의 『당대소설연구(唐代小說研究)』, 갈현녕(葛賢寧)의 『당대전기연구(唐代傳奇研究)』, 유영(劉瑛)의 『당대전기연구(唐代傳奇研究)』, 학생서국(學生書局) 출판

중앙도서관 소장 법화경 변상도

『당대문학논저집목(唐代文學論著集目)』, 니엔 하우저 (W. H Nienhauser)의 『Bibliography of selected works in western language on T'ang literature』 등이 있다. 당대 전기 작품을 살펴볼 수 있는 문헌으로는 『태평어람』·『태평광기』[22)]·『문원영화』·『전당문(全唐文)』 등이 있다. 돈황 변문 자료로는 돈황에 관한 서목이 매우 충실한 빅토르 메이어(Victor Mair)[23)]의 『Painting and performance』, 『Tun-huang popular narratives』, 『Tang transformation texts』 등이 있다.

송대에 들어와서는 지괴나 전기가 쇠퇴하였지만, 경제발전과 새로운 도시계층의 형성으로 이들을 겨냥한 화본(話本)이라는 새로운 장르의 백화소설이 탄생한다.[24)] 변문의 강창체 유형의 영향을 받은 것인데, 변문이 종교적 활동 성격이 강한 데 비해 화본은 상업적 성격이 강해 와자(瓦子) 또는 와사(瓦舍)[25)]라는 장소에서 공연되었다.

22) 『태평광기』 500권은 한대에서 송 초기까지의 작품을 모은 유서(類書)이다. 당·오대에 겨우 인쇄가 시작되었고 송 이후 인쇄가 발달한 점에 비추어보면 『태평광기』의 출현은 대단한 일이라 할 수 있다.

23) 메이어(Mair)의 변문 연구에 대한 자료 분량은 상당히 많다. 변문이 storytelling임을 밝혔으며, 세계를 돌아다니며 섭렵한 결과 그 기원이 인도에 있음을 주장하였다.

24) 화본 외에 송대의 백화소설로는 외교문서인 『삼조북맹휘편(三朝北盟彙篇)』과 『선중어록(禪中語錄)』이 있다.

25) 와자나 와사는 예술 공연장소로서, 그 안에 약간의 구란(勾欄)이 설치되어 있다. 북송 때는 가와자(家瓦子)·중와(中瓦)·차리와(次里瓦) 등이 있었고, 남송 때는 23곳의 와자가 있었다고 한다. 賈文昭·徐召勛, 『中國古典

북송 말기에는 수도 개봉(開封, 변경)을 중심으로 설화(說話, story telling)하는 사람인 설화인(說話人, story teller)이 전문직업인으로 등장한다. 이들은 찻집 등에서 고사를 이야기해주고 돈을 벌었는데, 아기를 잠재우는 어머니의 이야기가 아닌 그야말로 전문적인 이야기꾼으로서 입담 기술이 뛰어났다. 이들이 대본으로 삼은 저본(底本)이 화본인데, 후에 문학적으로 가치를 인정받게 된다.

하지만 당시 설화인들은 처음부터 문자화된 텍스트에 의존하지는 않았다. 화본 유출 시 다른 사람들에게 알려져 희소성이 떨어지면 돈 벌기가 어려웠기 때문이다. 그래서 실제로 송대의 작품은 드물게 전해지고 명대 작품들이 비교적 많이 전해지고 있어서, 어떤 이는 송·원 화본으로 불리는 것은 타당하지 않다는 견해를 보이기도 한다. 초기 작품들도 주로 북송의 수도 개봉이 아닌 남송의 수도 항주(杭州, 임안)를 배경으로 쓰였는데, 이는 항주 국민들을 염두에 두고 수정 작업을 했기 때문으로 보인다.

설화구연은 강경(講經)·강사(講史)·소설(小說)·합생(合生)이라는 네 가지 유형으로 이를 설화사가라고 부른다. 강경은 설경이라고도 하며 당 변문의 직계로서 불경 고사를 구어체로 서술한 작품이고, 강사는 설사(說史) 또는 평화라고도 하며 『오대사평화(五代史平話)』와 같이 역사적 에피소드나 흥망성쇠, 전쟁 및 유명인의 일생을 다룬 내용이 비교적 긴 작품으로 후대 장편 백화소설의 계기가 된다.

소설은 남녀 인연, 신령스럽고 괴이한 이야기를 짧게 구연한 이야기로 구성되어 있으며,[26] 합생은 모호한 말로 시작한 후에 그 의미를

小說藝術欣賞』(臺北: 里仁書局, 1983), 9쪽 참조.

26) 소설 내용은 주로 고금 인정세담인데 다시 괴이한 이야기를 다룬 은자아(銀子兒), 재판이나 협객담을 다룬 설공안(說公案), 전쟁이나 영웅고사를 다룬 설철기아(說鐵騎兒)로 나뉜다. 소설 화본은 후대 단편 백화소설로 발전한다.

설명하는데 동시대인들에 대한 풍자를 담고 있으며 오늘날의 상성(相聲)과 흡사하다. 이 네 가지 유형 중 강사와 소설이 후대 중국소설 발전에 영향을 크게 끼치게 된다.

화본 작품 구성은 고사 내용을 압축적으로 표현한 제목(題目), 본론에 들어가기 전 본론 내용과 관련 있는 시나 간단한 고사로 시작하는 입화(入話), 고사의 본문에 해당하는 정전(正傳), 운문 형식으로 이야기를 요약하며 마치는 편미(篇尾)로 이루어진다. 입화는 미리 온 청중을 즐겁게 하기 위해 구연되는 이야기이고, 정전은 본 고사에 해당한다.[27] 화본 중에 리듬을 띄고 읊조릴 수 있는 부분은 실제로는 악기와 함께 음악 리듬과 함께 노래하는 부분이다. 화본에 묘사된 남녀 간 애정 표현이 당대 전기 속 애정 묘사보다 덜 자유스럽고 함축적인 경향을 보이는 것은 송대 이학(理學) 사상의 영향 때문이다.

화본과 관련된 전문 서적으로는 송대 초기 맹원로(孟元老)의 『동경몽화록(東京夢華錄)』,[28] 내득옹(耐得翁)의 『도성기승(都城紀勝)』, 오목목(吳自牧)의 『몽양록(夢粱錄)』, 송대 후기 주밀(周密)의 『무림구사(武林舊事)』가 있다. 화본에 관한 혁신적인 자료로는 1930년대에 발견된 나엽(羅燁)의 『취옹담록(醉翁談錄)』을 들 수 있는데, 송대 말기에 쓰인 작품으로 설화인에 의해 사용되었던 고사 목록을 108개 제목으로 설명하고 요약한 책이다.[29]

27) 입화(入話)가 가장 긴 작품은 『고금소설(古今小說)』 속의 「송사공대요금혼장(宋四公大鬧禁魂張)」이고 가장 짧은 작품은 「양온란로호전(楊溫攔路虎傳)」이다.

28) 『동경몽화록(東京夢華錄)』에는 북송시대의 종이쇼(paper show) 등 당시 오락의 종류와 관련 자료가 실려 있다.

29) 1910년경 중국서지학자 무전손(繆荃孫)에 의해 『경본통속소설(京本通俗小說)』이 발견되었지만, 검증 결과 송대 작품이 아닌 위서로 밝혀졌다. 그 이유는 언어사용에 있어 '我宋' 대신 '故宋'을 사용하고 있고, 송대 자료는

한편 송·원간 출현한 강사(講史) 유형의 화본소설은 주, 춘추, 진시황, 한, 삼국 등 역사와 관련된 주제를 내용으로 삼고 있는데, 중편소설로서 주로 평화(平話)로 불리며 9편이 전해지고 있다. 『삼국지연의(三國志演義)』의 모태가 된 『삼국지평화(三國誌平話)』, 『서유기』의 모태가 된 『대당삼장법사취경기(大唐三藏法師取經記)』 또는 『대당삼장취경시화』, 『수호전(水滸傳)』의 원형이 되는 『대송선화유사(大宋宣和遺事)』, 『봉신연의(封神演義)』의 모태가 되는 『무왕벌주평화(武王伐紂平話)』 등이 있다.

화본 작품집으로는 명대의 녹천관주인(綠天館主人) 풍몽룡(馮夢龍)[30]의 삼언(三言)이 있는데, 여기에는 정통 화본 작품들이 수록되어 있다. 삼언은 시기 순으로 열거하면 『고금소설(古今小說)』, 『경세통언(警世通言)』, 『성세항언(醒世恒言)』[31]이다. 『고금소설』은 고(古)소설에 치중하여 지은 이름이었는데, 이어 이언(二言)이 출현하자 이름을 『유세명언(喩世明言)』으로 바꾸었다. 북송 말에서 명 말까지의 작품 40종이 수록되어 있다. 『경세통언』은 옛것이 점차 사라지고 새것이 등장하며, 『성세항언』은 옛것은 대부분 없어지고 자신이 쓴 작품들이 나온다. 각각 40종으로 총 120종의 작품이 수록되어 있다.

이후 화본을 모방한 작품인 의화본(擬話本)[32]이 크게 유행한다. 화본은 설화와 관계가 있는 반면, 의화본은 설화가 없는 작품이다. 대표적으로는 공관주인(空觀主人) 능몽초(凌濛初)의 『박안경기(拍

많지만 『성세항언』과 『경세통언』 뒤에 편집되어 있기 때문이다. 삼언(三言)과 대조해보면 9종 모두 삼언에 보이고 문자 차이가 적으며 제목이 같은 경우가 많다.

30) 풍몽룡은 지낭(知囊)과 『태평광기초(太平廣記鈔)』도 편찬했다.

31) 『성세항언』은 최소한 22편 이상이 석낭선(席浪仙)의 작품이다.

32) 이 용어는 노신이 처음 부르기 시작했다.

案驚奇)』 40편과 『이각박안경기(二刻拍案驚奇)』 40편이 있다.[33] 그 후 과잉공급으로 인해 사람들이 싫증을 느끼고 청대 초기 출현한 『요재지이』가 독자마저 흡수하면서 의화본이 점차 위축되다가 거의 모든 작품이 중단되는 상황에 이르게 된다.

이상 200편의 화본 작품 중 가장 우수한 40편만 선별하여 모아놓은 작품집 『금고기관(今古奇觀)』[34]이 출현하였는데, 금(今)에 역점을 두고 있고 명대 화본 소설이 대부분을 차지한다.[35] 그런데 현재 전해지는 화본 작품들은 북송에서 명대까지의 400여년 기간 중에 만들어진 작품이라서 어느 시기에 속하는지 정확히 단정하기 어렵다. 작품 출현 시기에 대해서는 해넌(Hanan)이 『육십가소설(六十家小說)』[36]이나 삼언 등을 개인별이 아닌 스타일별로 저작시기 기준을 삼아 newer, late, middle, early, earliest 등 5가지로 분류한 바 있고, 호사영(胡士榮)이 육조에서 청까지 기간별로 분류한 바 있는데 참고할만하다.

화본 관련 자료로는 담정벽(譚正璧)의 『삼언양박자료(三言兩拍資料)』, 소천양일(小川陽一)의 『삼언양박본사논고집성(三言兩拍本事論考集成)』, 호사영(胡士瑩)의 『화본소설개론(話本小說槪論)』, 패트릭 해넌(Patrick Hanan)의 『The Chinese short story, studies in dating, authorship, and composition』과 『The Chinese vernacular story』, 이데마(W. L. Idema)의 『Chinese vernacular fiction: the formative period』 등이 대표적이다.

33) 이박(二拍)은 마지막 작품이 희곡이기 때문에 화본 작품은 정확히 79편이다.
34) 『금고기관』은 『삼국지연의』, 『수호전』, 『서유기』, 『금병매』, 『유림외사』, 『홍루몽』, 『요재지이』와 함께 팔대기서에 속한다.
35) 이후 동로고광생(東魯古狂生)의 『취성석(醉醒石)』이라는 작품집이 나온다. 청대에는 화본집 『과천홍(跨天虹)』이 유통되기도 한다.
36) 『육십가소설(六十家小說)』은 1929년과 1934년에 발견되었는데, 당시 서명을 몰라 홍편(洪楩)의 재명(齋名)을 빌어 『청평산당화본(淸平山堂話本)』으로 불렀다가 이후 『육십가소설』과 병칭하였다.

명대에는 전부터 내려오던 설화 전통을 기반으로 하여 본격적으로 눈으로 읽는 장편과 단편 소설이 유행하기 시작한다. 소설의 발전 배경으로는 백화문의 성숙과 표현기교의 발달, 유가적 전통 문학관 비판과 진보적 문학관 제기 등 소설에 대한 관념의 변화, 도시경제의 발전과 도시인구의 팽창과 함께 등장한 시민계층의 소설 독자층으로의 전이, 출판과 유통 및 상업판매 체계의 발달 등을 들 수 있다.

명 가정(嘉靖)년간에는 장회소설(章回小說) 즉 장편소설이 등장한다.[37] 사대기서에 속하는 『삼국지연의』·『수호전』·『서유기』·『금병매』와 수나라에서 당명황 통치기간까지의 역사 사건을 다룬 『수당지전(隋唐志傳)』, 왕택이 마법의 힘으로 반란을 일으켰지만 수(遂)라는 이름이 들어간 세 사람에 의해 제압된다는 『삼수평요전(三遂平妖傳)』 등이 있다. 그중 『삼국지연의』·『수호전』·『수당지전』·『삼수평요전』은 원말 명초의 문인 나관중(羅貫中)의 작으로 전해지고 있다.

『삼국지연의』는 나관중 이전에 이미 유행하던 역사고사를 편집한 것으로 보이나 나관중이 진(晋)나라 진수(陳壽)의 정사 『삼국지』에서 얻은 소재로 만들었다는 기록도 보인다. 하지만 이후 여러 문인들의 손을 거치면서 원본과는 상당히 다른 모습으로 수정되었다.

『삼국지연의』[38]는 우수한 장회소설임에도 불구하고 다음과 같은 세 가지 결점이 있다. 우선 70%는 사실이고 30%는 허구인데, 자칫 허구를 역사적 사실로 믿게 되는 오류를 범하기 쉽다는 점이다. 다음으로는 등장인물을 너무 흑백으로만 나누고 선한 사람은 아무 결점

37) 장편소설은 장(章) 또는 회(回)로 나뉘어져 있어서 장회소설이라고도 한다. 청중들에게 이야기를 적절하게 단락 지어 들려주던 방식을 그대로 유지하고 있기 때문에 이와 같은 명칭이 만들어지게 되었다.

38) 연의(演義)는 전래되는 이야기나 역사적 사실에 상상력을 가하여 역사소설 형태로 만든 작품을 말한다.

도 없고 악한 사람은 장점이 전혀 없는 것으로 묘사했다는 점이다.[39] 세 번째로는 작가의 의도와는 다르게 독자들이 해석할 여지를 남겼다는 점이다. 이러한 단점에도 불구하고 장편소설 『삼국지연의』는 지금까지도 독자들의 사랑을 꾸준히 받아오고 있다.

『수호전』은 나관중이 처음으로 창작한 소설은 아니다.[40] 주요 구성 중 한 파트인 송강의 모험은 남송 이래로 유행하던 이야기이기 때문이다. 즉 많은 작가들의 수정 작업을 거친 여러 판본을 나관중이 수집하고 정리하여 장편소설로 재구성한 것이다.

원본은 실전되었지만 현재 전해지는 두 종류의 판본 중 길이가 긴 70회본 작품을 보면, 악의 정령이 풀려나자 108명의 의적이 양산(梁山)에 모여 주변 군주들을 공격하고, 이후 정부에 투항하여 외족을 물리치고 반란을 잠재우는 공로를 세우지만, 정부의 신뢰를 받지 못한 송강은 독을 마시고 죽은 후 신이 된다는 이야기로 전개된다.

오승은의 『서유기』는 초당의 고승 현장(玄奘)이 불경을 구하러 인도로 여행을 가는 도중에 겪는 갖가지 고난을 주축으로 구성된 이야기에 영웅담과 불교설화 및 민간설화 등 허구적 요소가 가미되어 재편성된 소설이다.[41] 100회로 구성되어 있으며 크게 세 부분으로 나뉜다. 우선 1회에서 7회까지는 화과산 큰 돌에서 손오공이 출생하여 72가지 법술을

39) 조조도 정치적으로는 나름의 장점이 있을 수 있고, 유비나 관우도 단점이 없다고 말할 수는 없다. 우비가 덕장으로 묘사되고 있지만, 진수의 정사 『삼국지』 원문을 보면 유비가 어린 시절 "독서를 좋아하지 않았다(不好讀書)" 라는 기록이 있다. 도원결의나 삼고초려 등도 역사적 사실이 아닌 가상적 내용이다.

40) 본서는 시내암(施耐菴)의 작품이라고도 전해진다.

41) 당대 『대당서역기(大唐西域記)』와 『대자은삼장법사전(大慈恩三藏法師傳)』 등 실록체 유기와 전기, 그리고 송·원대의 『대당삼장취경시화』, 원말 명초 『서유기평화(西遊記平話)』와 같은 평화가 모두 『서유기』의 기원이 된다.

익히고 천궁(天宮)에서 난동을 부리는 장면이고, 8회부터 12회까지는 삼장의 등장과 당태종의 지옥 탐방 내용이며, 13회부터 100회까지는 요괴들과 싸우는 이른바 81난을 무릅쓰고 삼장법사가 손오공, 저팔계, 사오정과 함께 인도를 왕복하여 끝내 성과를 얻는다는 내용으로 전개된다.

『서유기』에는 권학, 선(禪)과 도(道) 사상, 봉건사회의 다양한 현실반영, 자연과 대결하는 중국인의 불굴의 투쟁정신이 주제로 담겨있다. 또한 무궁무진한 상상력을 발휘하여 주인공과 요괴의 싸움을 묘사한 낭만주의 정신과 인간과 동물과 신의 특성이 조화된 인물 형상 묘사, 그리고 요마를 물리치는 주인공 활약을 통한 평민들의 저항의식 반영 및 술에 취해 항아를 희롱했던 저팔계의 풍자・해학과 불교적 고행의 어려움 등을 산문과 운문을 적절히 섞어가며 드러낸 점이 눈에 띈다.

명대에는 공안소설(公案小說)이라는 유형의 단편소설도 등장한다. 공안(公案)이란 원래는 법관의 탁자를 일컬었는데, 이 의미를 확대하여 탐정, 범죄, 법정을 소재로 한 소설을 공안소설로 칭하게 된 것이다.[42] 공안소설은 자신만의 독특한 특징을 갖고 있으며, 탐정소설(detective story)[43], 범죄소설(crime story), 법정소설(court story)로 나뉜다. 언어는 백화와 문언이 혼용되어 있으며, 화본과는 달리 입화(入話)가 없는 것이 특징이다. 작품 중에는 『선중공안(禪中公案)』이 있는데, 이는 학생들에게 물어보기 위해 요약한 노트이다.

공안소설의 기원을 거슬러 올라가보면 후한 시기에 『성경』의 솔로몬의 지혜와 유사한 형태의 고사가 출현하고 있다. 이후 당대 전기에도 그

42) 극이건 전기이건 범죄와 관련된 고사는 모두 공안문학(公案文學)에 속한다.

43) 서양의 탐정소설은 모든 증거가 독자에게도 공개하기 때문에 공정하며, 논리적으로 내용을 다루고 아무 것도 모르는 상태에서 출발한다. 반면 중국의 탐정소설은 판사만 정보를 알고 독자는 잘 모른다. 이점에서 볼 때는 서양 탐정소설이 중국보다 우수해 보인다.

리 많지는 않지만 꿈에서 영감을 얻어 살인자를 발견한다는『사소아전(謝小娥傳)』이 있고, 송대 이후 화본에도 몇몇 작품이 보인다. 하지만 명대에 본격적으로 작품들이 출현하기 시작하였고, 이후 청대에는 번역소설의 영향으로 인해 청대 말기까지 유행하면서 그 흐름이 이어져간다.

소설 속 주인공인 포공(包公)[44]은 정의를 대표하지만 좀 아둔(糊塗)하게 묘사된다. 소설 속 포공은 원래의 실존인물 포공과는 관계가 없으며, 명대 만력의『용도공안(龍圖公案)』에서 시작된다.

청대에 들어와 단편소설로는 필기와 전기 작품이 있다. 전자는 수량은 많은 편이지만 문학 가치가 적은 편이고, 후자는 산동 출신인 포송령(1640-1715년)의『요재지이(聊齋志異)』를 대표작으로 꼽을 수 있다.『요재지이』가 문학적으로 상당한 주목을 받는 이유는 우선 포송령의 고향 노서(魯西) 치천(淄川) 지방은 가난한 도시로서 문화계와의 왕래가 거의 없던 곳인데도 불구하고 그 혼자서 수준이 높은 500여 편이나 되는 분량의 작품을 썼기 때문이다. 또한 전기 작품에 필기적 요소가 가미되고 단편에 장편의 문장이 결합되어 있다는 점 때문이다.[45]

또한 육조나 당의 특색을 결합하는 등 전통을 계승하는 동시에 창조적인 창작이 곁들어있는데(承傳創造), 결코 복고가 아닌 창신(創新)과 가공발전의 특징을 갖고 있기 때문이다. 이전의 고사에서는 인간과 귀신의 관계가 좋은 결말로 끝나는 경우가 거의 없지만 이 작품에

44) 사실 포청천(包青天)과 같은 인물의 전형은 한대 동방삭에서 찾아볼 수 있다. 그는 탐정소설에서 사건을 추리해 나가고 범인을 잡는 셜록 홈즈같이 중국문학에서 끊임없이 범죄를 해결하고 사람들의 잘못을 지적해내는 최초의 인물로 주목받는다. Thomas E. Smith,『Ritual and Shaping of Narrative: The Legend of the Han Emperor Wu』(The Univ. of Michigan Ph.D. Dissertation, 1992), 195쪽.

45) 내용면에서『요재지이』에는 이삼십 편의 공안소설도 있다. 상상이 아닌 당안(當案)에 근거하여 만든 것인데, 베끼는 과정에서 가감첨삭이 되었다.

는 사람과 귀신의 관계가 좋은 결과로 맺어지는 경우가 많다.[46)]

당 소설이 이공(李公), 장공(張公)처럼 이름을 정확히 기록하지 않은 반면, 포송령은 산동인답게 고사를 인용하여 「고관(庫官)」의 장화동, 「곽안(郭安)」의 진종선 등 구체적으로 사람을 언급하여 직설적으로 꾸짖었다. 그의 반청의식과 부패에 대한 고발은 이후 견책소설의 발단이 되기도 한다.

그는 또 자신의 불우(不遇)한 개인적 인생을 자기 작품에 연결시켜 증오를 포함한 모든 감정과 경험을 자서전적으로 표현하고 있다. 그의 일기를 보아도 홍미가 외부적인 것에서 내부 경험으로 전개되고 있음을 알 수 있다. 이는 중국소설에 있어서 주관적 논법(subjectivism)의 기원이자, 심리문학과 서정문학의 시작이 된다.

마지막으로 그의 글은 이전과는 달리 시 삽입이 적고, 문장 뒤에 "이사씨왈(異史氏曰)"이라는 부분이 있어서 고사내용과 관찰자를 분리하여 서술하고 있다.[47)]

『요재지이』는 문학적 가치가 높아 많은 사람들이 이를 흉내 내어 모방작을 만들었고,[48)] 이미 많은 사람들이 연구를 하였으며, 최근에

46) 육조 고사인 『담생(談生)』의 경우에는 인귀연애가 용납되지 않고, 여자 쪽이 더 고통스러웠는데, 『요재지이』에서는 인간 홍옥(紅玉)과 귀신인 귀처(鬼妻)가 연애하여 좋은 결과를 맺고 있다. 포송령은 귀신이 나쁜 것이 아니라 그 배경에 있는 존재가 나쁘다고 보는 반전통사상이 농후한 사람으로 평가된다.

47) 당 전기 작품에서는 이렇게 분리된 작품이 없었다. 그리고 "異史氏曰"은 『사기』 "太史公(즉 司馬遷)曰"에서 유래하며, 역사의 진실을 반영하고 사회문제를 날카롭게 비평하는 데 목적을 두고 있다.

48) 원매(袁枚)의 『신재해(新齋諧)』, 심봉기(沈鳳起)의 『해탁(諧鐸)』, 화방액(和邦額)의 『야담수록(夜譚隨錄)』, 호가자(浩歌子)의 『형창이초(螢窗異草)』, 관세호의 『영담(影談)』, 기윤(紀昀)의 『열미초당필기(閱微草堂筆記)』 등의 모방 작품들이 전해지고 있다. 또한 『요재지이』의 과거제 폐단과 탐관오리의 부패에 대한 비판정신은 후대 오경재(吳敬梓)의 『유림외사(儒林

는 작품 속의 산동 방언을 연구하는 등 다양한 면에서 탐구가 이루어지고 있다. 어리숙하면서도 맑은 심성의 선비 역을 맡은 장국영과 청순가련한 귀신인 섭소천 역을 맡은 왕조현 주연의 영화 '천녀유혼(倩女幽魂)'도 이 책의 한 파트인 「섭소천」을 원본으로 삼고 있다.

한편 청대 장편소설로는 『홍루몽(紅樓夢)』, 『유림외사(儒林外史)』 등이 대표적이다. 『홍루몽』은 120회로 이루어진 장회소설로서 1회부터 80회까지는 조설근의 작이고, 뒷부분 40회는 고악(高鶚)의 작으로 알려지고 있다. 원래 『석두기』로 불리어지다가 고악의 40회분이 첨가되면서 『홍루몽』으로 제목이 붙여졌다.

『홍루몽』은 당시 정치사회를 배경으로 한 명문가정의 흥망성쇠를 있는 그대로 그린 자연주의 문학의 걸작으로 총 90만자에 등장인물 465명으로 구성되어 있다. 내용은 주인공 가보옥(賈寶玉)이 임대옥(林黛玉)·설보채(薛寶釵) 등 여인과 대관원이라는 가씨 대가정에서 함께 살면서 전개되는 삼각관계 이야기가 그 주류를 이룬다. 부분적으로는 금릉십이채(金陵十二釵)라고 불리는 열두 여자들의 이야기가 생동적으로 그려져 있고, 전체적으로는 대가정의 흥망과 인생의 희비가가 감동적으로 묘사되어 있다. 또한 군주시대를 배경으로 일어나는 귀족사회의 갖가지 비리와 모순들도 폭로하고 있다. 이 과정 속에서 등장인물들의 성품을 개성 있고 또렷하게 그려낸 점이 특징이다.

1912년 쉬전야로 시작되는 원앙호접파(鴛鴦胡蝶派)는 사랑을 얻지 못하면 의미가 없고 비극을 초래한다고 여기는 애정지상주의(愛

外史)』와 오견인(吳趼人)의 『이십년목도지괴현상(二十年目睹之怪現狀)』, 이백원(李伯元)의 『관장현형기(官場現形記)』, 유악(劉鶚)의 『노잔유기(老殘遊記)』 등 청말 견책소설(譴責小說)에 영향을 미친다.

情至上主義)를 내세우며 1910년대와 1920년대에 대중적인 고전스타일의 소설로 도시를 휩쓴다. 5.4작가들은 원앙호접파와 그들의 호접소설(butterfly novel)은 쓸모없다고 비평하지만, 5.4문학이 인기면에서 일반 독자층을 파고들지 못하는 상황에서 독자들은 전통 스타일의 호접파 소설을 계속 선호하였다. 사실 「신청년(新青年)」은 1915년에서 1926년까지의 문학혁명 기간 중 발행된 계간잡지로서 현대소설에 큰 영향을 주었지만, 원앙호접파의 영향도 많이 받았다.

호접소설은 처음에는 현대화를 맞이한 도시인들의 심리적 필요성에서 출발하여 초기 단계에는 번역소설과 1902년 양계초의 과학 이상소설 같은 신문저널이 나왔고, 두 번째 단계에서는 코믹, 조크 등의 내용이 담긴 신문이 출간되었으며, 세 번째는 오락과 scandal detective를 통한 탈출을 추구하였는데 그 배경에는 신학당의 영향이 크다.

후에 중국 자체의 백화전통으로부터 독창적인 백화소설이 나오는데, 동서양의 인기 있는 도시소설과 동일하게 사랑, 자유결혼, 모험, 스캔들, 범죄, 무협 등을 주제로 하고 있다. 발달의 주원인은 상업주의와 영화분배, 코믹 strip 연극 구연 등 새로운 미디어의 출현에 기인하며, 이 기간에 번역에서 창작, 고전어에서 백화스타일로 변모하며 발전한다. 그러다가 1930년대 초반에 5.4 독자층이 성장하고, 일본의 침략 가시화로 사회가 혼란하면서 쇠퇴의 일로를 걷는다.

전통 소설은 소만수(蘇曼殊)에 이르러 마지막을 고한다.[49] 모친이 일본인인 그는 1918년 사망함으로써 중국전통소설은 끝나지만 승전계후(承前啓後)하면서 현대소설의 개척자로 평가받기도 한다. 그의 작품은 일인칭 서술이 많다. 사실 최초의 일인칭 작품은 당대 『유선

49) 소만수 이후 장한수(張恨水)와 대만의 여류작가 경요(瓊瑤)로 이어진다.

굴(遊仙窟)』이지만 이 작품이 홀연 사라졌다가 중화민국 이후에 일본에서 다시 되찾았기 때문에 『유선굴』을 본 적 없던 소만수는 일인칭 '여(余)'를 사용하면서 스스로 독자적인 스타일이라고 평가하였다.

1차 세계대전을 기준으로 현대문학의 시발로 보는 서구와는 달리 중국에서는 1919년 5.4운동 전후를 그 출발점으로 본다. 이 시기에는 새로운 질서를 모색하기 위해 서구로부터 새로운 문학전통을 활발히 유입하는 방향으로 나아갔다.

먼저 현대문학 시작의 전환점이 되는 5.4운동에 대해 간략히 소개해보자. 1919년 5월 4일, 베이징 학생들이 중국정부의 일본에 대한 굴욕적 정책에 항의하며 시위하였고, 그 결과 사회적 동요와 지적 혁명을 일으키게 된 일련의 사건들이 이어졌으며, 이러한 흐름(rising tide)을 학생들은 '오사운동(五四運動)'으로 불렀다.

5.4운동은 넓은 의미에서는 대략 1917년부터 1921년까지의 기간을 가리키며, 1915년 일본의 21개 요구조항으로 처음 촉발된 후, 1919년 베르사이유평화회담 산동결의안에 의해 더욱 불이 붙은 중국인들의 애국주의, 반제국주의, 반전통과 시대반항, 개성자유 및 부녀해방, 민주정신과 창조, 혁신의 정서 고조에 힘입어, 학생들과 새로운 지식인 리더계층이 지적, 사회적 개혁을 통해 신중국을 건설하기 위한 거대한 현대화(modernization)운동을 전개한 것이다.

5.4운동의 영향력은 실로 학생운동, 노동운동의 홍기, 정치사회 집단의 탄생에 큰 공헌을 하였으며, 문화적으로는 문학혁명, 신사조, 새로운 백화운동의 전개에까지 미치게 된다. 호적은 5.4운동을 학생들의 애국운동으로 보았고, 사회정치적 행위보다 문화적, 문학적, 지적 운동에 중요성을 두었다. 소설에 있어서도 문학혁명과 백화운동으로 새로운 문체의 백화소설이 주류 장르로 등장하게 된다.

노신

이 시기의 문학혁명은 스스로의 발전의 결과물이면서, 동시에 외국 문예사조의 영향을 받아 시작되었다. 호적이 1916년 미국 유학 중 인상주의 운동의 자극을 받아 「문학개량추의」를 발표하면서 백화운동을 제창하였고, 문인들은 외국문학 사조와 이론의 영향 하에 외국문학작품과 문예사조를 번역 소개하면서 외국문예사조는 중국화의 변형과정을 겪으며 정착되고, 현대소설 역시 이 시기에 활발해지기 시작했다.

신문학 최초의 작가 노신은 1918년 서구의 현실주의와 낭만주의 그리고 상징주의의 기법을 흡수하여 중국현대소설의 초석이 되는 단편소설 『광인일기(狂人日記)』를 『신청년(新青年)』에 발표하였고, 욱달부(郁達夫)는 유럽 낭만주의와 일본 사소설에서 작법을 취하여 자서전식 서정소설인 「침륜(沈淪)」을 발표하였다. 서정소설은 이후 폐명, 애무, 심종문, 소홍, 손려 등이 이어나갔다.

신문학사단도 흥성하기 시작하였는데, 주작인(周作人), 정진탁(鄭振鐸), 심안빙(沈雁冰) 등은 현실주의파의 영향을 받아 1921년 북경에서 문학연구회를 창립하고, 혁신적인 『소설월보』에 인생과 사회문제를 소재로 한 소설들을 발표하였다. 이어서 곽말약(郭沫若), 욱달부, 성방오(成倣吾) 등은 유럽 계몽주의와 낭만주의, 유미주의와 표현주의 사조에 몰입하면서 1921년 일본 동경에서 창조사를 창립하고, 예술을 위한 예술을 부르짖으며 소설을 통해 5.4운동의 반항과 혁신의 시대정신을 표현해내었다.

현대문학은 여섯 시기로 나뉜다. 첫 번째 시기는 호적(胡適)의 『문학개량추의(文學改良芻議)』와 노신의 『광인일기』가 발표된 1917-

1918년부터 후반부터 혁명문학론이 제기된 1927년까지로 전통문학이 부정되고 서구문학의 영향 아래 새로운 문학이 대두된 시기로서 노신 등 대표작가가 활약한다.

두 번째 시기는 혁명문학이 본격화된 1927년부터 항전문학이 대두한 1937년까지로 문학과 정치의 관계가 핵심 쟁점으로 떠오른 시기이며 모순(茅盾), 노사(老舍), 파금(巴金) 등의 대표작가가 활약한다. 세 번째 시기는 중일전쟁 발발 후부터 신중국을 건립한 1949년까지로 국민당과 공산당의 내전이 주류를 이룬다.

파금

네 번째 시기는 건국 이후 문화대혁명(文化大革命) 발발까지의 기간으로 문학계는 혁명과 내전을 회상하고 사회주의 우월성을 선전하는 활동에 주력한다. 이 시기부터는 당대문학으로도 불린다. 다섯 번째는 1966년부터 모택동(毛澤東)이 사망한 1976년의 문혁기간으로 현대문학의 암흑기에 속한다. 마지막 시기는 1976년 이후 현재까지로 이 시기 문학은 신시기문학으로 불리기도 한다.

대표적인 현대소설 작가와 작품을 소개하면 다음과 같다. 먼저 노신(1881-1936)은 본명이 주수인(周樹人)으로, 20세기 중국의 위대한 문학가이자 사상가이자 정신계의 전사로 칭한다. 인간과 민주에 초점을 둔 그의 자유 독립 정신과 반항 투쟁 정신, 그리고 한 칼에 피를 보는 듯한(一刀見血) 간결하면서도 날카로운 비판적 필치는 당시 열강의 침입과 봉건사회로부터의 근대화 과정, 내란이라는 혼탁 속에서 헤어나지 못하는 민중들의 우매함과 노예근성을 깨우치려는 계몽적이고 선구적 역할을 한다.

노사

모순

곽말약

절강성 소흥에서 몰락하는 관리 집안에서 태어난 그는 어려서부터 봉건제의 폐단을 체험하면서 반봉건적 민주 사상을 갖게 되고, 18세에 남경의 학당에서 진화론 등 서구 사상을 접한다. 이어 1902년 일본으로 유학을 떠나 의학을 공부하던 중 당시 우매한 중국 민중을 구하기 위해 문학으로 전향한 후 귀국하여 교직 생활을 한다.

1919년 5.4운동을 전후하여 그는 침묵에서 깨어나 참여의식을 갖고 중국 최초의 현대소설인 『광인일기』를 발표함으로써 세상을 놀라게 하였으며, 이후 수많은 작품을 발표하면서 현대문학을 주도한다. 1926년 북경여자사범대학의 학생 소요에 연루되면서 대학 강사직에서 물러났고 이어 3.18사건으로 인해 하문(厦門)에 피신하기도 하였지만, 1927년 상해에서 문필 생활을 재개하였고, 1930년에는 좌련(左聯) 영수로 추대되어 문학운동을 하다가 1936년 사망한다.

그의 『아큐정전(阿Q正傳傳』, 『고향(故鄕)』 등 주옥같은 백화소설 작품들은 『눌함(吶喊)』, 『방황(彷徨)』, 『고사신편(故事新編)』에 수록되어 있다. 『고향』에서는 특히 그가 아이들의 미래에 희망을 담아 쓴 문구가 인구에 회자되고 있다. "希望是本無所所謂有. 無所謂無的. 這正如地上的路: 其實地上本沒有路, 走的人多了, 也便成了路."처럼, 그는 고난 속에서 꿈을 찾아 도전하는 모든 사람들에게 희망을 보내고 있다.

다음으로 모순(茅盾)(1896-1981)은 이름이 심덕홍(沈德鴻)이고 자는 안빙(雁氷)으로, 절강성 오진(烏鎭)에서 태어났다. 1930년대 초 그는 중편소설 『환멸(幻滅)』과 단편소설 『춘잠(春蠶)』을 발표하면서 오사 시기의 인생을 위한 현실주의를 새로운 지평으로 끌어올렸고, 그의 독특한 사회과학적 사유와 이성적 분석으로 '사회해부소설'이라는 신문학 형식을 창조하였다.

1927년부터 1930년 전후까지는 그의 소설 창작의 첫 단계로서, 『환멸』, 『동요(動搖)』, 『추구(追求)』 등 세 편의 중편소설로 구성된 『식(蝕)』삼부곡을 발표하였고, 장편소설 『홍(紅)』, 중편소설 『삼인행(三人行)』과 『길(路)』 그리고 단편소설집 『들장미(野薔薇)』와 역사단편소설 『대택향(大澤鄕)』 등을 발표하였다. 30년대는 그의 창작의 두 번째 단계로서, 좌익문학의 이정표인 『자야(子夜)』와 '농촌삼부곡'인 『춘잠』, 『추수(秋收)』, 『잔동(殘冬)』과 『임가포자(林家鋪子)』 등 단편과 단편소설집 『포말(泡沫)』 등을 발표하였다. 항일전쟁 이후는 그의 창작의 세 번째 단계로서 『첫 단계 이야기(第一階段的故事)』와 『부식(腐蝕)』 등 중단편소설과 단편소설집 『예수의 죽음(耶蘇的死)』 등을 발표하였다.

그중 1933년에 발표한 『자야(子夜)』에서는 중국이 제국주의의 압박 하에서 더욱 식민지화되고 있음을 자각하면서, 민족공업자본가가 제국주의와 군벌정치의 협공 속에서 실패로 끝나고 마는 사회비극을 묘사하고 있다. 소설은 민족자본가 오손보(吳蓀甫)와 매판자본가 조백도(趙伯韜) 사이의 복잡하고 첨예한 투쟁을 주 내용으로 하며 오손보와 민족자본가 간, 오손보를 대표로 하는 자본가와 농민과 노동자 간의 갈등을 그리고 있다.

1941년 발표한 일기체 장편소설 『부식(腐蝕)』은 환남사변의 역사적 배경 속에서 국민당 흑암통치의 정치내막을 해부하고 있다. 작가는 조혜명(趙惠明)이라는 인물을 통해 1941년경 국민당 특무조직의 잔혹하고 비열함을 폭로하고, 국민당 특무조직는 일본 특무조직의 파출소이며, 조직 내 청년들이 속임 당하고 압박을 받고 있다는 사실을 폭로하고 있다.

다음으로 파금(巴金)(1904-2005)은 사천 성도 출생으로, 이름은 이요당(李堯棠)이고, 1929년 멸망을 발표할 때부터 파금이라는 필명을 사용하기 시작하였다. "어떻게 해야 좋은 사람이 되는가?"라는 문제는 파금 자신의 머릿속에서 수십 년 간 탐색해 온 부분이다.

그의 문화인격 형성은 특정한 가정환경과 시대배경과 관련이 있다. 몰락하는 봉건관료 지주집안에서 태어난 그는 "빈부 상관없이 모든 사람을 사랑하라, 도움을 필요로 하는 사람을 도와라, 처지가 안 좋은 사람을 동정하라, 자신을 그들보다 높다고 여기지 마라."는 어머니의 영향을 많이 받았다. 성장하면서 아버지의 독단전횡, 삼촌들의 타락, 유산분쟁 등은 그에게 깊은 상처를 남겼고, 봉건세력에 대한 강한 증오심을 불러일으키는 계기가 되었다.

그는 봉건문화 뿐만 아니라 서양문화의 영향도 받았는데, 특히 크로포트킨(Kropotkin), 바쿠닌, 톨스토이 등 무정부주의자이자 민주주의 작가의 영향을 받았다. 문화대혁명 기간에는 무정부주의를 선언하여 비판을 받고 4인방을 비판하여 죽을 고비를 맞기도 하였다. 현실주의, 무정부주의, 박애와 인도주의, 비정치주의, 비마르크스주의, 정의와 자유에 대한 신념을 바탕으로 "사기 치는 사람을 증오해야 하며 사기꾼은 폭로로 대적해야 한다."고 말하며, 파금은 소설을 통해 사람의 자유본질의 실현, 자주, 독립, 자아의식의 관조 등을 체현하고, 완벽한 인격의 완성, 생명가치의 실현과 도덕의 완성을 추구하였다.

『가(家)』는 파금의 장편소설 『격류삼부곡(激流三部曲)』의 제1부로서 1931년부터 연재하기 시작하였는데, 반봉건 주제와 사상을 작품 속 세 가지 유형의 형상으로 체현하고 있다. 첫 번째 유형은 봉건사회의 통치자로서, 전제폭군 고노인(高老太爺), 풍락산(馮樂山) , 고극명(高克明), 고극안(高克安), 고극정(高克定) 그리고 진이모할머니(陳姨太)가 등장한다. 두 번째 유형은 봉건제도의 반항자로서, 각혜(覺慧), 각민(覺民), 금(琴)이 등장한다. 세 번째 유형은 봉건제도의 피해자로서 각신(覺新), 매(梅), 서각(瑞珏), 숙정(淑貞), 명봉(鳴鳳), 완아(婉兒)가 등장한다.

다음으로 노사(老舍)(1899-1966)는 이름이 서경춘(舒慶春)이고, 북경의 만주족 가정에서 태어났다. 어릴 때 부친을 여의고 모친이 막노동으로 겨우 생활을 꾸려나갈 정도로 가정이 빈곤하였다. 노사는 북경의 하층시민의 생활에 익숙했기 때문에, 그의 소설작품은 도시 시민의 시각에서 북경 시민사회를 투시하면서 도시 빈민의 삶과 전통가치의 몰락, 그리고 중국 사회의 어두운 현실을 인도주의 감성으로 표현하고자 하였다.

1924년부터는 영국 런던, 프랑스 파리, 싱가포르, 미국 등지에서 생활하면서 경험한 소재를 바탕으로 소설을 써내려갔다. 대표작으로는 1936년 발표한 소설 『낙타상자(駱駝祥子)』가 있는데, 서양에서는 'Rickshaw Boy'로 알려져 있다. 이 소설은 1920년대 북경의 인력거꾼의 비극적인 삶을 묘사하고 있으며, 중국의 구시대의 어두운 면모를 고발하고 있다. 이밖에 『노장의 철학(老張的哲學)』, 『조자왈(趙子曰)』, 『사세동당(四世同堂)』 등의 전해지고 있다. 문화대혁명이 발발한 1966년에는 반당분자로 비판을 받고 홍위병에게 심한 구타를 당한 후 태평호 호수언덕에서 사인을 모른 채 세상을 떠나고 만다.

한편 여류소설가로는 사빙심(謝氷心)(1900-1999)을 들 수 있는데, 그녀는 본명이 사완영(謝婉瑩)이다. 1921년 소설월보를 통해 『초인(超人)』을 발표하였다. 이밖에 장애령(張愛玲), 소홍(蕭紅)(1911-1942) 등이 있다. 탕웨이 주연의 영화 '황금시대(黃金時代)(2014)'는 여류작가 소홍의 일대기를 그린 영화로서, 이 영화의 등장인물들을 통해 당시 문단에서 활약했던 중국 현대소설가들을 만날 수 있다.

제3장
문학 속 견우직녀 고사의 변천

중국신화의 풍부한 상상력과 다양한 소재들은 시와 소설을 넘나들며 수천 년간 작품 속에서 살아 숨 쉬며 독자들의 사랑을 받아왔다. 중국에서는 우랑직녀(牛郞織女) 고사로 불리는 견우직녀 고사 역시 오랜 기간 동안 시인과 소설가들의 꾸준한 사랑을 받아왔고, 그 초기 형태의 원형 고사로부터 출발하여 시대와 함께 요소가 첨가되며 변천과 변용을 거듭해왔다.

2500년 전 무렵에 편찬된 『시경』 「소아(小雅) · 대동(大東)」에 최초의 견우직녀 관련 고사가 기록되어 있다.[50]

> 동쪽 나라 사람들은, 고생만 할 뿐 돌아오지 않고,
> 서쪽 (周) 나라 사람들은, 아름다운 옷 입었네……

50) 「대동」은 주나라에 의해 멸망된 동쪽의 은나라 유민들이 서쪽 주실(周室)의 차별대우와 과중한 부역, 그리고 착취로 인한 생활고 등을 원망하며 호소한 시로서 견우와 직녀도 신화의 본래 형상에서 벗어나 있다. 여기서는 직녀성이 낮 동안 일곱 번 위치를 옮기는 것으로 베틀에 일곱 번 오름을 비유하여 동쪽 나라 백성들의 노고를 표현하고 있다. 하늘을 우러러 하소연하여도 아무 소용이 없을뿐더러, 하늘조차 서쪽 주실(周室)만 돕고 동쪽 사람들을 착취하려 한다고 말함으로써 극도의 원망을 표현하고 있다.

하늘엔 은하수, 빛나 보이고,
삼각으로 늘어선 저 직녀성, 하루에도 일곱 번 베틀에 오르네.
일곱 번 베틀에 올라도, 비단 베 한 조각 짜내지 못하고,
반짝이는 저 견우성, 수레 한 번 끌지 못하네.
東人之子, 職勞不來,
西人之子, 粲粲衣服……
維天有漢, 監亦有光,
跂彼織女, 終日七襄.
雖則七襄, 不成報章,
睆彼牽牛, 不以服箱.

견우와 직녀가 매년 칠석에 오작교를 건너 한 차례 만난다는 비련의 고사 원형은 고대 농경신앙 중 곡물 신인 견우와 누에와 뽕나무신(蠶桑神)인 직녀가 서로 결합하면서 시작된다. 그리고 고대인들의 장기간에 걸친 별자리 관찰을 통해서 모습이나 움직임이 견우와 직녀의 상황과 흡사한 별자리에 그 이름을 붙여 신화적 상상과 연상을 가미한 것으로 보인다.

이어 오랜 기간에 걸쳐 차츰차츰 견우성이 목동으로 의인화, 인격화되고, 오작교와 칠석, 홍수 등의 요소들이 첨가되면서 현재 우리가 접하는 비련의 고사 형상으로 완성되어간다.

후한 말 건안(建安)시기 조비(曹丕)(187-226)가 쓴 시『연가행(燕歌行)』제1수에 견우직녀의 신화고사에서 소재를 취한 내용이 나온다.

휘영청 밝은 달은 내 잠자리를 비추고,
은하수 기울었지만 밤은 아직 샐 줄을 모르는데.
견우와 직녀는 아득히 서로 바라만 볼 뿐.
그대들은 어찌하여 유독 은하수 다리에 제한되나요?
明月皎皎照我床, 星漢西流夜未央.

牽牛織女遙相望, 爾獨何辜限河梁?

이 시는 한 여인이 견우와 직녀의 안타까운 사랑의 고사를 통해 가을밤 멀리 떨어져 있는 남편에 대한 그리움을 표현하고 있다.

동 시기에 나온 『고시십구수(古詩十九首)』 중 「초초견우성(迢迢牽牛星)」은 견우직녀의 애정고사를 좀 더 구체적으로 묘사하고 있다.

멀고 아득한 견우성, 맑고 맑은 은하 건너 직녀성.
가늘고 하얀 손 내밀어, 절꺼덕 절꺼덕 베를 짠다.
종일토록 무늬는 못 마치고, 눈물만 비 오듯 하구나.
은하수 맑고도 얕은데, 서로 헤어진 지 또 그 얼마더냐?
찰랑찰랑 한 줄기 강물 사이에 두고, 묵묵히 바라보며 말을 못하네.
迢迢牽牛星, 皎皎河漢女,
纖纖出素手, 札札弄機杼.
終日不成章, 泣涕零如雨.
河漢淸且淺, 相去復幾許?
盈盈一水間, 脈脈不得語.

『연가행』과 『고시십구수』에 이르러 견우직녀는 이미 인물형상화된다. 그리고 견우와 직녀는 서로 은하수를 사이에 두고 바라다보며 비 같은 눈물을 흘린다는 내용이 첨가된다.

후한 응소의 『풍속통(風俗通)』에는 힘든 노동을 한 견우직녀가 마침내 일 년에 한번 만날 수 있는 기회가 생기는데, 그들이 은하를 건너도록 까막까치가 다리를 만들어주었다는 내용이 나온다(織女七夕當渡河, 使鵲爲橋). 견우직녀의 애정, 천하를 가운데 둔 격리, 칠석 만남 등 고사의 기본 원형이 갖추어지기 시작한다.

이후 송대 나원(羅愿)의 『이아익(爾雅翼)』 권13에는 "七夕鵲首無

故皆髡, 相傳以爲是日河鼓與織女會于漢東, 役烏鵲爲梁以渡, 故毛皆脫去"라는 구절이 더해지면서 까막까치의 머리가 벗겨진 유래를 고사화하고 있다.

동진(東晉) 시기에는 간보가 『수신기』에서 견우직녀 고사를 모방한 내용이 나온다.

> 한나라 때 동영은 천승현 사람이다. 어려서 어머니를 여의고 아버지와 함께 살았다. 그는 힘을 다해 농사일을 했고 작은 수레에 아버지를 태우고는 스스로 그 수레를 따라갔다. 아버지가 죽자 장례를 치를 수 없어…… 3년 상을 마치고 종살이하려고 주인집으로 가는 길에 한 부인을 만났다…… 아내가 주인집 문을 나서며 동영에게 말하였다. "나는 하늘의 직녀입니다. 그대의 지극한 효성 때문에 하느님께옵서 나로 하여금 그대를 도와 그대의 빚을 갚게 하셨을 따름입니다." 말이 끝나자 하늘로 솟구쳐 갔는데 직녀가 있는 곳을 알지 못했다.

견우나 우랑 대신 효자인 동영으로 주인공이 바뀐 점이 이채롭다.

육조 송(宋)에 들어와서는 사혜련(謝惠連)(394-430)이 『칠월칠일야영우녀(七月七日夜詠牛女)』에서 견우직녀 고사를 소재로 다음과 같이 노래하고 있다.

> 은하수에 신령한 짝 있지만, 여러 해 서로 만나지 못하네.
> 시내 멀리 사랑을 갈라놓고, 물가에 비친 모습 밝고 환하네.
> 베틀을 잡지만 무늬를 완성 못하고, 고삐 솟으며 놀라 나아가네.
> 지난 이별 이미 두해, 오늘 밤 모이지만 짝이 없네.
> 강 기울여 멀리 돌아가고, 사랑스런 얼굴엔 길고 긴 근심.
> 雲漢有靈匹, 彌年闕相從.
> 遐川阻眠愛, 修渚曠淸容.

弄杼不成藻, 聳轡驚前蹤.
昔離秋已兩, 今聚夕無雙.
傾河易迴斡, 款顔難久長.

여기서 견우와 직녀의 은하를 사이에 두고 떨어진 채 서로 그리워하는 고통을 더욱 구체적이고 상세하게 묘사하고 있다.

당 이백의『유태산(游泰山)』에는 직녀를 소재로 한 구절이 보인다.

손을 들어 맑고 얕은 물을 다루려다, 잘못 직녀의 베틀을 잡았네.
擧手弄清淺, 誤攀織女機.

소식의 문하이자 완약파의 대표인 진관(秦觀)의『작교선(鵲橋仙)』은 견우직녀 고사를 묘사하고 있다.

가는 구름 재주부리고, 별은 날아 슬픔 전하며, 은하수 멀리 어둠 속에 만나네.
황금 바람과 옥 이슬 맞으며 상봉하니, 무수한 인간사 물리친다.
물같이 부드러운 표정, 꿈같은 달콤한 시간, 참고 작교 돌아보며 길 돌아가네.
사랑하는 마음 이 같으면 오랜 시간 흘러도, 또 조석으로 만날 필요 있을까.
纖云弄巧, 飛星傳恨, 銀漢迢迢暗度.
金風玉露一相逢, 便勝却人間無數.
柔情似水, 佳期如夢, 忍顧鵲橋歸路.
兩情若是久長時, 又豈在朝朝暮暮.

첫 구절은 견우직녀가 서로 만나기 전의 마음, 즉 애원과 이별의 한 그리고 애절한 그리움을 묘사하고 있고, 두 번째 구절은 초가을에 서로 한번 만나는 일이 얼마나 소중한 것인지를 표현하고 있다. 세 번째 구절은 짧은 만남의 달콤함과 함께 차마 헤어지기 아쉬운 마음을 담고 있고, 마지막 구절에서는 칠석 만남 후의 감상을 토로하며 연인들을 위로하고 있다.

견우직녀 신화를 운용한 이 시는 56자의 짧은 노래지만, 견우직녀 고사를 소재로 한 시가 중 가장 아름다운 것으로서, 신화의 아름다운 애정고사를 시의 세계로 끌어들이면서 더욱 깊이 있는 의미를 부여하고 애정의 경계를 높이고 있다.[51]

명대 풍응경의 『월령광의(月令廣義)』「칠월령(七月令)」에는 천제의 딸 직녀가 은하 서편의 우랑에게 시집간 뒤 게으른 여자로 타락하자 천제가 진노하여 직녀를 은하 동쪽으로 쫓아버린다는 내용으로 변화하면서 봉건적 시각에서 직녀의 나태한 점이 부각되고, 두 젊은이는 집안 반대로 결혼을 하지 못하는 비극의 희생양으로 처리된다.

청대 포송령의 『요재지이』 중 「직성(織成)」에서도 견우직녀 고사가 소재로 활용되고 있다.

> "사실을 말씀드리자면, 당신이 지난 번 배위에서 만났던 분은 바로 동정호 임금님이세요. 임금님께서는 당신의 재주를 높이 사서 저를 당신에게 주시려고 했지요. 그런데 저는 왕비님의 총애를 받고 있었기 때문에 임금님은 일단 궁궐로 돌아가서 왕비님과 의논을 하셨답니다. 지금 저는 왕비님의 분부를 받들어 온 것이에요." ……나중에 류생은 일을 보러 다시 무창으로 가게 되었다. 직성은 자기도 친정에 들러보겠다면서 함께 데려가 달라고 했다. 동정호에 오자 직성은 머리의 비녀를 뽑아 물속으로 내던졌다. 그러자 갑자기 작은 배 한 척이 호수위로 떠오르는 것이었다. 직성은 마치 새가 나무에 내려앉듯이 훌쩍 그 배로 옮겨 타더니 눈 깜짝할 사이에 사라지고 말았다. 류생은 뱃머리에 앉아서 직성이 사라진

51) 沈謙, 『神話・愛情・詩』(臺北: 尚友出版社, 1983), 202쪽 참조.

곳을 물끄러미 바라보고 있었다. 바로 그때, 멀리 저쪽에서 갑판 위에 선실이 달린 배 한 척이 다가왔다. 그 배가 류생이 있는 곳 가까이 왔을 때, 선실 창문이 열리더니 아름다운 색깔의 새 한 마리가 류생의 배로 날아드는 듯했다. 알고 보니 직성이 돌아온 것이다. 이때 누군가가 창문 밖으로 많은 금은과 보물을 던져주었다. 이것들은 모두 왕비의 하사품이었다.

"實告君, 前舟中所遇, 卽洞庭君也. 仰慕鴻才, 便欲以妾相贈. 因妾過爲王妃所愛, 故歸謀之. 妾之來, 從妃命也." ......後詣武昌, 女求同去, 將便歸寧. 旣至洞庭, 女撥釵擲水. 忽見一小舟自湖中出, 女躍登, 如鳥飛集, 轉瞬已杳. 生坐船頭, 於沒處凝盼之. 遙遙一樓船至, 旣近窗開, 忽如一彩禽翔過, 則織成至矣. 一人自窗中遞擲金帛珍物甚多, 皆妃賜也.

직성이라는 이름과 머리의 비녀를 뽑아 물속으로 내던진다는 내용을 보면 직녀고사와 흡사하다. 견우와 직녀를 만나지 못하게 하늘에서 비녀를 뽑아 은하수에 던져 갈라놓는 장면이 연상된다.52)

고구려벽화 속 견우직녀

52) 우리나라의 경우 409년 축조된 평양 덕흥리 고구려고분벽화에서 처음으로 은하수를 가운데 두고 소를 끄는 견우와 개를 데리고 있는 높은 신분의 옷차림을 한 직녀, 그리고 그들을 위해 날아온 까마귀 모습이 등장한다. 견우와 직녀 고사의 기원 및 변천과정에 관해서는 왕효렴(王孝廉)의 「牽牛織女傳說的研究」[古添洪編, 『從比較神話到文學』(臺北: 東大圖書公司, 1977), 186쪽-238쪽] 참조.

제4장

문학 속 서왕모(西王母) 고사의 변천

반인반수의 무시무시한 형태로 죽음을 관장하고, 서쪽 곤륜산 요지 또는 옥산에 거주하면서, 삼청조(三靑鳥)의 시중을 받는 신화 속 인물 서왕모는 춘추전국시대에 편찬된 것으로 알려진 『산해경』「서산경」과 「해내북경」에 최초로 등장한다.

> 옥산은 서왕모가 거주하는 곳이다. 서왕모는 사람의 모습을 하면서, 표범의 꼬리와 호랑이 이빨을 가지고 있고 피리를 잘 불며, 흐트러진 머리를 화관으로 들어 올렸는데, 이 서왕모는 하늘의 역병와 오형(죽음)을 관장한다.
>
> 玉山是西王母所居也. 西王母其狀如人, 豹尾虎齒而善嘯, 蓬髮戴勝, 是司天之厲及五殘.

> 서왕모는 안석에 기대고는 화관을 쓰고 있고, 그 남쪽에는 삼청조가 있어서, 이들이 서왕모를 위해 음식을 날라다준다. 이들은 곤륜산의 북쪽에 거주하고 있다.
>
> 西王母梯几而戴勝杖, 其南有三靑鳥, 爲西王母取食, 在崑崙墟北.

이후 『목천자전』에 서왕모가 주 목왕과 만나는 장면이 나온다.

갑자년 길일에 천자가 서왕모의 초대를 받고 희고 검은 서옥을 가지고 서왕모를 만났다. 거기에서 금조 100순과 □조 300순을 바치나 서왕모는 재배하고 이를 받았다. □을축년에 천자가 요지 위에서 서왕모와 술을 나누었다. 서왕모가 천자를 위해 노래 부르길, "흰 구름 하늘에 있고, 산언덕은 솟았네. 갈 길은 먼데, 산천이 가로놓였네. 장차 그대여 죽지 마시고, 다시 올 수 있기를 바랍니다." 천자가 답하여 가로되, "내가 동토에 돌아가 여러 나라를 평화로이 다스리고, 만민이 태평하게 되면 내 그대가 보고 싶을 테니 꼭 삼년이 지나면 다시 돌아오리다." 천자는 길을 재촉하여 엄산에 올랐다. 그 사적을 엄산의 돌에 기록하고 괴나무를 심어 서왕모의 산이라고 이름 지었다.

吉日甲子, 天子賓於西王母, 乃執白圭玄璧以見西王母. 好獻錦組百純, □組三百純, 西王母再拜受之. □乙丑, 天子觴西王母于瑤池之上. 西王母爲天子謠曰: "白雲在天, 山陵自出, 道里悠遠, 山川間之. 將子無死, 尚能復來." 天子答之曰: "予歸東土, 和治諸夏, 萬民平均, 吾願見汝, 比及三年, 將夏而野." 天子遂驅升于弇山. 乃紀丌跡於弇山之石, 而樹之槐, 眉曰西王母之山.

서왕모 신화고사가 소재가 되어 작품 속에서 운용되는 첫 사례라는 점에서 그 의미가 있다고 할 수 있는데, 『산해경』 속 수상(獸像) 이미지의 서왕모가 여기에서는 인왕에 가까우며 성별도 여성임을 명확하게 보여주고 있다.

우루무치 천산천지의 <서왕모가>
尚復能來는 尚能復來의 오기

이후의 작품인 『한무제내전』에서는 사람의 형상을 갖춘 인물로 그려진다. 그리고 서왕모 고사에 부상(扶桑) · 칠석(七夕) · 선도(仙桃) 등이 결합되어 이야기를 구성한다.

홀연 청의를 입은 한 여자가 보였는데 매우 아름다웠다. 무제가 깜짝 놀라 묻자, 여자가 대답하여 이르길, "나는 용국의 옥녀 왕자등입니다. 왕모의 사신으로서 곤륜산에서 왔습니다"라고 하였다. 또 무제에게 말하길, "듣자 하니 당신은 사해의 봉록을 가벼이 여기고 도를 찾아 생을 구하며, 제왕의 위치에서 내려와 누차 산악에 제를 올린다 하니, 정성스러워 아마 가르침을 받을 만합니다. 오늘부터 재계하고 인간사에 관여하지 않으면 칠월 칠일에 왕모가 잠시 올 것입니다." 무제가 자리에서 내려와 무릎 꿇고 승낙하였다. 말이 끝나자 옥녀는 홀연 사라지고 없었다. 무제가 동방삭에게 "이는 어떤 사람인가?"라고 묻자, 동방삭은 말하길, "이는 서왕모 자란궁의 옥녀입니다. 항상 사명을 전하느라 부상을 왕래하고 영주를 출입하며, 상양을 넘나들며 현도에 말을 전합니다……"라고 하였다.

忽見一女子著青衣, 美麗非常. 常愕然, 問之. 女對曰: "我墉宮玉女王子登也. 乃爲王母所使, 從崑崙山來." 語帝曰: "聞子輕四海之祿, 尋道求生, 降帝王之位, 而屢禱山嶽. 謹哉, 有似可教者也. 從今日淸齋, 不閑人事. 至七月七日, 王母暫來也." 帝下席跪諾. 言訖, 玉女忽然不知所在. 帝問東方朔: "此何人?" 朔曰: "是西王母紫蘭宮玉女. 常傳使命, 往來扶桑, 出入靈州, 交關常陽, 傳言玄都……"

칠석에 견우직녀가 만나는 고사가 여기서는 왕모와 무제가 만나려는 장면에서 활용되며, 부상[53]이라는 신화수가 가미된다. 또 이르길,

칠월 칠일에 궁을 수리하고 대전에 자리를 마련하였다. 붉은 비단을 땅에 깔고 백화 향불을 피우고, 운금 휘장을 두르고 구광의 등을 켜고, 옥문의 대추를 나열하고 포도주를 따라 놓았다. 향과를

53) 『설문해자』에 이르길, "부상은 신목(神木)으로 태양이 나오는 곳이다.(扶桑, 神木, 日所出也.)" 『십주기(十洲記)』에 이르길, "부상은 푸른 바다 한가운데 있는데, 길이가 수천 장이고, 천여 위가 되며, 두 줄기는 뿌리가 같고 서로 의지하는데, 태양이 나오는 곳이다.(桑在碧海中, 樹長數千丈, 一千餘圍, 兩幹同根, 更相依倚, 日所出處.)

거두어들여 천궁의 음식을 차렸다. 이에 무제가 옷을 입고 계단 아래로 들어와 단문 안에서 망령되게 엿보는 자가 없도록 칙령을 내렸다. 그리고 안팎 고요한 가운데 구름수레를 기다렸다. 밤 이경이 넘어 홀연 서남쪽에서 흰 구름 같은 것이 일더니 자욱이 곧바로 내려와 쏜살같이 궁정으로 향했다. 순식간에 가까이 오면서, 구름 사이로 피리 · 북 소리와 인마 소리가 들렸다. 잠시 후 왕모가 도착하였다. 궁전 앞에 내려오는 것이 마치 새들이 모여드는 것 같았다. 혹은 용호를 타고 혹은 백린을 타고 혹은 백학을 타고 혹은 헌거를 타고 혹은 천마를 타고, 수천의 신선들이 정원을 빛내며 내려왔다. 내려온 후 수행 선관들은 어디에 있는지 다시는 알 수 없었고, 오직 왕모가 자운의 수레를 타고 구색의 반룡을 끌고 있는 모습만이 보였다. 따로 오십 명의 천선이 난여 옆에 있었는데 모두 한 길 남짓 컸으며, 함께 채모 깃발을 들고 금강영새를 차고 천진의 관을 쓴 채로 전 아래 머물러 있었다. 왕모는 오직 두 시녀의 부축을 받으며 전에 올라갔다. 시녀의 나이는 가히 십 육칠 세 정도 되었고 푸른 비단 저고리를 입었으며 눈동자는 빛나고 신비한 자태는 맑고 고와 정말 미인이었다. 왕모는 전에 올라 동쪽을 향해 앉았는데, 황금으로 된 긴 옷을 입어 문채가 선명하고 빛나는 의용은 맑고 돈후하며 영비대수를 가지고 분경의 검을 허리에 차고 있었다. 머리는 태화 상투를 하고 태진신영의 관을 쓰고 현경봉문의 신을 신고 있었다. 보아하니 나이는 삼십여 세쯤 되었고 키는 적당히 컸으며 자태는 화기 가득하고 얼굴은 절세미인이라 정말로 신령스런 사람이었다. 수레에서 내려 마루에 오르자 무제는 무릎을 꿇고 절하고 문안인사를 마치고 서 있었는데, 왕모가 무제에게 함께 앉자고 불렀다. 무제는 남쪽을 향하고 있었고, 왕모는 스스로 하늘 음식을 마련하였는데, 정말로 맛이 훌륭하여 보통의 것이 아니었다. 풍성하고 진귀한 과일과 온갖 맛을 지닌 향긋한 꽃, 자줏빛 지초와 위유(萎蕤) 등 그 향이 찬합에 가득했고, 맑은 향의 술은 지상의 것이 아니었으며, 향기가 빼어나 무제는 이름을 붙일 수 없을 정도였다. 또 시녀에게 복숭아를 가져오라고 명했는데, 잠시 후 옥쟁반에 크기가 오리 알만하고 둥글고 푸른색의 선도 7개를 담아 왕모에게 바쳤다. 왕모는 4개를 무제에게 주고 3개는 자신이 먹었다. 복숭아 맛이 감미로워 입안에 그 맛이 가득했다. 무제가 먹은 후 그 씨를 거두었는데 왕모가 그 이유를 묻자, 무제는 말하길, "이것을 심고 싶습니다."라고 했다. 이에 왕모가 답하길, "이 복숭아는 삼천 년에 한 번 열매를 맺는데, 중국은 땅이 척박하여 심어도 나지 않는다." 고 하였다. 이에 무제는 이 일을 그만두었다.

至七月七日, 乃修除宮掖, 設坐大殿. 以紫羅薦地, 燔百和之香, 張雲錦之幃, 然九光之燈, 列玉門之棗, 酌葡萄之醴. 宮監香果, 爲天宮之饌. 帝乃盛服, 入於陛下, 勅端門之內, 不得有妄窺者. 內外寂謐, 以候雲駕. 到夜二更之後, 忽見西南如白雲起, 鬱然直來, 逕趨宮庭. 須臾轉近, 聞雲中簫鼓之聲, 人馬之響. 半食頃, 王母至也. 縣投殿前, 有似鳥集. 或駕龍虎, 或乘白麟, 或乘白鶴, 或乘軒車, 或乘天馬. 群僊數千, 光耀庭宇. 旣至, 從官不復知所在, 唯見王母乘紫雲之輦, 駕九色斑龍. 別有五十天仙側近鸞輿, 皆長丈餘, 同執綵旄之節, 佩金剛靈璽, 戴天眞之冠, 咸住殿下. 王母唯扶二侍女上殿. 侍女年可十六七, 服靑綾之袿, 容眸流眄, 神姿清發, 眞美人也. 王母上殿東向坐, 著黃金褡襹, 文采鮮明, 光儀淑穆, 帶靈飛大綬, 腰佩分景之劍. 頭上太華髻, 戴太眞晨嬰之冠, 履玄璚鳳文之舃. 視之可年三十許, 修短得中, 天姿掩藹, 容顔絶世, 眞靈人也. 下車登牀, 帝跪拜, 問寒暄畢, 立, 因呼帝共坐. 帝面南, 王母自設天廚, 眞妙非常, 豊珍上果, 芳華百味, 紫芝萎蕤, 芬芳塡樏, 清香之酒, 非地上所有, 香氣殊絶, 帝不能名也. 又命侍女更索桃果, 須臾, 以玉盤盛仙桃七顆, 大如鴨卵, 形圓靑色, 以呈王母. 母以四顆與帝, 三顆自食. 桃味甘美, 口有盈味, 帝食, 聊收其核. 王母問帝, 帝曰: "欲種之." 王曰: "此桃三千年一生實. 中夏地薄, 種之不生." 帝乃止.[54]

무제가 신선이 되길 원하자, 어느 날 사자가 나타나 서왕모의 도래

54) 『한무제내전』에 서왕모가 무제를 만나 불사약과 선도를 소재로 대화 나누는 또 다른 내용이 있다. "有頃, 王母至, 乘紫車, 玉女夾馭, 戴七勝, 靑氣如雲, 有二靑鳥, 夾侍母旁. 下車, 上迎拜, 延母坐, 請不死之藥. 母曰, '……帝滯情不遣, 慾心尙多, 不死之藥未可致也.' 因出桃七枚, 母自噉二枚, 與帝五枚."

를 알리고 이어 서왕모가 내려와 무제와 교류한다는 내용의 이야기다. 서왕모가 여기서는 신선이자 인왕의 모습으로 상당히 미화되고 그 사자인 청조(靑鳥)는 청의를 입은 옥녀로 변모한다. 거기에다 견우직녀 고사의 칠석이 결합하여 무제와 서왕모의 만남의 이미지를 고조시키고 있다. 인간과 신선이 교류하는 한 편의 드라마와 같다.

위진남북조 시기의 작품인 『신이경』에는 곤륜산과 서왕모 고사에 동왕공(東王公)과 신조 희유(希有)[55]가 추가되고 천지를 연결하는 샤머니즘 우주기둥인 구리기둥이 등장한다. 「중황경」에 이르길,

> 곤륜산에는 구리기둥이 있는데, 그 높이가 하늘까지 닿아 천주라고 불린다. 둘레가 삼천 리가 되고 주위는 마치 깎아 놓은 듯 둥글다. 아래에는 백 장 넓이의 회옥이 있는데 선인들의 구부가 자리하고 있으며, 위에는 큰 새가 있는데 이름이 희유이다. 이 새가 남쪽을 향해 왼쪽 날개를 펼치면 동왕공을 덮고, 오른쪽 날개를 펼치면 서왕모를 덮는다. 등 위 작은 곳에 깃털이 없는 부분이 있는데, 넓이가 만 구천 리나 된다. 서왕모가 매년 이 새의 날개에 타고 동왕공을 만나곤 하였다. 그래서 그 기둥에는, "곤륜의 구리기둥은 그 높이가 하늘까지 닿고 둘레가 깎아 놓은 듯 둥글며 피부처럼 아름답다"고 새겨져 있다. 그 조명(鳥銘)에는 "희유라는 새가 있는데 푸르고 붉게 빛나며 울지도 먹지도 않는다. 동쪽으로는 동왕공을 덮고 서쪽으로는 서왕모를 덮고 있다. 왕모가 동쪽으로 가길 원하여 올라타면 저절로 가게 된다. 음양이 서로 부합하여 만남이 더욱 공교롭다."고 쓰여 있다.
>
> 崑崙之山有銅柱焉, 其高入天, 所謂天柱焉. 圍三千里, 周圓如削. 下有回屋方百丈, 仙人九府治之. 上有大鳥, 名曰希有. 南向, 張左翼

55) 희유는 『태평어람』 권927에 인용된 『신이경』에도 나온다. "희유의 부리는 붉고, 눈운 금처럼 노랗고, 그 고기는 쓰며, 선인들이 이것을 즐긴다.(有喙赤, 目黃如金, 其肉苦鹹, 仙人甘之.)"

覆東王公, 右翼覆西王母. 背上小處無羽, 一萬九千里. 西王母歲登翼上會東王公也. 故其柱銘曰: "崑崙銅柱, 其高入天. 員周如削, 膚體美焉." 其鳥銘曰: "有鳥希有, 碌赤煌煌, 不鳴不食. 東覆東王公, 西覆西王母. 王母欲東, 登之自通. 陰陽相須, 唯會益工."

원래 배필이 없었던 서왕모 고사 원형이 서왕모와 동왕공, 그리고 말이 결합된 형태의 이야기로 변모되어 나타난다. 여신 서왕모의 배필로서 남신 동왕공이 첨가된 것은 고대 모계사회 속에서 자연스레 형성된 여신이 후대 부계사회와 봉건사회가 등장하면서 여신에게 남신을 인위적으로 결합시켜 여신의 지위를 경감시키고자 하려는 의도가 반영된 것으로 해석하기도 한다.

동진(東晉) 시기에는 도연명이 『독산해경』 13수 중 제 2수에서 서왕모를 언급하고 있다.

> 옥대(玉臺)는 빼어난 노을을 능가하고, 왕모(王母)는 젊은 얼굴 기뻐하네.
> 천지와 함께 생겼으니, 몇 년이 지났는지 알 수 없네.
> 신령의 변화 끝없으니, 머무는 곳 산 하나 뿐은 아니리.
> 고상하게 즐기며 새 노래 부르나, 그 어찌 세속의 말 본받았을까!
> 玉臺凌霞秀, 王母怡妙顔.
> 天地共俱生, 不知幾何年.
> 靈化無窮已, 館宇非一山.
> 高酣發新謠, 寧效俗中言!

제7구 "고상하게 즐기며 새 노래 부르나(高酣發新謠)"는 『목천자전』에서 서왕모가 주목왕을 위해 잔치를 베풀고 노래를 불렀던 요지연(瑤池宴) 고사에 근거를 두고 있는데, 여기서는 예전의 서왕모 보다 더 인간화한 모습으로 나타나고 있다.

송원 시기에는 『서유기(西遊記)』의 모태가 된 『대당삼장취경시화(大唐三藏取經詩話)』의 제11장 「입왕모지지처(入王母池之處)」 제11에 서왕모 연못에 반도(蟠桃) 나무가 자라고 있다는 내용과 법사가 먹고 싶어 후행자(猴行者)에게 훔쳐오라고 명하는 내용이 나온다.[56)]

> 법사가 말하길, "오늘 반도(蟠桃) 열매가 열려 있을 텐데 서너 개 훔쳐 먹고 싶다"라고 하니, 후행자(猴行者)가 "제가 800살 때 10개를 훔쳐 먹다가 왕모한테 붙잡혀서 왼쪽 갈비를 800대, 그리고 오른쪽 갈비를 3000대 철봉으로 맞고 화과산 자운동에 유배되었었지요. 지금도 늑골 아래가 아프니까 지금은 감히 훔쳐 먹지 못합니다."라고 말했다.
>
> 法師曰: "願今日蟠桃結實, 可偷三五個吃." 猴行者曰: "我因八百歲時偷吃十顆, 被王母捉下, 左肋判八百, 右肋判三千鐵棒, 配在花果山紫雲洞. 至今肋下尚痛, 我今定是不敢偷吃也."

서왕모 연못은 신화 속에서 서왕모가 산다는 요지(瑤池)에 근거한 것인데,[57)] 여기에서는 거대하고 신비스런 모습으로 재탄생한다. 그리고 반도(蟠桃)는 선도(仙桃) 고사에서 비롯되었으며, 그 기원은 역시 『산해경』 「해내서경」의 "곤륜 개명 북쪽에 불사수(不死樹)가 있다(崑崙開明北有不死樹)"라는 내용과 이후 예가 서왕모로부터 불사

56) 본 장면 이전의 고사 내용은 다음과 같다. 승 일행 여섯 명은 우연히 흰옷을 입은 행자를 만나게 되고 모두들 행자의 신통으로 대범천오아궁으로 들어간다. 거기에서 법사는 경을 강의하고 난 후 하계로 돌아와 여러 위험한 곳을 지나 왔으나 번번이 행자의 법력으로 말미암아 무사하게 통과한다. 또 심사신의 화신인 금교를 얻어 대수를 건너고 귀자모국과 여인국을 지나 왕모지가 있는 곳에 이르러 법사는 복숭아 생각이 나서 후행자에게 훔쳐오게 한다.

57) 『목천자전(穆天子傳)』에 이르길, "天子乃觴西王母於瑤池之上."

약(不死藥)을 얻었다는 예의 고사에서 찾아볼 수 있다.

또한 여기서 후행자가 복숭아를 훔치다 서왕모에게 매를 맞았다는 기억을 말하는데, 그 원형으로 여겨지는 『박물지』에는 후행자가 동방삭으로 기록되어 있다.58)

서왕모가 거주하는 곤륜산이 화과산으로 대체된 것으로 보이며, 신화상의 반인반수(半人半獸)의 서왕모가 여기서는 인간화된 신선이면서 역할은 악한 일을 다스리고 꾸짖는 일을 담당하는 다소 과격한 모습으로 묘사되어 있다.

서왕모 고사의 변천을 보면 신화상의 서왕모가 한대(漢代)에 들어와 『목천자전(穆天子傳)』·『한무내전(漢武內傳)』·『한무고사(漢武故事)』 등에서는 신선의 화려하고도 아리따운 자태와 행동을 보여주

58) 『박물지』 권8에 이르길, "한 무제는 신선도를 좋아하여 명산대택에 제사하며 신선이 되기를 빌었다. 이때 서왕모가 흰 사슴을 탄 사자를 보내 무제에게 그녀가 곧 당도할 것임을 알렸다. 이에 승화전에 휘장을 드리우고 기다렸다. 7월 7일 야루(夜漏)가 7각을 알릴 때 서왕모가 자운거를 타고 승화전 서남쪽에 이르렀다. 동쪽으로 향하여 앉았는데 머리 위에는 옥승(玉勝)을 하고 있었고 푸른 기운이 자욱한 것이 구름 같았다. 세 마리의 푸른 새가 있는데 크기는 까마귀만 하였다. 서왕모의 좌우에서 시중을 들고 있었다. 이때 구미등(九微燈)을 켜놓았다. 무제는 서쪽으로 바라보고 앉았고 서왕모는 복숭아 일곱 개를 찾아 꺼내었다. 그 크기는 탄환 만한데 다섯 개는 무제를 주고 서왕모는 두 개를 먹었다. 무제가 복숭아를 먹고 그 씨를 무릎 앞에 놓으니 서왕모가 '이 씨로 무엇을 하려 하시옵니까?'라고 물었다. 무제가 '이 복숭아 맛이 너무 좋아 심을까 합니다.'라고 하자 서왕모가 웃으며 '이 복숭아는 삼천 년에 한 번 열매를 맺습니다.'라고 하였다. 오직 무제만이 서왕모와 마주앉고 시종들은 모두 그 앞으로 나갈 수 없었다. 이때 동방삭이 승화전의 남쪽 결채의 붉은 새가 새겨진 들창에서 서왕모를 몰래 훔쳐보고 있었다. 서왕모가 돌아보며 무제에게 '저 창에서 엿보고 있는 아이는 세 번이나 와서 제 복숭아를 훔쳐간 적이 있습니다.'라고 하였다. 무제가 이에 매우 이상하게 여기고 이로부터 세상 사람들이 동방삭을 신선이라 하였다."

는데, 이 화본에서는 다시 과격한 모습을 보여준다는 점에서 작가의 표현이 다소 파격적이다. 예를 들면 육조 시기의 작품에서는 서왕모가 복숭아를 줄 수 없다는 말로 끝나거나, 인간세계에서 심어도 효과가 없다는 설명을 하는 정도로 온화하였지만, 여기서는 그간의 고사 내용을 각색하여 훔쳐 먹은 것에 대해 과격한 행동으로 징벌하는 것으로 나오는데, 이는 소설이기 때문에 나올 수 있는 상상의 표현으로 볼 수 있다.

청대 『요재지이』의 「투도(偸桃)」에도 서왕모가 등장한다.

> 마술사는 매우 난처해하다가 한참 후에야 비로소 말했다. "아무리 생각해보아도, 지금은 초봄이고 눈이 아직 땅 위에 쌓인 그대로인데, 이 세상 어디에서 복숭아를 구할 수 있단 말이냐? 다만 하늘나라의 여신 서왕모의 정원만이 사계절 동안 항상 푸르고 풀과 나무가 시들지 아니하니, 혹 있을지도 모르겠다. 반드시 그것을 하늘나라에서 훔쳐와야겠다……" 한참 후 복숭아 한 개가 떨어졌는데 밥그릇과 크기가 비슷했다. 마술사는 기분이 좋아져서 급히 복숭아를 집어다가 당상의 관장에게 바쳤다. 당상의 각급 고관들이 그것을 서로서로 돌려보았지만, 아무도 이 복숭아가 진짜인지 가짜인지 판별을 하지 못했다. 그때 갑자기 걸려있던 밧줄이 땅에 떨어져버렸다. "큰일 났다, 큰일 났다! 하늘 위의 사람이 내 밧줄을 끊어버렸다. 내 아이는 어떻게 내려온단 말인가!" 조금 있다가 또 하나의 물체가 떨어졌는데, 마술사가 가 보니 아들의 머리였다. 그는 아들의 머리를 받들고 슬피 울기 시작했다. "이것은 분명 복숭아를 훔쳐다가 과수원지기에게 들켰기 때문이리라. 우리 아들은 이제 끝장이 나고 말았구나. 흑흑!" 곧이어 다리 하나가 떨어지고, 또 사지가 떨어져 내리는데, 어느 것 하나 성한 것이 없었다. 마술사는 죽고 싶을 정도로 너무나 슬펐지만, 아들의 흩어진 몸을 하나하나 주워서 대나무 상자 안에 넣었 뚜껑을 덮었다.
>
> 術人惆悵良久, 乃云: "我籌之爛熟. 春初雪積, 人間何處可覓? 唯

王母園中, 四時常不凋御, 或有之. 必竊之天上, 乃可……" 久之, 墜一桃, 如碗大. 術人喜, 持獻公堂. 堂上傳示良久, 亦不知其眞僞. 忽而繩落地上, 術人驚曰: "殆矣! 上有人斷吾繩, 兒將焉托!" 移時, 一物墮. 視之, 其子首也. 捧而泣曰: "是必偸桃爲監者所覺. 吾兒休矣!" 又移時, 一足落, 無何肢體紛墮, 無复存者, 術人大悲, 一一拾置笥中而闔之.

마술사의 아이가 하늘의 복숭아를 훔치다가 서왕모에게 들켜서 무시무시한 징벌을 당한다. 서왕모의 과격한 모습이 여기에서 가장 극명하게 드러난다.

이처럼 신화상의 인물 서왕모는 반인반수의 기이한 모습으로 사악함을 관장하다가 한대에는 아름다운 신선으로 바뀌고, 이후 『대당삼장취경시화』에서 간접적으로 무서운 모습을 드러내다가 『요재지이』에서 더욱 무서운 성격의 소유자로 모습을 보여주고 있다. 이처럼 문학작품 속에서 서왕모는 오랜 기간 동안 소재로 활용되면서 시대의 흐름과 사조에 따라 다양한 모습으로 변천하였음을 확인할 수 있다.

제3부

중국소설의 신화 운용

신화는 내용과 형식면에서 소설의 특성을 구비하고 있으며, 후대 소설 장르의 전개에 있어서 일정 부분 역할을 하기도 한다. 중국신화 역시 후대 문학에 풍부한 소재와 예술 형상을 제공해왔는데, 후대 문학, 특히 소설 창작에 있어서 그 영향이 크다고 할 수 있다. 소설이 신화와 우언에서 발원한다는 학설을 참고하면 중국소설 역시 신화에서 유래하였다고 단정할 수 있다.

중국신화와 소설의 관계는 역사적으로 그 연원이 길며, 신화 자체의 내용과 모습이 변화하는 와중에도 소설은 시종 자신의 특성을 지닌 채 신화를 운용해왔다. 소설가들은 신화를 소설의 소재로 하여 기교운용상의 도구로 삼거나 비유를 위해 쓰기도 하고, 때로는 신화 전체를 빌려 소설의 구성에 활용하기도 한다. 소설이 신화의 영향에서 벗어난 적이 없다고 해도 과언이 아니다.

중국신화는 문체 자체로서 소설에 영향을 끼치기도 하지만 신화의 정신 즉 의식형태 측면에서도 소설에 영향을 끼쳐왔다. 즉 신화의 풍부한 상상력, 자연정복의 낭만주의 사상, 불요불굴의 정신이 후대 소설에 적지 않은 영향을 미쳐온 것이다.[1)]

신화는 소설문학으로 전개되는 과정에서 변화를 요구받게 되는데, 신화 원형의 보존이라는 측면에서는 아쉬운 점이지만 문학의 발달이라는 측면에서 보면 신화 자료의 운용과 그 변형은 고무적인 현상이었다고도 말할 수 있다.

여기서는 중국소설을 편의상 선진(先秦) 고사, 한·위·육조 신괴

1) 신화가 후대 문학에 모티프나 주제, 구성면에서 영향을 주기도 하지만 작가의 주관을 전달하기 위해 도용되는 경우도 있다. 이 경우 신화는 결정적 작용을 하지 못하기도 한다. 예를 들면 손작(孫綽)의 『삼월삼일난정시서(三月三日蘭亭詩序)』에서는 신화를 통해 시간의 빠름을 설명할 뿐 다른 의미는 발견되지 않기 때문이다.

소설, 당 전기 소설, 송 · 원 화본 소설, 명 · 청 소설, 현대 소설로 나누어 각 시대별로 소설 작품이 어떤 신화자료를 어떻게 운용 및 변용하고 무슨 의도로 활용하였는지 다루어 보려고 한다. 통시적 차원에서 신화 운용의 시대별 배경과 특징도 설명한다.

제1장
선진 고사의 신화 운용

선진시대 소설은 중국소설사적 입장에서 논리를 전개하기 위한 용어로 사용될 뿐, 엄격한 의미에서는 소설이라기보다는 신화, 전설, 우언(寓言)이라고 할 수 있다. 다만 선진 고사는 신화의 보존 및 최초의 신화 운용이라는 측면에서 볼 때 후대 소설에 지대한 영향을 미치기 때문에 그 위치가 중요하다고 하겠다. 여기서는 역사서, 철학서 및 제자백가의 문헌에 보존된 단편 고사와 『장자(莊子)』와 『열자(列子)』의 우언 고사, 그리고 『목천자전』의 신화 운용 상황을 살펴본다.

전국시대 말의 사부서와 자부서에 기록된 고사들은 대부분 교훈적인 우언 고사나 비유적인 고사, 또는 재미있는 신괴 고사들이다. 『전국책(戰國策)』의 불사약 고사는 장생불사를 희구하는 인간의 어리석은 단면을 보여주고 있고, 『한비자』「설림」에도 유사한 내용이 있다. 다음으로 『국어(國語)』의 포군지신이 이룡으로 화한 고사에는 변형, 처녀 감생과 버림(棄) 모티프가 담겨 있다. 전형적인 귀신지괴 고사로 변환 기법을 사용하고 있고, 신화에서 변형은 재생의 의미가 강하지만 여기서는 임금의 덕이 쇠해지자 변괴를 부림으로써 호기심을 강하게 자극하는 데 초점을 둠으로써 소설적 조건을 구비하고 있다.

『회남자(淮南子)』 권3 「천문훈(天文訓)」에는 혼돈과 천지개벽 고사가 다음과 같이 실려 있다.

> 하늘과 땅이 아직 형성되기 전, 공간은 텅 비어 형체가 없었기 태소(太昭)라 불리었다. 도는 허공에서 시작하였고, 허공이 우주를 만들고, 우주에서는 기가 생겨났다. 기는 자유자재였는데 청양한 것은 엷게 퍼져 하늘이 되고, 무겁고 탁한 것은 엉켜서 땅이 되었다. 그래서 하늘이 먼저 이루어지고 땅은 후에 만들어졌다.
>
> 天墜未形, 馮馮翼翼, 洞洞灟灟, 故曰太昭. 道始于虛, 虛霩生宇宙, 宇宙生氣, 氣有漢垠. 淸陽者薄靡而爲天, 重濁者凝滯而爲地. 淸妙之合專易, 重濁之凝竭難. 故天先成而地後定.

「정신훈(精神訓)」에는 혼돈 신화고사가 남아 있다.

> 옛날 천지가 아직 생기기 전에는 아무런 형태도 없고, 깊고 컴컴하고 흐릿하고 아득하고 까마득해서 그 문을 알 수가 없었다. (그 가운데) 두 신이 함께 생겨나 천지를 다스렸다.
>
> 古未有天地時, 惟像無形. 窈窈冥冥, 芒芠漠閔, 澒濛鴻洞, 莫知其門. 有二神混生, 經天營地.

「천문훈(天文訓)」에는 다음과 같은 기록도 있다.

> 천지에 합쳐진 정기는 음양이 되고, 음양의 정기는 합쳐져 사계절이 된다. 사 계절의 정기는 흩어져 만물이 되고, 양이 쌓인 열기에서 불이 생기며, 불기운의 정기는 해가 된다. 음이 쌓인 한기는 물이 되고, 물 기운의 정기는 달이 된다. 해와 달이 넘쳐 나온 정기는 별이 된다.
>
> 天地之襲精爲陰陽, 陰陽之專精爲四時. 四時之散精爲萬物, 積陽

之熱氣生火, 火氣之精者日. 積陰之寒氣爲水, 水氣之精者爲月, 日月之淫精者爲星辰.

천지의 정기에서 나온 음양의 조화가 만물이 된다고 하는 음양사상이 담겨있다.

공공과 전욱의 전쟁 고사, 「남명훈(覽冥訓)」의 서녀 고사, 「본경훈(本經訓)」의 요(堯) · 순(舜) · 우(禹) 고사 등은 신화 전설에 바탕을 둔 고사이다. 그 중 『본경훈』에 나오는 요와 예(羿)의 사일(射日) 고사는 신화고사이지만 소설적 신화로 바라볼 수 있다.

신화의 영향을 본격적으로 받은 문학 장르는 소설로의 변화과정에서 중간 매개 역할을 하는 우언이다. 우언은 신화와 소설의 가교역할을 한다. 소설은 주제가 있고 시말이 있으며 고사를 통해 사상을 표현하는데, 신화는 반드시 고사가 있는 것은 아닌 반면 우언은 일단 고사가 있기 때문이다.[2)]

우언에는 신화의 과장(hyperbole)과 의인화(personification) 기법, 그리고 불요불굴의 정신이 담겨 있다. 전국시대 장주(莊周)의 작품으로 전해지고 있는 최초의 우언서 『장자』와 『열자』에서 그 영향관계를 살펴 볼 수 있다. 기원전 300년경에 편찬된 『장자』「소요유(逍遙遊)」에는 초월적 생활을 누리는 신인 즉 신선이 등장하며 신과 선이 결합되는 고사를 형성한다.

막고사의 산에 신인(神人)이 거주하고 있다. 피부는 얼음과 눈같고 자태는 처자와 같다. 오곡을 먹지 않으며 바람을 일으키고 이슬을 마신다. 구름을 타고 비룡을 몰며 사해 밖에서 노닌다.

2) 中華文化復興運動推行委員會編, 『中國文學講話1』(臺北: 巨流圖書公司, 1982), 455쪽 참조.

藐姑射之山, 有神人居焉. 肌膚若氷雪, 綽約若處子. 不食五穀, 吹風飮露. 乘雲氣, 御飛龍, 而遊乎四海之外.

자유분방한 신인의 모습을 통해 인간세상을 초월한 경지의 세계를 그리고 있다. 인간이면서도 인간과는 다른 기이한 신인은 신화 속의 신에서 신선으로 넘어가는 과정에 등장하는 인물임을 알 수 있다. 전국시대 말기부터 성행하기 시작했던 신선설의 영향을 다분히 받고 있으며 이는 후에 본격적인 신선고사로 발전하는 계기가 된다.

「소요유」에는 또한 해신 겸 풍신인 우강의 화신인 곤붕의 변화고사, 막고사신인과 혼돈 고사가 있고, 「천지편」에는 황제가 현주를 잃는 고사가 있다.

이미 언급한 바 있는 『장자』 「응제왕」의 혼돈 고사는 유명하다. 여기서 혼돈은 구멍도 얼굴도 없는 마치 주머니와 같은 모습으로 묘사되고 있다. 천지창조의 전 단계인 혼돈 상태를 잘 표현하면서도 비유적이고 의인화적 기법을 잘 동원하고 있다. 세상이 열리기 전의 진지하지만 딱딱한 느낌을 문학적으로 잘 비유하고 있다고 하겠다.3)

전국시대 인물로 보이는 열자(列子) 또는 열어구(列禦寇)라는 사람의 저서인 『열자』의 진위 여부에 대해서는 진(晋)대 장담(張湛)의 위작이라는 설 등 학자들 간 이론이 분분하다. 열자는 대략 기원전

3) 최초의 혼돈 신화는 이미 언급했던 『산해경』 「서차삼경」 기록에서 볼 수 있다. “어떤 신이 있었는데 그 형상이 누런 자루 같은데 붉기가 빨간 불꽃같고 여섯 개의 다리와 네 개의 날개를 갖고 있으며 얼굴이 전연 없다. 가무를 이해할 줄 아는 이 신이 바로 제강이다.” 눈, 코, 귀가 없는 얼굴에 두리뭉실한 자루의 모습을 한 신 제강은 바로 홍몽한 원기인 혼돈의 모습을 이미지화한 것이다.

400년경 하남성 정나라에서 태어났고 공자와 맹자 사이의 인물로서 장자보다는 좀 앞선 인물로 밝혀지고 있다.

먼저『열자』「탕문편」에 각종 신화고사가 수록되어 있다. 과보추일과 등림 고사, 후예사일 고사, 항아분월 고사, 여와보천 및 공공과 전욱의 싸움에 관한 고사가 있다. 그 중 여와보천 및 공공과 전욱의 싸움에 관한 고사에서는 일월성신과 강물의 움직임 등 자연계의 제 현상을 신인들의 싸움에 기인한다고 해석하고자 한 고대인의 동심을 엿볼 수 있다.

「탕문편」에는 또 인조인간(人造人間)이 등장하는데, 신화상의 기계인(機械人) 즉 로봇을 구체적으로 형상화하여 노래하고 춤을 추는 모습으로 그리는 등 흥미롭게 다루고 있다.

이 밖에「탕문편」제8에는 우왕과 종북국 고사가 결합되어 있다. 종북국은 이상세계를 묘사한 것으로 신화의 이상세계에 도가적 색채를 가미하여 좀 더 구체적으로 포장하고 있다.

다음으로「황제편」에는 반인반수의 신인들에 대한 묘사가 있다. 열고사산(列姑射山)의 신인 고사도 실려 있는데, 여기서는 이상국을 묘사하고 있다.『산해경』에도 이 고사가 있지만 간략히 서술되어 있는 반면 여기서는 좀 더 구체적으로 묘사되어 있다. 그리고『장자』「소요유」에는 더욱 상세히 묘사되어 있다.「황제편」에는 또한 이상세계를 묘사한 화서씨의 유토피아 고사가 실려 있다.[4] 황제의 행동거지가 인간의 행동거지와 흡사하게 그려져 있다. 다음으로「주목왕편」에는 주목왕의 우주여행에 관한 고사를 담고 있다.

『열자』의 우공이산(愚公移山)은 비록 사실이 아닐지라도 사람이

4) 화서씨는 복희의 모친으로 그에 관한 기록은 袁珂의『中國神話傳說詞典』, 166쪽 참조.

무슨 일을 할 때에 정성스럽게 지속을 해나가는 데 큰 도움을 준다. 과장의 표현 기법이 보이지만 불요불굴의 신화정신, 반역 영웅의 모습도 엿보인다. 또한 「천서편」에서는 후직 등의 감응 신화를 활용하여 생사유전의 진화론 사상을 표현해 내고 있다.

『열자』에는 북방의 신인 우강(禺彊), 혼돈 신화, 곤어, 붕조, 우, 황제 등의 고사가 결합되어 이루어진 귤화위지(橘化爲枳) 고사, 기국이인과 이상세계가 거인과 함께 출현하는 고사 등이 묘사되어 있다.

『목천자전(穆天子傳)』은 모두 6권으로 이루어졌는데, 앞의 5권은 주 목왕이 팔준마를 타고 서정(西征)하던 일의 기록이고, 뒤의 1권은 목왕의 여인 성희가 도중에 죽어 장사를 지낸다는 내용의 기행문체 소설이다. 사람들이 실록으로 보기도 하지만 이 작품은 신화를 운용하면서 약간의 역사 사실에 근거하여 써 내려간 소설이다. 『사고전서(四庫全書)』에서는 소설가류로 분류하고 있는데 정확한 분석이다.

이 작품은 평범한 필체로 쓰여 있지만 신화 요소가 대량 들어 있다. 예를 들면 하백 무이의 자손 하종백요, 곤륜 언덕과 황제의 궁, 장비국(長臂國)에 등장하는 장굉(長肱), 심목(尋木)에서 나온 고요지목, 신인인 제대(帝臺) 등을 들 수 있다. 서왕모는 인왕으로 화했지만 호랑이 표범, 새들이 함께 있는 모습은 신화의 원시 모습 그대로이다.

작품은 목왕(穆王)이 세상구경을 하며 돌아다니는 것을 기록하고 있는데, 한 위대한 여행가가 보고 온 광활한 세상을 펼쳐 보여줌으로써 독자들의 마음을 탁 트이게 해준다. 신화의 적극적 낭만주의 정신을 아낌없이 보여주고 있다고 하겠다.

여기서 핵심적인 내용은 아무래도 목왕이 서방에서 서왕모를 만나는 대목과 그들의 관계에 대한 묘사라고 할 수 있는데, 신화 소재를 문학 작품화한 첫 번째 보기가 된다는 점에서 그 가치가 있다.

실제로 서왕모에 관한 최초의 기록이 나오는 『산해경』에는 서왕모가 호랑이의 이빨과 표범의 꼬리를 가진 수상(獸像) 이미지로 묘사되어 있지만, 이 작품에 보이는 서왕모 형상은 인왕에 가깝고, 처음으로 여성성별임을 명확하게 보여주고 있다. 이후 『한무제내전』에서는 사람의 형상을 갖춘 인물로 그려져 있다. 후대의 『신선전(神仙傳)』과 『습유기』·『수신후기』·『이원(異苑)』·『유명록(幽明錄)』 등이 영향을 받을 정도로 이 작품의 영향력은 크다.

봉황을 타고 하늘을 나는 서왕모

제2장
한 · 위 · 육조 신괴 소설의 신화 운용

이제 한 · 위 · 육조 소설의 신화 운용 부분에 대해 살펴보자. 구체적으로는 위진남북조 지인(志人) · 지괴(志怪) 고사에 초점을 맞추어 문인들이 어떤 신화 소재들을 어떻게 운용 및 변용하였으며, 그 궁극적인 의도나 목적은 무엇인지 알아본다. 신화가 당시 소설에 영향을 미쳤고, 신화 발생 이후 선진 시기와 한대를 이어 문학의 신화 운용이라는 전통을 이어갔으며, 당 이후에도 신화 영향의 맥을 이어갔다는 점을 확인하고자 한다.

여기서 짚고 넘어갈 부분은 위진남북조 문학에 있어서 소설이 장르로서의 위치를 확보했는지 여부에 관한 문제다.[5] 이 문제는 작가의 창작 의도(intention) 유무로 판단하는데, 당시의 대표 작품인 『수신기(搜神記)』를 검토해보면 작가가 작품의 수집, 편찬 및 창작을 함에 있어서 그 오락성을 추구하고자 하는 의도가 짙게 깔려있음을 볼 수

5) 노신은 당대 전기부터 소설로 여기고 있고, 원가 역시 한 · 위 · 육조 소설은 신화재료를 의식적으로 택해 의식적으로 소설을 쓴 것이 아니기 때문에 원시기록으로서의 신화재료 및 그 변형으로서 바라보는 것이 좀 더 타당하다는 견해를 밝히고 있다.

있다. 그러므로 이 시기 소설 작품들을 소설로 인정하고자 한다.

다만 이 시기 소설 작품의 출현 시기를 판단하는 데 있어서는 약간의 어려움이 따른다. 한대에 쓰였다고 여겨지는 소설 대부분이 후대의 위작이거나 한인의 원본에 첨삭을 가한 것이다. 한 예로 『목천자전』의 영향을 받은 『한무제내전(漢武帝內傳)』은 반고(班固)의 작이라고 전해지나 위작일 가능성이 많다. 한대 소설이라고 하지만 실제로는 위진남북조 시기에 쓰인 작품이 적지 않다. 이에 학자들의 견해를 참조하면서 일반적으로 통용되는 순서로 작품을 논하되 유사 고사는 함께 묶어서 서술한다.

먼저 전국시대 이후 진과 한을 거치면서 신화가 샤먼들의 서사무가 전통을 이어받은 도가 방사들의 선화(仙話)와 합쳐지면서 변종 신화가 생겨난다. 예를 들면 서한 초 편찬된 『회남자』「남명편」의 항아분월 고사는 예와 항아가 연결되고 불사약이 결합되어 아름다운 이야기로 화한다. 『사기』「봉선서」의 황제가 용을 타고 하늘로 올라가는 이야기(黃帝乘龍上天), 『용어하도(龍魚河圖)』의 하늘이 현녀를 보내어 황제에게 병부와 부적을 주게 해서 치우를 제압한 이야기(天遣玄女下授黃帝兵信神符, 制服蚩尤), 서왕모가 관장하던 불사약이 선도(仙桃)로 바뀌고 괴신의 모습에서 여선(女仙)으로 변하는 이야기 등에서 신화의 변화 양상을 체감할 수 있다.

「시황본기(始皇本紀)」에는 상군(湘君)과 바다의 신이 등장한다.

> (시황이) 박사에게 “상군은 어떤 신인가?”라고 묻자, 박사는 대답하길, “듣자 하니 요임금의 딸이자 순임금의 처로 여기에 묻혀 있습니다.”라고 하였다. 이에 시황은 크게 노하여, 죄수 삼천 명으로 하여금 상산의 나무를 모두 베도록 하여 그 산을 벌거숭이로

만들었다...... 시황이 꿈에 바다의 신과 싸웠는데 마치 사람의 모습과 같았다. 박사에게 꿈을 점쳐 물었더니 박사가 대답하길, "수신은 볼 수 없으며 큰 물고기와 교룡으로 나타나기도 합니다. 지금 황제께서 삼가 제사를 지내면, 이 악신을 마땅히 제거할 수 있고 선신을 이르게 할 수 있습니다."라고 하였다. 이에 바다에 들어가는 사람에게 고기 잡는 어구를 가져가게 하고, 자신은 활을 당기며 큰 물고기가 나타나면 쏘려고 기다렸다. 낭아에서 북으로 영성산에 이르기까지 물고기가 보이지 않았는데, 부에 이르러 커다란 물고기를 보고 쏘아 죽였다.

問博士曰: "湘君何神?" 博士對曰: "聞之, 堯女, 舜之妻, 而葬此." 於是始皇大怒, 使刑徒三千人, 皆伐湘山樹, 赭其山...... 始皇夢與海神戰, 如人狀. 問占夢博士, 曰: "水神不可見, 以大魚蛟龍爲候. 今上禱祠僅謹, 而有此惡神, 當除去, 而善神可致." 乃令入海者賫捕魚具, 而自以連弩候大魚出射之. 自琅邪北至榮成山, 弗見. 至之罘, 見巨魚, 射殺一魚.

신화에서 소설이라는 새로운 경지로 변환되는 것을 느낄 수 있다. 또『사기』「무제본기(武帝本紀)」에는 부엌신인 조신(竈神)이 등장하여 구선 행위 과정에 응용되고 있다. 그리고 신화 속 황제는 여기서 선인으로 변모된다.

이소군이 왕에게 말하길, "부엌신에게 제사 드리면 만물을 불러올 수 있습니다. 만물을 불러오기 때문에 단사를 황금으로 변화시킬 수 있고, 황금으로 음식 그릇을 만들면 수명을 연장할 수 있습니다. 수명을 연장하면 바다 속 봉래산의 선인을 만날 수 있고, 이를 만나 봉선을 행하면 죽지 않는데, 황제가 바로 이 선인입니다. 신(臣)이 일찍이 바다에서 놀다가 안기생을 만났는데, 저에게 오이만큼 커다란 대추를 먹여 주었습니다. 안기생은 신선으로 봉래산 안을 통행하는데, 기가 합치면 사람에게 보이고 흩어지면 안보입니다."라고 하였다.

少君言於上曰, "祠竈則致物. 致物而丹沙可化爲黃金, 黃金成以爲飮食器則益壽. 益壽而海中蓬萊僊者家見, 見之以封禪則不死, 黃帝是也. 臣嘗遊海上, 見安期生, 食臣棗, 大如瓜. 安期生僊者, 通蓬萊中, 合則見人, 不合則隱."

연금술, 불로장수, 봉래산과 선인 안기생 등 신선의 요소가 다분한 고사 속에 신화 속 황제, 조신이 삽입됨으로써 그 본래의 특성이 신괴 고사형태로 변화하고 있다.

『사기』의 황제와 치우의 전쟁 고사 역시 역사소설로 진일보한 이야기다. 『사기』 권1 「오제본기(五帝本紀)」에 이르길,

황제는 소전의 아들로, 성은 공손이고 이름은 헌원이다. 태어나면서 신령스러웠고 어려서부터 말을 할 줄 알았다. 어려서 뛰어났고 자라면서 돈후하고 민첩했으며 성장한 후에는 총명했다. 헌원시에는 신농씨 세력이 쇠하여 제후들이 서로 침략하고 백성들을 잔혹하게 대했지만 신농씨는 이를 정벌할 수 없었다. 이에 헌원은 창과 방패를 쓰는 법을 익혀 조공 바치지 않는 자를 정벌하니 제후들이 모두 와서 따르게 되었다. 하지만 치우는 포악하여 벌할 수 없었다. 염제가 제후들을 침략하려 하자 제후들 모두 헌원에게 귀순하였다. 헌원은 이에 덕을 쌓고 병사를 일으켜 오기를 다스리고 오곡을 심고 만민을 어루만지고 사방을 정돈하였다. 곰·비휴·추·범을 시켜 염제와 판천의 들에서 싸우게 하였고, 세 차례의 전쟁 후 그 뜻을 얻었다. 치우가 난을 일으켜 황제의 명을 어기자, 이에 황제는 제후 군사를 징집하여 치우와 탁록의 들에서 싸우게 하여 드디어 치우를 잡아 죽였다. 그리하여 제후들은 모두 헌원을 천자로 존경하여 신농씨를 대신하여 황제로 삼았다.

黃帝者, 少典之子, 姓公孫名曰軒轅. 生而神靈, 弱而能言. 幼而徇齊, 長而敦敏, 成而聰明. 軒轅之時, 神農氏世衰, 諸侯相侵伐, 暴虐百姓, 而神農氏不能征. 於是軒轅乃習用干伐, 以征不享, 諸侯咸來賓從.

而蚩尤最爲暴, 莫能伐. 炎帝欲侵陵諸侯, 諸侯咸歸軒轅. 軒轅乃修德振兵, 治五氣, 藝五種, 撫萬民, 度四方. 教熊羆貔貅貙虎, 以與炎帝戰於阪泉之野, 三戰然後得其志. 蚩尤作亂, 不用帝命, 於是皇帝乃徵師諸侯, 與蚩尤戰於涿鹿之野, 遂禽殺蚩尤. 而諸侯咸尊軒轅爲天子, 代神農氏是皇帝.

신화에서 상제에 속하는 황제와 철 이마에 동물의 몸을 하고 말을 할 줄 아는 기이한 형상의 치우가 여기서는 인성화된 인물로 묘사되고 이 둘이 전쟁을 치르는 내용으로 바뀐다. 사실적 느낌을 주며 역사소설로 진일보한 고사라 할 수 있다.

『사기(史記)』「순본기(舜本紀)」에는 순의 우물 고사가 있다.[6)]

고수가 순으로 하여금 올라가 쌀 창고를 칠하게 하고는 아래로부터 불을 붙여 쌀 창고를 태우려 하자, 순임금이 이에 두 삿갓으로 자신을 호위하며 내려와 죽음을 면할 수 있었다. 고수가 또 순임금으로 하여금 우물을 파게 하였으나 순임금이 우물을 파면서 몰래 구멍을 따로 파서 옆으로 빠져 나왔다.

瞽瞍使舜上塗廩, 從下縱火焚廩, 舜乃以兩笠自扞而下去, 得不死. 瞽瞍又使舜穿井, 舜穿井爲匿空, 旁出.

『사기』 권6에는 여우가 꿈에서 사람으로 변화하는 내용이 나온다.

한 흰여우가 있었는데 사람을 보고는 놀라 도망을 갔다. 좌우로 그 여우를 쳤지만 잡지는 못하고 그 왼쪽 다리에 상처를 입혔다. 그날 저녁 왕이 꿈을 꾸었는데 수염과 눈썹이 모두 흰 한 남자가 나타나 왕에게 말하길, "어찌하여 나의 왼쪽 다리를 상하게 하였습

6) 동이 계열인 순임금의 우물 고사는 동이민족이 활발하게 문명을 꽃피웠던 산동 제남시에 있는 순정가(舜井街)와 순경로(舜耕路)라는 도로 명칭에서도 그 자취를 엿볼 수 있다.

니까?"라고 하고는 이에 지팡이로 왕의 왼쪽 다리를 두들겼다. 왕이 잠에서 깬 후 다리가 붓고 아프며 부스럼이 생겼고 죽을 때까지 낫지 않았다.

有一白狐, 見人驚走. 左右擊之, 不能得, 傷其左脚. 其夕, 王夢一丈夫鬚眉盡白, 來謂王曰: "何故傷吾左脚?" 乃以杖叩王左脚. 王覺, 脚腫痛生瘡, 至死不差.

다음으로 『설부(說郛)』에 실린 유향 작 『열선전(列仙傳)』은 중국의 신선열전에 해당한다. 그 중에는 생명력이라는 신화적 상징을 갖는 돌이 후대 신선 사상과 맞물려 영생이라는 선화적 상징으로 변모되는 내용이 나오기도 한다.

예를 들면 우사(雨師) 역할을 하는 신선 적송자(赤松子)가 신농 때 수옥(水玉)을 복용하고 불에 자신의 몸을 태울 수 있었다는 내용이 나온다. 또 서왕모의 석실(石室)에서 쉬고 풍우를 타고 산을 오르내렸고 염제의 딸과 선인이 된 뒤 잠적하였다가 고신씨 때에 다시 우사가 되었다는 내용도 나온다. 염제 딸이라면 여왜 또는 무산의 요희로 볼 수 있다.

『열선전』 적수자(赤須子) 고사에는 또 다음과 같은 기록이 있다.

석지(石脂) 등을 먹으니 빠진 이가 생기고 머리털이 다시 나왔다.[7)]

好食……石脂, 齒落更生, 髮墜再出.

부국선생(負局先生) 고사에도 이르길.

7) 『열선전』에는 또한 신선 적부(赤斧)가 "수은을 만들고 단사를 정제하여 소석(消石)과 함께 개어 30년간 복용하자, 동자와 같이 젊어지고 새로 난 머리카락이 모두 붉은 색이 되었다."고 하는 기록이 있다.

어느 곳 사람인지 모른다. 병자에게 붉은 환약을 지어 주곤 하였는데 낫지 않은 사람이 없었다. 전염병이 크게 돌았을 때 무료로 사람들을 치료해 주어 오인들은 그를 진인(眞人)으로 여겼다. 나중에 봉래산으로 돌아가면서 바위에서 흰 물이 흘러나오게 하여 또한 사람들의 병을 고쳤다.

여기서 옥 · 석실 · 석지 · 소석 · 바위 등의 돌들은 신선이 영생을 누린다는 의미에 상징성을 더해 주고 있다. 영생과 약석으로서의 석두 모티프가 소설에 미치는 영향을 잘 보여주는 대목이다.

『열선전』에는 황제 고사가 나오는데, 내용을 요약하면 다음과 같다.

황제는 헌원씨라고도 하며 귀신을 복종시키는 능력이 있었다. 어려서부터 아주 총명하였고 스스로 운사가 되기도 하였는데 용의 모습을 하고 있었다. 황제가 수산(首山)의 구리로 솥을 완성하자 용이 내려와 황제를 업고 승천하였다. 신하들도 함께 승천하려 하였으나 모두 실패하고 말았다. 따라서 후인들이 이곳을 정호라 하였고 황제가 승천할 때 신하들의 승천을 돕기 위해 내려 준 활을 오호라 하였다.

승천 모티프가 담겨 있는 고사이다. 은의 팽조[8], 진(秦)의 소사(蕭史)[9], 주주(主柱)[10], 도안공(陶安公)[11], 유안(劉安)[12], 왕자교(王子

8) 『열선전』에 이르길, "은의 대부로 성은 전이고 이름은 견이며 전욱의 손자로서 육종씨의 차남이다. 하대를 거쳐 은 말에 800여 세가 되었다. 육계의 영지를 상식하고 도인행기에 숙달하였다. 역양에 그의 선실이 있는데 옛날에 여기서 기우제를 지내면 효험이 있다고 한다. 후에 승천하여 선인이 되었다."

9) 『열선전』에 이르길, "진 목공 때 사람으로 피리를 잘 불어 공작이나 백학을 정원에 불러들일 수 있었다. 나중에 목공의 딸 농옥과 결혼하여, 날마다 농옥에게 피리를 봉황의 울음소리를 내게 하는 법을 가르쳐 주었는데, 수년

喬), 자영(子英), 마사황(馬師皇), 적장자여(赤將子輿) 고사에도 승천하여 선인이 된다는 내용이 나온다.

또 무광(務光) 고사에는 환생(還生)이라는 형태의 재생 모티프가 다음과 같이 나온다.

> 무광은 하대의 사람으로 귀의 길이가 7촌이나 되었으며 금(琴)을 사랑하고 창포와 부추 뿌리를 먹었다. 은 탕왕이 하 걸왕을 정벌한 뒤 무광에게 정권을 양도하려 하자 극구 사양하고 요수에 투신하였다. 이렇게 해서 몸을 숨긴 뒤 400년이 지나 무정(武丁) 때에 다시 나타났다.

진(晉)의 개자추(介子推)[13], 평상생(平常生)[14], 송(宋)의 구생(寇

뒤에 봉황이 날아와 지붕 위에 앉곤 했다. 목공이 그들을 위해 봉대를 세워주자 그곳에서 수년 동안 내려오지 않다가 봉황을 타고 날아갔다."

10) 『열선전』에 이르길, "주주는 어느 곳 사람인지 모른다. 도사와 함께 탕산에 올라 단사를 캐려 하자 산의 대관이 산을 봉쇄하였는데, 단사가 불같이 흘러나와 할 수없이 주주에게 허락하였다. 대관인 장씨는 단사를 3년간 복용하다가 비설이라는 최상의 단사를 얻어 5년간 복용한 끝에 하늘을 날아다닐 수 있었다."

11) 『열선전』에 이르길, "도안공은 육안의 주물사로 불을 다루었다. 하루는 화염이 하늘까지 뻗치자 안공은 두려워 엎드려 기도했다. 그랬더니 주작 한 마리가 날아와 7월 7일에 적룡을 보내 안공을 맞이하러 올 것이라 했다. 그날이 되자 과연 용이 내려와 큰 빗속에서 안공을 태우고 동남쪽으로 갔다."

12) 『열선전』에 이르길, "회남왕 유안은 신선이나 연금술을 기록하여 홍부만필 3권이라 이름하고 변화의 도리를 논하였다...... 세상에 전하기를, 유안이 승천하고 난 뒤 쓰고 남은 선약의 용기를 닭과 개가 핥아먹고 모두 날아올라갔다고 한다."

13) 『열선전』에 이르길, "본명은 왕광이며 진인이다...... 개산의 백자상을 따라 산속으로 들어갔는데, 후에 문공이 수천 명을 보내 옥백으로 그를 예우하였으나 나오지 않았다. 30년이 지나 동해부근에서 왕속이라는 이름으로 다시 나타나 부채를 팔았다. 수십 년 후에 행방을 감추었다."

生)[15], 하구중(瑕邱仲)[16] 고사에서도 이와 같은 환생 모티프를 찾아 볼 수 있다.

이 밖에 기룡명(騎龍鳴)[17] 고사와 녹피공(鹿皮公)[18] 고사에는 홍수 및 홍수 예측 모티프가 나오고, 장수 및 신이한 능력을 갖추고 있는 신선에 관한 이야기가 담겨있다.

『열선전』에 나오는 선인들의 고사는 환생 또는 승천을 통한 재생 모티프 신화를 많이 활용하고 있는데, 이는 작가들이 불로장생과 영생의 사상과 접목시키기 위해서임을 알 수 있다.

또 유향의 『열녀전(列女傳)』「모의전(母儀傳)」에는 순에 관한 유우이비(有虞二妃), 후직에 관한 기모강원(棄母姜嫄), 우에 관한 계모

14) 『열선전』에 이르길, "곡성향의 평상생은 어느 곳 사람인지 모른다. 몇 번씩 죽었다가 환생하였으나 사람들은 믿지 않았다. 나중에 홍수가 발생하자 평상생이 흠문산의 정상에 나타나 홍수는 5일이면 멎을 것이라 하였다. 홍수가 그치자 그를 신으로 모시려고 산에 올라가 보니 그의 의복과 혁대만 있었다. 수십 년 후에 다시 화음의 문위가 되었다."

15) 『열선전』에 이르길, "송인으로 낚시를 업으로 삼고 저수의 연안에서 백년간 살면서 고기를 잡아 놓아주기도 하고 팔기도 하였다. 항상 두건을 쓰고 여지를 심기 좋아 하였으며 그 잎과 열매를 먹었다. 송 경공이 그 비법을 물었으나 대답하지 않자 죽였다. 수십 년이 지나 송의 성문에 나타나 거문고를 타다가 수십 일 뒤 자취를 감추었다."

16) 『열선전』에 이르길, "영인으로 그곳에서 백여 년간 약을 팔았으므로 사람들이 장생하는 사람이라 생각하였다...... 그 뒤 자취를 감추었다가 부여국 호왕의 역사가 되어 다시 영에 왔다."

17) 『열선전』에 이르길, "혼정인으로 20세 때 연못에서 용 새끼 10여 마리를 데려다 초가집을 지어 주고 길렀는데 다 자라자 훌쩍 떠나갔다. 50여 년 후에 홍수가 나서 그 초막을 쓸어버리자 그는 어느 날 아침 용을 타고 혼정에 나타나 사람들에게 연못에서 500리 떨어지지 않으면 죽을 것이라고 했다. 그 말을 믿지 않다가 죽은 자가 만여 명이 되었다."

18) 『열선전』에 이르길, "그는 지초를 먹고 산천의 물을 마시며 살았다. 미리 홍수를 예측하고서 그의 가족과 친지60여 명을 산 중턱에 오르게 하여 수해를 면하게 해주었다."

도산(啓母塗山), 은에 관한 설모간적(契母簡狄) 고사가 등장한다. 그 중 유우이비 고사는 요임금의 두 딸인 아황과 여영 이야기로 요임금이 순임금에게 감복하여 제위를 선양하고 두 딸을 주었는데 두 딸은 순임금이 선정을 할 수 있게 부덕의 모습을 보여주었다는 내용이다. 신화 소재를 통해 현비, 정부, 현모의 전기를 남김으로써 모범 여인상을 선양하고 얼폐(孼嬖) 여인을 알리기 위해 이 작품을 쓴 것이다.[19] 한대 이후에 신화를 소재로 한 첫 번째 작품으로 평가된다.

이 밖에 혼돈 신화 유형도 남아 있는데, 보지도 걷지도 듣지도 못하는 무감각한 묘사는 바로 『산해경』에 묘사된 눈과 얼굴이 없는 혼돈의 모습과 유사하다.

다음으로 양웅(揚雄)(B.C. 53-A.D. 18)의 『촉왕본기(蜀王本紀)』에는 두우가 새로 화하였다는 두우화견(杜宇化鵑) 고사가 실려 있다.

> 촉왕의 선조는 이름이 잠총이고, 후대 왕은 백호이며, 그 후의 왕은 어부이다. 이 삼대는 각각 수백 세를 살았고, 모두 신으로 화하여 죽지 않았다. 그 백성 또한 자못 왕을 따라 화하여 떠났다. 당시 촉나라 백성은 그 수가 적었다. 후에 두우라는 한 남자가 있어 하늘에서 내려와 주제라는 곳에 머물었고, 이(利)라는 여자가 강원의 우물에서 나와 두우의 처가 되었다. 두우는 마침내 자립하여 촉왕이 되었고 호를 망제라 칭하였으며, 문산 아래 비(郫)라 불리는 도읍을 다스리니 신으로 화했던 백성들이 종종 다시 나타났다. 망제가 백여 년 다스리고 있을 때 형(荊) 지방에 별령이라 불리는 사람이 있었는데, 그 시체가 없어졌지만 형 사람들은 찾을 수가

19) 유우이비(有虞二妃) 고사 원문은 다음과 같다. "瞽叟與象謀殺舜, 使塗廩. 舜告二女. 二女曰, '時唯其戕汝, 時唯其焚汝, 鵲如汝裳, 衣鳥工往.' 舜既治廩, 戕旋階, 瞽叟焚廩, 舜往飛. 复使浚井. 舜告二女, 二女曰, '時亦唯其戕汝, 時其掩汝, 汝去裳, 衣龍工往.' 舜往浚井, 格其入出, 從掩, 舜潛出."

없었다. 별령의 시체는 강물을 따라 비 지방까지 올라와 드디어 살아서 망제와 만나게 되었다. 이에 망제는 별령을 재상으로 삼았다. 그때 옥산에서 물이 솟아 나와 마치 요임금 시절의 홍수와 같았다. 망제가 물을 다스릴 수 없게 되자 별령으로 하여금 옥산을 뚫게 함으로써 백성들이 편안히 살 수 있었다. 별령이 홍수를 다스리러 간 후 망제가 그 아내와 사통하였고, 이를 부끄러이 여겨 스스로 덕이 부족하여 별령만 못하다고 생각하였다. 이에 요임금이 순임금에게 선양하듯이 나라를 그에게 맡기고 떠나갔다. 별령이 즉위하여 호를 개명제라 하고 노보를 낳았는데, 노보 또한 개명이라 불렀다. 망제가 떠난 후 자규새가 울었다. 그래서 촉 사람들은 자규의 울음을 듣고 슬퍼하며 망제를 생각하였다. 망제의 혼령이 바로 두우이다.

蜀王之先名蠶叢, 後代名曰柏濩, 後者名曰魚鳧. 此三代各數百歲, 皆神化不死. 其民亦頗隨王化去. 時蜀民稀少. 後有一男子名曰杜宇, 從天墮止朱提, 一女子名利, 從江源井中出, 爲杜宇妻. 乃自立爲蜀王, 號曰望帝, 治汶山下邑曰郫, 化民往往復出. 望帝積百餘歲, 荊有一人名鱉靈, 其尸亡去, 荊人求之不得. 鱉靈尸隨江水上至郫, 遂活與望帝相見. 望帝以鱉靈爲相. 時玉山出水, 若堯之洪水. 望帝不能治, 使鱉靈決玉山, 民得安處. 鱉靈治水去後, 望帝與其妻通, 慚愧, 自以德薄, 不如鱉靈. 乃委國授之而去, 如堯之禪舜. 鱉靈卽位, 號曰開明帝. 帝生盧保, 亦號開明. 望帝去時, 子規鳴. 故蜀人悲子規鳴而思望帝. 望帝杜宇也.

이 고사에는 잠총(蠶叢) 등의 왕들과 그 백성들의 신화(神化), 두우의 하늘로부터의 하강, 부인 이(利)의 물속에서의 출생, 별령(鱉靈)의 재생, 홍수 출현과 치수, 망제 혼령의 새로의 변형 등 여러 종류의 신화 모티프가 결합되어 있다. 또한 영웅의 기이한 출생, 천신족과 지신족의 결합, 신화(神化)와 변형 등을 통한 재생 등도 활용되어 있다.

또 『논형(論衡)』에는 황제를 소재로 한 고사가 나온다.

> 창해 가운데 도삭(度朔)이라고 하는 산이 있는데 위에는 큰 복숭아나무가 있었다. ……그 가지 사이에서 동북쪽은 귀문이라고 불렀는데 이곳은 온갖 귀신들이 드나드는 곳이다. 그 위에 두 신인이 있어 하나는 신도(神荼)라 부르고 또 하나는 울루(鬱壘)라 불렀는데, 해롭고 악한 귀신은 갈대 끈으로 묶어 호랑이에게 먹였다. 이에 황제가 예를 차리고 귀신을 쫓을 때는 큰 복숭아 모양의 인형을 세우고 문 앞에 신도와 울루, 그리고 범의 그림을 그려 갈대 끈을 걸어 흉악한 악귀를 방어하였다.
>
> 滄海之中, 有度朔之山, 上有大桃木. ……其枝間東北曰鬼門, 萬鬼所出入也. 上有二神人, 一曰神荼, 一曰鬱壘, 害惡之鬼, 執以葦索而以食虎. 於是黃帝乃作禮, 以時驅之, 立大桃人, 門戶畵神荼鬱壘與虎, 懸葦索, 以禦凶魅.

여기서는 황제를 소재로 운용하면서 신도와 울루라는 귀신을 다루는 두 신인이 새롭게 등장함으로써 황제가 귀신을 다스린다는 귀신 고사 유형으로 바뀐다.

『후한서(後漢書)』「방술열전(方術列傳)」에도 신화적 요소가 남아 있다. 「임문공전(任文公傳)」에는 무담산의 돌이 갈라지는 것을 보고서 서주의 지사가 죽을 징조이며 결국 문공이 석 달 후 죽는다는 내용이 나오는데, 여기서 돌의 예언 모티프를 발견할 수 있다. 전체적으로 보면 주인공의 둔갑술, 귀신을 부리는 능력, 점술력, 가뭄과 홍수 등 재난에 대한 예언력, 사후 기도에 대한 응답, 죽은 아이를 살리는 능력, 장수 등이 신화 색채와 어우러져 기이한 분위기를 연출해낸다.

『한무제내전』에는 신비로운 탄생을 태양 감생(感生) 모티프의 태몽 형식을 차용하여 묘사하고 있다.

경제는 한 마리의 붉은 돼지가 구름 속에서 내려와 곧바로 숭방각으로 들어가는 꿈을 꾸었다. 깨어나 각 아래 앉아 있는데, 과연 안개 같은 붉은 용이 와서 창을 가리었다. 궁내의 빈첩이 누각 위에 붉은 노을이 무성히 일어나는 것을 바라보았는데, 노을이 사라지자 붉은 용이 기둥 사이에 서려 있는 게 보였다. 경제는 요옹이라는 점치는 자를 불러 이에 대해 물어 보았다. 옹은 말하길, "길조입니다."라고 하였다. 십여 일 지나 경제는 신녀가 태양을 받들고 와서 왕부인에게 주었고 부인이 이를 삼키는 꿈을 꾸었다. 14개월 후 무제를 낳았다. 경제가 말하길, "내가 붉은 기운이 변하여 붉은 용이 되는 꿈을 꾸었는데 점장이가 길조라고 여기더니 가히 길조라 할 만하다."라고 하였다.

景帝夢一赤彘從雲中下, 直入崇芳閣. 景帝覺而坐閣下, 果有赤龍如霧, 來蔽戶牖. 宮內嬪御, 望閣上有丹霞蓊蔚而起, 霞滅, 見赤龍盤徊棟間. 景帝召占者姚翁以問之. 翁曰: "吉相也." 旬餘, 景帝夢神女捧日以授王夫人, 夫人呑之. 十四月而生武帝. 景帝曰: "吾夢赤氣化爲赤龍, 占者以爲吉, 可名之吉."

여기서 붉은 돼지와 용, 붉은 노을은 바로 태양의 도래를 상징하며, 신녀가 받들고 온 해를 삼키고 무제를 낳는 대목은 신화 영웅의 기이한 탄생, 특히 태양 감생 모티프를 반영한다.[20]

또한 이미 언급한 바대로 서왕모(西王母)와 곤륜산 고사가 부상(扶桑)·칠석(七夕)·선도(仙桃) 등과 결합하여 형성된 고사도 등장한다. 칠석에 견우직녀가 만나는 고사가 여기서는 왕모와 무제가 만나려는 장면에서 활용되며, 부상이라는 신화수가 가미된다. 무제가 신선이 되길 원하자, 사자가 나타나 서왕모의 도래를 알리고 이어 서왕모가 내려와 무제와 교류하는 내용은 전형적인 신선고사라고

20) 동북지역 만주족 시조 신화에도 불고륜이 까치가 떨어뜨린 붉은 알을 삼킨 후 임신하여 애신각라포고리라는 시조를 낳았다는 내용이 나온다.

할 수 있다.

이 밖에 신녀 상원부인(上元夫人)과 왕모가 무제에게 승천할 수 있는 시해(尸解)의 방도를 가르쳐주려는 장면도 상세히 묘사되고 있다.

> 상원부인이 무제를 자리로 돌아가게 하였다. 왕모는 부인에게 말하길, "당신의 무제에 대한 훈계는 그 말이 심히 절박하여 더욱이 이해하지 못하는 사람들을 마음속으로 겁내게 합니다."라고 하였다. 부인이 이르길, "만약 도에 그 뜻을 둔다면 장차 몸을 굶주린 호랑이에게 던져 몸을 파멸시키고 불과 물속을 걷는다 해도 하나의 의지로 뭉쳐 있기 때문에 반드시 근심할 것 없을 것입니다. 급박한 말을 한 것은 그 뜻을 이루게 하고자 하였을 따름입니다. 왕모께서 이미 염두에 두고 있으니 반드시 시해의 방도를 하사할 것으로 알 따름입니다."라고 하였다. 왕모는 말하길, "이 사람은 오랫동안 근심하였으나 좋은 스승을 만나지 못해 드디어 그 정지(正志)를 손상하려고 하고 천하에는 반드시 선인이 없을 거라고 의심하고 있습니다. 그래서 나는 궁을 출발하여 잠시 혼탁한 세상에 머물며 그의 선지(仙志)를 견고하게 해 주려고 하며 또한 선도를 향해서는 의혹이 없도록 해 주려고 합니다. 오늘 만나 보니 그런 생각이 듭니다. 시해의 하방을 알려주는 데 있어서 나는 아까운 마음이 들지 않습니다. 3년 후에 나는 반드시 성단 반제와 석상산 일제를 함께 주려고 하는데, 그러면 철(제의 이름)은 더 이상 머무를 수 없게 됩니다. 지금 흉노가 아직 평정되지 않고 변방이 혼란한데 하필이면 급하게 천하의 제위를 버리고 산 속으로 들어가게 할 건 뭐요? 다만 그의 도지(道志)가 어떠한지 물어 보아야겠소. 그가 마음을 바꾸면 나는 곧 자주 올 것이오."라고 하였다. 그리고 왕모는 제의 등을 두드리면서 말하길, "당신이 상원부인의 지언을 들으면 반드시 장수할 수 있는데 정말 면려하지 않겠소?"라고 하였다. 제는 무릎을 꿇고 말하길, "철은 그 말을 금책에 적어 두고 몸으로 이를 심복하겠습니다."라고 하였다.
>
> 上元夫人使帝還坐. 王母謂夫人曰, "卿之爲戒, 言甚切急, 更使未

解之人, 畏於意志." 夫人曰, "若其志道, 將以身投餓虎, 忘軀破滅, 蹈火履水. 固於一志, 必無憂也. …急言也發, 欲成其志耳, 阿母旣有念, 必當賜以尸解之方耳." 王母曰, "此子勤心已久, 而不遇良師, 遂欲毁其正志, 當疑天下必無仙人. 是故我閬宮, 暫舍塵濁, 旣欲堅其仙志, 又欲令向化不惑也. 今日相見, 令人念之. 至於尸解下方, 吾心不惜. 後三年, 吾必欲賜以成丹半劑, 石象散一. 具與之, 則徹不得復停. 當今匈奴未彌, 邊陲有事, 何必令其倉卒舍天下之尊, 而便入林岫? 但當問篤志何如. 如其廻改, 吾方數來." 王母因拊帝背曰, "汝用上元夫人至言, 必得長生, 可不勖勉耶?" 帝跪曰, "徹書之金簡, 以身佩之焉."

선인 · 선궁 · 선지 · 시해 · 성단 · 장생 등의 표현은 서왕모 고사가 신화에서 이미 화려한 신선 고사로 변화되었음을 보여준다.

서왕모 고사는 『한무동명기(漢武洞冥記)』에도 다음과 같이 나온다.

동방삭이 길운의 땅에서 노닐고 있을 때 신마 한 필을 얻었는데 키가 9척이나 되었다. 무제가 동방삭에게 묻기를, "이는 무슨 짐승인가?"라고 하자, 동방삭은 말하길, "옛날 서왕모가 영광연을 타고 동왕공의 숙소를 찾아간 후, 이 말을 지전에 풀어 지전의 풀을 먹도록 하였습니다. 이에 동왕공이 노하여 이 말을 청진천의 언덕에 버렸습니다. 신이 동왕공의 제단에 갔다가 이 말을 타고 돌아오는데, 태양을 세 바퀴 돌고 한관에 들어왔지만 관문이 아직 닫히지 않았습니다……"라고 했다.

東方朔遊吉雲之地, 得神馬一疋, 高九尺. 帝問朔: "是何獸也?" 朔曰: "昔西王母乘靈光輦以適東王公之舍, 稅此馬遊於芝田, 乃食芝田之草. 東王公怒, 棄馬於淸津天岸. 臣至王公之壇, 因騎馬返, 繞日三匝然入漢關, 關猶未掩……"

원래 배필이 없었던 서왕모 고사 원형이 서왕모와 동왕공, 그리고 말이 결합된 형태의 이야기로 변모되어 나타난다. 「동명기서(洞冥記

序)」기록에 의거해 볼 때 작가는 여기서 동방삭의 해학을 빌어 왕의 잘못을 바로 잡고 풍간하려는 의도를 담고 있다고 하겠다.

또 복희와 그가 발명한 그물 고사를 소재로 하면서 신귀(神龜)라는 기이한 동물이 결합한 이야기도 나온다.

> 황안은 대군 사람으로 대군의 병사였다. ……한 신구 위에 앉았는데 넓이가 2척이나 되었다. 사람들이 "당신은 이 거북 위에 몇 년 동안 앉아 있었소?"라고 묻자, "옛날 복희씨가 처음 그물을 만들어서 이 거북이를 잡아 나에게 주었습니다. 내가 거북이 등에 계속 앉아서 그 등이 이미 평평해졌지요. 이 동물은 일월의 빛을 두려워하여 2000년에 한번 머리를 내미는데, 내가 이 거북이 위에 앉아 이미 다섯 번 머리 내미는 것을 보았지요."라고 대답하였다.
>
> 黃安, 代郡人也, 爲代郡卒. ……坐一神龜, 廣二尺. 人問: "子坐此龜幾年矣?" 對曰: "昔伏羲氏始造網罟, 獲此龜以授吾. 吾坐龜背已平矣. 此虫畏日月之光, 二千歲卽一出頭, 吾坐此龜, 已見五出頭矣."

아득한 옛날의 신인(神人) 복희를 등장시킴으로써 신구가 만 년 이상 사는 장수 동물이고 황안이란 사람 역시 장수하였음을 비유적으로 표현하고 있다.

다음으로 신선도술을 좋아했던 동방삭과 함께 거령이라는 여인이 푸른 공작으로 변한다는 괴이한 내용이 나온다.

> 한 여인이 있어 무제의 총애를 받았는데, 이름이 거령이었다. 무제 옆에는 푸른 옥으로 된 타구 단지가 있었는데 거령이 문득 그 가운데를 출입하면서 간혹 무제 앞에서 장난치며 웃었다. 동방삭이 멀리서 거령을 지켜보면서 그녀를 지목하였다. 그러자 거령은 날아가 버렸는데 바라보니 푸른 공작으로 변화하였다. 그녀가 날아가자 이에 무제가 청작대를 만들었는데, 때때로 푸른 공작이 오

는 모습은 보였지만 거령은 보이지 않았다.

唯有一女人愛悅於帝, 名曰巨靈. 帝傍有青珉唾壺, 巨靈乍出入其中, 或戲笑帝前. 東方朔望見巨靈, 乃目之. 巨靈因而飛去, 望見化成青雀. 因其飛去, 帝乃起青雀臺. 時見青雀來, 則不見巨靈也.

거령의 푸른 공작으로의 변형은 변형 모티프의 운용이다. 또 권3에는 기이한 청룡과 동명초(洞冥草)라 불리는 명경초(明莖草) 풀이 등장하는데, 이는 『산해경』의 이역이물(異域異物) 고사의 응용으로 보인다.

동방삭이 말하길, "신이 북극을 여행하며 종화(種火)의 산에 이르니 일월이 비치지 않고 청룡이 촉화(燭火)를 물어다가 산의 사극을 비추고 있었습니다. 또한 원포지원이 있는데 모두 기이한 나무와 풀을 심어 놓았고, 명경초가 있어서 밤에는 금등과 같고 가지를 꺾어 횃불로 삼으면 귀신 형상을 비추어 볼 수 있습니다. 선인 영봉이 이 풀을 늘 복용하여 밤에 잘 때 뱃속의 빛이 밖으로 나오는 것이 보여 이 풀을 동명초라고도 합니다." 임금은 이 풀을 꺾어 진흙으로 만들어 운명관을 칠하게 하고는 밤에 이 관에 앉으니 등불을 필요로 하지 않아 이 풀을 또한 조매초(照魅草)라고도 부르는데, 발에 깔면 물을 밟아도 가라 앉지 않는다.

朔曰: "臣游北極, 至種火之山, 日月所不照, 有青龍銜燭火以照山之四極. 亦有園圃池苑, 皆植異木異草, 有明莖草, 夜如金燈, 折枝爲炬, 照見鬼物之形. 仙人寗封常服此草, 於夜瞑時, 轉見腹光通外, 亦名洞冥草." 帝令剉此草爲泥, 以塗雲明之館, 夜坐此館, 不加燈燭, 亦名照魅草, 以藉足, 履水不沈.

암흑의 북극 속에서 등불로 사극을 비춘다는 청룡은 『산해경』 중 장미산(章尾山)에 살며 구음(九陰)을 밝히는 촉룡(燭龍)을 기술적으로 변용시킨 것으로 짐작되며, 여기에다 빛을 발하는 명경초를 결합시켜 전체적으로 구성을 절묘하게 만들고 있다. 『한무동명기』는 지리, 박물 위주로 서술한다는 점에서 『산해경』의 영향을 다분히 받았다.21)

다음으로 동방삭(B. C. 154-B. C. 93)의 작품으로 전해지고 있는 『신이경(神異經)』은 신선사상 등 신비적 측면을 다룬 작품이지만 신화 유형이 적지 않게 발견된다. 『신이경(神異經)』 속의 「동황경」·「서황경」·「남황경」·「북황경」·「중황경」·「동남황경」·「서남황경」·「동북황경」·「서북황경」 등 9편은 구성면에서 『산해경』 체제를 모방하고 있다. 그중 『산해경』의 이국기인(異國奇人) 고사 유형에서 유래했다고 여겨지는 거인국 풍모의 고사가 「서북황경」에 나온다.

> 서북해 밖에 사람이 있는데 길이가 이천 리가 되고, 두 다리 사이는 천 리가 떨어져 있고, 배 둘레는 천 육백 리나 된다. 매일 천주를 다섯 두 마시고 오곡과 생선, 고기는 먹지 않으며 천주만을 마신다. 문득 배가 고플 때는 하늘을 향하여 마신다. 산과 바다에서 놀기를 좋아하고 백성들을 범하지 않고 만물을 범하지도 않으며 천지와 함께 공생한다.
>
> 西北海外有人, 長二千里, 兩脚中間相去千里, 腹圍一千六百里. 但日飮天酒五斗, 不食五穀魚肉, 唯飮天酒. 忽有饑時, 向天仍飮. 好遊山海間, 不犯百姓, 不干萬物, 與天地同生.

스케일 큰 마음과 자연과의 공생 사상을 상상의 이국기인(異國奇人) 신화 이미지에 신선 인물 특징을 가미하여 이야기하고 있다. 「동남황경」에도 비슷한 유형의 고사가 있다.

21) 王國良, 『魏晉南北朝志怪小說硏究』(臺北: 文史哲, 1984), 8쪽 참조.

> 동남쪽 모퉁이 대황 가운데 박부(樸父)가 있었다. 그 부부는 함께 천 리나 되었고 배 둘레는 스스로 버틸 수 있을 정도로 컸다. 하늘이 처음 열릴 때 그 부부로 하여금 온갖 하천 물길을 트게 하였는데, 게을러서 신경을 안 썼기 때문에 유배되어 함께 동남쪽에서 있게 되었다.... 황하가 맑기를 기다렸다가 다시 그 부부로 하여금 하천 물길을 통하게 하고 지키도록 하였다.(옛날 천지가 처음 열릴 때 이 부부가 강물을 열어 통하게 하였는데, 강이 혹은 깊고 혹은 얕고 혹은 좁고 혹은 막혀서 우(禹)로 하여금 다스리게 하여 그 물이 막히지 않도록 하였다. 하늘은 이 부부를 책하여 한쪽에 기대어 서있도록 하였다.)
>
> 東南偶大荒之中, 有樸父焉. 夫婦竝高千里, 腹圍自輔. 天初立時, 使其夫妻導開百川, 嬾不用意, 謫之, 竝立東南... 須黃河淸, 當復使其夫婦導護百川.(古者初立, 此人開導河, 河或深或 或隘或塞, 故禹更治, 使其水不壅. 天責其夫妻, 倚而立之.)

거인 박부(樸父) 부부의 이름과 몸집, 비극적 종말은 태양을 쫓다 실패한 비극 신화영웅 과보(夸父)의 형상과 상당히 유사하다. 혼자가 아닌 부부로 등장한 점이 다르다. 이 부부가 치수에 실패하는 장면과 우의 소도(疏導)를 통한 치수 신화가 결합되어 있어서, 박부(樸父)는 바로 우의 부친인 곤의 비극 형상으로 느껴진다. 기국이인 유형은 이밖에 「동황경」의 군자국과 「서남황경」의 이국기수(異國奇獸)의 변형 고사가 있다.

> 동방에 사람이 살고 있는데, 남자는 모두 붉은 옷을 입고 흰 허리띠를 두르고 큰 관을 썼으며 여자는 모두 울긋불긋한 옷을 입고 있다. 남녀는 곧 사랑할 만하나 항상 공손하게 앉아 서로 범하지 않으며 서로 칭찬하면서 헐뜯지 않는다. 남에게 환난이 있는 것을 보면 목숨을 다해 구해준다. 이름하여 선인이라 하는데 일명 경이라고도 하며 일명 미라고도 한다. 망령되이 말하지 않고......

東方有人焉. 男皆朱衣縞帶之冠, 女皆采衣, 男女便轉可愛, 恒恭坐而不相犯, 相譽而不相毁. 見人有患, 投死救之. 名曰善人. 一名敬, 一名美. 不妄言……

서남 황야에 거짓말하는 동물이 출현하는데 그 생김새가 토끼와 같고 사람 얼굴을 하고 말을 할 줄 알며, 항상 사람을 속여 동쪽을 말하면 서쪽이고 악을 말하면 선이었다. 그 고기는 맛이 있는데 이 고기를 먹으면 거짓말을 하게 된다.

西南荒中出訛獸, 其狀若菟. 人面能言, 常欺人, 言東而西, 言惡而善. 其肉美, 食之言不眞矣.

거짓말하는 짐승 고사는『산해경』의 이국기수 묘사를 본뜬 것이다.

또한 이미 언급한 바대로 곤륜산과 서왕모 고사에 동왕공(東王公)과 신조 희유(希有)가 새로 추가되고 천지를 연결하는 샤먼적 우주 기둥으로 보이는 구리기둥이 결합된 고사가「중황경」에 나온다. 여신 서왕모의 파트너로서 남신 동왕공이 첨가된 것은 부계사회의 반영으로 해석되며, 특히 여기서 새의 거대함을 묘사하기 위해 탈모 부분이 만 리가량 된다고 하는 과장된 표현이 흥미롭다. 서왕모를 직녀에 비유한다면 희유는 바로 오작교의 까막까치에 해당되지 않을까?[22)]

『십주기(十洲記)』는『산해경』과 추연의 대구주설 영향을 받은 작품으로서, 여기에는 불사초와 재생 모티프가 다음과 같이 나온다.

조주는 동해 가운데와 가까이 있고 땅 넓이가 오백 리이며 서쪽 해안으로부터 칠만 리 떨어져 있다. 위에는 불사초가 있는데, 풀 모양이 향초와 같으며 싹의 길이만도 삼사 척쯤 된다. 이미 죽은

22)『신이경』에는 이 밖에 보지도 걷지도 듣지도 못하는 무감각한 혼돈 고사가 있는데, 바로『산해경』의 눈과 얼굴이 없는 혼돈 이야기 유형과 유사하다.

지 삼 일이 된 자도 풀로 이를 덮으면 모두 바로 살아나고, 이를 복용한 사람이 오래 살게 된다. 옛날 진시황 대원 연간 중 많은 사람들이 억울하게 죽어 길에 널려 있었는데, 까마귀 모양의 새가 이 풀을 물어다가 사람 얼굴에 덮으니 바로 일어나 앉아 살았다. 관리가 이를 듣고 아뢰자, 진시황은 사자를 시켜 이 풀을 들고 가서 북곽의 귀곡선생에게 물어 보도록 했다. 귀곡선생이 이르길, "이 풀은 동해 조주 위에 나는 불사초로서 옥밭에서 자라는데, 혹 양신지라고 이름한다. 그 잎은 향초와 같고 싹은 총총히 나오며 한 그루면 한 사람을 살릴 수 있다."라고 했다.

祖洲近在東海之中, 地方五百里, 去西岸七萬里. 上有不死之草, 草形如菰, 苗長三四尺. 人已死三日者, 以草覆之, 皆當時活也, 服之令人長生. 昔秦始皇大苑中多枉死者横道, 有鳥如烏狀, 銜此草覆人面, 當時起坐而自活也. 有司聞奏, 始皇遣使者賫草以問北郭鬼谷先生. 鬼谷先生云: "此草是東海祖洲上有不死之草, 生瓊田中, 或名爲養神芝. 其葉似菰, 苗叢生, 一株可活一人."

불사초를 매개로 죽은 자를 살리고 장생을 누리게 하는 구조는 신화의 재생 모티프를 활용한 것이며, 무속 신화에 자주 등장하는 꽃으로 사람을 살리는 구조와 흡사하다. 신선불사 사상을 담기 위해 신화를 운용하고 있다.

『십주기』「봉린주(鳳麟洲)」에는 월지국(月支國)의 신향(神香)의 작용으로 죽은 사람들이 재생하는 내용도 담겨 있다.

후원 원년에 장안 성내에 병자가 수백 명이 생기고 죽은 자가 태반이었다. 무제는 시험 삼아 월지국의 신향을 가져다가 성내에서 태웠는데 그 죽은 지 3개월이 지나지 않은 자들이 모두 살아났고 그 향기는 3일이 지나도록 그치지 않았다. 이에 그것이 신물임을 믿게 되었다.

到後元元年, 長安城內病者數百, 亡者大半. 帝試取月支神香燒之於城內, 其死未三月者皆活, 芳氣經三日不歇. 於是信知其神物也.

삼국시대 오나라 서정(徐整)의 『삼오역기(三五歷記)』와 『오운역년기(五運歷年記)』에는 우리에게 잘 알려진 반고와 천지창조 고사가 나온다. 혼돈 속에서 반고에 의해 천지가 개벽되고 음양 조화로 천지창조가 이루어진다는 『삼오역기』 내용은 『회남자(淮南子)』「천문훈(天文訓)」 고사[23]와 유사하며 철학적 성분이 내포되어 있다. 한편 반고가 죽은 후 그 시체 각 부분이 자연물과 인간으로 화한다는 『오운역년기』 내용은 신화의 원시 모습을 간직하면서도 초급 수준의 문학성을 띠고 있다. 천지만물의 창조 고사는 내용이 단순하고 유치한 면이 없지 않지만 소설의 원류로서 신화와 소설을 잇는 중요한 가교 역할을 하고 있다.

산천지리와 관련한 박물류 신괴고사가 주 내용인 장화의 『박물지(博物志)』에는 곤오씨(昆吾氏), 과보추일(夸父追日), 곤우치수(鯀禹治水), 원국이인(遠國異人)에 관한 고사가 나오는데, 가상의 선경과 산천이물을 묘사하는 등 『산해경』을 구조적인 면에서 확대 서술하고 있다. 원국이인을 소재로 한 군자국 고사를 인용하면 다음과 같다.[24]

군자국 사람들은 관을 쓰고 칼을 차고 있으며, 두 마리의 호랑이

---

23) 『회남자』에 이르길, "하늘과 땅이 형성되지 않았을 때 공간은 텅 빈 무형의 상태였다. 그래서 이것을 태소라고 했다. 여기서 허공이 생겨났고, 허공에서 우주가 생겨났고, 우주에서 기가 생겨났는데, 기에는 중후하고 안정됨이 있었다. 청양한 것은 엷게 위로 퍼져 올라가서 하늘이 되었고, 무겁고 탁한 것은 엉키고 쌓여서 땅이 되었다. 그런데 청묘한 것만은 쉽게 합쳐졌지만 중탁한 것은 엉키어 풀기가 어려웠다. 그래서 하늘이 먼저 되고 땅이 뒤에 정해진 것이다."

24) 『박물지』 권8에는 원국이인 중 결흉국(結胸國)을 묘사하고 있다.

를 거느리고 있다. 백성들은 거친 명주실로 짠 옷을 입고 있고 예의와 겸양을 좋아하기 때문에 서로 다투지 않는다. 땅은 천 리가 되고 훈화 향초가 많으며, 백성들 중에는 풍병에 걸린 자가 많아서 사람들이 늘지 않는다. 겸양을 좋아하기 때문에 군자국이라 불린다.

君子國人衣冠帶劍, 使兩虎. 民衣野絲, 好禮讓, 不爭. 土千里, 多薰華之草. 民多病風氣, 故人不番息. 好讓, 故爲君子國.

『산해경』의 신화적 이상세계에 대한 표현을 본뜨고 있다.

『박물지』에는 또 거북의 토막 난 살로 또 다른 거북들을 만드는 고사와 태자 단이 동물의 도움으로 도망에 성공하는 고사 장면[25]은 육구(肉球) 신화고사와 영웅이 동물 구조를 받는 고사 장면을 각각 연상케 한다.

본래의 형태로 되돌아간다는 신화의 원형회귀 모티프가 반영된 고사도 보인다. 신선고사를 보면 동방삭이 별의 화신이었는데 인간 세상에 떨어져 나와서 지상과 천상을 연결하는 매개자 역할을 하다가 사후 다시 선계(仙界)로 되돌아가 별이 된다는 내용이 있다. 『박물지』 권9에 다음과 같은 기록이 있다.

『신선전』에 이르길, 부열(傅說)은 승천하여 심숙(心宿)과 미성

25) 『박물지』 권4 「희술(戱術)」에 이르길, "거북을 잡아 바둑알 크기로 토막 내어 붉은 비름 풀을 찧은 즙과 섞어 띠 풀로 두텁게 싸서 5, 6월 중에 연못에 던지면 열흘이 지나 토막들이 모두 거북이 되었다.(鼈剉令如碁子大, 擣赤汁莧和合, 厚以茅苞, 五六月中作, 投池中, 經旬臠臠盡成鼈也.)", 또 권8 「사보(史補)」에 이르길, "단이 우러러 탄식하니 까마귀가 바로 머리가 희어지고 내려 보고 한탄하니 말이 뿔이 생겼다. ……달아나 국경에 이르자 관문이 열리지 않아 단이 닭 울음을 내니, 이에 모든 닭들이 울어서 드디어 돌아갔다.(仰而嘆, 烏即頭白, 俯而嗟, 馬生角. ……遁到關, 關門不開, 丹爲鷄鳴, 於是衆鷄悉鳴, 遂歸.)"

(尾星) 사이에서 별자리가 되었고, 세성(歲星)이 내려와 동방삭이 되었다. 부열의 사후에 그 별자리가 생겨났고 동방삭이 태어나자 세성이 없어졌다.

『한무고사』에는 다음과 같이 각색되어 소설적 재미를 더해준다.

서왕모의 사자가 온 날 동방삭은 죽었다. 이를 이상하게 여긴 황제가 사자에게 물었더니 이렇게 말했다. "동방삭은 목제의 정령이 세성으로 된 자로 인간 세상에 내려와 노닐면서 천하를 살펴보았으니 폐하의 신하가 아니었습니다." 황제는 그를 후하게 장사지냈다.[26)]

즉 성과 속, 현실과 초현실 사이의 경계를 자유롭게 오가다가 천상에 올라 원래의 형태인 별의 정령으로 되돌아간 것이다. 이 고사를 통해 원형회귀 사상과 함께 동방삭이 복숭아를 훔쳐 먹고 천상을 어지럽히는 등 죄를 지어 탁한 인간 세상에 쫓겨난다는 묘사에는 적선(謫仙)설화의 세계관, 즉 인간 세상을 더러운 것으로 보는 세계관과 혼탁한 현실에 대한 골계와 풍자가 엿보인다.

다음으로 『신선전(神仙傳)』「광성자(廣成子)」조에 황제가 득선의 요체를 1200년을 산 광성자에게 묻는 고사가 있다. 또 『동선전(洞仙傳)』「모몽(茅濛)」조에는 용을 타고 구름을 몰면서 대낮에 승천하였다는 고사에 도교의 발상지 제나라 지역 즉 산동의 태청궁(太淸宮, 하늘)이 가미되어 도교 색채가 농후한 이야기도 담겨있다.[27)]

26) 『태평광기』「동방삭별전」에는 동방삭이 죽은 후 무제가 태왕공을 불러 동방삭에 대해 물어보자, 태왕공은 동방삭이 죽은 그날에서야 세성이 18년 만에 나타났다고 고하고 무제는 18년 동안 동방삭이 특별한 사람인지 몰랐던 것을 안타깝게 여긴다는 내용이 나온다.

갈홍(葛洪)의 『포박자(抱朴子)』에는 혼귀 고사, 불사회생의 선약에 의한 득선 고사와 돌이 사람을 치유하는 약석(藥石) 모티프 고사가 있다.[28] 『술이기(述異記)』의 "진 2세 원년에 궁중에 금비가 내렸는데, 조금 후에 모두 돌로 변하였다.(秦二世元年, 宮中金雨, 旣而頃刻皆化爲石.)", "위 무제 말년에 업 지방에 오색석이 비처럼 내렸다.(魏武帝末年, 鄴中雨五色石.)" 구절에도 신화에 자주 보이는 석화(石化), 오색석(五色石), 돌과 물의 밀접한 관계성이 활용되고 있다.[29]

지괴소설 특징이 잘 나타난 간보(干寶)의 『수신기(搜神記)』에는 재생 모티프 고사가 적지 않다. 대표적 고사로는 당숙해녀와 왕도평(王道平) 고사가 있는데, 당숙해녀가 혼약한 왕도평을 기다리다 지쳐 부모 명으로 유상과 혼인하지만 불행하게 죽고, 왕도평이 돌아와 무덤앞에서 곡할 때 나타난 그녀의 혼령의 지시대로 무덤을 파헤쳐 관을 여니 그녀가 재생하였고 이에 남은 일생을 다시 누렸다는 내용이다.

이 밖에 가우가 동명이인을 착각한 사자를 따라 잘못 저승에 갔다가 다시 소생한다는 고사[30]와 무덤에서 살아난 두석의 종 고사,[31]

---

27) 광성자(廣成子)와 모몽(茅濛) 고사는 『태평광기』 권1과 권5에 인용되어 있다.
28) 『태평광기』 권315에 인용된 「저이석인(著餌石人)」조에 이르길, "두통 있는 자는 석인의 머리를 만지고 복통 있는 자는 석인의 배를 만진 후 다시 자신의 몸을 만지면 낫지 않는 자가 없다고 하였다. 천리 떨어진 곳에서도 석인을 찾아와 병을 치료하였다.(頭痛者擊石人頭, 腹痛者摩石人腹, 亦還以自摩, 無不愈者. 逐千里來就石人治病.)"
29) 『술이기』에는 이 밖에도 철을 먹고(蚩尤食鐵石) 낮에 나타나는(蚩尤神晝見) 치우신, 정위 그리고 반고 관련 고사들이 나와 있다.
30) 『태평광기』 권385에 인용된 『계신록(稽神錄)』에도 유사한 기록이 있는데, 진귀범이 죽어 부관이 귀모를 귀범으로 잘못 잡아왔는데 '범'을 '귀'로 고친 것을 명주 생사부에서 확인하고 돌려보내자 숨을 돌이켜 되살아났다는 내용이다.
31) 진나라 때 두석은 자가 세가이다. 집안에서 두석을 매장할 때 그의 계집종이 잘못하여 무덤을 빠져나오지 못했다. 10여 년이 지나서 두석의 무덤을

진 무제 때 하간군의 한 여인이 죽자 사랑하는 남자가 통곡하며 무덤을 헤치니 여자가 바로 소생한 고사,[32] 그리고 죽어서 경험했던 일을 안 대양(戴洋) 고사[33] 등도 재생 모티프 유형이며, 재생은 아니지만 삼황오제 중 전욱(顓頊)과 요(堯)가 함께 등장하는 장수 고사도 있다.[34] 그중 가우 고사는 다음과 같다.

> 가우(賈偶)란 사람이 병사하여 사자를 따라 태산(太山)에 나아간다. 사령(司命)이 장부(帳簿)를 조사해 보니 동명이인을 잘못 데려

파서 두석의 아내를 합장하려고 하니 계집종이 아직까지 살아있었다. 계집종이 말했다. "처음에 눈을 감는 듯했는데, 잠깐 지나서 점점 깨어났습니다." 계집종에게 물으니 스스로 하루 이틀 밤을 잤을 뿐이라고 말했다. 처음 계집종이 무덤에 묻혔을 때 나이가 열대여섯 살이었는데 무덤을 파헤친 뒤에도 자질이 똑같았다.

32) 진 무제 때 하간군에 어떤 남녀가 사사로이 사랑하여 짝을 맺기로 약속했다. 얼마 후 남자가 군대에 가서 몇 년간 돌아오지 않자 여자 집에서 다른 곳으로 시집보내려고 하였지만 여자가 가려하지 않았다. 그러나 부모가 강요하여 부득이 시집을 갔다. 얼마 후 그녀는 병들어 죽었다. 남자가 돌아와 여자 있는 곳을 묻자 남자 집에서 사정을 말해주었다. 이에 무덤에 이르러 슬픔을 다해 통곡했는데, 그 사무치는 마음을 이기지 못하여 마침내 무덤을 파헤치고 관을 열었더니 여자가 바로 소생하였다.

33) 대양의 자는 국류이고 오흥군 장성현 사람이다. 나이 12살에 병들어 죽었다가 닷새가 지나서 되살아나서는 말했다. "내가 죽었을 때 하느님께옵서 주장리 벼슬을 시키고 부록을 주시고 내 깃발을 따를 부하를 주셨는데 곧 봉래산, 곤륜산, 적석산, 태실산, 여산, 형산 따위를 올랐습니다. 그리고나서 이승으로 돌려보내졌습니다."

34) 고사 내용은 다음과 같다. "전욱은 괴산에서 약초 캐는 사람으로, 소나무 열매를 먹기를 좋아하였다. 몸에 털이 났고 키가 7촌이며 두 눈은 네모났다. 능히 날아갈 수 있고 달리는 말도 쫓아갈 정도였다. 소나무 열매를 요에게 주었지만 요는 복용할 틈이 없었다. 소나무는 간송인데, 당시에 이를 복용하는 자는 모두 300살까지 살았다.(頊者, 槐山採藥夫也. 好食松實. 形體生毛, 長七寸. 兩目更方. 能飛行, 逐走馬. 以松子遺堯, 堯不暇服. 松者, 簡松也. 時受服者, 皆三百歲.)"

왔다. 가우의 자가 공교롭게도 생사부에 수명이 다한 모군(某郡)의 문합(文合)과 같아 화를 입은 것이다. 그래서 돌려보내는데 날이 저물어 성벽 밖의 나무 아래서 노숙을 하다가 그 부친이 익양령지사(弋陽令知事)를 지낸다는 여자와 만나 함께 밤을 보낸다. 그러다가 날이 새자 소생한다. 그래서 곧 저승에서 본 익양령을 찾아 지사에게 딸의 재생을 묻고 자기가 저승에서 본 여인의 자질, 복색, 언어 등 전후사를 말했더니 꼭 들어맞았다. 드디어 그 딸과 문합의 재혼으로 단원하였다.

『수신기』에는 반호(斑狐),[35] 잠마(蠶馬)[36] 신화를 운용한 이야기도 나온다. 귓속에 사는 벌레를 꺼냈는데 잠시 후 무늬가 다섯 색깔인 반호(盤瓠)라는 개로 변했고 이 개가 훗날 오랑캐의 머리를 물고 온다는 고사와 여인이 누에로 변해 실을 토해낸다는 고사[37]이다.

35) 장화가 연소왕 묘 앞에 갔는데 얼룩여우 한 마리가 오랜 세월이 지나 변형할 수 있게 되었다. 여우는 서생으로 변해 장화를 만나고 싶어 했다. 여우가 묘 앞을 지나면서 화표목에게 물었다. "나의 재주로 장사공을 만나도 되겠는가?" 이에 화표목이 말하기를 "나가면 반드시 욕을 볼 것이다…" 그러나 여우는 그 말을 듣지 않고 장화를 만났다...... 그때 풍성령 뇌환이 있었는데 자는 공장이었고 박학한 선비였다. 그가 장화를 방문하니 장화가 서생 이야기를 했다. 뇌환은 "......이놈이야말로 진짜요괴로다.… 천년된 고목으로 비추어야 제 모습을 드러낸다지."라고 말하고는 사람을 보내어 연소왕 묘 앞의 천년된 화표목을 베어오게 하였다. 나무를 태워 서생을 비추니 정말로 여우였다. 이에 장화는 "이 두 물건이 나를 만나지 않았더라면 천년 안에 모습을 드러내지 않았을 것이다."라고 말하고는 그것을 삶아버렸다.

36) 『산해경』에 이르길, "歐吐之野, 在大踵東, 一女子跪, 據樹歐絲." 한 여인이 뽕나무 잎을 먹고 실을 토해내는 모습을 서술하고 있다.

37) 옛날에 어떤 아버지가 길을 멀리 떠나고 집에는 오직 딸만이 남았다. 수말 한 마리를 몸소 길렀는데, 아버지가 그리워지자 말에게 장난삼아 말했다. "네가 나를 위해 아버지를 모셔올 수 있다면 장차 너에게 시집가겠다." 이 말을 들은 말은 고삐를 끊고 집을 나가 아버지 있는 곳에 이르렀다. 아버지는 말을 보고 놀라고 기뻐서 말을 잡아탔다...... 딸의 이야기를 전해 듣고 아버지는 매복했다가 쇠뇌로 말을 쏘아죽이고 말 껍질을 말렸다. 딸이 이

또 항아분월 고사에 변화를 준 고사도 보인다. 여기서는 점을 치는 유황의 등장 장면이 첨가되어 있다.

> 예가 불사약을 서왕모에게 청하여 얻었으나 그의 아내인 항아가 불사약을 훔쳐 먹고 달로 달아났다. 그가 달아나려고 할 때 유황에게 가서 점을 치니 유황이 "길합니다. 펄펄 나는 시집간 누이가 혼자서 장차 서쪽으로 갑니다. 하늘의 어두움을 만날 것이나 두려워하거나 놀라지 마십시오. 나중에 또한 크게 창성할 것입니다."라고 말했다. 항아는 드디어 달에 몸을 맡겼으니 그가 곧 달에 사는 두꺼비이다.

이밖에 순임금이 역산(歷山)에서 밭을 갈 때 황하의 바위에서 옥으로 된 세발솥을 얻고 천명이 자신에게 있음을 알고 게으름을 피우지 않았다는 순임금 고사와 농업과 의약의 신인 신농 고사,[38] 남매간이면서 부부가 된 이들을 공동산의 들판에 추방을 한 고양씨(高陽氏) 고사가 있는데, 후자는 여와와 복희의 남매 부부 고사를 연상케 한다.

도연명이 편찬했다고 전해지는 『수신후기(搜神後記)』에도 간보 부친의 시비(侍婢)와 간보의 형이 소생한다는 내용이 있다.[39]

웃집 딸과 말가죽을 말리는 곳에서 놀면서 치면서 말하기를, "너는 짐승인 주제에 사람을 아내로 맞이하려고 했느냐? 이처럼 껍질이 벗겨졌으니 어찌하여 스스로 고통을 불러들였느냐?"라고 하는데 말가죽이 일어나더니 딸을 말아서 가버렸다.… 며칠 지나서 큰 나뭇가지에서 딸과 말가죽을 발견했는데 다 누에가 되어 나무 위에서 실을 토해내고 있었다. 그 누에고치 실은 헝클어지지 않고 두텁고 커서 보통 누에고치와 달랐다.

38) 신농은 붉은 회초리로 온갖 풀을 두드리며, 그 풀이 갖고 있는 성질을 파악하고 온갖 곡식을 파종하였다고 하는데, 입에 넣어 직접 약초인지 독초인지를 구별했다는 초기 신화고사와는 다르게 묘사되고 있다.

39) 이 밖에 왕가(王嘉)의 『습유기(拾遺記)』「연소왕(燕昭王)」에도 신독국(身毒國)의 시라라는 도술인이 죽었다가 옛날 모습으로 살아 돌아왔다는 이야

부친인 영에게는 사랑하는 첩이 있었는데 모친이 매우 질투하여 간보의 부친을 매장할 때 그 첩을 산 채로 무덤 속에 밀어 넣었다. ……10년이 지나 모친이 상을 당했을 때 묘를 파니 그 첩이 관 위에 엎드려 있었는데 옷이 산 사람의 것처럼 아직 따뜻해 보였다. 수레에 싣고 집에 데려오니 하루가 지나 소생하여 말하길, 간보의 부친이 항상 음식을 가져다주고 그와 더불어 취침했으며 정이 살아 있을 때와 같았다고 하였다. 집안의 길흉을 문득 이야기하는데 대조해 보니 실로 딱 들어맞았다. 첩은 평상시대로 회복되어 수년이 지난 후 죽었다. 간보의 형은 항상 병에 걸렸는데 기절 한 후 여러 날이 지나도 몸이 차지 않았고 후에 드디어 살아나서는 천지간의 귀신 일을 보았고 마치 꿈에서 깨어난 것 같고 자신이 죽었었는지는 알지 못한다고 말하였다.

父瑩有嬖妾. 母至妒, 寶父葬時, 因生推婢著藏中. ……經十年而母喪, 開墓, 見其妾伏官上, 衣服如生, 就視猶暖. 輿還家, 終日而蘇, 云寶父常致飮食, 與之寢接, 恩情如生. 家中吉凶輒語之, 校之悉驗. 平復數年後方卒. 寶兄常病, 氣絶積日不冷, 後遂寤, 云見天地間鬼神事, 如夢覺, 不自知死.

『명상기(冥祥記)』에도 불법 전파가 목적인 재생 고사가 있는데, 신화의 재생 모티프와는 다르지만 기본적 생명관념은 유사하다.[40)]

기가 있고, 『속수신기(續搜神記)』, 『이견지(夷堅志)』, 『낙선록(樂善錄)』, 『상서고실(尙書故實)』, 『환원기(還冤記)』, 『하동기(河東記)』에는 원한 해소 후 재생 또는 영생을 얻는다는 모티프가 담겨있다. 또 『비연외사(飛燕外傳)』, 『서경잡기(西經雜記)』, 『열이전(列異傳)』, 『제해기(齊諧記)』에도 영이적 재생류 고사가 담겨 있다.

40) 『태평광기』 권99에 인용된 『명상기(冥祥記)』「왕회지(王淮之)」조에 이르길, "송나라 왕회지는 자가 원중이고 낭야인이다. 대대로 유학을 숭상하고 불법을 믿지 않아 항상 '육체와 정신은 함께 멸하거늘 어찌 삼세가 있겠는가?'라고 말하였다. ……병을 얻어 숨이 끊겼다가 잠시 후 다시 소생하였다. ……왕회지는 눈썹을 모으고 대답하기를, '정신은 실제로 없어지지 않으므로 불교는 믿지 않을 수 없다.'라고 하였다.(宋王淮之, 字元曾, 瑯琊人也. 世尙儒業, 不信佛法, 常謂身神俱滅, 寧有三世耶. …得病氣絶, 少時還復

이 시기의 재생 고사는 주로 정절을 수호하기 위하여 또는 누명에 대한 억울함으로, 또는 사랑의 순결을 위해 원사(寃死)한 후 재생 또는 시해, 승천 등의 형태로 재현되는데, 권선징악 사상과 정조 중시의 사고에서 출발하여 흥미위주의 허구와 몽환을 가미하였기 때문에 신화의 재생 관념과는 약간의 차이가 있다.

다음으로 『열이전(列異傳)』에는 변형고사가 다음과 같이 나온다.

> 귀신이 크게 소리치며 내려오려고 꽥꽥거렸다. 다시는 이를 듣지 않고 곧 완시로 가서 땅에 내려놓으니 양 한 마리로 변하여, 곧 그를 팔았다. 그가 곧 변할까 두려워 침을 뱉고 천오백 전을 벌었다.
>
> 鬼大呼, 聲咋咋索下. 不復聽之, 徑至宛市中, 著地化爲一羊. 便賣之. 恐其便化, 乃唾之, 得錢千五百.

귀신에서 동물로의 변형이라는 구조가 특이하다. 또 부인이 남편을 기다리다 돌이 되었다는 망부석 고사가 전해지는데, 이러한 화석(化石) 유형은 불변의 상징인 돌로의 변형을 통해 영원으로 회귀한다는 고대인의 사유방식에서 나온다.

『현중기(玄中記)』「설호(說狐)」에도 여우가 사람으로 변하는 고사[41]가 나오는데, 이러한 동물 변형 유형은 동물과 인간 간에 차이가

暫蘇… 淮之斂眉答云: '神實不盡, 佛教不得不信.')"

41) 『태평광기』 권447에 인용된 기록은 다음과 같다. "여우는 오십 세가 되면 능히 여인으로 변할 수 있다. 백세가 되면 미녀가 되거나 신무가 되기도 하고, 혹은 장부로 변하여 여인과 교접하기도 하며 천 리 밖의 일도 알 수 있다. 홀리기를 잘하여 사람들을 미혹시켜 지혜를 잃게 하기도 한다. 천세가 되면 하늘과 통하여 천호가 된다.(五十歲, 能變化爲婦人. 百歲爲美女, 爲神巫, 或爲丈父, 與女人交接. 能知千里外事. 善蠱魅, 使人迷惑失智. 千歲卽與天通, 爲天狐.)"

없다고 여기던 고대인의 사고와 인간과 동물은 동등한 영혼을 가지고 있다고 생각하는 관념에서 비롯되었고 이후 귀신고사 유형에도 적용된 것이다.

『법원주림(法苑珠林)』에 기록된 지녀(知女) 고사에서도 백년 된 늑대가 여인 지녀로 변한다.[42] 『현중기』의 천호, 『수신기』의 반호와 함께 지녀 고사의 변형 유형은 동물의 신성함과 강함을 상징한다. 인간과 동물의 관계성을 인정하는 신화적 사고와는 달리 이미 인간중심적 사고가 반영되었기 때문에 내면의 어두운 동물성을 감추고 인간 흉내를 내는 요괴로 묘사되는 경우가 대부분이다. 신화에서는 자연과 인간이 동체로서 서로 변형할 수 있다는 인식 속에서 동물이 인간으로 변하지 않고도 바로 인간과 결혼하기도 하지만, 후대 고사에서는 동물이 인간의 모습으로 변한 뒤에만 결혼이 가능하다. 동물로의 변형은 더 이상 주술적 의미가 없고 동물성은 버려야 할 유산으로 남게 된다.

『습유기』에는 또 복희(伏羲)부터 동진(東晉)까지의 일이 기록되어 있다. 『산해경』에서는 소호(少昊)가 백제(白帝)인데, 여기서는 소호를 백제의 아들로 바꾼 점이 다르다.[43] 권1 「고신(高辛)」에는 제곡

42) 『법원주림』 권58 「자택도(自澤圖)」를 인용하여 말하길, "백년 된 늑대가 여인으로 변하면 지녀라고 부른다. 생긴 것은 미녀 같은데 길가에 앉아 남자에게 이르길 '나는 부모형제가 없어요.'라고 한다. 남자가 그녀를 아내로 삼으면 한해가 지나 사람을 먹는다. 그 이름을 부르면 곧 도망간다.(歲狼化爲女人, 名曰知女. 狀如美女, 坐道旁, 告丈夫曰'我無父母兄弟.' 若丈夫取爲妻, 經年而食人. 以其名呼之, 則逃走去.)"

43) 그중 소호(少昊)와 모친 황아(皇娥)를 소재로 한 고사가 있는데, 우리나라 주몽 신화 중 유화 고사와 흡사하다. "金德王, 母曰皇娥, 處璇宮而夜織, 或乘桴木而晝游, 經歷窮桑滄茫之浦. 時有神童, 容貌絶俗, 稱爲白帝之子, 卽太白之精, 降乎水際, 與皇娥游戱, 奏便娟之樂, 游漾忘歸. 窮桑者, 西海之濱,

고사가 다음과 같이 실려 있다.

> 제곡의 비는 추도씨 딸이다. 헌원이 치우의 악함을 제거하고, 그 백성 중 착한 자들을 추도의 땅에 옮기고, 악한 자들은 유북 마을로 옮겼다. 처음에는 땅으로 종족을 명했는데, 후에 추씨와 도씨로 나뉘었다. 그녀는 걸을 때 땅을 밟지 않고 항상 풍운을 밟고 다니며 이수와 낙수에서 노닐었다. 제곡이 이에 기다렸다가 비로 맞아들였다. 비는 항상 꿈에 태양을 삼켜 한 아이를 낳고, 무릇 여덟 번 계속 꿈을 꾸어 여덟 아이를 낳았는데, 세칭 팔신이 되었다고 한다.
>
> 帝嚳之妃, 鄒屠氏之女也. 軒轅去蚩尤之凶, 遷其民善於鄒屠之地, 遷惡者於有北之鄉. 其先以地命族, 後分爲鄒氏屠氏. 女行不踐地, 常履風雲遊於伊洛. 帝乃期焉, 納以爲妃. 妃常夢呑日, 則生一子, 凡經八夢則生八子, 世謂爲八神.

원래의 제곡 신화에 부인과 그녀의 잉태 과정이 부연되고 황제와 치우의 전쟁고사가 언급되었으며, 인도 불경 『법화경(法華經)』 속 야차(夜叉) 귀신도 등장한다. 불교와 중국신화가 결합된 작품으로는 『속제해기(續齊諧記)』 양서서생 고사도 있는데, 여기서는 인도 잡비유경 고사와 직녀 고사를 소재로 활용하였으며 인과응보, 권선징악 사상을 이용하여 대중 교화의 의도를 담고 있다.[44)]

有孤桑之樹, 直上千尋, 葉紅椹紫, 萬歲一實, 食之後天而老. …帝子與皇娥並坐, 撫桐峯梓瑟, 皇娥倚瑟而淸歌曰: '天淸地曠浩茫茫, 萬象廻薄化無方, 浛天蕩蕩望滄滄, 乘桴輕漾著日傍, 當其何所至窮桑, 心知和樂悅未央.' 俗謂游樂之處爲桑中也,『詩』「衛風」云'期我乎桑中', 蓋類此也. …及皇娥生少昊, 號曰窮桑氏, 亦曰桑丘氏. 至六國時, 桑丘子著陰陽書, 卽其餘裔也."

44) 위진남북조 시기의 견우직녀 관련 고사는 은운(殷芸)의 『소설(小說)』, 장화(張華)의 『박물지(博物志)』 권10, 칠석에 견우직녀가 결혼한다(七月七日織女嫁牽牛)는 『제해기(齊諧記)』, 그리고 고사의 완성도를 높인 종름(宗懍)의 『형초세시기(荊楚歲時記)』 등에 보인다.

다음으로 『현중기(玄中記)』에는 『산해경』의 촉룡 고사에서 비롯된 이야기가 있고, 『수경주(水經注)』에도 『산해경』 「해내서경」의 곤륜 신화를 응용한 묘사 등이 들어있다.[45)]

마지막으로 『근이록(近異錄)』 파양남향민처(鄱陽南鄕民妻) 고사에 기이한 출생 유형이 나온다.

> 파양 남쪽 마을의 한 부인이 순희 10년 아들을 낳았다. 머리부터 발까지 모두 보통사람과 다름이 없었으나 양 팔꿈치에 각각 세 개의 팔이 달려 있고 체격이 우람하여 가히 두려울 정도하였다. 어머니는 그 기괴함이 싫어 물 항아리에 빠뜨렸지만 곧 몸을 돌려 일어나 앉았다. ……드디어 목욕시키고 강보에 쌌는데, 날이 갈수록 점점 건장해졌다. 다른 집 아이가 혹 그와 다투게 되면 여섯 팔을 동시에 들어 힘껏 때렸기 때문에 그와 대적할 수 없었다.
>
> 鄱陽南鄕民妻, 淳熙十年生男子. 從首至足, 皆與人無異, 而兩肘各有三臂, 軒軒可畏. 母惡其怪, 卽瀆其水盆中, 俄翻身起坐. ……遂沐浴, 施襁褓, 日以益壯. 乃八九歲, 放牛於野, 他家童稚, 或與爭, 則六臂齊擧奮擊, 莫能抗敵.

신화 속 영웅의 기이한 출생, 버림받음, 탁월한 능력 등이 지괴고사 형태 속에 응용되어 있다. 요약하면, 신화 운용 소설로는 『사기』·『열선전』·『열녀전』·『촉왕본기』·『논형』·『후한서』·『한무제내전』·『한무제고사』·『한무동명기』·『신이경』·『십주기』·『후한서』·『삼오역기』·『오운역년기』·『박물지』·『신선전』·『포박자』·『술이기』·

45) 『고소설구침(古小說鉤沈)』본 『현중기』에 "山上有石, 首如人首, 左目爲日, 右目爲月. 開左目爲晝, 開右目爲夜……"라는 기록이 있는데 촉룡 신화와 흡사하다. 『수경주 권1에 "崑崙之上有木禾, 珠樹玉樹璇樹不死樹在其西……"처럼 곤륜산을 소재로 한 고사가 있고, 권38에는 "外夷皆裸身"인 나신국 묘사도 있다.

『수신기』·『수신후기』·『계신록』·『습유기』·『속후신기』·『이견지』·『낙선록』·『상서고시』·『하동기』·『명상기』·『열이전』·『현중기』·『(속)제해기』·『형초세시기』·『수경주』·『근이록』이 있고, 운용된 신화 소재로는 감생, 영웅, 재생, 변형, 망부석, 화석, 약석, 예언, 견우직녀, 곤륜산, 서왕모, 부상, 제곡, 소호백제, 축룡, 황제, 치우, 복희, 과보, 우왕, 정위, 반고, 곤, 우, 곤오, 거인국, 군자국, 이국기인, 이국기수, 육구, 혼돈, 천주(天柱) 모티프와 인도 불교신화 등이 있다.

소설 속에서 신화가 운용 또는 변용되는 형태는 『산해경』 신화 구성체계의 모방, 신화의 철학·문학·도교·신선화, 신화 인물의 신선 인물 특징 가미, 신화 인물의 족보 변경, 신화와 신선고사 요소 결합, 인도 불교신화 첨가, 각기 다른 유형의 신화 요소들의 결합, 신화 관념의 변형, 신화의 귀화화(鬼話化), 신화의 직접적 인용 등이며, 신화 운용의 의도나 목적은 왕의 잘못 풍간, 장수 비유, 신선불사 사상 표현, 화려한 신선고사 만들기, 신비 측면 강조, 불교 대중화, 과장, 흥미 유발 등을 위해서였다.

육조 지인·지괴고사는 소설사적으로는 소설 태동의 단계로서 신화, 민간고사가 함께 공생하는 소박한 시기라고 볼 수 있다. 신화를 소박하게 서술하였기 때문에 신화의 원시 면모를 그런대로 많이 보존하고 있다. 특히 만물유령론과 같은 정령론, 무소불능의 마술, 인신귀가 섞인 모습, 만물의 의인화 사상 같은 신화의 사유방식을 엿볼 수 있다. 더 나아가 사후재생, 영원한 선향 추구 등 원시 유형들을 느낄 수 있다.

혹자는 이 시기 소설이 신화 수집, 창작정신 계승, 신화체계 모방이라는 세 가지 유형의 영향을 받았다고 주장하기도 하지만, 실제로는 신화가 다양한 형태로 운용되고 있음을 알 수 있다. 특히 문인들의 의도적 고사 변형이나 오락흥미를 위한 작품 활동은 소극적이든 적극적이든 눈에 띄는 변화로 보인다. 명확한 선악 도덕관과 가치를 평가하려는 의지보다는 오락과 사물의 진상을 탐구하려는 경향이 강하다는 점에서 여전히 원시의 천진함과 순수함이 남아 있다.

중국소설사를 전체적으로 관람할 때, 신화의 육조 소설에 미친 영향이 다른 시기 소설에 미친 영향보다 컸음을 알 수 있다. 중국신화 자료들이 초기 중국소설 형성에 큰 몫을 담당했던 것이다. 그리고 『박물지』 등에서 보이는 새로운 서술방식을 활용한 글쓰기 시도와 문학적 감수성이 뛰어난 신화와 전설을 기술하는 작업들은 중국소설의 발전 가능성을 한층 더 넓혀주고 있다.

제3장

당 전기 소설의 신화 운용

여기서는 당대의 대표적인 소설 장르인 전기(傳奇) 작품을 정리하면서, 신화의 소설 속에서의 수식시기임을 고찰하고자 한다. 이를 위해 당대 문인들이 신화 소재들을 어떻게 운용 및 변용하였으며, 그 궁극적인 의도나 목적은 무엇인지 살펴본다.

당대의 소설은 육조 시기와는 다른 변모과정을 거친다. 초기에는 여전히 기이한 일들을 찾아 서술하는 양태를 벗어나지는 못했지만, 부드러운 문사(文辭) 서술은 거칠고 줄거리뿐인 육조 작품에 비해 상당히 진보적이었다고 말할 수 있다.

당대의 전기(傳奇) 소설가들은 육조에 이어 여전히 신화에 대한 깊은 관심을 보여주며, 신화전설을 운용하면서 의식적으로 소설 형식을 빌려 그들의 호기심을 표현해 내었다. 이는 작가의 창작의도가 강하게 작용하였던 시기였음을 말해준다.

하지만 농후한 인문정신의 영향을 받아 신화에 미감과 가치관이 가미되면서 신화는 소설 속에서 질박하고 원시적인 면모로 나타나는 것이 아니라 인간이 동경하면서 이르지 못하는 몽경(夢境)으로 변모하고, 이에 기존의 신화와 소설의 관계는 미묘한 변화를 맞게 되면서 환상과 진실의 경계선상에 놓이게 된다. 그러므로 당 전기소설 시기는 신화의 소설 속에서의 수식시기라고 말하는 것인지도 모른다.46)

1. 초기 전기 - 『고경기(古鏡記)』

당 초기 전기 작품 중 신화를 운용한 최초의 작품으로는 왕도(王度)의 『고경기(古鏡記)』를 들 수 있다. 작품 속에 헌원황제가 주조했다는 거울 고사를 소재로 택한 이 작품은 왕도가 스승처럼 모셨던 후생(侯生)이 능히 요괴들을 항복시킬 수 있는 신경(神鏡)을 그에게 주고 죽는데, 어느 날 동생이 먼 길을 떠나면서 이 거울을 빌려 많은 요괴를 죽였지만 나중에는 어디론가 사라졌다고 하는 내용의 고사이다. 『태평광기(太平廣記)』 권230에 「왕도(王度)」라는 제목 하의 기록 앞부분을 인용하면 다음과 같다.

> 수나라 분양(汾陽)의 후생은 천하의 기사(奇士)이기에, 왕도는 예로써 그를 스승으로 모셨다. 후생은 임종 때 왕도에게 고경(古鏡)을 주면서 "이것을 지니고 있으면 온갖 사악함을 물리칠 수 있다." 고 말했다. 왕도는 받아서 보물처럼 여겼다. 거울은 지름이 8촌이고, 구멍에는 기린(麒麟)이 웅크려 엎드린 모습을 하고 있었고, 이를 둘러싸고 사방에는 거북 용 봉황 호랑이가 각각 새겨져 있었다. ......후생은 항상 "옛날 황제가 15개의 거울을 주조했다고 들었는데, 첫 번째 거울의 지름이 한 자 다섯 치였는데 달이 찼다가 기우는 것처럼 거울의 치수도 한 치씩 줄어들었고, 이것은 여덟 번째

46) 潛明玆, 『中國神話學』(寧夏: 寧夏人民出版社, 1994), 454쪽 참조.

거울이다."라고 말했다.

隋汾陽候生, 天下奇士也. 王度常以師禮事之. 臨終, 贈度以古鏡, 曰, "持此則百邪遠人." 度受而寶之. 鏡橫徑八寸, 鼻作麒麟蹲伏之象, 遶鼻列四方, 龜龍鳳虎, 依方陳布. ......候生常云, "昔者吾聞黃帝鑄十五鏡, 其第一橫徑一尺五寸, 法滿月之數也. 以其相差各校一寸, 此第八鏡也."47)

작가는 시간 순서에 따라 12개의 독립된 이야기를 연결하여 구성하였는데, 육조 지괴의 유풍은 남아있지만, 황제 신화를 활용하였다는 점에서 신화를 처음으로 활용한 당 소설로 기록된다.

황제가 왕옥산에서 서왕모를 만날 때 윤수를 시켜 열두 개의 큰 거울을 만들게 하여 그것으로 황제와 서왕모가 만나는 성대한 장면을 비추려 하였으며 일 년 열두 달 동안 매번 다른 거울을 사용했다고 하는 신화고사를 소재로 삼고 있다.48) 여기에 거울 수를 늘리고 요괴를 물리치는 기이한 능력을 지닌 거울로 묘사하고 있으며, 그 모양 역시 자세하게 표현하고 있다.

2. 몽환문학(夢幻文學) -『침중기(枕中記)』 외

본격적인 신화 운용은 당 중기의 전기에 나타난다. 이 시기는 현실생활을 반영하는 작품이 중요한 위치를 차지하는데, 귀신이나 괴이한 이야기 또는 신화를 활용하여 궁극적으로 사회의 현실적인 내용을 토로하는 방식을 취하고 있다.

47) 李昉 편,『太平廣記』(臺北: 西南書局, 1983), 1761쪽 참조.
48)『격치경원(格致鏡原)』 권56에『황제내전(黃帝內傳)』을 인용하여 이르길, "(帝)旣與王母會于王屋, 乃鑄大鏡十二面, 隨月用之."

우선 몽환문학(夢幻文學) 또는 꿈의 문학의 범주에 속하는 심기제(沈旣濟)의 『침중기(枕中記)』 내용을 요약하면 다음과 같다.

> 도사 여옹(呂翁)이 한단(邯鄲)을 지나는 길에 주막에서 소년 노생(盧生)이 넋을 잃고 앉아있음을 보고 배낭 속 베개를 그에게 주자, 이에 노생은 꿈나라로 들어가 결혼을 하고 관직에도 오른다. 관직 생활에 여러 어려움이 닥쳤으나 아내와 환관의 도움으로 난관을 이기고 결국 천자의 은총을 받는다. 그 후 노쇠하여 병들어 죽는다. 노생은 하품을 하며 깨어난 후에야 시간이 얼마 지나지 않았으며 잠자기 전과 변한 게 하나도 없음을 알게 된다. 이로써 그는 자신의 욕심을 억제하게 해준 도사의 뜻을 알고 머리 숙여 인사하고 떠난다.[49]

이 작품은 실제로 육조 지괴고사인 간보(干寶)의 『수신기(搜神記)』에 나오는 옥베개(玉枕) 고사[50]와 너무 흡사하다. 옥 베개 고사 역시 베개를 매개체로 하여 주인공이 서로 다른 세상을 넘나들며 조태위

49) 원문 전문은 『歷代短篇小說選』(臺北: 長安出版社, 1983), 121쪽-123쪽을 참조.
50) 『태평환우기(太平寰宇記)』 126에 이르길, "초호(焦湖)의 묘에 옥베개가 하나 있었는데 베개에는 작은 틈이 있었다. 당시 단부현(單父縣)에 양림(揚林)이란 장사꾼이 있었는데 묘에 가서 소원을 빌고 있었다. 묘의 무인이 '당신은 좋은 배필을 구하고자 합니까?'라고 묻자, 양림은 '정말로 그렇습니다.'라고 말했다. 무인은 즉 양림을 베개 가까이 데리고 가서 그 틈 사이로 들어가게 하였다. 그러자 거기에는 주루경실이 있었다. 또 조태위라는 자가 그 가운데 있어서 자신의 딸을 양림에게 출가시켰다. 여섯 아들을 낳았는데 모두 비서랑이 되었다. 수십 년이 지났지만 결코 돌아가고자 하는 마음이 없었는데, 홀연 꿈에서 깨어나는 듯하더니 여전히 베개 옆에 있었다. 양림은 오랫동안 서운해 하였다.(焦湖廟有一玉枕, 枕有小坼, 時單父縣人楊林爲賈客, 至廟祈求, 廟巫謂曰, "君欲好婚否?" 林曰, "幸甚." 巫卽遣林近枕邊, 因入坼中, 遂見朱樓瓊室. 有趙太尉在其中, 卽稼女與林,生六子, 皆爲秘書郞, 歷數十年, 幷無思歸之志, 忽如夢覺, 猶在枕傍, 林愴然久之.)"

(趙太尉)라는 명망가를 장인으로 두는 등 행복을 누리는 내용이다. 또한 『성경』에 나오는 야곱의 돌베개[51] 고사와도 흡사하다. 양 고사는 다만 옥 즉 돌이라는 매개체가 신탁으로서의 역할을 한다는 신화 모티프가 존재하느냐 하지 않느냐에 있어서 차이가 난다.

다음으로 역시 몽환문학에 속하는 이공좌(李公佐)의 『남가태수전(南柯太守傳)』을 들 수 있다. 내용을 요약하면 다음과 같다.

> 동평의 순우분(淳于棼)의 집 남쪽에 큰 홰나무 한 그루가 있었다. 하루는 그가 취해서 친구의 부축으로 집에 돌아와 동쪽 낭하(廊下)에 누워 베개를 베니 멍하니 꿈을 꾸는 듯하였다. 왕명을 받았다고 나타난 사자는 그를 모시고 홰나무의 구멍으로 들어갔는데 그곳에 이른 그는 부마가 되고 다시 나아가 남가의 태수가 된다. 30년간 군을 잘 다스림에 왕은 그를 높은 벼슬자리에 앉힌다. 공주가 죽고 태수직을 그만두었지만 위복은 날로 성해갔으므로 왕은 이를 의심하여 그를 드디어 돌려보낸다. 깨어나 보니 잠깐 동안의 꿈이었다. 이로 인해 그는 도에 입문하여 세상사에 관심을 두지 않는다.[52]

51) 야곱의 돌베개는 『구약』에 나오는 아브라함의 손자 야곱이 베고 잤던 돌베개로 알려져 있다. 창세기 28장에 보면 외로운 방랑객 야곱이 루스라는 곳에 이르러 날이 저물자 들판에서 돌을 베개 삼아 잠이 들었다. 꿈에서 그는 하늘에서 사다리가 내려와 천사들이 오르락내리락 하는 것을 보고 있던 중 홀연히 나타난 하느님으로부터 축복을 받는다. 축복에 감사하기 위해 돌베개에 심성한 기름을 부어 세운 뒤 그곳 지명을 벧엘로 바꾸었다고 전한다.

52) 원문(原文) 전문은 『歷代短篇小說選』, 143쪽-148쪽 참조. 『침중기』나 『남가태수전』과 유사한 우리나라 고사로는 『삼국유사(三國遺事)』 권3 「조신조(調信條)」가 있다. 일장춘몽이라는 인생의 허무를 주제로 한 꿈의 문학이다. 내용은 승려 조신이 태수의 딸 김랑에게 반했는데, 그녀가 출가하자 울면서 그리워하다가 잠이 든다. 꿈에서 김랑이 "당신을 사랑하여 이렇게 돌아왔어요."라고 말하고, 둘이는 함께 살며 자식을 두고 40년을 보내지만

이 작품은 『침중기』보다 묘사가 더욱 세밀하며, 주인공은 역시 베개를 매개로 하여 삼차원적 세계를 넘나들고 있다. 이들 작품의 구조와 내용은 이후 명대 탕현조(湯顯祖)의 『한단기(邯鄲記)』와 『남가기(南柯記)』에 각각 영향을 주기도 한다.

『침중기』와 『남가태수전』에서는 공통적으로 직선의 개념이 아닌 서클 또는 점이라는 신화적 시간 개념이 도입되어 있다. 현실세계에서 꿈의 세계 또는 비현실 세계로 들어가 수십 년이라는 오랜 시간이 경과한 후 현실세계로 돌아왔지만 시간은 정지되거나 잠깐 동안의 시간에 불과했던 것이다.

또한 이 두 작품은 『몽유록(夢遊錄)』, 또는 『삼몽기(三夢記)』[53]와 함께 영혼이 육체를 유리하여 이상세계를 몽유하는 모습이 담겨있다. 고대 영혼 사상과 영육분리 사상 및 화서씨지국(華胥氏之國)과 같은 신화 속 이상세계가 꿈이나 환상이라는 이상세계로 탈바꿈되었다고 말할 수 있다.

다만 중간에 인생의 쓰라린 모습도 묘사되고 마지막에 인생의 무상을 부각했다는 점에서 신화의 순수한 이상세계 또는 육조 『수신기』에 나오는 옥베개 고사의 환상적 꿈의 세계와는 결이 조금 다르다.

이상 두 작품의 작가들은 신화 모티프와 구성을 활용하여 당시 지식계층이 부귀영화 추구에 열중하는 사회현상 또는 관리사회의 추악한 면모를 보여주려 하였다. 세상에 대한 풍자와 함께 일장춘몽

큰아들이 죽고 가난하게 살다가 자식들과 헤어지는 순간 꿈에서 깬다. 그리고 인생의 덧없음을 깨닫고 불도에 정진한다는 이야기다.

53) 백행간(白行簡)의 『삼몽기(三夢記)』는 부인이 꿈을 꾸는 그 시각, 꿈에 나타난 구체적인 행위들을 남편 유유구(劉幽求)가 현실세계에서 그대로 목도(目睹)하였고, 남편이 현실세계에서 행한 행동이 부인의 꿈속에서 그대로 반영되는 등 꿈과 현실을 넘나드는 구조로 이야기를 전개하고 있다.

의 허무함을 생생하게 그려낸 것을 보면 당시의 현실 도피적인 관념도 섞여있다고 할 수 있다.

3. 치수영웅 모티프 - 『이탕(李湯)』

작가 이공좌의 또 다른 작품인 『이탕(李湯)』 또는 『고악독경(古嶽瀆經)』에는 영웅 신화와 홍수 신화에 나오는 치수영웅 우왕(禹王)이 등장한다. 작품 중 그의 영웅 행적 내용을 인용하면 다음과 같다.

> 우가 물을 다스리매, 세 번 동백산에 갔지만 폭풍과 천둥이 몰아치고 돌과 나무가 울며, 토백(土伯)은 하천을 옹호하고 천로(天老)는 병사를 정리하여 공을 세울 수 없었다. 우가 노하여 백령(百靈)을 소집하고 기(夔)와 용(龍)에게 명하니, 동백 등 산신들이 머리 숙여 명을 받들었다. 우는 이에 홍몽씨, 장상씨, 두노씨, 이루씨를 잡아 가두고, 회와의 수신 무지기(無支祁)를 잡았다. 그는 말을 잘 응대하고 강회(江淮)의 깊이와 평원과 저지의 원근을 잘 파악하였다. 모습은 원숭이 같고, 코는 납작하고 이마가 높으며, 푸른 몸에 흰머리, 누런 눈에 흰 이빨을 가졌고, 목을 펴면 백 척이 되고 힘은 아홉 마리의 코끼리를 능가하였다. 두드려 치고 날뛰고 질주하는 것이 경쾌하고 신속하므로 오래도록 그의 행동을 듣거나 볼 수는 없었다. 우는 동률에게 명하여 그를 제지하라고 했으나 제압하지 못하였고 오목유에게 명했지만 제압하지 못했다. 이에 경진에게 명하니 능히 제압하였다. 치비・환호・목매・수령・산요・석괴는 몇 천 번이나 분호(奔號)하여 모여 둘러쌌으나 경진은 창을 가지고 쫓아가 목에 큰 사슬을 채우고 코에 금방울을 달아 회수 남쪽 귀산 밑으로 옮김으로써 회수를 영원히 잔잔히 흘러 바다로 들어가게 하였다. 경진 이후 모두 이 형상을 그리는 것은 회수의 파도와 풍우의 난을 면하기 위해서다.
>
> 禹理水, 三至桐柏山, 驚風走雷, 石號木鳴, 土伯擁川, 天老肅兵, 功

不能興. 禹怒, 召集百靈, 授命虁龍, 桐柏等山君長稽首請命, 禹因囚鴻濛氏, 章商氏, 兜盧氏, 犁婁氏, 乃獲淮渦水神名無支祁, 善應對言語, 辨江淮之淺深, 原隰之遠近, 形若猿猴, 縮鼻高額, 靑軀白首, 金目雪牙, 頸伸百尺, 力逾九象, 搏擊騰踔疾奔, 輕利倏忽, 聞視不可久. 禹授之童律, 不能制; 授之烏木由, 不能制; 授之庚辰, 能制. 鴟脾桓胡木魅水靈山祅石怪奔號聚繞, 以數千載, 庚辰以戰, 逐去, 頸鎖大索, 鼻穿金鈴, 徙淮陰之龜山之足下, 俾淮水永安流注海也. 庚辰之後, 皆圖此形者, 免淮濤風雨之難.[54]

여기서 원숭이 형태의 괴물 무지기(無支祈)[55]가 나온다. 그리고 폭풍과 파도라는 자연 현상을 무지기라는 존재의 행동에 의한 결과물로 묘사하고 있다. 그리고 영웅 신화와 홍수 신화에 나오는 치수영웅 우왕이 물속 괴물 무지기와 싸워 그를 잡아 가둔다는 장면은 고사 속 풍부한 상상력이 더하여 홍미진진하기까지 하다.

특히 작가는 우왕이 홍수를 다스리면서 하백(河伯), 공공(共工) 등과 싸운다는 신화고사의 영향을 받았으며, 작품 속에서 우왕이 『초사(楚辭)』「초혼(招魂)」에 나오는 유도(幽都) 지킴이 토백(土伯), 황제의 신하 천로(天老), 『산해경』에 나오는 다리가 하나인 기(虁),[56]

54) 李昉 편, 『太平廣記』, 권467, 「이탕」, 3845쪽-3846쪽 참조.

55) 무지기는 비록 이공좌가 허구의 이물(異物)로 만든 것이기는 하지만, 그 기원을 보면 『산해경』에 나오는 소나 원숭이 모습의 기(虁)에서 유래했다는 설도 있다. 무지기에 관한 자세한 사항은 王秋桂 편, 『中國民間傳說論集』, 259쪽-278쪽 참조. 무지기 전설은 후대 명나라 오승은(吳承恩)의 『서유기(西遊記)』의 주인공 손오공(孫悟空) 형상에 영향을 주었다는 견해도 있다. 袁珂, 『中國神話傳說詞典』, 58쪽 참조.

56) 기(虁)에 관한 고사는 『산해경』「대황동경(大荒東經)」에 다음과 같이 나온다. "위에 소 같이 생긴 짐승이 있는데, 푸른 몸빛에 뿔이 없고 외발이다. 물속을 드나들 때면 반드시 비바람이 일며 그 빛은 일월 같고 소리는 우레와 같으며 이름은 기라고 한다. 황제가 이것을 잡아 그 껍질로 북을 만들어 뇌수의 뼈로 두드리니 소리가 오백 리까지 들려 천하를 놀라게 했다.(有獸,

『서경(書經)』「우공(禹貢)」에 나오는 동백(桐柏), 우의 신하인 경진(庚辰) 등 신화 인물과 존재들을 결합한 후 최대의 상상력을 발휘하여 우왕의 치수 행적 장면을 장엄하게 서술하고 있다.

우왕 치수 신화 운용의 목적은 수재를 이겨내는 백성들의 용감함과 함께 치수 영웅에 대한 갈망을 표현하기 위한 것으로 보인다. 즉 영웅 우왕이라는 초인적 영웅인물이 초자연적 힘을 바탕으로 괴력을 지닌 이물(異物) 무지기가 상징하는 현실적 한계와 자연제약에서 벗어나 욕망을 분출하는 것으로 해석된다.

4. 인신연애(人神戀愛) 모티프 -『유의전(柳毅傳)』 외

다음으로 사랑을 소재로 한 당대 전기소설 중 신화를 운용한 작품으로 이조위(李朝威)의『유의전(柳毅傳)』을 들 수 있다.[57] 인간 유의(柳毅)와 신화에 등장하는 용의 딸 용녀(龍女)와의 연애고사를 다루고 있는데, 내용을 요약하면 다음과 같다.

> 과거에 낙방한 유의(柳毅)는 경양(涇陽)을 지나가다가 양을 치는 여인을 만난다. 이 여인은 자신은 용왕의 딸인데, 경천수신(涇川水

狀如牛, 蒼身而無角, 一足, 出入水則必風雨, 其光如日月, 其聲如雷, 其名曰夔. 黃帝得之, 以其皮爲鼓, 橛以雷獸之骨, 聲聞五百里, 以威天下.)" 위소(韋昭) 주(注)『국어(國語)』에도 이르길, "기는 외발이고, …사람 얼굴에 원숭이 몸이며 말을 잘 한다.(夔一足, …… 人面猴身能言.)" 이상을 통해 볼 때, 기의 원숭이 모습, 물속에서 비바람을 일으키는 모습, 말을 잘 하는 모습 등은 무지기의 형상과 흡사하다.

57)『유의전』은 당 말기의 소설『영응전(靈應傳)』과 원명 희곡『유의전서(柳毅傳書)』,『장생자해(張生煮海)』,『용소기(龍簫記)』,『귤포기(橘浦記)』에 영향을 주었다.

神)의 둘째아들에게 시집가서 모진 고생을 하다가 시부모와 남편에게 쫓겨났다고 말하며 유의에게 동정군(洞庭君)인 자기 아버지에게 편지를 전하게 부탁한다. 동정군에게는 난폭한 동생 전당군(錢塘君)이 있었는데, 그는 사위를 죽이고 딸을 데려와 유의와 짝을 맺어주려 했지만 유의가 완강히 거절하여 못하고 만다. 그 후 유의는 상처하고 금릉(金陵)으로 이사 가서 범양(范陽)의 노씨(盧氏)와 결혼하였는데 그가 바로 용왕의 딸이었다. 또 남해(南海)로 이사했다가 다시 동정으로 돌아간다. 그의 종제(從弟) 설하(薛嘏)는 호중(湖中)에서 이미 신선이 된 형 유의를 만나 선약(仙藥) 50알을 얻었는데, 그 후로는 소식이 끊겼다.[58]

동정호와 전당을 다스리는 수신인 용왕의 가족이 동정군(洞庭君), 전당군(錢塘君)으로 의인화(擬人化)하여 인간세계와 아무 거리낌 없이 교류하고, 인간 유의(柳毅) 도 후에 신선이 되는 등 수궁과 인간계라는 두 개의 서로 다른 세계를 자유롭게 넘나들며 인간과 신선으로서의 삶을 영위하는 모습이 독자들의 주목을 끈다. 또한 신화의 변형인 선화(仙話)에 등장하는 선약(仙藥)이 가미됨으로써 신화와 선화가 혼합된 고사 형태를 이루고 있는 점도 특징적이다.

전당군의 배경이 되는 절강성 전당강

작가는 이 작품에서 용왕(龍王)과 용왕 가족, 용녀(龍女) 등 신화적 인물을 차용하여 인물의 형상화를 완성하면서, 낭만적·환상적 기법을 사용함으로써 현실을 반영하고 우여곡절을 가미한 사랑 이야기를 생동감 있는 색채로 그려내고 있다. 궁극적으로는 유

58) 원문 전문은 『歷代短篇小說選』, 129쪽-136쪽 참조.

의의 강건한 의지를 통해 도의를 강조하면서, 압박 받는 여성들의 내면생활을 용왕의 딸이 처한 상황을 통해 표현하고자 했던 것이 작가의 의도로 보인다.

작품 속 용녀 고사는 민간에 전해 내려오던 바닷가 교인(鮫人) 신화의 영향을 받았다는 견해가 있다.[59] 용왕과 용녀 고사의 기원을 거슬러 올라가면 불경 『법화경(法華經)』의 고사에서 그 단서를 찾을 수 있는데, 이 역시 그 이전의 인도 전통 신 이야기에서 나온 것으로 보인다.[60] 당 전기의 고대 불교설화 운용은 다른 작품에서도 발견할 수 있는데, 이는 당대 소설이 불교 고사 및 그 배경이 되는 인도 고대 신화와 사상의 영향을 상당히 받았음을 말해준다. 한대(漢代)에 중국에 들어온 불교는 육조(六朝)를 거쳐 당대(唐代)에 지대한 영향을 미쳤기 때문에 자연스레 육조 지괴와 당 전기에 영향을 미쳤던 것으로 보인다.

작품 속 용녀의 부친인 동정군이 유의의 물음에 자신의 동생 전당군의 성격을 소개하면서 "그 용기가 남보다 앞설 따름이다. 요임금이 9년 간 홍수를 만났는데 이는 바로 이 사람이 화가 나서 한 일이

59) 袁珂, 『神話論文集』, 96쪽-97쪽 참조.

60) 『법화경』에는 여덟 명의 용왕이 열거된다. 난타용왕(難陀龍王), 발난타용왕(拔難陀龍王), 사가라용왕(娑伽羅龍王), 화수길용왕(和修吉龍王), 덕차가용왕(德叉迦龍王), 아나파달다용왕(阿那婆達多龍王), 마나사용왕(摩那斯龍王), 우발라용왕(優鉢羅龍王)이 있는데, 이 가운데 사가라용왕의 딸이 용녀이다. 특히 12장 「제바달다품(提婆達多品)」에서는 용녀가 여인성불(女人成佛)의 상징으로서의 역할을 하고 있다. 또한 온갖 상상 속의 중생인 팔부중(八部衆) 속에 귀신 야차와 아수라, 금색의 새인 가루라 등과 함께 용이 들어있다. 池田大作, 『법화경의 지혜(1)』 (서울: 화광, 1997), 103쪽-109쪽 참조. 이 밖에 용왕과 용녀에 관한 또 다른 유형의 불경고사가 전해지는데, 이에 관해서는 王邦維, 『佛經寓言故事』 (廣州: 花城出版社, 1997), 64쪽-66쪽 참조.

고, 가까이로는 천장(天將, 즉 禺彊)에게 실망하여 그 오산을 막았다.(以其勇過人耳. 昔堯遭洪水九年者, 乃此子一怒也; 近與天將失意, 塞其五産.)"라고 말하는 대목이 나온다. 신화 중 공공이 화가 나서 홍수를 일으킨 사건을 여기서는 아무 관련이 없는 전당군으로 대체하였고, 신화 속 우강과 전당군이 전혀 관계가 없는데, 여기서는 전당군을 연결하여 신화소설로 만든 것이다.

또한 유생(儒生) 유의와 용왕의 딸 용녀의 연애와 혼인은 인신간(人神間) 또는 인귀간(人鬼間) 연애 또는 교혼(交魂) 모티프 신화에서 비롯되었다고 볼 수 있다. 고대에는 현재의 일신사상이 아닌 다신사상이 존재했고 인성의 경향이 있어서 인신간(人神間), 인귀간(人鬼間) 감정 관계는 남녀 간 연애방식의 모형을 따랐던 것이다.

구체적인 예로 무속 신화를 많이 보존하고 있는 『초사』「구가(九歌)」 중 신과 인간의 연애 즉 인신연애(人神戀愛) 모티프를 들 수 있다. '하백(河伯)'에서는 하백이 부인을 얻는 것을 묘사하고 있고, '산귀(山鬼)'는 산사람이 산에 시집가는 것을 묘사하고 있다. 이밖에 '상군(湘君)', '상부인(湘夫人)', '대사명(大司命)', '소사명(少司命)', '동군(東君)', '운중군(雲中君)'도 사람과 신의 결혼을 표현하고 있다.[61]

이것은 후대 소설과 희곡에 영향을 주었다. 『유의전』 외에도 진현우(陳玄祐)의 소설 『이혼기(離魂記)』와 이 작품을 각색한 『천녀이혼(倩女離魂)』에도 교혼(交魂) 관념이 들어 있다. 『이혼기』의 기록 일부를 인용하면 다음과 같다.

> 천수 3년, 청하의 장일은 관직 때문에 형주로 이사를 하였다......

61) 『초사』에 나타난 인신연애 문제에 관한 자세한 내용은 湖北省社會科學院文學硏究所 편, 『屈原硏究論集』(武漢: 長江文藝出版社, 1984), 226쪽-227쪽 및 國立編譯館 편, 『屈賦論叢』(臺北: 中華書局, 1980), 89쪽-108쪽 참조.

딸이 둘 있는데 큰딸은 일찍 죽고, 작은 딸 천낭은 비할 수 없이 단정하고 예뻤다. 장일의 외조카인 태원의 왕주는 어려서부터 총명하였다...... 그는 늘 천낭과 결혼하겠다고 말했다...... 후에 벼슬아치로 선택된 자가 구혼하자, 장일은 허락하였고, 이에 딸은 그 소식을 듣고 마음 아파했고 왕주 역시 무척 원망스럽게 생각했다...... (왕주가) 고별하고 배에 올랐다...... 늦은 밤, 왕주가 아직 잠이 들지 않았는데, 홀연 언덕에서 어떤 사람이 빨리 걷는 소리가 들리더니 잠시 후 그 사람이 배에 도착했다. 나와 물어보니 바로 천낭이었다...... 천낭은 울면서 "죽음으로 보답하고자 결심하여 도망 나와 당신께 온 것입니다."라고 말했다...... 수개월 지나 촉에 도착하여 5년 간 살며 두 아이를 낳았다...... 처가 늘 부모 생각을 하자, ……드디어 함께 가기로 하였고, 후에 이미 형주에 이르렀다...... 장일이 "천낭이 병으로 수년째 방에 있네."라고 말하자, 왕주가 "배 안에 있는데요."라고 답한다. 장일이 놀라 사람을 시켜 확인하게 하였는데, 과연 천낭이 배안에 있는 것이 보였다...... 방안의 딸이 듣고 기뻐 일어나,...... 둘이 합쳐져 하나가 되었다.

天授三年. 淸河張鎰因官家于衡州...... 有女二人, 其長早亡. 幼女天娘, 端姸絶倫. 鎰外甥太原王宙, 幼聰悟...... 他時當以倩娘妻之……後有賓寮之選者求之, 鎰許焉. 女聞而鬱抑, 宙亦深恚恨...... 決別上船...... 夜方半, 宙不寐, 忽聞岸上有一人行聲深速, 須臾至船. 問之, 乃倩娘...... 泣曰, "……思將殺身奉報, 是以亡命來奔." ……數月, 至蜀. 凡五年, 生兩子...... 其妻常思父母, ……遂俱歸衡州, 旣至. ……鎰曰 "倩娘病在閨中數年." 宙曰 "見在舟中." 鎰大驚, 促使人驗之, 果見倩娘在船中...... 室中女聞, 喜而起,……翕然而合爲一體.[62]

이상과 같이 왕주(王宙)와 천낭(倩娘)이 서로 사랑하였지만 장일(張鎰)은 딸을 관리에게 시집보냈고, 이에 왕주는 고향을 떠났는데 천낭도 뒤를 따라 도망가 함께 살게 된다. 둘은 문득 고향이 그리워 돌아와 보니 집에 진짜 천낭이 병들어 누워 있었다. 그제야 왕주를

62) 李昉 편, 『太平廣記』, 권358, 「王宙」조, 2831쪽-2832쪽 참조.

좇아가던 천낭은 천낭의 넋임을 알게 된다는 이야기다. 결국 왕주는 천낭의 혼(魂)과 함께 살았던 것이다.

지괴적(志怪的) 기법을 차용하기는 했지만 두 젊은 남녀가 낡은 혼인제도를 반대하고 자유연애를 강렬하게 지향하는 감정은 설정된 신화적 교혼이라는 상황을 뛰어넘고 있다. 상상의 고사이지만 현실적인 느낌을 주는 작품이다.

이 밖에 인신연애(人神戀愛) 주제와 유사한 사람과 동물, 사물간의 교혼(交婚), 또는 교류라는 주제를 담은 전기 작품들이 있다. 예를 들어 구양흘(歐陽紇) 부인과 산속 흰 원숭이 사이에서 구양순(歐陽詢)이 출생했다는 내용의 『보강총백원전(補江總白猿傳)』이 있다. 여기서는 사람을 능멸하는 수단으로 교혼(交婚) 모티프를 활용한 것이다.

5. 재생 · 변형 모티프 -『유양잡조(酉陽雜俎)』외

단성식(段成式)의『유양잡조(酉陽雜俎)』에는 이간(李簡)의 환혼고사(還魂故事)가 나온다. 보편 모티프 중 하나인 재생의 한 형태로서 대략적인 내용은 다음과 같다.

> 이간(李簡)이 병들어 죽은 지 10여일 후 그의 혼이 병들어 누워 있는 장홍의(張弘義)의 육체에 탁생(托生)한다. 살아난 후 장홍의의 부모와 처자를 몰라보았고, 장홍의의 집은 자기 집이 아니므로 원래의 부모 집을 찾아간다. 부친 량(亮)이 놀라서 묻자 자신은 꿈에 누가 쫓아왔는데 잘못 쫓아왔다고 하며 자신을 풀어주었지만 이미 자신의 몸은 망가졌기 때문에 장홍의의 몸에 탁생하게 하였다고 말한다. 육체는 장홍의의 것이나 언어와 행동은 여전히 이간이며, 이간의 혼은 평생의 경험과 집안일을 다 기억하였다. 그리고

다시는 장홍의의 집으로 돌아가지 않았다.[63]

언어는 혼이 내는 것이고 육체는 그것을 받아 낼 따름이며, 육체는 혼의 일시적 거처이며 육체는 혼의 의사에 의해 기계적 행동을 할 뿐, 정신생활은 오로지 혼의 지배를 받고 있다는 내용이다.

달과 관련된 신화고사를 윤색한 고사도 있다.

> 옛날에 달 속에 계수나무와 두꺼비가 있다고 한다. 그래서 『이서』에는 월계수 크기가 500장이고, 아래에서는 어떤 사람이 항상 이 나무를 베는데 나무 상처가 바로 붙고는 한다고 한다. 오강이라는 사람은 서하 사람인데 신선도를 배우다 과실이 있어서 유배되어 나무를 베도록 명령받았다. 불경에는 수미산 남쪽에는 염부산이 있는데, 달이 지나가면 나무 그림자가 달 속에 비친다고 한다. 또는 달 속에 두꺼비와 계수나무는 땅의 그림자라고 하고, 빈곳은 물그림자라고 한다.
>
> 舊言月中有桂, 有蟾蜍. 故『異書』言月桂高五百丈, 下有一人常砍之, 樹創隨合. 人姓吳名剛, 西河人, 學仙有過, 謫命伐樹. 釋氏書言須彌山南面有閻扶樹, 月過, 樹影入月中, 或言月中蟾桂, 地影也, 空處, 水影也.

오강이 달 속에서 계수나무를 베고 달에 두꺼비가 산다는 고사가 활용되고 있다.

또한 염선(閻選)이 편찬한 『재생기(再生記)』 중 「안기(顏畿)」·「왕륜(王掄)」·「법경(法慶)」·「장문(張汶)」·「유씨자처(劉氏子妻)」·「최함(崔涵)」·「최민각(崔敏殼)」·「왕목(王穆)」·「사인갑(士人甲)」 등 아홉 편에도 재생 모티프가 담겨 있다.[64]

---

63) 원문 전문은 李昉 편, 『太平廣記』 권376 「李簡」조, 2994쪽 참조.
64) 소재영, 『古小說通論』 (서울: 이우출판사, 1983), 339쪽-340쪽 참조.

『이임보외전(李林甫外傳)』에서는 도사와 이임보(李林甫)와의 대화 가운데 선적(仙籍), 백일승천(白日昇天) 등이 나온다. 그리고 백일승천이 소호협(少豪俠)과 재상중권(宰相重權)으로도 이루기 힘들다는 것을 말해준다.[65] 신선으로 화(化)하거나 승천하는 유형은 재생신화 유형 중 환생(幻生) 유형에 속한다.

그리고 복희(伏羲)와 여와(女媧)의 신화를 운용한 이용(李冗)의 『독이지(獨異志)』 고사도 들 수 있는데, 이 고사에서는 복희와 여와 오누이의 남매배우형 홍수와 인류 재생 고사를 표현하고 있다. 복희·여와 오누이의 결혼 신화는 오늘날 중국 남서부 소수민족 사이에 구전 고사와 석각으로 전해지는 것으로서 고대 신화로서의 근거를 삼고 있는데, 이 고사가 당대에 문헌으로 기록되면서 전래되고 있다. 여와 일인 고사에서 복희와의 결합, 그리고 부채로 얼굴을 가린다는 서술이 마지막에 첨가되는 등 신화고사의 변화 과정이 읽혀진다.

또 심기제의 『임씨전(林氏傳)』에는 여우가 둔갑하여 사람으로 변한 후 지조를 지켜 인간을 위해 죽는다는 내용을 통해 세정(世情)을 풍자한 고사가 있고, 『현괴록(玄怪錄)』·「원무유(元無有)」에는 물건이 사람으로 화하는 고사가 담겨 있다. 고대에 동물과 사람을 구분짓지 않고 동등하다고 보는 관념에서 출발한 변형 고사라고 볼 수 있다.

당 전기 소설 작가들은 의식적 또는 무의식적으로 신화를 작품에 운용하여 창조적 문학을 만들어왔다. 어떤 때는 직접적으로 신화 소재를 빌어 운용하기도 하고, 어떤 때는 신화의 주제나 모티프를 반영

65) 작품 일부를 인용하면 다음과 같다. "李公夜半往. 良久道士至甚喜, 談笑極洽. 且曰, 某行世間五百年, 見郎君一人. 已列仙籍, 合白日昇天. 如不欲則二十年宰相, 重權在己. 郎君且歸熟思之……"

하기도 한다. 이는 당시 작가들이 의도적으로 신화를 활용하였다는 점을 보여주며, 신화에 대한 그들의 식견이 상당히 높았음을 간접적으로 알 수 있다. 또한 고대 불교설화나 인도신화의 중국소설에의 영향 역시 눈에 띄는데, 이는 인도문화의 중국문학에로의 수용이 활발했음을 보여주는 대목이다.

다만 당대에 전기 소설이 흥륭하고 수많은 소설작가들이 출현했음에도 신화를 운용한 작가나 그 작품의 양은 신화를 운용한 당대 이백(李白) · 두보(杜甫) · 한유(韓愈) · 백거이(白居易) · 유우석(劉禹錫) · 이하(李賀) · 이상은(李商隱) 등 시인이나 그들의 시가 작품 수에 비해서는 그리 많지 않았음을 관찰할 수 있다.

제4장

송·원 화본 소설의 신화 운용

송·원 시대의 화본 소설의 신화 운용 상황을 자세히 들어다보면 신화가 소설 속에서 쇠퇴해 가는 과정이 보인다. 신화의 초자연적 허구, 장엄한 원시 신앙, 또는 미감(美感) 가치가 이 시기 작품 속에서는 찾아보기 힘들기 때문이다.

이 시기 소설의 신화 운용 면에 있어서는 대체로 두 가지 경향이 나타난다. 첫째, 신화는 온통 황당하고 신이(神異)한 것으로서 취미와 오락성을 위한 도구로 여겨진다. 둘째, 신화는 화본(話本) 소설 속에서 도덕을 비유하기 위한 도구로서 사용되며, 더 이상 고대인들의 마음이 담긴 상징 언어로 쓰이지 않는다.

신화를 빌어 도덕적 평판으로 삼는다는 것은 소설발전사적 측면에서는 응당 긍정적인 측면이 있는 것도 사실이다. 하지만 각도를 달리하여 신화학적 관점에서 보면 이성정신이 신화정신을 대체함으로써 신화는 소설의 기술적 운용으로 변모되고 이에 신화는 신앙의 신성성을 상실하여 왕왕 희극이나 도덕극으로 만들어진다. 그래서 신화가 한차례의 쇠퇴화를 겪고 난 후에는 신화의 원시적 성분은 인문주의 정신에 의해 부정되어 설령 다시 부흥한다 하더라도 원시 신화와는 질적인 차이가 발생한다고 학자들은 주장한다.66)

송대(宋代) 특히 남송(南宋) 시기에 들어와 주희(朱熹)를 선두로 한 성리학자들이 신화를 신빙할 수 없는 황당무계한 '허탄지설(虛誕之說)'로 보고 도학적 관점에서 신화를 이해하려고 하였기 때문에 그들의 신화관은 북송(北宋)에 비해 퇴보하였다. 이러한 점이 소설 속에서의 신화 활용을 움츠리게 하는 데 영향을 주었을 것이다.67)

그런데 이러한 일반적인 경향과 평가에도 불구하고, 송・원 시기의 신화 운용은 그 수량에 있어서는 결코 생각만큼 적은 편은 아니다. 구체적으로 들어가 주로 강사(講史) 유형의 화본 작품을 살펴보자.

1. 『신편오대사평화』와 『대송선화유사(大宋宣和遺事)』

화본소설 중 역사의 흥망 등 사실(史實)을 서술하면서도 허구적 요소가 첨가된 강사(講史) 유형의 고사 『신편오대사평화(新編五代史平話)』를 보면 혼돈과 개벽 서술, 복희(伏羲)・황제(黃帝)・치우(蚩尤)・염제(炎帝) 등 전설적 신화 인물들 묘사, 그리고 황제와 염제・치우와의 전쟁 묘사 및 신화의 재생 모티프 반영 등을 관찰할 수 있다.

> 이에 혼돈으로부터 이미 판별되어 풍기가 비로소 열리고, 복희가 팔괘를 그려 문적이 생겼으며, 황제가 옷을 드리우면서 천하가

66) 潛明茲, 『中國神話學』, 454쪽-455쪽 참조.

67) 주희의 『초사(楚辭)』에 대한 주석서인 『초사집주(楚辭集注)』에는 신화인물인 태양의 어머니 희화(羲和)를 사시(四時)를 주관하는 관리로 해석하는 등 신화 관련 인물, 지명, 사물들을 '망언(妄言)'이나 우언으로 치부하고 있다. 신화에 대한 그의 이해 부족을 보여준다.

다스려졌다…… 그 때 제후들이 이미 순종하였으나 유독 치우와 염제만은 제후들을 침탈하면서 왕화(王化)에 불복하였다. 황제는 이에 제후들을 거느리고 병사를 일으키고 무리를 동원하였다…… 드디어 염제를 살해하고 치우를 생포함으로써 만국이 평정되었다. 이 황제는 한 전투의 우두머리가 되어 천하 후세들에게 무기 사용을 가르쳤다…… 한왕신 · 팽월 · 진희와 같은 무리들은 모두 멸족(滅族) 주이(誅夷)를 면치 못하였다. 이 세 명의 공신들은 억울함을 간직한 채 천제에게 상소하였고, 천제는 세 명의 공신들이 아무 죄 없이 살해된 것을 가련히 여겨 세 명이 각각 호걸로 태어나도록 하였다. 한신은 조가에서 다시 태어나 조조가 되었고, 팽월은 손가에서 다시 태어나 손권이 되었으며, 진희는 저 종가에서 다시 태어나 유비가 되었다.

粤自鴻荒旣判, 風氣始開, 伏羲畫八卦而文籍生, 黃帝垂衣裳而天下治…… 那時諸侯皆已順從, 獨蚩尤共炎帝侵暴諸侯, 不服王化. 黃帝乃帥諸侯, 興兵動衆…… 遂殺死炎帝, 活捉蚩尤, 萬國平定. 這黃帝做着個厮殺的頭腦, 敎天下後世習用干戈…… 如韓王信彭越陳豨之徒, 皆不免族滅誅夷. 這三個功臣抱屈御寃, 訴於天帝, 天帝可憐見三個功臣無辜被戮, 令他每三個托生做三個豪傑出來: 韓信去曹家托生做着個曹操, 彭越去孫家托生做着個孫權, 陳豨去那宗室家托生做着個劉備.68)

복희와 팔괘, 전쟁영웅 황제와 비극영웅 치우의 한판 전쟁 등 신화고사들이 언급되고 있다. 여기서는 신화 인물들이 황제가 중심이 된 구조로 재편되면서 역사소설의 소재로 활용되고 있다.

고사 속에는 신화 인물들이 당했던 비극 상황에 대해 보상시켜주려는 작가의 의도에 따라 인과론이 내포된 구조를 설정하고 있기는 하지만 재생 모티프, 즉 죽은 자가 원래의 모습과는 다른 형태의 새로운 생명으로 재생하는 환생(還生) 유형 또한 강하게 남아있다.

68) 원문 전문은『宋元平話五種』(臺北: 河洛, 1981), 163쪽-164쪽 참조.

강사(講史) 유형의 화본소설 『대송선화유사(大宋宣和遺事)』에서도 신화의 자취를 발견할 수 있다. 송말원초(宋末元初)에 만들어진 이 작품은 원형이정(元亨利貞)의 4부로 구성되어 있으며, 내용은 전설적 인물인 요(堯)・순(舜)부터 고종이 도읍을 임안(臨安, 현 항주)으로 정하는 시기까지를 담고 있다. 고사 중간에 양산박을 근거로 하여 36명의 영웅호걸이 봉기하는 장면과 조정에 귀순하는 대목을 묘사한 3천여 글자는 이후 명대 장회소설(章回小說) 『수호전(水滸傳)』의 기본 틀을 형성한다. 제왕들의 황음(荒淫)을 지탄하고 송나라 휘종과 흠종이 이민족의 포로가 된 것을 통탄하며, 반항영웅을 동정한 민족주의적이면서 사실주의적인 작품으로 평가된다. 그중 신화 운용 부분을 인용하면 다음과 같다.

> 태평성대를 즐기는 동안 또 원소 가절을 맞았네. 오산은 높이 취에 우뚝하고 단문을 향해 구슬들이 만들어지니, 마치 항아가 선궁을 내려와 잠시 속세에 임한 것과 같다.
>
> 喜升平又逢元宵佳致. 鰲山高聳翠, 對端門珠璣交製, 似嫦娥, 降仙宮, 乍臨凡世.69)

요・순의 언급과 더불어, 항아(嫦娥) 고사가 변모된 형태로 등장하고 있다. 항아 고사는 항아는 남편인 예가 서왕모로부터 구해온 불사약을 혼자 복용하고 달나라(月宮)로 가서 두꺼비로 화하였다고 하는 내용이다. 이후 선화화하고 또한 시간이 흐르면서 시인(詩人)들은 불사의 존재로서의 항아에 대한 부러움보다는 그녀의 인간적 측면에 초점을 맞추어 월궁에 홀로 머물고 있는 그녀의 외로움과 적막함을 노래하였다. 이러한 흐름과 어울리게 작가는 항아를 한 선녀의

69) 원문 전문은 『宋元話本五種』, 371쪽-486쪽 참조.

모습으로 변화시켜 월궁 대신 선궁으로 묘사된 거처에서 속세로 임하는 그녀의 아름다운 자태를 표현하고 있다.

2. 『대당삼장취경시화(大唐三藏取經詩話)』

다음으로 『서유기(西遊記)』의 모태가 된 『대당삼장취경시화(大唐三藏取經詩話)』의 제11장 「입왕모지지처(入王母池之處)」 제11에는 서왕모 연못에 반도(蟠桃) 나무가 자라고 있다는 내용과 법사가 먹고 싶어 후행자(猴行者)에게 훔쳐오라고 명하는 내용이 나온다.

> 법사가 말하길, "오늘 반도 열매가 열려 있을 텐데 서너 개 훔쳐 먹고 싶다"라고 하니, 후행자(猴行者)가 "제가 800살 때 10개를 훔쳐 먹다가 왕모한테 붙잡혀서 왼쪽 갈비를 800대, 그리고 오른쪽 갈비를 3000대 철봉으로 맞고 화과산 자운동에 유배되었었지요. 지금도 늑골 아래가 아프니까 지금은 감히 훔쳐 먹지 못합니다."라고 말했다. 앞으로 나아가는 동안 갑자기 10000장 높이의 석벽(石壁)이 보이기도 하고, 또 석반(石盤)이 보이는데 넓이가 사오 리쯤 되었다. 또 연못 두 개가 있는데 넓이가 수십 리는 되었고 수면이 10000장이나 넓어 까마귀도 날지 못할 정도였다. 일곱 명은 그제야 앉아서 막 쉬려고 하는 차에 고개를 들어 멀리 보니 10000장의 석벽 가운데 복숭아나무가 몇 그루 있는데 빽빽하게 푸르게 솟아올라 푸른 하늘에 닿았고 가지와 잎은 무성하여 밑으로 연못에 잠겨 있었다…… 행자가 말하길, "나무 위에 지금 십여 개 있는데 지신이 오로지 그곳에서 지키고 있기 때문에 가서 훔치러 갈 방도가 없습니다."라고 하였다. 법사가 말하길, "당신은 신통력이 광대하여 가더라도 반드시 무방할거야."라고 하였다. 말을 마치기도 전에 세 개의 반도가 떨어져 연못 속으로 들어갔다. 법사는 심히 당황하여 "지금 떨어진 것이 무엇인가?"라고 물었다. 행자가 "법사께서는 놀라지 마세요. 이것은 반도가 막 익

어 물속에 떨어진 것입니다."라고 대답했다. 법사가 말하길, "가서 주워 와 먹을 수 있겠네!"라고 하였다. 후행자가 금환의 지팡이로 반석(盤石)을 세 차례 치니 한 아이가 나왔다…… (행자가) 또 몇 차례 치니 우연히 한 아이가 나왔으므로 "너는 몇 살이지?"라고 물으니 "7000살입니다."라고 대답하였다. 행자는 금환의 지팡이를 내려놓고 아이를 불러 손안에 들어오게 한 후 "법사께서는 잡수시려는지요?"라고 물었다. 법사는 이 말을 듣고 놀라서 도망갔다. 행자의 손안에서 몇 차례 돌려지더니 아이는 한 개의 대추로 변하였다. 그때 입안에 넣어 삼켰는데 후에 동토 당나라로 돌아가 마침내 서천에서 이를 뱉어냈다. 지금 이 지방에서 나는 인삼이 바로 이것이다. 그때 공중에서 어떤 사람이 나타나더니 곧 시를 읊었다. "화과산 속의 한 제자, 소년 때도 여기서 나쁜 짓을 하더니, 오늘 마음 조이며 공중에서 보고 있으려니, 지난번의 복숭아 도둑이 또 왔구나."

法師曰: "願今日蟠桃結實, 可偸三五個吃." 猴行者曰: "我因八百歲時偸吃十顆, 被王母捉下, 左肋判八百, 右肋判三千鐵棒, 配在花果山紫雲洞. 至今肋下尙痛, 我今定是不敢偸吃也." 前去之間, 忽見石壁高岑萬丈, 又見一石盤, 闊四五里地. 又有兩池, 方廣數十里, 瀰瀰萬丈, 鴉鳥不飛. 七人纔坐, 正歇之次, 擧頭遙望, 萬丈石壁之中, 有數株桃樹, 森森聳翠, 上接靑天, 枝葉茂濃, 下浸池水…… 行者曰: "樹上今有十餘顆, 爲地神專在彼處守定, 無路可去偸取." 師曰: "你神通廣大去必無妨." 說由未了, 攧下三顆蟠桃入池中去. 師甚敬惶, 問"此落者是何物?" 答曰: "師不要敬, 此是蟠桃正熟, 攧下水中也." 師曰: "可去尋取來吃!" 猴行者則將金鐶杖向盤石上敲三下, 乃見一個孩兒…… 又敲數下, 偶然一孩兒出來, 問曰: "你年多少?" 答曰: "七千歲." 行者放下金鐶杖, 叫取孩兒入手中, 問: "和尙你吃否?" 和尙聞語, 心敬便走. 被行者手中旋數下, 孩兒化成一枚乳棗. 當時呑入口中, 後歸東土唐朝, 遂吐出於西川. 至今此地中生人參是也. 空中見有一人, 遂吟詩曰: "花菓山中一子才, 少年曾此作場乖, 而今耳熱空中見, 前次偸桃客又來."[70]

여기서 서왕모 연못은 서왕모가 산다는 요지(瑤池)에 근거한 것이

70) 전문은 『宋元平話話五種』, 89쪽-119쪽 참조.

다.[71] 요지가 이 작품에서는 거대하고 신비스런 모습으로 재탄생한다. 그리고 반도(蟠桃)는 선도(仙桃) 고사에서 비롯된 것임이 확실하며, 그 근원 또한 『산해경』 해내서경의 "곤륜 개명 북쪽에 불사수(不死樹)가 있다.(崑崙開明北有不死樹.)"라는 내용에서 변화되었다.

육조의 『한무고사(漢武故事)』에서 한무제가 서왕모에게 불사약을 구하자 서왕모가 도(桃) 2개를 주면서 "이 복숭아는 삼천 년에 한번 열매를 맺는다.(此桃三千年一著子.)"고 말하는 장면이 나왔는데, 이 작품에서는 "천 년 만에 비로소 생기고, 삼천 년 만에 꽃이 피며, 만년에 열매를 맺고, 열매는 만년이 지나야 익는다.(千年始生, 三千年方見一花, 萬年結一子, 子萬年始熟.)"라는 표현으로 변화를 주고 있다.

여기서 후행자가 복숭아를 훔치다 서왕모에게 매를 맞았다는 기억을 말하고 있다. 그 원형은 『박물지』에서 찾아볼 수 있는데, 『박물지』에서는 후행자가 동방삭으로 기록되어 있다. 신화상의 반인반수(半人半獸)의 모습에 역병과 오형(五刑)을 담당하던 악신 서왕모가 여기서는 인간화된 신선이면서 역할은 악한 일을 다스리고 꾸짖는 일을 담당하는데, 상당히 과격한 모습으로 표현되고 있다.

이 밖에 작품 제11회의 "猴行者則將金鐶杖向盤石上敲三下, 乃見一個孩兒…… 又敲數下, 偶然一孩兒出來" 문구는 돌에서 생명이 출현하는 내용을 담고 있다. 신화의 돌 모티프, 즉 생명력과 생식력의 상징성을 보여주고 있다.

마지막에 천궁으로부터 채련선이 내려와 법사가 그것을 타고 서쪽으로 간 후 신선이 된다는 내용과 이에 앞서 사람이 대추로 변화되는 장면도 신화의 변형 모티프 활용이라는 점에서 주목할 만하다.

호적(胡適)은 스타엘 홀스타인(Stael Holstein)의 견해를 빌어 이 작

71) 『목천자전(穆天子傳)』에 이르길, "天子乃觴西王母於瑤池之上."

품이 명대『서유기(西遊記)』와 함께 인도의 고대 서사시『라마야나(Ramayana)』의 영향을 받았다고 주장하고 있다.[72] 특히『대당삼장취경시화』에 등장하는 손오공의 초기 형상인 백의수재(白衣秀才) 후행자(猴行者)와『라마야나(Ramayana)』의 등장인물 하누만(Hanuman)이 서로 상통한다고 보고 있다.[73]

정리하면, 후행자의 신분은 동두철액(銅頭鐵額)을 한 미후(獼猴) 즉 원숭이의 왕이고 하누만은 수그리바(Sugriva)라는 원숭이 왕의 신하의 제자로서 원숭이와 관련이 있다. 그리고 후행자와 하누만 모두 주인공을 돕는 부인물(副人物)로서 주인공들이 위기에 처할 때 결정적인 도움을 주는 중요한 역할을 수행한다. 둘 모두 신통력도 갖고 있다. 후행자는 신통력을 발휘하여 법사의 과거세를 꿰뚫어보고, 대범천왕궁(大梵天王宮)으로 들어가고, 대수(大水)를 건넜으며, 하누만도 몸을 부풀려 위기를 모면하고 높이 뛰어올라 바다를 건너는

72) 반면에 노신(魯迅)이나 유용강(劉勇强)은 중국의 독자적 작품으로 보고 있고, 원가는 두 견해 모두를 수용하고 있다.

73) 하누만의 신토 중 몇 예를 들면 다음과 같다: 국왕 다싸라타의 성덕과 신력을 겸비한 장자 라마(Rama)를 도와 요과 라바나의 군대와 싸우는 하누만은 몸 크기가 산과 같고 얼굴은 금빛을 발하고 꼬리는 비할 데 없이 길었으며 공중에서 비행을 할 수 있었다. 한 번 도약하여 바다 건너 라바나의 요새인 능가산에 도착하였는데, 적군이 그 긴 꼬리에 불을 지르자 오히려 꼬리의 불로 라바나의 도성인 능가성을 모두 불태우고 뛰어서 단숨에 인도로 돌아온다. 어느 날 쑤라싸라는 괴물에게 잡혀 먹히자 하누만은 괴물 배속에서 자신의 몸을 크게 만들었다. 그러자 그 괴물도 자신의 몸뚱아리를 크게 하지 않으면 안 되어 마침내 그 입만도 수백 리로 벌어졌다. 하누만은 상대의 신체가 극대로 커졌을 때를 틈타 갑자기 몸을 축소, 괴물의 귓구멍을 통해 도망쳐 나왔다. 적군의 요괴를 붙잡아 다리 하나를 공중에 던져버리니 요괴는 능가산에 있는 라바나의 보좌 위에 떨어진 일도 있었다. 또한 산지비니 산봉우리를 손으로 들어서 양군의 진전(陣前)에 옮겨놓은 다음 산의 내부에서 자라는 선초를 찾아다가 라마와 동생 락스마나의 상처를 치유하였다.

등 신통력을 발휘하였다는 점에서 유사성이 있다.

이는 당 이후 송원 시기까지 인도 신화와 사상이 지속적인 영향을 끼쳤다는 것을 말해준다. 법사가 원숭이인 후행자(猴行者)를 만나 함께 인도에 가는 장면과 대범천왕궁(大梵天王宮), 귀자모신(鬼子母國)이 나오는 부분은 불교 고사의 영향이라고 할 수 있다.

3. 『백사전(白蛇傳)』

이 밖에 인도 고대 신화의 영향을 받았다고 여겨지는 『백사전(白蛇傳)』은 중국 4대 민간고사 중 하나로 인구에 회자되며 다양한 장르로 재창작되어왔다.74) 그 내용을 요약하면 다음과 같다.

> 송나라 소흥(紹興) 연간에 항주(杭州) 한약방의 허선(許仙)이라는 남자가 서호(西湖)에서 만난 여인 백낭자(白娘子)[이름은 백소정(白素貞)]와 결혼하였는데 여러 가지로 괴이한 점이 많았다. 백낭자는 바로 천년 묵은 백사(白蛇)로 몸종인 청사(靑蛇)와 함께, 인간으로 변하여 사모하던 허선과 결혼한 것이다. 백사가 인간으로 변한다는 것은 요망한 짓이라고 여긴 금산사의 중 법해(法海)가 그녀를 따라다니며 끝내 그녀의 사랑을 방해하는 존재로 나타난다. 법해는 그녀가 뱀인 것을 허선에게 알려주며 단옷날 웅황주(雄黃酒)를 그녀에게 뿌리면 형체를 드러낼 것이라고 말한다. 단옷날의 풍습으로는 여러 가지가 있으나 중국인들은 단옷날 웅황주를 마시면 뱀을 막을 수 있다고 여겼던 것이다. 허선이 법해가 일러주는 대로 웅황주를 그녀에게 뿌리니 그녀가 거대한 뱀의 몸을 드러낸다.[이 장면은 영화 '청

74) 『백사전』의 배경 무대가 허선이 귀양을 간 소주와 진강을 제외하면 뇌봉탑과 지은사, 전당문 등 항주 서호에서 시작하여 항주 서호에서 결말이 난다. 즉 공간적으로 항주를 중심으로 전래되다가 소주와 진강, 사천 등 중국 전역으로 전파된 것으로 보인다.

사(青蛇)'에서 적나라하게 묘사됨] 자신의 아내가 거대한 백사인 것을 보고 너무 놀란 허선은 그만 죽어버리고, 백낭자는 백방으로 노력하여 선산에서 신선초를 구하여 남편을 다시 살려낸다. 법해는 허선을 금산사에 불러 부부의 정을 갈라놓고, 백낭자는 남편을 찾기 위해 끝내 홍수로 금산을 수몰시킨다. 백낭자와 허선은 단교(斷橋)에서 재회한다.

한편 다른 전설에 의하면 법해가 허선에게 바리를 하나 주었고, 허선이 그것으로 백낭자를 덮었더니 천년 묵은 뱀의 모습이 드러났고, 그녀의 몸종이었던 청사는 청어(青魚)로 변했다고 한다. 법해가 그것을 뇌봉사(雷峰寺)로 가져가 땅에 묻고 그 위에 탑을 세워 다시는 인간으로 변하는 요사스런 짓을 못하도록 누르고 있게 하였으니, 그것이 바로 뇌봉탑(雷峰塔)이다.[75]

백사전의 배경이 되는 항주 서호

이 고사는 단옷날과 관련된 전설로서, 당시 전통사회에서 민중들의 이루지 못한 사랑 때문에 가슴아파하는 마음을 느낄 수 있다.

고사 내용이 인간과 동물 간 사랑과 결혼이라는 기이한 신화적 구성임에도 불구하고, 정의의 화신인 법해보다 요괴인 백사를 동정한다는 점에서 사랑은 기이함을 넘어 위대하며 동정 받을 수 있다는 점을 작가는 이야기하고 있다.

75) 전인초 · 김선자 · 이인택 · 정재서 공저, 『중국신화의 이해』, 168쪽-169쪽에서 발췌. 「白娘子永鎮雷峰塔」의 원문 전문은 吳曉鈴 외 選注, 『話本選』(北京: 人民文學出版社, 1984), 318쪽-344쪽 참조. 백낭자를 탑으로 덮어둔다는 고사 유형은 원래의 민간고사가 불교의 영향으로 불법의 변화무쌍함을 선전하기 위해 변용된 것으로 보이는데, 여기에는 승려인 법해와 백낭자가 원수지간이 되어 갈등이 진행되다가 최후에 법해가 백낭자를 진압하는 모습을 보여주고 있다.

작품 중 허선과 백사의 교혼, 백사와 청사의 백낭자와 그녀의 몸종이라는 인간으로의 변형과 죽은 후 다시 뱀으로의 변형, 그리고 허선의 죽음과 소생 등은 인간과 동물의 교혼, 인간으로의 변형, 그리고 재생이라는 신화 모티프를 기반으로 삼아 창작되었다고 볼 수 있다.

중국신화에 있어서 변형 모티프의 원형은 반고와 여와의 변신 고사에서 찾을 수 있고, 교혼 모티프는 동물에 대해 우월과 신성을 부여하거나 인수동체의 관념을 가진 토테미즘 사고가 확대되어 인성과 수성이 뒤엉키는 심리 또는 상호 형체를 공유함으로써 신과 통할 수 있다는 심리에서 나온 것이다. 뱀의 재생 이미지는 뱀이 겨울잠을 자고 허물을 벗으며 순환적 생명을 영위한다고 보는 인식에서 나온다. 또한 백낭자가 변신을 통해 허선과 사랑을 나누며 인간이 되기를 모색하는 부분은 수성이 인성으로 변신함을 의미한다.

예로부터 뱀은 용의 원형으로서 숭배의 대상이었고 허물을 벗고 변신하는 특징 때문에 변형의 상징이기도 하였다. 동시에 끊임없이 몸을 굴신하는 율동적 리듬과 탈피를 거듭하며 지속적인 생명력을 유지하는 뱀의 생태는 풍요의 표상이자 생식능력을 가진 여성신격으로 여겨지기도 했다. 뱀의 하체를 갖고 있는 여신 여와가 그 대표적인 예이다.

백낭자가 여성으로서 뱀의 형상을 하고 있는 것은 이러한 신화상의 뱀의 여성 이미지를 계승하고 있는 것이다. 또한 신화에 보이는 다양한 뱀의 신성을 반영하듯, 백낭자도 수신[76] · 우신[77] · 약신[78] ·

---

76) 중국신화에서 뱀 형태의 수신 또는 치수의 관장자로는 전욱 · 백곤 · 대우 · 공공 등이 있다. 『백사전』 「수투」에서는 백낭자가 수성동물을 거느리고 법해와 일전을 펼치는데, 그녀의 수신적 성격을 통해 신권과 기득권 세력에 대항하는 이미지를 형상화하고 있다.

77) 중국신화에서는 뱀이 수신의 성격과 더불어 비를 관장하는 우신 역할을 하기도 한다. 석각화에도 보면 비를 관장하거나 비온 후의 무지개를 뱀 또는

변화창조신[79] · 초복복수신(招福復讎神) 등의 특징을 보이며 자신의 사랑과 행복을 영위하기 위해 다양한 기적을 발휘한다.

이 고사의 최초 기록은 풍몽룡(馮夢龍)의 『경세통언(警世通言)』 제28회에 「백낭자영진뇌봉탑(白娘子永鎭雷峰塔)」이라는 제목 하에 그 내용이 남아 있다. 이 송대 화본 소설 작품은 기록 시기는 늦지만, 비슷한 전설은 오래 전부터 민간에 전승되고 있었다.

예를 들면 『태평광기(太平廣記)』에 나오는 「이황(李黃)」 고사와 홍편(洪楩)이 편찬한 『청평산당화본(淸平山堂話本)』 중 「서호삼탑기(西湖三塔記)」가 전해지고 있다. 「백낭자영진뇌봉탑(白娘子永鎭雷峰塔)」 이후로는 남송 항주 탄사 「뇌봉탑」, 청대 탄사 『의요전(義妖傳)』, 청대 희곡 「뇌봉탑전기(雷峯塔傳奇)」, 소설 『뇌봉탑기전(雷峯塔奇傳)』과 『사처(蛇妻)』으로 이어지고, 고사(鼓詞), 속곡(俗曲), 가요(歌謠), 곤곡 등 다양한 형식으로 재창작되었으며, 최근에는 전한(田漢)의 경극 『백사전』의 「야분(夜奔)」, 「수투(水鬪)」, 「단교(斷橋)」 및 영화 '청사(靑蛇)' 제작과 일본의 백사를 주제로 한 에니메이션 제작 등에 이르기까지 상당한 영향을 미치며 그 명맥을 이어오고 있다.[80]

용으로 묘사하기도 한다. 이러한 신화적 상징성이 『백사전』 「유호차산(遊湖借傘)」 대목 중 백낭자가 허선에게 접근하기 위해 비바람을 일으켜 비를 내리게 하고 이를 계기로 허선에게 우산을 빌리는 장면으로 구현된다.

78) 뱀의 몸에 사람 얼굴을 한 알유는 이부의 신하에게 살해되지만 불사약으로 부활한다는 신화가 『산해경』에 나온다. 이러한 신화상 뱀의 약신적 기능이 『백사전』에서는 백낭자와 허선이 약방을 운영하며 행복한 생활을 영위해 간다는 묘사로 이어지고 있다.

79) 중국신화에서 인면사신(人面蛇身)의 창조여신 여와는 하루에 70번 변신하며 만물을 화육 생성한다. 뱀의 변신과 재생 기능은 백낭자의 변신의 모습에서 찾아볼 수 있다.

80) 『백사전』에 관한 자세한 부분은 趙景深, 「白蛇傳考證」(王秋桂, 『中國民間傳說論集』, 159쪽-189쪽), 顔元叔, 「白蛇傳與蕾米亞」[『中國古典文學比較

이 작품은 인도의 고대 사왕(蛇王, Nagas)고사로부터 중국에 유래했으며, 한편으로는 그리스 신화에 영향을 주기도 했던 서사시『라미아(Lamia)』고사로부터 퍼져갔다는 주장도 제기되고 있다.

4.『태평광기(太平廣記)』

송대 이방(李昉) 등이 편찬한『태평광기(太平廣記)』[81]에는 지괴류와 전기류 소설들이 수록되어 있다. 여기에 신화 고사의 흔적이 많이 남아 있는데, 권2 서현(徐鉉) 작품에는 소로 환생하는 내용이 나온다.

> 광릉에 왕모라는 자가 있었는데, 며칠 간 병을 앓더니 홀연 그 아들에게 이르길, "내가 죽으면 반드시 서계 호씨의 소로 태어날 것이니, 네가 반드시 그것을 사야 한다. 나의 배 밑에는 '왕'자가 있을 것이다."라고 하였다. 잠시 후 드디어 죽었는데, 그 서계란 곳은 해릉의 서쪽 지명이다. 주민 중 호씨의 집에서 소를 낳았는데 배에는 흰털로 '왕'자가 쓰여 있었다. 그 아들은 그곳을 찾아 이런 일이 있는 줄 알고는 비단 묶음을 주고 사 가지고 돌아왔다.
>
> 廣陵有王姥, 病數日, 忽謂其子曰, "我死, 必生西溪浩氏爲牛, 子當贖之, 而我腹下有'王'字是也." 頃之遂卒, 其西溪者, 海陵之西地名也; 其民浩氏, 生牛, 腹有白毛成'王'字. 其子尋而得之, 以束帛贖之以歸.

研究』(臺北: 黎明, 1977), 289쪽-299쪽], 白崇珠,「白蛇傳之內在衝突與象徵」[『古典文學』(臺北: 學生書局, 1983] 5권, 187쪽-210쪽) 참조.

81)『태평광기』는 977년에 송나라 태종의 칙명을 받아 당시 유명한 학자 이방(李昉) 등 12명의 학자들이 편찬한 500권의 책으로, 475종의 고서에서 골라낸 육조에서 송 초까지의 고사를 신선, 여선, 도술, 방사 등 내용별로 92개 항목으로 나누어 수록하였다. 종교 관련 이야기와 정사에 실리지 않은 기록 및 소설류 고사를 주로 모았으며, 송대 이전 소설 가운데 원형 그대로 전해지는 것이 별로 없는 상황에서 그 일부를 보존했기 때문에 이 책이 중요한 자료로 평가받는다.

인간의 동물로의 환생(還生)이라는 재생 유형은 인간과 동물을 동격으로 보는 사고로부터 만들어진 신화고사에서 출발한다. 신화 속의 반인반수(半人半獸) 모습 등에서 그러한 사상의 일단을 찾을 수 있다. 『태평광기』에 수록된 재생 설화는 130여 개가 남아 있다. 『광이기(廣異記)』·『유양잡조서(酉陽雜俎鼠)』·『선실지(宣室志)』·『수신기(搜神記)』·『박물지(博物志)』·『오행기(五行記)』·『우명록(幽明錄)』·『명보기(冥報記)』·『명상기(冥祥記)』·『궁신비원(窮神秘苑)』·『법원주림(法苑珠林)』·『탑사기(塔寺記)』·『열이전(列異傳)』·『신이록(神異錄)』·『지전록(芝田錄)』·『독이지(獨異志)』·『정명록(定命錄)』·『조야첨재(朝野僉載)』·『술이기(述異記)』·『계신록(稽神錄)』·『신통감우기(神通感遇記)』·『일사(逸史)』·『남경기(南京記)』·『현괴록(玄怪錄)』·『속현괴록(續玄怪錄)』·『박이기(博異記)』·『신괴록(神怪錄)』·『명보습유(冥報拾遺)』·『녹이전(錄異傳)』·『하동기(河東記)』·『비만쇄언(非蔓瑣言)』·『이원(異苑)』·『명잡기(冥雜記)』·『기문(記聞)』·『원화기(原化記)』 등으로,[82] 이 가운데 당송 시기에 만들어진 작품도 적지 않다.

오숙(吳淑)의 『강회이인록(江淮異人錄)』에도 사람의 머리가 물로 변한다는 고사가 수록되어 있다.

> 성유문은 놀라 말하길, "이 사람은 참으로 당신을 놀라게 했지만, 사람의 머리를 잘라 땅에 피를 흘리게 했으니 어찌 어찌 연루되지 않을까?"라고 하였다. 서생이 말하길, "걱정할 것 없어요."라고 하였다. 이에 약을 조금 꺼내 머리 위에 바르고 그 머리카락을 잡고 비비니 모두 물로 변하였다.
>
> 成(幼文)驚曰, "此人誠忤君子, 然斷人之首, 流血在地, 豈不見累乎?" 書生曰, "無苦." 乃出少藥傅於頭上, 捽其髮摩之, 皆化爲水.

82) 소재영, 『古小說通論』, 339쪽 참조.

무귀(巫鬼)의 변괴지담(變怪之談)이라고 할 수 있는데, 여기서도 신화의 변형 모티프를 발견할 수 있다. 이러한 신체 일부 변형 고사의 출현 배경은 송대의 성리학이 흥성했음에도 불구하고 민간신앙의 근본에 깔려있는 무속신앙 때문으로 풀이된다.

이처럼 당 이후 송·원을 거치면서 인도 신화와 사상이 유입되었음을 확인할 수 있으며, 이를 통해 인도문화의 중국문학에로의 수용 상황을 알 수 있다. 송 이후 성리학의 흥성과 일부 학자들의 신화에 대한 부정적 시각에도 불구하고, 중국 소설가들의 활동에 대해 어느 정도 개방적이었음을 엿볼 수 있다. 이 시기는 신화 중에서도 재생 모티프를 운용한 재생 및 변형 고사가 많이 남아 있다.

송·원 시기의 소설 작품 중에서는 『신편오대사평화』·『대송선화유사』·『대당삼장취경시화』·『백사전』·『태평광기』 등에서 신화의 적극적인 활용을 관찰할 수 있었다.

이들 작품들은 황제(黃帝), 서왕모(西王母)와 선도(仙桃)·요지(瑤池), 토백(土伯), 천로(天老), 경진(庚辰), 공공(共工), 기(夔), 용왕(龍王)·용녀(龍女), 교인(鮫人), 여와(女媧), 항아(姮娥), 복희(伏羲), 요(堯)·순(舜), 불사수(不死樹), 황제(黃帝)와 염제(炎帝)·치우(蚩尤)와의 전쟁, 홍수, 우왕(禹王) 치수, 인도의 『법화경(法華經)』 속의 용왕, 불교 설화, 『라마야나』 고사, 『나가스(Nagas)』 등의 신화 소재와 인신교혼(人神交魂), 재생, 변형, 돌의 생명력, 신화적 시간 모티프들을 활용하고 있다. 이 시기에도 『산해경』의 신화적 소재와 체제에서 영감을 받아 이를 모방함과 동시에 문학적 환상으로 발전시켜 갔다. 또한 불교 설화와 인도 신화 고사의 영향도 컸음을 볼 수 있다.

신화 운용에 있어서는 신화 내용의 변경, 과장, 신의 인간화·속세화, 선화(仙話)의 가미, 연관성이 없는 신들의 결합, 신화 인물·사건의 상상력이 동원된 구체적 묘사 등을 꼽을 수 있다. 이러한 신화 운용을 통해 소설가들은 사회현상의 묘사와 풍자, 현실의 한계와 자연 제약을 벗어난 욕망 분출, 인생의 허무함 토로, 자유연애와 사랑에 대한 동정, 특정인에 대한 능멸, 신화의 역사화, 기이함 강조 등을 표현하고자 하였다.

당대는 육조를 이어 신화를 활달하게 운용한 신화의 수식시기였으나, 송대 이후는 당시의 사상 경향과 신화에 대한 부정적 관념으로 인해 신화의 문학에서의 활용이나 전개 양상은 다른 시기에 비해 뚜렷하지는 않다. 소설 속에 운용되는 신화는 취미와 오락성을 위한 도구로 여겨지고 도덕을 비유하는 상징 언어로서 여겨지는 경향을 보였다. 하지만 당시 사회 환경의 열악함을 고려해 볼 때 나름대로의 진척은 있었다고 평가된다.

이는 신화와 문학의 본래부터의 친연성과 신화 운용의 전통을 각지하면서 자연스레 이어나간 문인들이 있었기에, 다소 쇠퇴 기미는 있었지만 전통은 나름대로 유지되었던 것이다. 물론 송·원대 소설 속의 신화는 서왕모가 얼토당토않은 이상한 인물로 묘사되는 등 오락적 소재거리로 전락하는 경향도 보이고 있다.

전체적으로 선진 이후 송·원 시기까지 소설 속에 신화가 상당 부분 침투되고 운용되는 상황은 아마도 인천교감(人天交感)이라는 통속 신앙이 소설 작품에 투시되었기 때문으로 풀이되며, 그래서 신화적 묘사는 중국 소설의 전통적인 색채가 되었고 심지어 자동기능으로까지 정착되었다.

제5장
명 · 청 소설의 신화 운용

중국소설사에 있어서 명 · 청 시기는 장편소설 즉 장회소설(章回小說)이 흥성했던 시기였고, 소설 속에 신화가 활기 있게 운영되었던 신화의 재조(再造) 시기라고 할 수 있다. 이전 소설의 신화에 대한 다양한 운용을 계승하고 더욱 새로운 경지를 개척한 시기였다. 특히 이 시기 소설이 제재를 차용하는 데 있어서는 신화와 전설, 불교 · 도교 신화와 귀화(鬼話)를 두루 포괄하고 있기 때문에 신화는 이 시기에 집대성되어 원래의 '상징언어' 특성을 회복하기도 한다. 하지만 이 시기 신화 운용 작품은 민족 잠재의식의 집단적 창조가 아닌 작가 개인의 고심작이라는 점에서 지괴와 전기의 신화 운용과는 차이가 있다.

1. 『서유기(西遊記)』

명대 장편소설 중 문인들이 민간고사를 수집 윤색하여 집성한 『사유기(四遊記)』, 오승은(吳承恩)(1510-1580)의 『서유기(西遊記)』, 『봉신연의』 같은 신마(神魔)소설 대부분은 소재 선택에 있어서 신화에 의탁하는 바가 많다.

먼저 『사유기』 중의 하나인 『동유기(東遊記)』에는 철괴(鐵拐), 여동빈(呂洞賓), 남채화(藍采和) 등 팔선(八仙)이 어느 날 반도대회(蟠桃大會)에 갔다가 돌아오는 길에 각기 보물을 밟고 바다를 건너게 되었는데, 이 때 용왕 아들이 남채화가 디디고 있던 옥판을 좋아하여 이를 탈취하면서 전쟁이 일어났고, 결국 용왕이 패전하여 천병(天兵)의 구원을 청했지만 역시 패하였다는 내용이 나온다. 이 고사는 바로 민간에 전래되고 있는 신화전설을 섞어서 만든 작품이다.

『남유기(南遊記)』에는 묘길상(妙吉祥) 동자가 독화귀(獨火鬼)를 죽였기 때문에 쫓겨나 마이낭낭(馬耳娘娘) 아들이 되었는데 금창(金槍)을 훔친 죄로 천제에게 죽임을 당했고, 그 후 염마천왕가(炎魔天王家)에 태어났는데 천궁을 소란케 하여 현천상제(玄天上帝)가 물로 정복하고 인간계로 내쫓았으며, 이후 소씨로 탁생시켰다는 내용이 나온다.

이처럼 전쟁 신화고사를 연상케 하는 장면들과 재생 모티프, 그리고 불교의 인과응보 논리가 함께 함축되어 있다. 또 제17회 「화광삼하풍도(華光三下酆都)」에 화광이 사람을 잡아먹는 요물인 모친을 구하려 하자 모친이 기아(岐娥)를 먹고 싶다고 하며 “기아를 모르거든 천리안(千里眼)과 순풍이(順風耳)에게 가서 물어 보라.(岐娥不曉得, 可去問千里眼順風耳.)”고 말하는 내용이 나오는데, 여기서 천리안과 순풍이 신화 소재가 활용되고 있다.

『서유기(西遊記)』에는 천축국에 경문을 구하러 가던 삼장법사를 비롯한 여러 사람이 물을 마시자 배가 불러진다는 내용이 나온다.

맑은 냇물을 보게 된 삼장은 별안간 갈증이 심해져 팔계를 돌아다보았다. "얘, 바리때를 꺼내 물을 좀 떠다오." "그렇잖아도 저도 목이 말라 물을 마시려던 참입니다." 팔계는 곧 바리때를 꺼내 맑은 물을 한 그릇 떠다가 삼장에게 주었다. 삼장이 그것을 받아서 얼마간 마신 다음 남은 물을 팔계에게 주자 팔계는 반쯤 되는 물을 단숨에 들이마셨다……. 그런데 한 시간도 채 안 되어 삼장은 말 위에서 신음소리를 내었다……. 삼장과 팔계의 배는 진통과 함께 점점 불어나기 시작했다. 손으로 만져보자 뱃속에 무슨 핏덩어리가 생겨난 것같이 꿈틀꿈틀 움직이는 게 아닌가?…… "우리 이곳은 서량여인국이라고 하는데 남자라고는 한 사람도 없고 전부 여자들뿐입니다. 그렇기 때문에 당신들을 보자 모두들 기뻐하는 거예요. 그런데 당신의 스님께서 그 물을 마신 건 잘못이었어요. 그 냇물은 자모하(子母河)라고 하지요. 이 나라 왕성 밖에는 영양관(迎陽館)이라는 역사가 세워져 있습니다만 그 역사 밖에는 조태천(照胎泉)이라는 샘물이 있지요. 우리 이 고장 사람들은 나이 스무 살이 되면 그 냇물을 마시러 가는데 누구나 그 물을 마시게 되면 배가 아프며 아이를 배게 되지요. 그로부터 사흘 후에 영양관의 조태천에 가서 그림자를 비춰보는데 그림자가 쌍 겹으로 보이게 되면 어린애가 태어날 증거지요. 당신 스님도 그 자모하의 물을 마셨으니 태기가 있게 된 거예요. 곧 아이를 낳게 된단 말이에요……"(제53회)

三藏見那水清, 一時口渴, 便着八戒: "取鉢盂, 舀些水來我吃." 那呆子道: "我也正要些兒吃哩." 卽取鉢盂, 舀了一鉢, 遞與師父. 師父吃了有一少半, 還剩了多半, 呆子接來, 一氣飲乾…… 不上半個時辰, 那長老在馬上呻吟…… 他兩個疼痛難禁, 漸漸肚子大了. 用手摸時, 似有血團肉塊, 不住的骨冗骨冗亂動… "我這裏乃是西梁女國. 我們這一國盡是女人, 更無男子, 故此見了你們歡喜. 你師父吃的那水不好了. 那條河, 喚做子母河. 我那國王城外, 還有一座迎陽館驛, 驛門外有一個照胎泉. 我這裏人, 但得年登二十歲以上, 方敢去吃那河裏水. 吃水之後, 便覺腹痛有胎. 至三日之後, 到那迎陽館照胎水邊照去. 若照得有了雙影, 便就降生孩兒. 你師吃了子母河水, 以此成了胎氣, 也不日要生孩子……"

여인이 물을 마시고 홀로 임신한다는 서량여인국은 『산해경』의 여인국 모티프를 반영한 구절로 볼 수 있다. 다만 『대당삼장취경시화』와 오승은의 『서유기』는 여인국 상황에 대한 묘사에서 서로 다르게 나타난다. 전자에서는 여인국 여왕이 스스로 법사에게 "나는 한 나라를 풍요롭게 하길 원하여, 당신을 남편으로 구합니다.(我願將一國之富, 招你爲夫.)"라고 말하지만, 후자에서는 삼장법사가 여인국에서 이처럼 한바탕 고난을 겪게 된다.[83)]

여기서는 특히 남자가 물 때문에 임신한다는 구조로 설정되어 있다. 물의 생명력과 생식력이라는 상징성과 함께 곤이 우를 출생하듯 남자가 아이를 낳는다는 부계사회 흔적이 결합한 고사 유형이다. 자모하나 조태천이라는 명칭은 물의 생식력을 그대로 반영하고 있다. 고사는 낙태천(落胎川)이라는 샘물을 마시고 태기를 낙태한다는 내용으로 마무리하고 있다. 원문에 나오는 배속에서 꿈틀거리는 핏덩이인 '혈단(血團)'과 '육괴(肉塊)'는 홍수 신화에서 기이한 형태 때문에 버림당하는 육구(肉球)를 연상시킨다.

또한 우왕이 돌에서 출현하고 도산씨가 돌로 변한 후 우왕의 아들 계(啓)를 출산한다는 신화고사처럼 돌로부터의 출생 모티프와 반인반수형 신화인물이 활용되기도 한다.

> 이 화과산의 꼭대기에는 높이가 3장 6척 5치, 둘레가 2장 4척이나 되는 기이한 바위 하나가 쫑긋이 서있었다…… 바위 주변은 햇볕을 가려줄 만한 나무 한 그루 서있지 않았지만 그 좌우에는 용케도 영지와 난초가 곱다랗게 피어있었다. 하늘과 땅이 열린 뒤부터 이 바위는 밤낮으로 천지의 정수와 일월의 정화에 젖어 오다가 오랜 세월이 흘러가는 동안 영기가 통해 선기(仙氣)를 배게 되었다.

83) 기타 소수민족 여인국에 관한 신화는 李福淸(B. Riftin), 『神話與鬼話』(北京: 社會科學文獻出版社, 2001), 187쪽-221쪽 참조.

그러던 어느 날 별안간 바위가 쩍 갈라지면서 크기가 공만한 둥근 돌 하나가 튀어나왔다. 그 돌은 바람을 만나자 이에 한 마리의 돌 원숭이로 변했다. 돌 원숭이는 오관과 손발이 온전하게 갖추어져, 기는 법과 걷는 법을 손쉽게 배워내더니 사방을 향해 넙죽 절을 해댔다. 그런데 이상하게도 그의 눈에서는 두 줄기의 금빛 광선이 뿜어 나왔다. 그 빛살은 하늘에까지 뻗쳐가더니 마침내 하늘나라를 다스리는 거룩한 옥황상제를 놀라게 했다. 그날 옥황상제는 금궐운궁의 영소보전으로 나가 여러 대신들과 자리를 같이 하고 있던 중에 번갯불같이 번쩍거리는 금빛 광선을 보고는 곧 천리안(千里眼)과 순풍이(順風耳) 두 장수를 시켜 남천문을 열고 진상을 알아보게 했다.

那座山正當頂上, 有一塊仙石. 其石有三丈六尺五村高, 有二丈四尺圍圓…… 四面更無樹木遮陰, 左右倒有芝蘭相襯. 盖自開闢以來, 每受天眞地秀, 日精月華, 感之旣久, 遂有靈通之意. 內育仙胞, 一日迸裂, 産一石卵, 似圓球樣大. 因見風化作一個石猴. 五官具備, 四肢皆全. 便就學爬學走, 拜了四方. 目運兩道金光, 射沖頭府. 驚動高天上聖大慈仁者玉皇大天尊玄穹高上帝, 駕座金闕雲宮靈霄寶殿, 聚集仙卿, 見有金光燄燄, 卽命千里眼·順風耳開南天門觀看.(제1회)

돌에 관해서는 『서유기』 이전의 송대 소설 『대당삼장취경시화』 제11회 「입왕모지지처(入王母池之處)」에 이미 후행자(후대의 손오공)가 지팡이로 돌을 치자 2명의 아이가 나왔다는 내용이 나온다. 여기서는 돌에서 생명이 출현하는 고사와 천리안·순풍이 고사가 결합되어있다. 돌이 생식능력을 가진 것으로 보았던 고대인의 사고방식에서 출발한 고사로 볼 수 있다.

또 손오공이 72번 변하는 고사는 여와가 72번 변하여 화생한다는 고사에서 영감을 얻은 것으로 보인다.

"그런데 너는 어떤 것을 배우고 싶으냐? 하나는 '천강수'라는 것인데 이것을 배우면 36가지로 변할 수 있고, 다른 하나는 '지살수'라는 것인데 이것을 배우면 72가지로 변할 수 있느니라." "저는 좀 더 많이 배우는 것이 소원입니다. 그러니 저에게 그 지살수를 가르쳐 주십시오." ......후왕(오공)은 워낙 하나를 들으면 백을 통하는 총명한 머리를 가지고 있어 그 자리에서 주문을 전부 외워냈다. 그 후부터 그는 혼자서 열심히 배우고 익혀 마침내 72가지로 변할 수 있게 되었다.

"你要學那一般? 有一般天罡數, 該三十六般變化, 有一般地煞數, 該 七十二般變化." 悟空道: "弟子願多裏撈摸, 學一個地煞變化罷." ......這猴王 也是一竅通時百竅通, 當時習了口訣, 自修自煉, 將七十二般變化, 都學成了.(제2회)

인류 창조에 있어서 여와는 자신의 몸을 여러 차례 변형시켰는데, 이러한 변형은 반고의 변형고사와 더불어 초월적 존재의 육체 일부분이 우주만물의 요소로 변형되는 고사의 원형에 속한다. 이 신화적 구조가 후대 손오공의 변형 모습에서 다시 재현되고 있다.[84)]

이미 언급한 바대로 손오공 형상은 인도 고대 서사시『라마야나』에 나오는 원숭이 하누만에서 유래했다는 설과 당 이공좌의『이탕(李湯)』에 나오는 난동을 피우다가 우의 신하 경진(庚辰)의 포로가 되어 쇠사슬에 묶인 채 귀산아래 물속에 갇혀 있다가 풀려난 무지기에서 비롯되었다는 견해도 있다. 노신은『서유기』속의 손오공의 형상은 무지기의 형상이 이전되어 온 것이고, 무지기의 기원은『산해경』중의 기(夔)라고 말하고 있다.

그리고『서유기』중 가장 흥미진진한 부분은 제7회에서 손오공이 천궁을 소란하게 만드는 반역적 모습이다. 72가지 둔갑술과 구름 타

84) 오승은은『서유기』편찬 시, 신분 변신의 모습을 손오공에게로 옮겨놓았다. 그래서 우가 무지기를 항복시킨 고사는 모호하게 되었다.

는 법을 익힌 후 용궁에서 여의봉을 빼앗고 천궁에서 선단을 훔치고 옥황상제가 되겠다고 난리를 친다.85)

> 옥제가 그놈을 당장 죽여 버리라고 하셨는데 그놈은 칼로 찔러도 도끼로 찍어도 날이 먹지 않고 불에 태우고 벼락으로 쳐도 전혀 끄떡하지 않았다. 결국 태상노군한테 맡겨 팔괘로에 집어넣고 굽게 되었지만 49일 만에 뚜껑을 열고 보니 죽은 줄 알았던 그놈은 노안에서 뛰어나와 신장들을 때려눕히고 통명전의 영소보전에까지 쳐들어왔다. 우성진군의 좌사 왕령관과 서른여섯 명의 뇌장들이 그놈을 둘러싸고 어려운 싸움을 하고 있지만 아무도 감히 그놈에게 접근을 못하고 있는 형편이었다. 옥제는 여래를 모셔다 이 긴급한 사태에 대처하였다.

팔괘로에서 도망 나왔지만 결국 부처님 손바닥을 벗어나지 못하고 서천문 밖 오행산에 갇히고 만다.

> 여래가 말하길, "그럼 우리 어디 내기를 해보자. 네가 만약 그 근두운법을 써서 내 이손바닥에서 빠져나간다면 우리 구태여 싸울 것도 없이 내가 옥제께 여쭈어 그 자리를 너에게 내주도록 하마. 그렇지만 네가 만일 손바닥에서 빠져나가지 못할 때는 너는 다시 하계로 내려가 요괴 노릇이나 해야 한다. 알겠느냐?" ……오공은 급히 몸을 솟구쳐 여래의 손바닥에서 뛰쳐나가려 했다. 그러자 여래는 손바닥을 뒤집어 엎으며 손오공을 서천문 밖으로 내려뜨렸다.
>
> 佛祖道: "我與你打個賭賽, 你若有本事, 一觔斗打出我這右掌中,

85) 7회에서 손오공은 다음과 같이 말한다. "나는 70번 변화하며 만겁 동안 불로장생하고, 근두운을 탈 줄 알며, 한번에 십만 팔천 리를 가니 천자의 자리를 어찌 앉지 못하겠는가?(我有七十變化, 萬劫不老長生, 會駕斤斗雲, 一踪十萬八千里, 如何坐不得天位?)"

算你嬴, 在不用動刀兵苦爭戰, 就請玉帝到西方居住, 把天宮讓你, 若不能打出手掌, 你還下界爲妖, 再修幾劫, 卻來爭吵." ……好大聖, 急縱身又要跳出, 被佛祖翻掌一撲, 把這猴王推出西天門外.(제7회)

공공과 형천과 곤 등 비극영웅의 반역정신과 일맥상통하는 점이 있다. 경쟁심이 강하고 열광적인 디오니소스형인 이들은 역사의 소외자로서 비극적 이미지를 띠고 있는데, 반항적 기질의 표출로 인해 종종 못된 인물 형상으로 묘사되기도 한다. 하지만 이들 영웅의 이미지 속에는 목적에 도달하기 위해 끝까지 도전하는 굽힐 줄 모르는 불굴의 정신이 담겨있다. 영웅들의 반항정신은 손오공이 천궁에서 소동을 일으키는 반역정신과 맥을 같이 한다.

손오공이 하늘의 관음보살 등 신선의 도움을 청하여 요괴를 물리치는 장면은 황제와 치우의 전쟁 신화 영향을 받은 것이다. 승려를 데리고 서역에서 경을 취하는 도중 요괴를 죽이고 악귀를 굴복시키는 모습 또한 예가 대풍을 잡고 뱀을 베어버리며, 우가 공공을 쫓고 상류를 죽이는 등 민중을 위해 해악을 제거하는 신화고사와 흡사하다.

신인(神人) 관구이랑(灌口二郎)과 거령신(巨靈神), 사물인 왕모반도와 오장관인삼과(五莊觀人參果) 역시 신화에서 비롯된 것들이다. 예를 들어 관구의 이랑[진군(眞君)을 일컬음]이 손오공과 싸우는 장면 중에는 손오공 즉 대성(大聖)이 참새 · 대자로(大鶿老) · 물고기 · 수사(水蛇) · 보조(鴇鳥)로 변하고, 진군(眞君)이 매 · 대해학(大海鶴) · 고기 잡는 새 · 회학(灰鶴)으로 변한다는 내용이 나온다. 여기에는 변형 모티프가 운용되고 있는데, 주요 부분을 요약하면 다음과 같다.86)

그 말을 들은 진군은 눈을 부릅뜨고 주위를 샅샅이 살펴보았다. 드디어 그는 대성이 참새로 변해 나뭇가지 우에 앉아 있는 것을 찾아냈다. 날창과 활을 손에서 놓은 진군은 어느새 굶주린 매가 되어 쏜살같이 대성에게로 덮쳐들었다. 대성은 매가 자기를 향해 날아오는 것을 보고는 큰 가마우지가 되어 푸다닥 하늘로 날아올라갔다. 그러자 진군은 큰 학이 되어 구름 위로 올라가 가마우지를 뒤쫓았다. 다급해진 대성은 곧추 아래로 내리꽂히더니 첨벙 물속에 뛰어들어 물고기로 변했다…… 진군은 이런 생각을 하면서 물고기매가 되어 물위를 스쳐날면서 오공이 물속에서 나오기만 기다렸다……. 그러나 대성은 어느새 물속에서 솟구쳐 나왔다. 그리고는 물뱀으로 변해 스스로 기어서 강가의 풀밭 속으로 자취를 감추었다…… 진군은 그놈이 틀림없이 오공이라고 짐작되어 이내 학으로 변했다. 그리고는 쇠 집게 같은 긴 부리로 뱀을 쪼아 먹으려 했다. 한편 뱀은 몸을 한번 꿈틀하더니 너새로 변해 천연스레 앉아있었다. 진군은 오공이 너새로 변한 것을 보고 가까이 다가갈 생각을 버리고 자기의 원래 모습으로 돌아와 활을 집어 들어 너새의 발목을 쏘았다. 그 찰나에 대성은 몸을 날려 깎아지른 벼랑 밑으로 굴러 떨어지더니 그대로 엎드려 절간으로 변했다.(제6회)

『서유기』가 수신 신화의 영향을 크게 받았음을 알 수 있다. 손오공 즉 대성과 이랑 즉 진군이 대조를 이루는데, 대성은 수신이고 삼장의 백마는 수신이 변한 것이며 그밖에 현장을 도운 사람 역시 수신이다. 우가 일찍이 수괴(水怪)를 제거한 것처럼 이랑 즉 진군 역시 그러한

86) 이빙의 둘째 아들이며 사람을 좋아하였던 이랑신, 즉 관구이랑에 관한 신화전설은 다음과 같다. 이빙이 강신에게 바치려고 하였던 두 딸 중의 하나가 바로 여자로 분장한 이랑신이었다고 한다. 그는 나중에 일곱 친구들인 매산칠성(梅山七星)과 함께 강물 속으로 들어가 홍수를 일으키는 교룡(蛟龍)을 베어 죽였다고 전해진다. 이빙 부자의 치수 공적을 기념하기 위해 사람들은 강가의 산 위에 사당을 짓고 숭덕묘(崇德廟)라 불렀으며 해마다 모내기를 마치고 나서 향과 꽃 등불을 밝히고 제사를 지냈다고 한다.

역할을 수행하고 있다.

또한 81난 중에서도 59회에서 61회에 걸친 화염산(火焰山)의 싸움에서 우왕(牛王)이 몸을 흔들어 한 마리의 큰 백우(白牛)로 변한 후 두 철각(鐵角)으로 천왕에게 달려드는 내용이 나온다.[87] 여기서도 변형 모티프의 운용을 엿볼 수 있다.

그리고 삼장법사가 귀국길에 인도의 강을 건너는데, 광풍이 불어서 많은 불경이 소실되는 상황 하에서 자라의 도움으로 무사히 강을 건너는 장면이 나온다. 동물의 도움으로 강을 건너는 세계 민간신화 유형이 그대로 재현된다.

한편 『대당삼장취경시화』에서는 법사가 후행자에게 반도[88]를 훔치라고 명령하는 장면이 나오지만, 『서유기』에서는 손오공이 복숭아를 먹고 싶어 했지만 법사가 이를 허락하지 않는다. 손오공은 몰래 적각대선으로 변신하여 서왕모의 요지에서 반도 열매를 따고 만다.

> 오공은 반도원을 한 바퀴 빙 돌아보고 나서 토지신에게 물었다. "원내에 나무가 모두 얼마나 되느냐?" "모두 3천 6백 그루입니다. 맨 앞쪽에 1천 2백 그루가 있는데 그것은 꽃이 작고 열매도 작아서 3천 년 만에 한 번씩 익지요. 사람이 그것을 먹으면 신선이 되어 몸이 가볍고 튼튼해집니다. 가운데 있는 1천 2백 그루는 꽃잎이 많고 열매도 달아서 6천 년 만에 한 번씩 익는데 사람이 그것을

87) 우왕은 다급해서 그 전과 같이 몸을 흔들어 또 한 마리의 큰 백우로 변해가지고 그 두 철각으로 천왕에게 달려드니 천왕은 칼로 그것을 내리쳤다.(牛王急了, 依前搖身一變, 還變做一隻大白牛, 使兩隻鐵角去觸天王, 天王使刀來砍.)

88) 반도 즉 복숭아 관련 전설고사는 무궁무진하다. 복숭아 도(桃)는 나무와 징조가 합쳐진 글자로서 여자가 입덧을 하면 신 과일인 복숭아를 찾는 데서 유래했다. 그래서 복숭아는 임신과 출생을 상징하였고, 복숭아 가지를 안고 자면 임신을 할 수 있다고 믿었다.

먹으면 하늘에 오를 수 있고 장생불로할 수 있습니다. 그리고 맨 뒤에 있는 1천 2백 그루는 자줏빛 무늬가 지고 씨가 작아서 9천 년 만에 한 번씩 익는데 사람이 그것을 먹게 되면 천지와 함께 장수하고 해와 달과 더불어 영생불멸하게 됩니다." ……하루는 묵은 나뭇가지들에 주먹만한 복숭아들이 빨갛게 익어 있는 것을 보고 오공은 하나 따먹어 보고 싶은 생각이 불같이 일어났다. 그러나 토지신, 역사 그리고 제천부의 선관들이 옆에 붙어 있었으므로 손을 댈 수가 없었다. 그래서 그는 한 가지 계교를 꾸몄다…… 오공은 그들이 사라지기를 기다려 옷을 벗고 나무 위에 기어 올라가 크고 잘 익은 것을 골라가며 따먹기 시작했다. 나뭇가지에 기대어 얼마를 먹었던지 이내 배가 불룩해졌다…… 그 뒤부터 오공은 사흘이 멀다 하고 꾀를 부려 복숭아를 훔쳐 먹었다. 그러던 어느 날 아침, 이 반도원의 주인인 서왕모가 요지에서 보각을 열어놓고 '반도회'를 열게 되었다. 서왕모는 홍의 선녀, 청의 선녀, 백의 선녀, 흑의 선녀, 자의 선녀, 황의 선녀, 녹의 선녀 등 일곱 선녀에게 각각 바구니를 들고 반도원에 가서 복숭아를 따오게 했다…… 선녀들은 선관이 권하는 대로 복숭아밭에 들어서서 열매를 따기 시작했다. 먼저 맨 앞쪽 나무들에서 두 바구니의 복숭아를 따고 또 중간에 있는 나무들에서 세 바구니를 채웠다. 그리고 다시 맨 뒤쪽에 있는 나무들을 찾아가 보니 어떻게 된 일인지 채 익지 않은 복숭아가 몇 개씩 듬성듬성 달려있을 뿐이었다.

大聖看玩多時, 問土地道: "此樹有多少株數?" 土地道: "有三千六百株, 花微果少, 三千年一熟, 人吃了成仙了道, 体健身輕. 中間一千二百株, 層花甘實, 六千年一熟, 人吃了霞擧飛升, 長生不老. 後面一千二百株, 紫紋緗核, 九千年一熟, 人吃了與天地齊壽, 日月同庚." ……一日, 見那老樹枝頭, 桃熟大半, 他心裏要喫個嘗新. 奈何本園土地, 力士並齊天府仙吏緊隨不便. 忽設一計道…… 那衆仙果退. 只見那猴王脫了冠着服, 爬上大樹, 揀那熟透的大桃, 摘了許多, 就在樹枝上自在受用. 喫了一飯飽…… 遲三二日, 又去設法偸桃, 儘他享用. 一朝, 王母娘娘設宴, 大開寶閣, 瑤池中做'蟠桃勝會', 卽着那紅衣仙女·素衣仙女·靑衣仙女·皂衣仙女·紫衣仙女·黃衣仙女·綠衣仙女, 各頂

花籃, 去蟠桃園摘桃建會…… 那仙女依言, 入樹林之下摘桃. 先在前樹摘了二籃, 又在中樹摘了三籃, 到後樹上摘取, 只見那樹上花果稀疏, 止有幾個毛蒂青皮的.(제5회)

일반 서민이었을『대당삼장취경시화』의 작가가 문인인『서유기』의 작가보다 좀 더 구속을 받지 않고 솔직하게 표현할 수 있었기 때문으로 풀이된다.

오승은의『서유기』는 이처럼 서역에 불경을 구하러 간다는 내용 속에 신화나 전설 그리고 실록을 꿰어 넣은 후 집대성하여 만든 작품이라고 할 수 있다. 신화의 운용에 있어서는 반고의 개벽, 삼황의 치세 등과 같은 이름만을 제시할 뿐 실제로 취경 고사와 관련이 없는 경우가 많다. 신화인물이 여러 번 출현하지만 신화고사 속에서 묘사된 것처럼 세밀하게 묘사하지 못한 경우도 많다.

예를 들면 왕모낭낭(王母娘娘)이나 여산노모(黎山老母) 등은『산해경』속에 나오는 신화상의 반인반수의 서왕모가 아니고,『목천자전』속의 시에 능통한 신선도 아니며,『한무내전』속의 30여 세의 절세미인인 여선(女仙)도 아니고,『박물지』속의 여선들을 거느리는 막강한 권력의 소유자도 아니다.89)

여기서는 옥황상제를 내조하는 배우자로서 어떠한 정치적인 권력도 없고 정치에 간여하거나 재능을 표현하지도 않는다. 손행자가 반도회를 망치고 하늘에서 소동을 부리며, 칠선녀가 반도가 절취 당했다고 보고를 해도 다만 옥황상제에게 가서 이 사실을 알릴뿐이었다. 필요할 때는 가정주부로서 또한 천궁의 제1부인의 신분으로서 손님을 접대하는 정도만을 담당했다.

89)『박물지』에 이르길, "萬民皆付西王母."

달 속 흰 토끼(月宮玉免) 고사에서 토끼는 약을 찧는 신토(神免)일 뿐이지만, 여기서는 천축국 미녀공주로도 잘 변하고, 인간의 칠정육욕을 갖고 있는(一怪空懷情慾喜) 비범한 모습으로도 묘사된다. 그의 약을 찧는 절구방망이도 천축국에 가서는 그의 호신무기가 된다.

결국 『서유기』는 전래되는 취경 고사 고유의 종교색채를 희석하면서 종교고사에서 볼 수 없는 풍자나 유머를 부각시킴으로써 예술의 품격을 제고하였고, 인물에 있어서 고사의 주인공인 삼장보다도 부주인공인 손오공을 더욱 부각시키고, 모든 등장인물에게 불·도·유 등 다양한 정신가치를 제시함으로써 보다 풍부하고 조직적인 신화소설로 이끌어간, 말하자면 재창조의 업적을 쌓았다고 평할 수 있다.

『서유기』를 근간으로 한 『서유보(西遊補)』 16회는 남잠(南潛)의 작으로 전해지고 있는데, 이 작품에는 손오공의 탁발이 서술되어 있다. 즉 손오공이 혼미하게 몽경에 들어가, 거기서 과거를 보기도 하고 미래를 구하기도 하면서 홀연 미인(美人)으로 화했다가 홀연 염라(閻羅)로 화하기도 했다가 허공주인의 외침으로 인해 몽경에서 벗어났다는 내용인데, 여기서도 변형 모티프를 찾아볼 수 있다.

제5회에서는 행자가 항우의 애첩인 우미인(虞美人)으로 변형된다는 고사가 실려 있고, 아울러 여와보천 고사 소재가 소설가의 손을 거쳐 헌원 황제 소재와 함께 결합되어 묘사되어 있다.

> 행자(당시 우미인으로 화하여 녹주 등과 연회를 마친 후 나옴)가 즉시 원래의 모습을 나타내고는 머리를 들고 보니, 원래 그곳이 여와의 문 앞이었다. 행자는 크게 기뻐하며 말하길, "내 집 하늘은 소월왕이 파견한 한 무리의 답공사자들에게 밟혀 구멍이 뻥 뚫렸

는데, 어제 도리어 나에게 죄명이 씌어졌다……. 여와가 하늘을 보수하는데 오랫동안 숙련이 되었다고 들었으니, 오늘 여와에게 나를 위해 잘 고쳐 달라고 해야겠다. 바야흐로 영소에 울며 상고하여 죄를 깨끗이 씻어야지. 이번 기회가 참 좋구나."라고 하였다. 그리고는 문가로 걸어가서 자세히 살펴보니 두 쪽의 검은 문만이 굳게 닫혀 있고, 문에는 한 장의 종이가 붙어 있었는데 "20일에 헌원(황제)의 집에 가서 놀다가 10일이 지난 후 돌아옵니다. 손님께 죄송하여 먼저 여기에다 죄를 말씀드립니다."라고 쓰여 있었다. 행자가 보고는 고개를 돌려 돌아갔다. 귓가에는 다만 닭 울음소리가 세 번 들리고 날은 이미 밝아지려 하였다. 수백 만 리를 갔지만 진시황은 보이지 않았다.

行者(時化爲虞美人與綠珠輩醮後辭出) 卽時現出原身, 擡頭看看, 原來正是女媧門前. 行者大喜道, "我家的天, 被小月王差一班踏空使者碎碎鑿開, 昨日反拖罪名在我身上…. 聞得女媧久慣補天, 我今日竟央女媧替我補好, 方纔哭上靈霄, 洗個明白, 這機會甚妙." 走近門邊細細觀看, 只見兩扇黑漆門緊閉, 門上貼一紙頭, 寫着"二十日到軒轅家閑話, 十日乃歸, 有慢尊客, 先此布罪." 行者看罷, 回頭就走, 耳朶中只聽得鷄唱三聲, 天已將明, 走了數百萬里, 秦始皇只是不見.(제5회)

여기서 하늘에 뚫린 구멍을 오색석으로 단련하여 보수한다는 천지창조의 작업을 맡은 여와에게 행자의 집을 고쳐 달라고 부탁할 만큼 친숙한 이미지로 다가오는 점이 특히 흥미롭다.

제6회에서는 또한 대우(大禹)의 치수(治水) 고사가 작가의 환상력이 가미되어 치요(治妖) 고사로 변용되고 있다.

홀연 한 흑인이 고각 위에 앉아 있는 것이 보여 행자가 웃으며 말하길, "고인의 세계에도 도적이 있네. 온 얼굴에 검정 칠을 하고는 여기에서 구경거리가 되어 있네."라고 하였다. 몇 발자국 가면서 또 말하길,

"역적이 아니다. 원래 장비의 묘였구나."라고 하였다. 또 생각하면서 "장비의 묘라면 마땅히 포건을 두르고 있어야 하는데…… 황제의 모자를 쓰고 또 검은색 얼굴을 하고 있으니 이 사람은 틀림없이 대우현제일 것이야. 앞으로 곧 나아가 그를 만나 요괴를 다스리고 마귀를 없애는 비결을 가르쳐 달라고 해야지. 그럼 나도 진시황을 찾을 필요가 없지." 라고 말하였다.

忽見一個黑人坐在高閣之上, 行者笑道, "古人世界也有賊哩, 滿面塗了烏煤在此示衆." 走了幾步, 又道, "不是逆賊. 原來倒是張飛廟." 又想想道, "旣是張飛廟, 該帶一頂包巾…… 帶了皇帝帽, 又是玄色面孔, 此人決是大禹玄帝. 我便上前見他, 討些治妖斬魔秘訣, 我也不消尋着秦始皇了."

2. 『봉신연의(封神演義)』·『삼국연의(三國演義)』 외

『봉신연의(封神演義)』는 그 전신이 송·원 시기의 강사(講史) 『무왕벌주평화(武王伐紂平話)』이며, 더 거슬러 올라가면 육도 금궤와 『사기』 「봉선서」에까지 이른다. 역사고사를 윤색하고 있지만 신화 요소들이 다수 포함되어 있다. 예를 들면 주문왕이 아들을 토해 냈는데 토끼가 되었다는 내용 등이 후대 『봉신연의』의 근거가 된다.

여러 신들의 도움으로 은을 멸망시킨다는 환상적 묘사를 통해 백성들의 응원 속에 폭군을 토벌한다는 정의로운 전쟁을 칭송하고 있다. 『봉신연의』는 은 주왕이 여와낭낭(女媧娘娘) 사당을 배알하는 것으로 시작하고, 주왕이 여와낭낭에 대해 불손하자 여와가 그에 대한 보복을 가하며 최후까지 정의의 전쟁의 지지자가 된다는 내용이다.

정의의 대표 무왕이 잔혹한 인물 주(紂)를 벌할 때, 군사력이 열세였지만 원시천존(原始天尊)이 파견한 강자아(姜子牙)의 도움으로 우여곡절의 전쟁을 겪고 은 왕조를 무너뜨린다는 내용은 황제와 치우의 전쟁 고사 구조와 흡사하다. 『평요전(平妖傳)』·『여선외사(女仙外史)』·『양가부연의』의 고사도 황제 치우의 고사 구조와 같다.[90)]

신화 영웅의 고난의 역정을 닮은 모티프도 나타난다. 『봉신연의』 중의 나타(哪吒)는 『서유기』의 현장, 『남유기』의 화광(華光), 『노월록(撈月錄)』의 선종오조홍인(禪宗五祖弘忍) 등과 같이 출생 후 버림받는다. 신화상의 기자(棄子) 모티프를 반영한다고 할 수 있다.

나관중의 역사소설 『삼국연의(三國演義)』 속 인물 형상 역시 신화 영웅 형상을 본뜨고 있다고 주장하는 학자도 있다. 예를 들면 장진군(張振軍)은 『삼국연의』의 주요 내용이 한과 촉의 비극적 영웅들을 중심으로 한 비극적 주제를 담고 있는데, 이는 영웅 신화의 치우와 과보 등과 같은 비극영웅 형상에서 유래를 찾을 수 있다고 말한다.[91)]

이 밖에 『유하지전(有夏志傳)』과 『유상지전(有商志傳)』에는 신화와 역사가 혼합되어 있다. 먼저 『산해경』의 영향을 받은 『유하지전』에서는 우가 홍수를 다스리고 해내의 명산대천 및 해외 각국을 유람하면서 우강, 경진 등의 신인을 통솔하고 요괴를 항복시킨다는 내용을 담고 있다. 『유상지전』은 무왕의 벌주(伐紂) 고사를 주로 묘사하고 있는데, 역시 신화적 요소를 포함하고 있다.

나관중(羅貫中) 또는 시내암(施耐庵)의 작으로 알려져 있는 『수호전(水滸傳)』에서 송강이 귀향하여 관군에 체포될 때 고묘에서 구천

90) 『평요전』은 문언박이 쿠데타를 일으킨 왕칙·호영아 부부를 정벌할 때, 수지(遂智)·마수(馬遂)·이수(李遂)라는 삼수(三遂)의 도움과 구천천녀 낭낭의 협조로 이 부부의 요법(妖法)을 물리치고 내전을 종식시켰다는 내용이다. 또 『여선외사』는 명나라 주체(朱棣)가 무력으로 건문제의 왕위를 찬탈하는 역사가 주 내용인데, 작자는 건문제를 현군으로 삼고 주체를 반역인물로 처리한다. 결국 건문제가 항아가 보낸 당새아(唐賽兒)의 도움으로 승리한다.

91) 김경아, 「중국 영웅신화의 구조와 의미」(이화여대석사논문, 2000), 97쪽 참조

현녀(九天玄女)의 도움을 받는다는 내용은 황제와 치우 신화에서 이들이 각각 정의와 반역의 대표라는 설정 하에서 황제가 응룡을 전쟁에 투입하였으나 치우의 부하인 풍백 · 하백에게 패하자 천녀 발(魃)의 도움을 받는다는 구조를 활용하고 있다.[92]

108명의 영웅호한들이 사후에 모두 원래의 별자리로 돌아가는 모습은 원형회귀 또는 조형회귀(祖型回歸)의 신화 모티프가 반영되어 있다. 창세신화 중 홍수로 형제만 남자 이들이 결혼 후 인류를 번식하고 질서를 회복하는 유형의 고사처럼 인류가 어려운 고난을 극복하고 모든 것을 다시 새롭게 시작하여 원래의 상태를 회복하는 구조와 유사하다.[93]

또 주유(周游)의 『개벽연역통속지전(開闢衍繹通俗志傳)』은 반고의 천지창조 이야기부터 서술을 시작한다. 민간전설을 첨가하여 생동감을 주고 있고, 반고 고사에 도끼와 끌을 등장시키기도 한다.

> 바야흐로 몸을 펴자 하늘이 곧 점차 높아지고 땅은 바로 아래로 떨어졌다. 하늘과 땅이 다시 이어진 부분이 있어서, 왼손으로는 끌을 잡고 오른손으로는 도끼를 들고 혹은 도끼로 뚫기도 하고 혹은 끌로 부수기도 하였다. 이와 같은 신력을 발휘한지 오랜 후에 천지가 나뉘어졌다.(제1회)
>
> 將身一伸, 天即漸高, 地便墜下. 而天地更有相連者, 左手執鑿, 右手持斧, 或用斧劈, 或以鑿開. 自是神力, 久而天地乃分.

『삼오역기(三五曆記)』에 쓰여 있는 반고 신화에는 어떤 적극적인

92) 石昌渝, 『中國小說源流論』(北京: 生活 · 讀書 · 新知三聯書局, 1994), 55쪽 참조.

93) 『악비전전(岳飛全傳)』에도 악비가 사후에 그 전신이었던 부처 신변의 대붕(大鵬)으로 회귀하는 장면이 나온다.

행동을 통해 천지를 개벽한 것이 아니고 천지 사이에서 자생하면서 개벽이 이루어진다는 정도의 내용이 담겨 있었는데, 여기서는 작가의 상상력이 발휘되어 반고의 적극적이고 구체적인 행동을 통해 천지개벽을 주도한다는 내용으로 바뀐다.

또한 주명세(朱名世)의 『우랑직녀전(牛郎織女傳)』 4권 55절에는 견우직녀 고사를 모태로 하고 있다. 『삼수평요전(三遂平妖傳)』에는 변주의 호호(胡浩)가 선화(仙畵)를 얻었는데 그의 아내가 그것을 태웠더니 재가 그의 몸을 둘러쌌고 이로 인하여 임신하고 딸 영아(永兒)를 낳았으며, 요호(妖狐) 성고고(聖姑姑)가 그에게 도법을 가르쳐 마침내 종이를 오려 병정을 만들고 콩을 뿌려 말이 되게 할 수 있게 되었다는 내용이 있다. 여기서 신화의 감생과 변형 모티프를 발견할 수 있다. 이밖에 『철화선사(鐵花仙史)』에는 채기지(蔡其志)가 해구(海寇)를 평정하고 신선이 되었다는 내용이 나온다.

3. 『경화연(鏡花緣)』

청대에 신화 소재 운용 소설로는 이여진(李汝珍)의 『경화연(鏡花緣)』을 꼽을 수 있다. 전반 40회는 당오(唐敖)가 탄핵과 추방을 당한 후 처남 임지양(林之洋)을 따라 각국을 유람하며 각종 기이한 풍속과 동물, 사물들을 목격하고 기록한 부분으로서 생동감 있는 묘사가 특징적이다. 『산해경』에 나오는 기국이인과 이상한 동식물에서 소재를 취하고 구성도 모방하면서 환상적인 예술 구상을 펼쳐가고 있다. 당오의 여행과 그의 딸의 아버지를 찾아 나서는 여로도 탐색영웅이 자신의 세계를 떠나 새로운 모험을 시작한다는 패턴을 답습하고 있다.

중간에 하늘의 견책을 받고 100인의 여자로 변한 화신(花神), 풍신 풍이(風姨)와 월신 월자(月姊), 성신 귀성(魁星)과 신선 마고(麻姑)의 등장이 문장의 흥미를 더해주고 있다. 그러면서도 41개 국가에 대해 평범한 표현이 아닌 곡절 있는 입체적 서술을 하면서, 현실생활 중 불합리한 현상을 풍자 토로함으로써 작가의 이상을 기탁하고 있다.

예를 들면 양면국(兩面國)에서는 두 사람의 위선을 풍자하고 있고, 숙사국(淑士國)에서는 가짜 사문(斯文)의 썩어빠짐을 조롱하고 있다. 무장국(無腸國)에서는 인분으로 밥을 만들어 하인들에게 주는 반박자(盤剝者)들의 반박을 폭로하고 있고, 섭이국(聶耳國)에서는 귀가 길면 장수한다는 미신을 타파하고 있다.

또한 여아국(女兒國)[94]에서 여성도 남성과 동등한 지위와 대우를 누려야 하며 경시 · 희롱 · 압박 등을 당해서는 안 된다고 말하고 있다. 여성문제에 있어서도 훌륭한 견해가 담겨있다. 그래서 호적은 『경화연』을 부녀나 여권 문제를 토론한 작품으로 규정하고 있다.[95]

『경화연』 작가는 신화를 받아들이면서도 자신의 신화세계를 구축하고 있다. 신화의 이미지를 부분적으로 습용하면서 자신의 신화를 건립하는 동시에 냉정한 조롱과 풍자를 첨가하고 있다. 예를 들면 『박물지』에 나오는 실을 토해내는 여자가 작자의 손을 거쳐 누에

94) 여아국 모티프는 『산해경』의 여자국 신화까지 거슬러 올라간다. 이후 한대 곽박의 주에 "여자국의 여인들이 임신을 하고 싶으면 황지(黃池)라는 곳에서 목욕을 하고 돌아오면 바로 임신이 된다. 만일 남자아이를 낳으면 3살이 될 때 죽는다."라는 기록이 있고, 원대 주치중(周致中)의 『이역지(異域志)』에는 "동남해에 여인국이 있는데, 남풍이 불 때 옷을 벗고 바람을 맞으면 임신한다."는 기록도 보인다. 인류가 생육의 비밀을 아직 모를 때 그들은 생육은 여성의 일이며 여성 스스로 생육을 한다는 생각 때문에 신화 중에 여신들은 종종 숭배를 받는다.

95) 袁珂, 『神話論文集』, 104쪽-105쪽 참조.

실 짜는 부인이 실을 토해 사람을 묶는 것으로 묘사됨으로써 정욕이 사람을 파멸시킨다는 점을 풍자하고 있다. 이는 원시 신화의 질박하고 소박한 모습을 파괴하는 것이기도 하다.

4. 『홍루몽(紅樓夢)』

『경화연』과 함께 청대에 신화 영향을 받은 작품으로 만주족 조설근의 『홍루몽(紅樓夢)』을 들 수 있다. 먼저 『홍루몽』에는 하강(下降) 모티프가 들어 있다. 『홍루몽』이 『산해경』 개권(開卷)에서 시작한 것은 이 소설이 가장 근본적인 곳으로 돌아가 생명의 기원에까지 이르렀기 때문이다.

특히 여와(女媧)가 오색석(五色石)으로 보천(補天)하는 신화가 『홍루몽』 속에서는 작가의 상상력이 발휘되어 생 바윗돌, 오색으로 영롱한 옥 등이 첨가되고 내용과 구성이 확대・변형되어 표현되고 있다.

> 여와씨(女媧氏)가 바윗돌을 단련하여 하늘을 기울 때 대황산[96] 무계애(無稽崖)에서 높이 열두 발, 사방 스물 네 발이 되는 생 바윗돌 삼만 육천 오백하고도 한 개를 단련하는데, 여와씨는 삼만 육천 오백 개만 쓰고 단 한 개만은 쓰지 않고 그것을 청경봉 밑에 버려두었다. 그런데 누가 알았으랴. 이 돌이 단련을 겪은 뒤 영기가 통하여 제 마음대로 오가며 커졌다 작아졌다 할 수 있을 줄을 누가 알았겠는가. 다른 돌들은 모두 하늘을 깁는데 유독 자기만은 재간이 없어 버림받는 것을 생각하고는 원망스럽기도 하고 부끄럽기도 하여 밤낮으로 슬퍼하였다.

96) 『산해경』 「대황경」을 가리킨다.

原來女媧氏煉石補天之時, 于大荒山無稽崖煉成高經十二丈, 方經二十四丈頑石三萬六千五百靈一塊. 媧皇氏只用了三萬六千五百塊, 只單單乘了一塊未用, 便棄在此山靑更峰下. 誰知此石自經鍛鍊之後, 靈性已通, 自去自來, 可大可小, 因見衆石俱得補天, 獨自己無材不堪入選, 遂自怨自歎, 日夜悲號慙愧.(제1회)

진사은(陳士隱)이 받아 보니 그것은 선명하고 아름다운 구슬인데, 위에는 '통령보옥(通靈寶玉)' 네 글자가 분명하게 새겨져 있었다.

士隱接了看時, 原來是塊鮮明美玉, 上面字迹分明, 鐫着'通靈寶玉' 四字.(제1회)

후에 공자를 또 낳을지 생각도 못했는데, 더욱 기이한 것은 태어나면서부터 입에 오색영롱한 옥을 물고 태어났다. 또 그 위에는 많은 글자 흔적이 있었기에, 이름을 보옥이라고 지었다.

不想後來又生一位公子, 說來更奇, 一落胎胞, 嘴里便銜下一塊五彩晶寶的玉來, 上面還有許多字迹, 就取名叫寶玉.(제2회)

주인공 가보옥(賈寶玉)은 가정(賈政)과 왕부인 소생의 작은 아들이며 태어나면서부터 입에 옥을 물고 나와 이름을 보옥이라고 지었다. 여와씨가 하늘을 보수하다가 남겨진 버림받은 돌이라는 자괴심에 탄식하다가 일승일도의 말을 듣고 문득 범심이 일어 인간 세상으로 데려다 줄 것을 요구한다.

인간사의 일이란 언제나 변화무쌍하여 아무리 부귀영화를 누려도 결국은 후회만 남게 될 것이므로 범심을 없애라고 권하는 선승의 충고에도 아랑곳하지 않고, 이 돌은 간청 끝에 마침내 영롱한 구슬로 변하여 인간 세상에 나타난다. 이것이 바로 가보옥의 탄생 내력이다.

돌에서 가보옥이라는 인간이 태어나는 구조는 우왕이 돌에서 태어나고(禹生於石),[97] 그의 아들 계 역시 돌로 화한 어머니 도산씨의 몸이 깨지면서 출생한다는 고사 유형과 여와보천 고사가 결합하여 만들어진다. 『홍루몽』 속의 돌은 일반 돌이 아니라 여와씨가 하늘을 보수하다 청경봉 아래에 떨어진 오색석으로서 열두 장은 12개월을 상징하고, 이십 사 장의 돌은 24절기를 상징하며, 삼만 육천 오백은 1년 365일을 상징한다.[98]

남경의 우화석

여와 고사에서 오색석으로 하늘을 보수한 것은 비온 후의 무지개를 상징하는 것으로서 신화를 통해 자연을 해석하고 극복하려는 의지의 표현이라고 볼 수 있다. 그러므로 작가가 오색석을 무지개 모양의 우화석과 연계하여 보옥의 출생 이야기를 서술해 간 것은 절묘한 발상으로 볼 수 있다. 제8회에 이르길,

> 보채는 구슬을 손바닥에 받아 들여다보았다. 크기는 참새 알만 한데 아침노을이 비낀 듯 붉은 광채가 서렸고 윤기가 흐르는 겉은 오색 꽃무늬로 아롱져있었다. 이야말로 대황산의 청경봉 아래에 있던 그 큰 바위의 화신이었다.

97) 『회남자』 「수무훈」에도 우의 모친이 돌의 감응으로 우를 임신하였는데 우가 그녀의 가슴을 가르고 태어났다는 기록이 있고, 『사기』 「육국연표」에는 우가 석뉴에서 나왔으며 서이인이라고 칭했다는 기록도 보인다.

98) 『홍루몽』의 작자 조설근은 남경 태생으로 천차만별의 아름다움을 뽐내는 남경의 명물 우화석을 어린 시절부터 접해왔기 때문에 이 작품을 만들 때 오색석과 우화석을 연계시켜 고사를 전개했던 것으로 추정되며, 이러한 과정 속에서 돌의 미학적 측면이 강조되기도 한다.

寶釵托在掌上, 只見大如雀卵, 燦若明霞, 瑩潤如酥, 五色花紋纏護. 須知道這就是大荒山中靑埂峯下的那塊頑石幻相.(제8회)

"크기가 참새알만 하고(大如雀卵)", "오색 꽃무늬로 아롱져있었다(五色花紋纏護)"의 표현처럼 여와보천 신화 속 오색석과 남경의 우화석 모습이 함께 나타나고 있다. 돌과 돌 색깔의 주술적 역량이 연관성을 띄고 있음을 발견할 수 있다.

"영기가 통하여 제 마음대로 오가며 커졌다 작아졌다 할 수 있다(靈性已通, 自去自來, 可大可小)" 문구는 의인화 과정을 보여주는데, 이는 돌에 인간성을 부여하여 인간과 자연이 대화하는 장면을 연출한 것으로 해석된다.[99] 즉 '인석통령, 물아상화(人石通靈, 物我相化)'의 경지이다. 돌의 의인화는 생명력과 다산을 상징하는 돌의 특성이 확대되면서 돌이 인간처럼 기관이나 영혼을 갖고 있다고 하는 믿음에서 출발한 것으로 보인다. 여기서 돌의 성장력, 예언력, 그리고 신의 사자라는 상징성이 엿보인다. 이 작품을 일명 『석두기(石頭記)』[100] 라고 칭하는 것도 이러한 돌과 고사의 관련성 때문이다.

특히 보옥이 사후 원래의 청경봉 완석(頑石)으로 돌아가는 구성은 생명의 근원으로의 회귀와 생사 반복 규칙을 동시에 느끼게 해 준다.

99) 『수경주』에 기록된 돌의 의인화 고사를 보면 다음과 같다. "영석은 일명 도석(逃石)이라고 한다. 높이가 30장이 되고 넓이는 500장이나 된다. 전설에 이르길, 돌은 본래 계림 무성현에 속했는데 밤에 신속하게 변하여 홀연히 이곳으로 이동했다. 그쪽 사람이 와서 보고는 '돌이 도망왔네!'라고 탄식하였다. 이에 이름을 도석이라고 명명했다. 또 그 이동하는 모습이 영특하여 영석이라고도 부른다."

100) 돌 위에 자신의 경력을 새겨 두었는데, 공공도인(空空道人)이 신선을 방문하러 바위 아래를 지나다가 돌 위에 이야기가 쓰여 있는 것을 보고서 그것을 베껴와 세상에 전하였다고 하여 『석두기』라고 칭하게 된 것이다.

사은이 말하길, "보옥이란 곧 '옥돌'이지요. 작년에 영국부와 녕국부에서 가산이 몰수를 당하기 전인데 보채와 대옥이 헤어지던 그 날 그 옥은 벌써 세상을 떠나가 있었던 겁니다. 그것은 첫째로는 재난을 피하기 위한 것이었고, 둘째로는 서로 만나기 위해서였지요. 이때를 계기로 해서 오랜 인연이 끝나버리자 그 옥은 형체와 질이 하나로 돌아가 버렸습니다. 그리고 또 얼마쯤 영험을 나타내 우등으로 과거에 급제하고 귀한 자식 하나를 세상에 남겨놓았지요. 그로써 그 옥은 영묘한 단련을 거친 세상에 드문 보배로서 범속한 인간세상에서는 비할 바가 없다는 것을 나타냈습니다. 그 옥은 전에 망망대사와 묘묘진인에 의하여 하계에 내려왔던 것인데, 지금에 와서는 세상 인연이 찼기 때문에 그 두 사람이 다시 그걸 제 고장으로 가지고 갔지요. 이것이 보옥의 행방입니다."

士隱道: "寶玉卽'寶玉'也. 那年榮寧査抄之前, 釵黛分離之日, 此玉早已離世. 一爲避禍, 二爲撮合. 從此夙緣一了, 形質歸一. 又復稍示神靈, 高魁貴子, 方顯得此玉乃天奇地靈煅煉之寶, 非凡間可比. 前經茫茫大士渺渺眞人携帶下凡, 如今塵緣已滿, 仍是此二人携歸本處. 便是寶玉的下落.(제120회)

돌은 가보옥의 시원적 모습이자 그가 겪은 애정 역정 배후에 숨어 있는 주재자이면서 최후의 회귀인 것이다. 돌에서 태어나 돌로 회귀한다는 원형회귀 모티프 고사는 신선고사에서 동방삭이 별의 화신으로서 사후에 다시 별로 돌아간다는 고사의 서사구조와 흡사하다.

원형회귀 이전에 죽음의 과정을 거치면서 육체적, 정신적으로 유한한 인생에서 벗어나 영생과 성스러움을 얻게 되는데, 이는 변형신화의 주제와 일치한다. 인간생명과 형체를 가진 보옥은 완석의 환상일뿐 가짜 보옥으로서, 이것이 소실되면서 청경봉 아래 완석이 화한 진짜 보석으로 회귀하게 된다.

임대옥(林黛玉) 인물 기원도 원래는 서방 영하안(靈河岸) 삼생석

반(三生石畔)의 강주(絳珠) 선초(仙草)였는데, 가보옥과의 비련을 겪고 대관원의 몰락과 함께 죽은 후 최후에 다시 원래의 곳으로 회귀한다.

> 강주의 신선초가 본연의 자태로 돌아가 있는데 '통령(通靈)'의 옥이 원상으로 돌아가지 않을 수 있겠습니까?
> 仙草歸眞, 焉有'通靈'不復原之理呢?(제120회)

여기서 임대옥의 본체였던 신성한 약초는 요희(瑤姬)의 혼백이 변화한 요초(瑤草)에서 기원한다.

이 밖에 『홍루몽』에서 묘사되고 있는 통령석(通靈石)은 약석(藥石) 신화의 영향을 받았다.[101] 즉 조이낭(趙姨娘)이 풍저(風姐)를 원망하다가 마도파로 하여금 마법을 부려서 풍저와 보옥을 죽이려 하였는데, 이때 나화상(癩和尙)과 파도인(跛道人)이 통령석을 문질러 두 사람을 구해주는 장면이 나온다.

> "아닌 게 아니라 제 자식 놈이 태어날 때 옥돌 하나를 물고 나왔는데 거기에는 여러 가지 재앙을 물리친다는 글자까지 새겨져 있습니다. 그러나 어쩐 일인지 도무지 영험이 나타나지 않는군요." 중이 옆에서 가정의 말을 받았다. "나리께서야 그 보물의 신비를 아실 까닭이 없겠지요...... 어디 그 옥을 지금 이리로 가져와 보시지요. 저희들이 주문을 외워드리면 꼭 영험이 꼭 영험이 나타나게 될 테니까요...... 중은 혼자 알아듣지도 못할 소리를 한참 더 중얼대면서 구슬을 만지작거리다가 가정에게 돌려주었다.
> "小兒生時, 雖帶了一塊玉來, 上面刻着能除凶邪, 然亦未見靈效."

101) 신화에서 돌은 생명력과 생식력, 재생력, 풍요와 다산이라는 상징성, 치유력, 예언력, 신의 대리인 또는 대지모의 대리인이라는 상징성, 악귀나 상서롭지 못한 것으로부터의 보호 및 영혼불멸의 상징성 등을 갖고 있다.

那僧道: "長官有所不知…… 今將此寶取出來, 待我持誦持誦, 自然依舊靈了…… 又摩弄了一回, 說了些瘋話, 遞與賈政.(제25회)

그리고는 통령석의 힘으로 환자는 의식을 회복하고 씻은 듯이 낫는다. 주요 내용을 요약하면 다음과 같다.

이윽고 그들이 가르쳐 준 대로 보옥과 희봉을 왕부인의 방에 함께 옮겨 눕혔다. 구슬도 그들이 일러준 대로 방문 위의 들보에 걸어놓고 왕부인이 몸소 간호를 하는 외에는 일체 잡인들의 출입을 금지시켰다. 얼마나 신통한 일인가! 저녁때가 되자 두 환자는 차차 의식이 회복되는 것 같더니 배가 고프다면서 먹을 것을 청하는 것이었다. 대부인과 왕부인은 눈물이 나도록 반가워 급히 미음을 끓여다 먹였다. 그랬더니 두 사람은 더욱 원기가 돌 뿐만 아니라 이제는 헛소리를 하거나 미쳐 날뛰는 일도 씻은 듯이 없어졌다.

여기서 통령석이 도산씨 신화에 나오는 돌의 영향을 받았다는 견해도 있다. 이 돌은 일반적인 돌이 아니며 대지모에 가깝기 때문에 생산을 상징한다고 하겠다. 『홍루몽』에 나타난 돌은 생명력 그 자체라고 할 수 있으며, 작가는 결국 배후에서 돌에 의해 주재되는 가보옥이라는 주인공의 인물 설정을 통해 돌과 같이 영원히 존재하고자 하는 그의 희망을 간접적으로 표현해 내고 있다.102)

『홍루몽』에는 영웅 신화에 나오는 기이한 출생과 버림받음 및 동물의 구조라는 모티프를 반영한 대목도 나온다.

그 보살님은 서천(西天)의 대수국(大樹國)에서 태어나셨는데, 그의 양친은 나무꾼으로 살아오셨답니다. 그런데 그 부모님들이 보

102) 『홍루몽』은 오견인(吳趼人)의 『신석두기(新石頭記)』 외에 『석두기교향곡(石頭記交響曲)』 『석두기서(石頭記序』에 영향을 미친다.

살님을 낳아 놓고 보니 머리에는 뿔이 세 개나 돋아 있고 눈은 네 개나 있는데다가 키가 8척이나 되고 두 팔은 땅에 닿을 만큼 길더랍니다. 그래서 그분들은 보살님을 요귀로 생각하고 즉시 얼음산 뒤에다 내던졌지요. 그런데 뜻밖에도 이 산 위에는 득도한 늙은 원숭이 한 마리가 살고 있었는데 마침 먹이를 구하러 나왔다가 그 보살님의 머리에서 흰빛이 충천하고 야수들까지도 범접하지 못하는 것을 보고는 내력이 있는 존재라고 생각해 그 보살님을 자기 굴속으로 안고 들어갔지요. 그런데 그분은 타고난 재질이 어떻게나 총명하신지 선리(禪理)에 대해서도 잘 알고 계셔서 날마다 원숭이와 함께 선문답도 하고 참선도 하셨지요.

這個散花菩薩, 生在西天大樹國中. 父母打柴爲生. 養下菩薩來, 頭長三角, 眼橫四目, 身長八尺, 兩手拖地. 父母說道是妖精, 便棄在氷山背後了.誰知這山上有一個得道的老猢猻出來打食, 看見菩薩頂上白氣沖天, 虎狼遠避, 知道來歷非常, 便抱回洞中撫養. 誰知菩薩帶了來的聰慧, 禪也會談, 與猢猻天天談道參禪.(제101회)

홍루몽의 대관원 모습

세계의 영웅 신화는 거의 예외 없이 갓난아이 시절 기이한 출생으로 인해 버림을 받고, 이후 다른 사람이나 동물에게 구조되고 양육되는 모티프가 존재한다. 이러한 버림과 구원의 모티프는 하늘의 뜻에 따라 출생한 건국시조 또는 영웅의 신성함을 보여주기 위함이다.[103] 이러한 주제가 이 작품에서

103) 중국신화의 경우 주나라 시조인 후직의 고사에서 버림 모티프를 발견할 수 있다. 내용은 다음과 같다. 고신왕의 왕후인 강원은 아이가 없어 번민에 쌓였는데, 어느 날 거인의 발자국을 밟고 잉태한다. 하지만 출생한 아이는 둥근 고깃덩어리였고, 몹시 놀란 강원은 궁밖에 버린다. 하지만 신기하게도 소와 양들이 고깃덩어리를 밟을까봐 조심하며 옆으로 지나쳤다. 산속에 버리려했지만 사람들이 나무를 하고 있어서 버리지 못하고, 연못

소재로 활용되고 있는 것이다.

이밖에 『홍루몽』에는 신화 요소인 성인식, 낙원, 뱀, 나무 관련 모티프와 조운(朝雲), 신녀봉, 그리고 신선 마고와 괴성(魁星)이 등장한다. 진병량(陳炳良)은 홍루몽의 대관원(大觀園)은 바로 『성경』의 낙원(paradise)과 대비되며, 작자는 대관원을 태허환경(太虛幻境) 즉 환상 적 신화세계의 축소판이자 실낙원(lost paradise)으로 보고 있다고 주장하고 있다.[104] 여러 신화 요소들이 작가 조설근의 손을 거쳐 변조되면서 전혀 새로운 신화구조로 탈바꿈하게 된다.

5. 『요재지이(聊齋志異)』

포송령(蒲松齡)(1640-1715)의 『요재지이(聊齋志異)』에서도 신화적 운용을 엿볼 수 있다. 이 작품은 포송령이 50세 때 완성하였는데, 그가 서문에서 "재능은 간보(干寶)만 못하나 수신(搜神)을 좋아하고 정은 황주(黃州)와 같아서 다른 사람이 귀(鬼)를 이야기하는 것을 즐겨 들어 한가하면 곧 붓을 잡고 이로써 편을 이루었다."고 한 것을 보면 오랫동안 신화 자료를 수집하였음을 알 수 있다.

『요재지이』가 신선(神仙) · 호귀(狐鬼) · 정매(精魅)를 기술한 고사이긴 하지만 순서가 정연하고 전기의 기법을 쓰고 있다. 그러면서도 괴를 지(志)하여 그 변화 형상이 눈앞에 펼쳐지는 듯한 느낌을 준

에 버리려했으나 한파가 몰아쳐서 연못이 얼어붙고 만다. 이때 새 한 마리가 날아와 고깃덩어리 위를 돌더니 따뜻하게 감싸주었다. 고깃덩어리가 계라 껍질처럼 갈라지더니 그 속에서 어린아이가 나왔다. 이 아이가 바로 기(棄)인데 나중에 주민족의 시조가 되었다고 한다.

104) 陳炳良, 『神話禮儀文學』, 205쪽-220쪽 참조.

다.[105)]

예를 들어 『요재지이』 권4 「황영(黃英)」에는 사람이 국화로 변하는 고사가 나오는데, 여기에는 신화의 변형 모티프가 반영되어 있다.

> 도(陶)는 원래 술을 잘 마셔서 여태껏 그가 심취한 것을 보지 못했다. 증생(曾生)이라는 친구가 있는데 그의 주량 역시 무적이었다. 마침 마(馬)를 방문했는데 마는 그를 도와 함께 음주 시합을 시켰다. 두 사람은 아침 8시부터 새벽 2시까지 각각 100잔을 마셨는데, 증생은 만신창이로 취하여 앉은자리에서 깊은 잠에 들었다. 반면 도는 일어나 돌아가 잠을 자러 문을 나서 국화 밭을 밟았는데, 몸이 쓰러지면서 옷은 옆에 벗겨지고 바로 국화로 변하였다. 길이가 사람처럼 크고 10여 송이의 꽃은 주먹보다 컸다. 마는 기절할 만큼 놀랐고 이를 부인 황영(黃英)에게 알렸다. 황영은 급히 가서 국화를 뽑아 땅에 놓고 이르길, "어찌 이렇게 취했는가?"라고 말하고는 옷으로 덮어놓고 마와 함께 가면서 보아서는 안 된다고 주의를 주었다. 다음날 아침 가보니 도는 밭가에 누워 있었다. 마는 이에 처와 처남이 국화 정물이라는 것을 알았지만 더욱 이들을 경애하였다. 그리고 도는 스스로 신분이 탄로 났지만 더욱 술을 많이 마셨다...... 화조일에 증생이 내방하여 두 하인이 들고 온 약이 들어 간 백주 한 단지를 함께 다 마시기로 약속하였다...... 증생은 이미 곤드레가 되도록 취하여 하인들이 그를 업고 갔고 도는 땅에 누워 다시 국화로 변하였다. 마는 이미 보았던 터라 놀라지 않고 예전처럼 그를 뽑아 놓고 그 옆을 지키며 그 변화를 보았다. 한참 후 잎이 점점 초췌해지자 크게 놀라 비로소 황영에게 알렸다. 황영은 이를 듣고 놀라며 말하길, "내 동생을 죽였네!"라고 하고 달려가 보니 뿌리와 줄기가 이미 시들어 버렸다. 통절하며 그 줄기를 잘라 화분에 심고는 방안으로 가지고 들어가 매일 물을 주었다. 마는 회한으로 기절할 정도였고 심히 증생을 미워하였다. 며칠이 지난 후 증생이 이미 취하여 죽었다는 소식을 들었다. 화분 속의 꽃은

105) 魯迅 저, 정범진 역, 『중국소설사략』, 236쪽 참조.

점차 싹이 텄고 9월에는 꽃이 피었는데 줄기는 짧고 꽃은 희었다. 이를 맡으면 술 내음이 나서 이름을 '취도'라 불렀고 술을 부으면 바로 무성해졌다.

陶飮素豪, 從不見其沈醉. 有友人曾生, 量亦無對. 適過馬, 馬使與陶較飮. 二人自辰以訖四漏, 計各盡百壺, 曾爛醉如泥, 沈睡坐間. 陶起歸寢, 出門踐菊畦, 玉山傾倒, 委衣於側, 卽地化爲菊. 高如人, 花十餘朶皆大於拳. 馬駭絶, 告黃英. 英急往, 拔置至上, 曰: "胡醉至此?" 覆以衣, 要馬俱去, 戒勿視. 旣明而往, 則陶臥畦邊. 馬乃悟姊弟菊精也, 益愛敬之. 而陶自露迹, 飮益放…… 値花朝, 曾來造訪, 以兩僕舁藥浸白酒一罈, 約與共盡…… 曾醉已憊, 諸僕負之去. 陶臥地又化爲菊. 馬見慣不驚, 如法拔之, 守其旁以觀其變. 久之, 葉益憔悴, 大懼, 始告黃英. 英聞, 駭曰: "殺吾弟矣!" 奔視之, 根株已枯. 痛絶, 掐其梗埋盆中, 携入閨中, 日灌漑之. 馬悔恨欲絶, 甚惡曾. 越數日, 聞曾已醉死矣. 盆中花漸萌, 九月, 旣開, 短幹粉朶, 嗅之有酒香, 名之'醉陶', 澆以酒則茂.

마재자(馬才子)가 도씨황영(陶氏黃英)을 아내로 맞았는데, 평소 그녀가 돈을 모으고 재산을 장만한 것이 일반 사람과 다르지 않았지만 사실은 국화의 정물(精物)로서 그녀의 아우 도(陶)가 쓰러지자 돌연 국화로 변하였다는 이야기도 있다.

지괴고사 유형은 일반적으로 괴이하여 인정에 맞지 않지만, 이 작품은 화요(花妖)로 하여금 인정을 구비시켜 인간에게 친근감을 주게 함으로써 그것이 화물(化物)이라는 것을 잊게 만든다.

『요재지이』에는 동물 변형 신화를 활용한 고사가 많이 실려 있다. 인간이 동물로 변하는 경우도 있고, 반대로 동물이 인간으로 변하는 경우도 있다. 인간과 동물을 구분 짓지 않았던 고대인의 토템사상이 인간과 동물 간 교류가 가능한 변형고사를 탄생시킨 것이다.

「향고(向杲)」와 「화피(畵皮)」에는 사람이 호랑이와 까마귀로 각각 변형된다.106) 가죽이나 털을 뒤집어쓰고 동물로 변화하는 모습은 인간의 동물 혹은 신에 대한 갈망으로 해석할 수 있다. 고대에 동물 형태의 가면은 신의 체현으로 보았기 때문이다. 고대인의 동물에 대한 공포와 경외를 반영한 신화의 변형 형태 고사로 바라볼 수 있다.

『요재지이』에는 다양한 동물변형 고사가 있는데, 그중에는 여우가 소재로 빈번하게 등장한다. 「가아(賈兒)」에 다음과 같은 기록이 있다.

> "나는 호씨 집안의 아들입니다. 제가 일찍이 어디선가 아저씨가 두 분의 주인을 모시고 가는 것을 보았는데, 아저씨는 잊어버리신 모양이지요?" 그 사람은 아이를 유심히 살펴보았지만, 그 말이 사실인지 아닌지 분간이 잘 되지 않았다. 아이는 살짝 바지를 내려 자기의 가짜꼬리를 보여주면서 말했다. "우리들이 비록 지금은 사람들 사이에 섞여있을 수 있지만, 이렇게 꼬리가 떨어지지 않고 붙어있으니 한심스럽기만 해요."
>
> "我胡氏子. 曾在何處, 見君從兩郎, 顧忘之耶?" 其人熟審之, 若信若疑. 兒微啓下裳, 少少露其假尾, 曰: "我輩混迹人中, 但此物猶存, 爲可恨耳."

106) 「향고」에 이르길, "향고가 옷을 갈아입고 추위를 참으며 바닥에 웅크리고 있었다. 그러다 문득 자기 몸을 돌아보니 잠시 사이에 털과 가죽이 생겨나더니 어느새 자신의 몸은 호랑이로 변해 있는 것이었다. 도사는 이미 어디로 갔는지 보이지 않았다. 향고는 놀랍기도 하고 또 도사가 원망스럽기도 했다. 그러나 한편으로는 원수를 붙잡아 그의 고기를 먹음으로써 복수를 달성할 수 있을 것이라는 생각이 들었다...... 그 이튿날 장공자가 바로 그곳을 지나가게 되었다. 그때 갑자기 호랑이가 튀어나와 말 위의 장공자를 쳐서 떨어뜨리고 그 머리를 물어뜯어 삼켜버렸다." 「화피」에 이르길, "오왕의 허락이 떨어지자 즉시 어객에게 흑의 한 벌이 주어졌다. 어객이 그 옷을 입자 자신의 몸은 어느새 까마귀로 변하여 날개를 퍼덕이며 하늘로 날아오르고 있었다."

여우는 사람의 형태를 갖추고는 있지만 꼬리가 아직 붙어있는 모습으로 등장한다. 즉 반인반수의 모습으로서, 사람의 혼을 빼먹는 요괴로 등장하고 있다.

「왕성(王成)」에는 수도를 한 여우가 신선으로 변신하는 이야기가 나온다.

> "네가 바로 왕간지의 손자란 말이냐? 나는 호선(狐仙)이란다. 백년 전에 네 할아버지와 정분이 나 그만 부부가 되었지. 너희 할아버지가 돌아가시자 나는 행방을 감추고 말았어. 이곳을 지나가다 금비녀를 잃어버렸는데 그것이 마침 너의 손에 들어갔으니, 이 어찌 하늘의 뜻이 아니겠는가?" 왕성도 그의 조부에게 여우 처가 있었다는 말을 들은 적이 있기 때문에 노파의 말을 믿을 수 있었다.
>
> "汝卽王柬之之孫耶? 我乃狐仙, 百年前, 與君祖繾綣. 君祖歿, 老身遂隱. 過此遺釵, 適入子手, 非天數耶?" 王亦曾聞祖有狐妻, 信其言.

한편 「청봉(靑鳳)」에 이르길,

> "듣자하니 당신 조부님은 『도산외전』이라는 책을 지으셨다는데 그 일을 알고 계십니까?" "알고 있습니다." 노인이 다시 말을 이었다. "실은 저는 도산씨(塗山氏)의 후손입니다. 요 임금 이후로는 족보가 전해지기 때문에 그런대로 조상님의 행적을 기억하고 있으나, 오대(五代) 이 전으로 거슬러 가면 기록이 전해지지 않아 아는 것이 하나도 없습니다. 공자께서 부디 저에게 가르쳐 주십시오." 그러자 경거병은 도산의 여자가 어떻게 우(禹)임금과 결혼하여 그의 치수를 도왔는지 곁가지를 섞어가며 폭포수처럼 유창한 언변으로 장황하게 설명해주었다……삼랑이 떠난 후 청봉은 그 여우를 자기 품에 꼭 안았다. 그렇게 사흘이 지나자 여우는 의식을 회복하였다. 여우가 땅바닥에 구르니 다시 노인의 모습으로 변했다. 노인

은 고개를 들어 청봉을 보더니 자신이 저승에 와 있다고 생각했다. 하지만 청봉이 지금까지의 얘기를 모두 자세하게 설명해 주자 노인은 무릎을 꿇고는 부끄러워하며 거병에게 과거에 자신이 한 잘못을 용서해달라고 빌었다. 그리고 청봉을 향하여 흐뭇해 하며 말했다. "난 항상 네가 죽었을 리가 없다고 말했단다. 지금 내 생각이 옳았다는 게 증명되었구나." 그러자 청봉이 거병을 향해 말했다. "부탁이 하나 있는데 만일 당신이 절 사랑하신다면 제가 아저씨께 진 빚을 갚을 수 있도록 아저씨의 가족들을 당신의 집에서 살게 해주세요." 거병은 당연히 승낙했다. 노인은 얼굴을 붉히며 거병에게 고마움을 표하고는 떠났다.

"聞君祖纂『塗山外傳』, 知之乎?" 答: "知之." 叟曰: "我塗山氏之苗裔也. 唐以後, 譜系猶能憶之, 五代而上無傳焉. 幸公子一垂敎也." 生略述塗山女佐禹之功, 粉飾多詞, 妙緖泉湧. ……客去, 女抱狐於懷, 三日而蘇, 輾轉夏化爲叟. 擧目見鳳, 疑非人間. 女歷言其情. 叟乃下拜, 慚謝前愆. 喜顧女曰: "我固謂汝不死, 今果然矣." 女謂生曰: "君如念妾, 還乞以樓宅相假, 使妾得申返哺之私." 生諾之. 叟赧然謝別而去.

여기서 여우가 사람 모습으로 나타나 자신이 도산씨의 후손이라고 소개한다. 이후 주인공은 여우 모습으로 사냥감이 된 늙은 여우를 살려주고 그 보답으로 그의 조카뻘 되는 효아라는 미녀여우와 함께 사는 행운을 누린다. 여우의 모습은 우(禹)라는 신화상의 인물과 결합하여 완벽한 인간의 모습을 하고 있다.[107] 인간미를 가진 동물변형 고사라고 할 수 있다.

107) 우는 전설상의 하 왕조의 설립자로 대홍수를 막아낸 신화상의 홍수 영웅이다. 우의 고사에 관한 기록에 의하면 우가 서른 살이 넘도록 아내를 얻지 못하다가 어느 날 도산에서 도산국 제후의 딸인 꼬리가 아홉 개가 달린 흰 여우를 본다. 어린 여우의 딸과 결혼하면 제왕이 될 수 있고 나라도 번창한다는 전설이 있었기에 우는 그 여우의 딸을 아내로 맞는다. 그녀가 바로 도산씨이다.

이처럼 여우는 부정적으로 묘사되기도 하지만, 어떤 경우에는 매우 선량한 마음을 지니기도 하고 은혜를 갚는 도리도 있으며 귀신으로부터 인간을 보호하기도 한다. 여우가 도덕과 인간적 도리를 드러내는 것은 인성과 수성이 뒤얽힌 심리, 즉 인간과 동물의 형체를 공유함으로써 신과 통할 수 있다는 신화적 요소가 투영된 것으로 볼 수 있다. 또한 여우들이 인간과 결혼하여 아이를 낳고 단란한 가정을 이루는 것은 바로 고대인들의 교혼(交婚) 또는 고대 신화 속에 나타난 여우에 대한 긍적적 관점이 반영된 것으로 볼 수 있다.108)

『요재지이』에는 이밖에 호랑이 · 메뚜기 · 벌 · 쥐 · 물고기 정령의 변형 고사가 많이 등장한다. 그중 「왕사수(汪士秀)」 고사는 물고기 정령 관련 고사로서 내용은 소개하면 다음과 같다. 왕사수라는 사람은 공을 잘 차는 사람인데 일찍이 아버지가 물에 빠져 죽었다. 그가 동정호 호숫가에 머물다가 호수 안에서 다섯 사람이 나와서 자리를 펴고 술을 마시며 공을 차는 것을 목격하게 된다. 그는 호기가 발동하여 그 공을 힘껏 찼는데 그만 그 공이 물에 빠져 사라져버린다. 이에 물고기 정령들이 화가 나 그를 해치려하지만 죽은 줄만 알았던 아버지의 도움으로 사투 끝에 둘 다 목숨을 구한다. 내용 중 일부를 인용하면 다음과 같다.

> 그로부터 팔구 년이 지나서의 일이다. 왕사수가 일이 있어 배를 타고 호남 지방으로 가다가 밤중에 동정호 호숫가에 정박하게 되

108) 여우는 조화를 부리는 영물로서 인간을 괴롭히는 요물로 인식되어 왔지만, 신성수로서 전승되어 내려오기도 했다. 예를 들어 청구국(青邱國) 신화고사에는 청구국 사람들은 오곡을 먹었고 비단옷을 입는 것이 우리들과 다를 바가 없고, 다만 그곳에는 발이 네 개에 꼬리가 아홉 달린 여우가 사는데, 천하가 태평할 때 세상에 나와 상서로움을 예고한다고 전해진다. 홍수 전설 중에도 여우가 종종 도움을 주는 동물 역할을 하기도 한다.

었다. 때마침 휘영청 밝은 달이 동쪽에서 떠오르고, 맑은 물은 마치 흰 비단처럼 반짝이고 있었다. 왕사수는 호수를 바라보고 있었다. 그런데 갑자기 다섯 명의 사람이 호수 안에서 뛰쳐나오는 것이었다. 그들은 커다란 자리를 들고 나와 수면 위에 펼쳐놓는데, 대략 반 무(畝) 정도의 넓이는 되었다....... "애야, 너는 빨리 숨어라. 그렇지 않으면 모두 죽는다." 말이 끝나기도 전, 그 세 사람이 배 위로 사납게 올라왔다. 이 세 사람은 칠흑처럼 까만 얼굴에 석류처럼 커다란 눈동자를 하고 노인을 잡아가려 했다. 왕사수는 목숨을 걸고 그들과 싸워 아버지를 되찾으려고 했다. 배가 흔들리고 밧줄이 끊어졌다. 왕사수는 칼로 노란 옷을 입은 사람의 한쪽 어깨를 내리쳐 떨어뜨렸다. 노란 옷의 사람은 도주하고 말았다. 이번에는 흰 옷의 사람이 왕사수를 죽이려고 달려들었다. 왕사수가 그의 머리를 치자 머리가 물 위로 떨어지며 풍덩 소리를 냈다. 왕사수가 어둠을 이용해 호수를 건너가야겠다고 생각하던 찰나, 커다란 아가리가 물속에서 솟아나왔는데 그 깊이가 큰 우물 만하였다. 곧이어 사방의 호수물이 그 아가리 속으로 펑펑 빨려 들어갔다. 그러다가 아가리는 맹렬히 물을 뿜어대기 시작했다. 파도는 하늘을 적시고 별에까지 닿을 지경이었다. 호숫가에 정박해 있던 배들은 모두 요동을 쳤고, 배에 타고 있던 사람들은 모두 공포에 질렸다. 마침 배 위에는 두 개의 돌북(石鼓)이 있었는데, 둘 다 무게가 백 근이 넘었다. 왕사수는 돌북 하나를 들어 아가리에 던져 넣었다. 돌북이 물위에 떨어지면서 천둥소리 같은 큰소리를 냈다. 곧 파도가 점점 잦아들기 시작했다. 남은 돌북을 또 던지니 파도는 이내 잠잠해졌다 .... 괴물들은 전당강의 신에게 죄를 지어 여기 동정호로 옮겨왔던 것이다. 아까 그 세 사람은 물고기의 정령들이었고, 차고 놀았던 그 공은 물고기 부레였다. 아버지와 아들은 서로 얼싸안고 매우 기뻐했다. 둘은 밤중에 배를 타고 그 지방을 떠났다. 날이 밝아서 보니, 배 위에 물고기 지느러미가 하나 떨어져 있었는데, 길이가 4-5척은 되었다. 이것은 어제 밤 싸움에서 떨어진 물고기 정령의 어깨였던 것이다.

積八九年, 汪以故詣湖南, 夜泊洞庭. 時望月東升, 澄江如練. 方眺矚間, 忽有五人自湖中出, 携大席平鋪水面, 略可半畝…… 兒急作匿. 不然, 都死矣! 言未已, 三人忽已登舟, 面皆漆黑, 睛大於榴, 攫 搜出. 汪力與奪, 搖舟斷纜. 汪以刀裁其臂落, 黃衣者乃逃. 一白衣人奔汪. 汪剁其顱, 墮水有聲, 哄然俱沒. 方謀夜渡, 旋見巨喙出水面, 深若井. 四面湖水奔注, 呼呼作響. 俄一噴湧, 則浪接星斗, 万舟簸蕩, 湖人大恐. 舟上有石敲二, 皆重百斤. 汪擧一以投, 激水雷鳴, 浪漸消. 又投其一, 風波悉平…… 物得罪於錢塘君, 故移避洞庭耳. 三人魚精, 所蹴魚胞也. 父子聚喜, 中夜擊棹而去. 天明, 見舟中有魚翅, 徑四五尺許, 乃悟是夜間所斷臂也.

괴물들이 전당강(錢塘江)의 신에게 죄를 지어 동정호로 왔다는 내용이 나오는데, 이는 당대 소설『유의전』의 전당군과 동정군의 영향을 받은 것으로 보인다. 특히 전당군은 잔폭한 인물로서 신화 속 용의 가족에서 유래하고 있다.

수신(水神)[109] 관련 신화고사는「서호주(西湖主)」에서도 의인화되어 활용되고 있다.

"저의 모친은 동정호 용왕의 왕비이고, 양자강 왕의 딸입니다. 작년에 모친께서 친정에 다녀오시는 길에 우연히 호수 위에서 쉬고 계시다가 화살을 맞았습니다. 다행히 당신 덕분에 목숨을 구하고 게다가 약까지 받았습니다. 집안 식구들은 모두 당신 은혜에 감격하여 언제나 잊은 적이 없습니다. 낭군께서는 제가 인간이 아니라고 두려워 말아주세요. 저는 용왕에게서 장수의 비결을 익혀두었으니, 그것을 당신과 함께 누렸으면 합니다." 진생은 비로소 이들이 원래 신이라는 것을 깨닫고 궁금해서 물어보았다. "시녀는

109) 중국신화 속의 수신은 물고기나 뱀, 또는 물고기와 뱀에서 변형된 용신이 대부분이다. 전욱(顓頊), 백곤(白鯀), 우(禹) 등이 대표적인 수신의 특징을 보여주고 있다. 고대인들의 수신에 대한 심리는 징벌과 헌희(獻犧)라는 두 형태로 나타난다.

어떻게 나를 알고 있었습니까?" 공주가 대답했다. "그때 동정호의 배위에서 저파룡의 꼬리를 물고 있던 작은 물고기가 있었죠? 그것이 바로 그 시녀입니다."

"妾母, 湖君妃子, 乃揚江王女, 舊歲歸寧, 偶遊湖上, 爲流矢所中, 蒙君脫免, 又賜刀圭之藥, 一門戴佩, 常不去心. 郎勿以非類見疑. 妾從龍君, 得長生訣, 願與郎共之" 生乃悟爲神人, 因問: "婢子何以相識?" 曰: "爾日洞庭舟上曾有小魚銜尾, 卽此婢也."

여기서도 진생과 용녀의 인신연애라는 낭만적 이야기와 함께 동정호의 임금님 즉 동정호 수신 이야기가 언급되어 있다.

『요재지이』에는 또한 신화 속 기국이인 고사를 소재로 활용하고 있다. 「나찰해시(羅刹海市)」 고사를 소개하면 다음과 같다.

(한번은 마기가) 상인들을 따라 바다로 나갔다가 배가 태풍을 만나 떠내려갔다. 며칠 밤낮을 표류하던 끝에 마침내 어느 도회지에 닿았다. 그런데 그곳 사람들은 모두가 몹시 추한 얼굴을 하고 있었다. 그들은 마기를 보자 요물로 생각하여 모두들 떠들어대며 도망쳤다. 마기도 처음 그들을 보았을 때는 무서웠으나, 그 사람들이 자기를 무서워하고 있다는 것을 알자 도리어 그 점을 이용하여 그들을 속이기 시작했다.

從人浮海, 爲颶風引去. 數晝夜至一都會. 其人皆奇丑, 見馬至, 以爲妖, 群嘩而走. 馬初見其狀, 大懼, 迨知國人之駭己也, 遂反以此欺國人.

나찰은 산스크리트로 악귀이며, 나찰국 사람들은 붉은 머리에 검은 얼굴, 짐승이빨에 매의 발톱을 하고 있다고 전해진다. 여기서는 이 나찰국을 소재로 하여 다음과 같은 내용으로 전개된다. 주인공이 상인을 따라 바다로 나갔다가 태풍을 만나 나찰국에 들어가 분장을 한 뒤 나찰국의 고위간부와 교분을 맺다가 그가 변장한 것이 들키자

교인(鮫人)[110]들이 연다는 해시로 도망을 간다. 여기서 그는 다시 동양국(東洋國)의 셋째 세자를 만나고 연이어 용왕을 만나 용왕의 딸과 결혼하고 봉황(鳳凰)의 노랫소리를 즐기며 호위호식하다가 고향에 대한 그리움으로 인해 아이들을 데리고 다시 인간세계로 와서 공주와 떨어져 생활하게 된다는 줄거리이다. 나찰과 고인, 용왕과 봉황 등이 함께 결합하여 새로운 기인이국을 형성하고 있다.

마지막 '이사씨왈(異史氏曰)' 부분에 본 고사의 주제가 분명히 나타나고 있다.

> 분장한 얼굴을 환영하다니 마치 세상은 도깨비와 같다. 종기 딱지를 먹는 버릇은 온 세상이 다 마찬가지이다. 작은 부끄러움은 조금 좋아하고, 큰 부끄러움은 아주 좋아한다. 만약 공공연하게 정당한 모습으로 도시에 나타나면 놀라서 도망치지 않는 자는 아마 드물 것이다. 저 능양(陵陽)의 치자는 훌륭한 미옥을 안고 어디를 향하여 울면 좋단 말인가? 아! 부귀영화라는 것은 신기루 가운데서나 구할 일이다.
>
> 花面逢迎, 世情如鬼. 嗜痂之癖, 擧世一轍. 小慚小好, 大慚大好. 若公然帶須眉以遊都市, 其不駭而走者盖其希矣. 彼陵陽痴者, 將抱連城玉向何處哭也? 嗚呼! 顯榮富貴, 當於蜃樓海市中求之耳!

미와 추의 가치가 바뀌어 추할수록 더 높은 관리가 될 수 있고 종기 딱지를 먹는 버릇을 가진 만주족의 야만성을 풍자하고 있다. 미와 추의 전도는 선악을 구분 못하는 만청 관리들을 비판하는 대목이다. 또한 재주를 알아주지 않는 현실에 대한 불만을 신기루라는 이상향을 내세워 그곳에서 자신의 재능을 풀어보고 싶은 소망도 담겨있다.

다음으로 「야차국(夜叉國)」 내용을 일부 인용하면 다음과 같다.

110) 신화전설에 의하면 남쪽 바다에 살며 교초라고 하는 훌륭한 비단을 짠다고 한다. 늘 눈물을 흘리는데 그 눈물이 굳으면 진주가 된다고 한다.

> 놈들은 창을 세운 듯이 뾰족한 이빨에 등불처럼 빛나는 눈을 하고, 날카로운 손톱으로 사슴을 산 채로 뜯어먹고 있었다. 서씨는 이것을 보고 소름이 끼쳐서 황급히 도망치려고 했으나 이때는 이미 야차가 그를 발견한 뒤였다…… 이렇게 서씨와 야차들이 며칠을 같이 지내는 동안 야차들은 외출할 때에도 더 이상 문을 막아놓지 않았고 또 서씨를 마치 한 가족처럼 대해주었다. 서씨도 차츰 야차의 소리를 듣고 그 뜻을 알 수 있게 되었을 뿐만 아니라 야차의 소리를 흉내 내어 야차의 말을 할 줄 알게 되었다. 그러자 야차들은 더욱 더 기뻐하면서 암컷 야차를 한 놈 데려와 그의 아내로 삼게 했다.
>
> 牙森列戟, 目閃雙燈, 爪劈生鹿而食. 驚散魂魄, 急欲奔下, 則夜叉見之…… 居數日, 夜叉漸與徐熟, 出亦不施禁錮, 聚處如家人. 徐漸能察聲知意, 輒效其音, 爲夜叉語. 夜叉益悅, 携一雌來妻徐.

역시 약사(Yaksa) 또는 능담귀(能噉鬼)로 번역되는 형체가 추괴하고 흉악한 인도 전설 속 귀신 야차[111]를 운용하여 기국이인의 세계를 묘사하고 있다. 「노산도사(勞山道士)」에는 항아분월 고사가 변용된 고사도 나온다.

> "고맙게도 자네가 밝은 달빛을 선사했는데, 우리가 어떻게 이렇게 묵묵히 앉아 술만 마실 수 있겠는가? 항아(姮娥)를 부르는 게 어떻겠는가?" 그러더니 그는 젓가락을 종이 달 속에 던져 넣었는데, 곧이어 한 아름다운 여인이 달빛 속에서 걸어 나오는 게 아닌가! 그녀는 땅위에 내려서는 다른 사람들과 자리를 같이 했다. 그녀의 허리는 가늘고 이마는 예쁘기 그지없었다. 그녀는 곧 사뿐사뿐 예상우의무를 추었다. 춤이 끝나고 나서는 노래를 불렀다…… 노래를 마치고 또 빙글빙글 돌며 춤을 추기 시작했다. 폴짝 뛰어 탁자 위에 오른 그녀의 아름다운 자태에 모든 사람들이 넋을 빼앗기고

111) 불교에서 야차는 천 · 용 · 건달바 · 아수라 · 가루라 · 긴나라 · 마후라가와 함께 팔부중으로서 불법을 수호하고 법화경의 행자를 수호하는 귀신으로 설해져 있다.

있을 때, 항아는 문득 젓가락으로 변해있었다. "오늘 저녁은 정말 즐거웠네. 그러나 술기운을 주체 못하겠으니, 나를 월궁으로 좀 데려다주지 않겠나?" 이리하여 사부와 손님들은 자리를 옮겨 천천히 달 속으로 들어갔다. 모두들 이 세 사람이 월궁 안에서 술 마시는 것을 지켜보았는데, 그들의 눈썹과 수염이 너무나 분명하게 보여 마치 그들의 모습이 거울 속에 있는 것과 같았다. 시간이 지나자 달빛이 점점 어두워져 갔다. 제자들이 등불을 켜보니 도사가 홀로 앉아 있을 뿐, 손님들은 모두 보이지 않았다. 탁자 위에는 안주가 좀 남아있을 뿐이었다. 담벽 위의 달빛은 거울 모양의 둥근 종이 한 장에 불과했다.

"蒙賜月明之照, 乃爾寂飮, 何不呼嫦娥來?" 乃以箸擲月中. 見一美人, 自光中出. 初不盈尺, 至地遂與人等. 纖腰秀項, 翩翩作霓裳舞, 已而歌…… 歌畢, 盤旋而起, 躍登几上, 驚顧之間, 已復爲箸. 三人大笑, 又一客曰: "今宵最樂, 然不勝酒力矣. 其餞我於月宮可乎?" 三人移席, 漸入月中. 衆視三人, 坐月中飮, 鬚眉畢見, 如影之在鏡中. 移時, 月漸暗. 門人燃燭來, 則道士獨坐而客杳矣. 几上肴核尙存. 壁上月, 紙圓如鏡而耳.

신화고사에서는 항아가 남편 예로부터 불사약을 훔쳐 달로 도망가서 살았다는 것이 전부인데, 여기서는 상상력이 가미되어 항아가 노래를 부르고 아름다운 자태로 춤을 추며 남들을 즐겁게 해주고는 다시 젓가락으로 변한다는 내용으로 바뀐다. 항아와 월궁, 불사의 달과 변형 모티프가 결합되어 변형된 이야기다.

「요술(妖術)」에는 신화 속의 예가 등장한다.

우씨는 커다란 귀신을 하나 보았는데, 키가 처마만큼 컸다. 어두운 달빛 아래서 보니 귀신의 얼굴은 검기가 석탄덩이 같았지만 두 눈만은 번쩍번쩍 누런빛을 내고 있었다. 웃통은 아무 옷도 입지 않았고 신발도 신고 있지 않았는데, 손에는 활을 들고 허리에는 화살을 메고 있었다. 우씨가 겁을 집어먹고 있는 사이에 그 커다란 귀신은 활에 화살을 재고 우씨를 향해 쏘았다. 우씨는 손과 눈을 재빨리 움직여 날아오는 화살을 칼로 쳐냈다. 화살은 땅 위에 떨어졌다. 우씨가 막 칼로 커다란 귀신을 찌르려고 하는데, 그 귀신은 또 활에 화살을 재고 있었다. 우씨는 잽싸게 몸을 피했고, 날아온 화살은 담벼락을 콱 뚫어버렸다.

(于公)見一巨鬼, 高與檐齊, 昏月中, 見其面黑如煤, 眼閃爍有黃光, 上無衣, 下無履, 手弓而腰矢. 公方駭, 鬼則彎矣. 公以劍撥矢, 矢墮, 欲擊之, 則又彎矣, 公急躍避, 矢貫於壁.

열개의 태양을 쏘고 흉수를 활로 제압하여 백성들이 편안하도록 만든 신화 속 영웅인물 예가 여기서는 이미지가 완전히 바뀌어 검게 그을린 귀신으로 묘사되고 있다. 이 작품은 점쟁이가 자신의 신통함을 드러내기 위해 요술로 괴물을 보내 서생을 해치려 하는 이야기인데, 예가 그 괴물 역할을 담당하고 있다는 점에서 신화 속 예의 모습과는 거리가 멀다.

「투도(偸桃)」에는 서왕모가 등장한다.

마술사는 매우 난처해하다가 한참 후에야 비로소 말했다. "아무리 생각해보아도, 지금은 초봄이고 눈이 아직 땅 위에 쌓인 그대로인데, 이 세상 어디에서 복숭아를 구할 수 있단 말이냐? 다만 하늘나라의 여신 서왕모의 정원만이 사계절 동안 항상 푸르고 풀과 나무가 시들지 아니하니, 혹 있을지도 모르겠다. 반드시 그것을 하늘나라에서 훔쳐와야겠다......" 한참 후 복숭아 한 개가 떨어졌는데 밥그릇과 크기가 비슷했다. 마술사는 기분이 좋아져서 급히 복숭아를 집어다가 당상의 관장에게 바쳤다. 당상의 각급 고관들이 그것을 서로서로 돌려보았지만, 아무도 이 복숭아가 진짜인지 가짜인지 판별을 하지 못했다. 그때 갑자기 걸려있던 밧줄이 땅에 떨어져버렸다. "큰일 났다! 큰일 났다! 하늘 위의 사람이 내 밧줄을 끊어버렸다. 내 아이는 이제 어떻게 내려온단 말인가!" 조금 있다가 또 하나의 물체가 떨어졌는데, 마술사가 가 보니 아들의 머리였다. 그는 아들의 머리를 받들고 슬피 울기 시작했다. "이것은 분명 복숭아를 훔쳐다가 과수원지기에게 들켰기 때문이리라. 우리 아들은 이제 끝장이 나고 말았구나. 흑흑!" 곧이어 다리 하나가 떨어지고, 또 사지가 떨어져 내리는데, 어느 것 하나 성한 것이 없었다. 마술사는 죽고 싶을 정도로 너무나 슬펐지만, 아들의 흩어진 몸을 하나하나 주워서 대나무 상자 안에 넣고 뚜껑을 덮었다.

術人惆悵良久, 乃云: "我籌之爛熟. 春初雪積, 人間何處可覓? 唯王母園中, 四時常不凋御, 或有之. 必竊之天上, 乃可……" 久之, 墜一桃, 如碗大. 術人喜, 持獻公堂. 堂上傳示良久, 亦不知其眞僞. 忽而繩落地上, 術人驚曰: "殆矣! 上有人斷吾繩, 兒將焉托!" 移時, 一物墮. 視之, 其子首也. 捧而泣曰: "是必偸桃爲監者所覺. 吾兒休矣!" 又移時, 一足落, 無何肢體紛墮, 無复存者, 術人大悲, 一一拾置笥中而闔之.

신화 인물 서왕모는 반인반수의 기이한 모습으로 사악함을 관장하다가 한대에는 아름다운 신선의 모습으로 바뀌고, 『대당삼장취경시화』에서 간접적으로 무서운 모습을 드러내다가 『서유기』에서 평범한 모습을 보였는데, 여기서 다시 과격한 성격의 소유자로 모습을 나타고 있다.

또한 서왕모의 궁전인 요대(瑤臺), 순임금의 두 아내인 아황(娥皇)과 여영(女英), 바람신 풍이(馮夷)를 결합한 고사와 뇌공(雷公)을 소재로 한 고사도 보인다. 「강비(絳妃)」에 이르길,

옛날 우리 순임금은 그 간교한 꼬임에 넘어가 아황과 여영의 두 황후로는 부족하다 여기시고 거(渠)에게 의탁해 백성들의 고난을 해소하려 하셨고, ……풍이(馮夷)가 일어나 북을 치니 소녀는 들어가 생황을 불고, ……요대의 푸른 휘장을 잡아당기니 도대체 무슨 흑심이었는지?

昔虞帝受其狐媚, 英皇不足解慢, 反借渠以解慍, ……馮夷起而擊鼓, 少女進而吹笙, ……牽瑤臺之翠帳, 於意云何?

「뇌공(雷公)」에 이르길,

박주 사람 왕종간의 어머니가 방안에 앉아 있는데 마침 가랑비가 내리며 꾸물꾸물 흐려지기 시작했다. 문득 고개를 든 그녀의 눈에 철퇴를 든 뇌공이 날개를 펄럭이며 방안으로 들어서는 모습이 보였다. 까무러치게 놀란 그녀는 얼른 요강 속의 오줌을 그에게 들이부었다.

毫州民王從簡, 其母坐室中, 值小雨冥晦, 見雷公持錘, 振翼而入. 大駭, 急以器中便溺傾注之.

『요재지이』 속에 묘사된 인물들은 화요호매(花妖狐魅)이든 기인이사(畸人異士)이든 모두 기묘한 예술적 환상으로 빛난다. 특히 여성들의 형상, 예를 들면 교나, 청봉, 영녕, 소취, 향옥, 갈건 등은 원래 꽃의 요정이거나 여우이지만, 모두 눈앞에 보이는 듯한 현실적 묘사로서 인정 많고 다정해서 이물임을 잊어버리게 하는 의인화된 인물로 창조되고 있다. 환상 속 인물이지만 환상과 현실이 혼연일체가 되어 주변에 실재하는 인물처럼 가깝게 느껴진다. 특히 「섭소천(聶小倩)」·「연쇄(連瑣)」·「소사(小謝)」·「요나(妖娜)」·「소취(小翠)」·「청풍(青風)」·「연향(蓮香)」·「영녕(嬰寧)」·「향옥(香玉)」·「갈건(葛巾)」·「황영(黃英)」·「편편(翩翩)」 등에서는 사람과 귀호(鬼狐)·요매(妖魅)·선녀 간의 기묘한 사랑 이야기를 통해 작가의 사상 특히 탐관혹리에 대한 지독한 증오와 한을 표현하고 있다.

재생 모티프 신화도 자주 운용된다. 재생 모티프에는 죽은 자가 다시 살아나 생명을 연장하는 부활과 다른 사람이나 동식물로 환생

(還生), 그리고 신이나 신선으로 환생(幻生)이 있다. 『요재지이』 중 소금을 빼돌리다 저승에 끌려가 그 벌로 저승청소를 하고 온다는 「왕십(王十)」, 과보 고사와 흡사하며 불굴의 의지로 부활하는 「석방평(席方平)」은 부활 유형에 속하는 고사들이다.

낙제에 원한을 품고 부시험관에서 서민, 개, 사람으로 환생하는 「삼생(三生)」, 유령들이 착한 서생과 도사의 도움으로 다른 죽은 이의 시신을 빌려 환생한다는 「소사(小謝)」, 꽃의 정령과 나무의 정령을 사모하다가 자신도 죽어 모란으로 태어난다는 「향옥(香玉)」, 승려가 죽은 후 곧 사망하려는 다른 이의 몸으로 영혼이 들어가 다시 살아난다는 「장청승(長淸僧)」, 고소를 당해 곤장을 맞아 죽음을 맞은 마영이 주노인의 첩의 아이로 태어나 팔고문을 외워 우등으로 발탁된다는 「아귀(餓鬼)」[112]는 환생(還生) 유형에 속하는 고사들이다.

그리고 수망초를 먹고 죽은 주인공이 자신이 환생할 수 있는 기회를 남에게 넘겨줌으로써 하늘에 보은을 입어 사독을 관할하는 용왕으로 임명받는다는 「수망초(水莽草)」, 주인공이 지옥을 관장하는 사람과 친해져서 내장을 바꿔 글 능력을 향상시키고 그 이후에는 못생긴 부인의 얼굴도 바꾸는 등 재미있게 살다가 사후 화산의 산신으로 임명된다는 「육판(陸判)」 등은 환생(幻生) 유형의 고사에 속한다.

『요재지이』는 외관적으로는 단순히 귀신이 인간으로 환생하고, 인간이 귀신세계에 들어가고, 새 · 짐승 · 물고기 · 곤충 · 풀 · 나무 · 돌 등이 모두 주인공이 되면서, 천상세계와 인간세계가 어우러져 기이한 환상의 세계가 펼쳐지는 판타지 소설로 비쳐진다.

하지만 그 내면을 들여다보면 신화고사 운용을 통해 당시 정치의

112) 작가는 여기서 당시 창의력이 발휘되지 못하고 옛 성현의 글을 단순히 암기하여 작성한 문장으로 관리를 뽑던 팔고문취사제에 대해 비판을 가하고 있다.

어두운 면과 사회제도의 모순 및 관리들의 부정 비판[113], 팔고문(八股文)으로 관리를 선발하는 과거제 폐단 고발, 과거제도 아래 훼멸된 지식분자 묘사, 청조의 한족에 대한 회유책과 강경책에 대한 반발과 반청의식, 청춘남녀의 자유연애, 백성들의 고통에 대한 동정 표현, 자신의 불우(不遇)에 대한 고독과 분노(孤憤), 그리고 교훈과 풍자를 표출하고 있음을 알 수 있다.

이밖에 청말 단편소설인 유악(劉鶚)의 『노잔유기(老殘遊記)』도 신화 구조의 영향을 받고 있다. 비록 『홍루몽』의 작가처럼 시종 신화의 조경(造景)을 주의하며 작품 전체의 맥락과 연계시키지는 않았지만, 몽환적 기법, 우언과 상징, 또는 암시와 상상 묘사를 통해 신화정신을 내재화시키고 있는 작품이다.[114]

명ㆍ청 시기에 중국소설은 다시 황금기를 맞는데, 이렇게 소설이 문학 장르에서 훌륭한 위치를 차지할 수 있었던 원인 중 하나는 소설의 원류이자 초기 소설 형성에 적극적인 역할을 했던 신화전설 고사가 이 시기에 적극적으로 재구성되고 재활용되면서 신비하면서도 환상적인 내용으로 재창조했기 때문으로 분석된다.

113) 산동성 치박의 포송령 고거(故居)에는 "귀신과 요괴를 묘사하여 사람의 지위를 한층 높이고, 백성을 학대하는 관리들을 베어 그 뼈를 잘게 나눈다.(寫鬼寫妖, 高人一等; 刺貪刺虐, 入骨三分.)"라고 쓰인 족자가 걸려있다고 한다.
114) 龔鵬程ㆍ張火慶, 『中國小說史論叢』 (臺北: 學生書局, 1984), 325쪽-337쪽 참조.

제6장
현대 소설의 신화 운용

고사신편

먼저 노신의 역사소설집 『고사신편(故事新編)』[115]에 수록된 「보천(補天)」·「분월(奔月)」·「이수(理水)」·「주검(鑄劍)」 등은 신화전설과 우언 및 고대역사 등을 소재로 삼아 현실생활을 고대에 빗대어 추악한 현실상황을 강렬히 풍자한 작품들이다. 자신과의 은원(恩怨) 관계를 적나라하게 묘사하기도 하고 그의 박학한 글재주를 보여주기도 한다. 특히 낭만적 색채에 현실주의적 기법이 결합되어 특수한 풍격과 감동을 선보인다.

「보천」은 1922년에 발표한 작품인데 원래 제목은 「부주산(不周山)」

115) 1936년에 출간된 소설집으로서 13년간에 걸쳐 쓴 8편의 단편소설이 수록되어 있다. 「보천」·「분월」·「주검」은 1926년 이전에 쓴 작품이고, 「이수」·「비공(非攻)」·「채미(采薇)」·「출관(出關)」·「기사(起死)」는 1934년에서 1935년 사이에 쓴 작품이다. 편집순서는 창작연대 순이 아니라 소재가 된 고사의 시대 순으로 되어 있다. 『눌함』, 『방황』에 이은 그의 세 번째 소설집으로서 1930년 좌련 참여 이후에 출간된 유일한 문학 창작물이다.

이다. 그의 첫 소설집 『눌함(吶喊)』에 수록되었다가 후에 『고사신편』에 수록된다. 이 작품은 중국 고대 신화인 여와보천 고사를 근거로 창작된 소설로서, 여와가 갑자기 잠에서 깨어나는 장면으로 시작한다.

> 여와는 잠에서 깨어났다...... 그러나 이상함은 일찍이 없었던 의욕과 기쁨을 그녀에게 가져다주었다. 그녀는 숨을 헉헉거리며 땀투성이가 되도록 일을 계속했다....... "응아! 응아!" 뜻밖에도 작은 것들이 소리를 냈다...... 그녀는 유심히 그것들을 바라보며 개흙이 묻은 손가락을 내밀어 포동포동한 볼을 건드렸다. 그것들은 웃었다. 이는 그녀가 천지 사이에서 들은 최초의 웃음소리였으므로 그녀도 입을 한껏 벌리고 처음으로 웃었다...... 그녀는 실신한 것처럼 여전히 그것(등나무)을 휘둘러댔다. 하지만 다리와 허리가 아플 뿐만 아니라 양팔의 힘마저 빠져 그녀는 자신도 모르게 몸을 구부려 높은 산에 머리를 기대고 잠시 숨을 헐떡였다. 그리고 "휴우"하고 한숨을 내쉬며 두 눈을 감았다. 등나무는 그녀의 손에서 떨어졌고, 이것 또한 지친 듯이 땅으로 축 늘어졌다.
>
> 女媧忽然醒來了...... 然而這詫伊使伊喜歡, 以未曾有的勇往和愉快繼續着伊的事業, 呼吸吹噓着, 汗混和着...... "Nga! Nga!" 那些小東西可是叫起來了...... 伊看定他們, 伸出帶着泥土的手指去撥他肥白的臉, 他們笑了. 是伊第一回在天地間看見的笑, 於是自己也第一回笑得合不上嘴唇來...... 伊近于失神了, 更其掄, 但是不獨腰腿痛, 連兩條臂膊也都乏了力, 伊於是不由的蹲下身子去, 將頭靠着高山, 頭髮漆黑的搭在山頂上, 喘息一回之后, 嘆一口氣, 兩眼就合上了. 紫藤從伊的手裏落了下來, 也困頓不堪似的籃洋洋 躺在地面上.

여와가 흙을 빚어 인간을 창조하는 장면과 등나무 줄기를 진흙에 휘둘러 인간을 만드는 신화적 장면을 빌어 여와의 인간창조를 위한 노동을 찬미하고 있다. 눈을 뜨고 바라본 태초의 아름다운 우주 모습에 대한 묘사는 한가롭기까지 하다. 계속적인 인간창조의 노동에 겨워 지친 모습도 세밀하게 묘사하고 있다.

이어지는 이야기의 내용을 요약하면 다음과 같다.

> 잠에서 깨어난 여와는 일찍이 없었던 의욕과 기쁨을 가지고 인류를 창조해 나가고 그런 와중에 피로를 느끼면서 잠이 들었다가 하늘과 땅이 무너지고 물난리가 나는 등의 혼돈 속에서 다시 잠에서 깨어나 선술(仙術)을 배운다는 도사들을 만나 그들로부터 하늘이 무너졌다는 상황을 전해 듣고 구조를 요청 받는다. 또 전쟁을 벌이고 있던 병졸을 만나 자신을 잠에서 깨어나게 했던 그 난리가 사실은 전쟁에서 패한 공공(共工)의 머리가 부주산(不周山)에 부딪히는 바람에 일어난 것이라는 사실을 알게 된다. 여와는 잠시 고민하였지만 결국은 수리부터 해야겠다는 결심을 굳히고 힘을 다해 깨져 버린 하늘을 보수하지만 결국은 힘이 빠져 죽게 된다.116)

하늘을 보수하는 중 최후의 숨소리까지 묘사하고 있다. 신선과 불로장생을 추구한 왕들이 자신들의 소망만 부르짖을 뿐 아무 능력을 발휘하지 못하는 무기력함에 대한 비판과 조소도 들어 있다.

마지막으로 여와의 죽음과 재생을 암시하는 이야기가 전개된다.

> (금위군은) 지방질이 가장 두껍게 끼어 있는 여와 시체의 배 위에 진을 치고는 갑자기 말투를 바꾸어 그들이 여와의 적장자파라고 하면서, 동시에 군기의 과두문자를 '여와씨의 창자'라고 고쳐 썼다.
>
> 他們就在死尸的肚皮扎了寨, 因爲這一處最膏腴, 他們檢選這些事是很伶俐的, 然而他們却突然變了口風, 說惟有他們是女媧的嫡派, 同時也就改換了大纛旗上的科斗字, 寫道'女媧氏之腸'.

116) 원문 전문은 魯迅, 『故事新編』(廣西: 漓江出版社, 1999), 9쪽-17쪽 참조.

수치를 모르는 인간들의 파괴적인 모습을 적나라하게 묘사하고 있다. 여와의 두 다리 사이에 옛 의관을 차려 입은 소장부(小丈夫)를 출현시킴으로써 시대의 대세인 개성 해방을 무시하고 도덕과 윤리 등 옛 전통에 집착하는 봉건예교 위선자들을 풍자하고,117) 백성을 구하려는 노력은 팽개치고 상대를 비방하고 자신들의 정당성만을 주장하는 그들의 이기적이고 기회주의적인 행동에 야유를 보냈다.118)

노신이 「보천」에서 부각시키고자 했던 것은 당시의 시대사조를 반영하는 창조정신에 대한 예찬이라고 할 수 있다. 특히 인류를 창조하고 하늘을 보수하는 과정에서 자신에게 닥쳐오는 온갖 어려움을 달게 받아들이며 끝내는 목숨을 잃는 상황에 이를 때까지도 성실하게 즐거운 마음으로 창조에 임하는 여와를 통해 자기 몸을 돌보지 않는 희생적인 창조정신을 노래하고 있다.

「분월」은 노신이 1926년에 북경을 떠나 하문으로 피신했을 때 쓴 작품으로 고대 신화에 나오는 활을 잘 쏘는 영웅 예(羿)와 그의 제자인 봉몽(逢蒙), 그리고 예의 아내이자 달로 도망간 항아(姮娥)가 등장한다.119) 이들의 고사를 기초로 하여 예와 봉몽 그리고 항아 사이의

117) 졸장부가 여와에게 말한다. "알몸으로 음탕한 행위를 하는 자는 덕과 예를 잃어 법도를 어기는 것이며, 그것은 짐승의 행동이다. 나라에는 항상 형법이 있어 이를 금할 뿐이다." 여와는 졸장부를 조소하며 말한다. "이런 것들과 이야기해봐야 통상 말이 통하지 않음을 진작부터 알고 있었다."

118) 신진호, 『중국현대역사소설연구』(연세대학교 박사학위논문, 1994), 75쪽 참조.

119) 그중 예가 봉몽에게 활 쏘는 법을 전수해주었다는 기록은 『오월춘추(吳越春秋)』에 "황제 이후 초나라에 호부(弧父)가 있었다.… 활 쏘는 것을 배웠는데 과녁을 벗어나는 적이 없었다. 그 기술을 예에게 전수해주었고 예는 봉몽에게 전수해주었다.(黃帝之后, 楚有弧父.…… 習用弓矢, 所射無脫. 以其道傳于羿, 羿傳逢蒙.)"라는 내용으로 나온다. 또한 『맹자(孟子)』 「이

갈등을 통하여 예의 성격과 심경을 묘사하고 있다.

여기서 예를 죽인 봉몽은 노신을 비방했던 광란의 고장홍(高長紅)을 빗대어 만들어 낸 형상이다.[120] 주목할 만한 것은 「분월」 속 예의 성격이나 심리적인 변화는 당시 노신 자신의 모습을 그려낸 것이다.

「분월」은 세 개의 단락으로 구성된다. 제1단락은 과거에는 사냥의 명수였지만 지금은 까마귀도 겨우 잡을 정도로 초라해진 예와 그의 아내 항아의 불만이 묘사되어 있다.

> 예가 사냥을 갔다 오자 부하들은 재빨리 마중 나오고 아내 항아도 창문을 열고 곧장 예의 허리에 찬 그물주머니에 시선이 멈췄다. 까마귀와 참새를 하녀에게 건네주면서 요리를 하라고 명하고는 방에 들어가니 항아는 자장면 고기밖에 먹지 못하는 불만을 토로한다. 예는 곧장 부엌에 가져간 참새를 가져오라 명하고는 항아에게 보인다. 항아는 "이거 완전히 뭉개졌잖아요. 참새고기는 어디 있어?" 방안의 낡은 범 가죽을 보면서 "서산의 이 얼룩 표범도 우리가 결혼하기 전에 내가 쏘아 잡은 것이지. 그때는 온몸이 황금빛으로 빛나는 게 정말 멋있는 녀석이었지."라고 말한다. 그때의 음식을 회상하면서 "곰을 잡으면 반드시 곰 발바닥만 먹었지. 낙타는 혹만 잘라두고 나머지는 하녀와 부하들에게 모두 나누어 주었지. 그리고 큰 동물을 다 쏘아 잡은 후부터는 멧돼지와 토끼와 산닭을 먹었지. 활 솜씨가 뛰어났기에 뭐든지 마음먹은 대로 잡을 수 있었던

루(離婁)」에는 "봉몽이 활쏘기를 예에게서 배워, 예의 기술을 다 배우고 생각하기를 '천하에 오직 예만이 자기보다 낫다.'하여 예를 죽였다.(逢蒙學射于羿, 盡羿之道, 思天下惟羿爲愈己, 于是殺羿.)"라고 하여 봉몽이 예를 쏘았다는 내용이 나온다.

120) 1925년 향배량(向培良), 고장홍 등 문학인들은 노신을 중심으로 문예지 『망원(莽原)』을 창간한다. 그러나 1926년 여름 이후 서로 알력이 생기자 고장홍은 망원을 떠나 상해로 가서 『광풍주간(狂飆週刊)』을 발행하였고 노신에 대한 공격도 주저하지 않았다. 이에 1926년 12월 고장홍과 절연한 노신은 그를 조롱하기 위해 이 작품을 썼다.

시절의 일이야." 아내를 위해 다음날 멀리 사냥하기를 결심한다.

무능한 예이지만 아내를 위해 멀리 사냥을 떠나려는 영웅적 모습도 보인다.

제2단락은 예가 멀리 사냥을 나가는 장면에서 예의 제자 봉몽이 활쏘기를 배운 후 스승을 모해하고 스승의 공적을 훼손시키는 행동들에 대해 질책하고 있다. 요약하면 다음과 같다.

> 이튿날 예는 멀리 숲까지 지나왔지만 아무 것도 잡지 못했는데 흙집 앞에 새 한 마리가 내려앉아 있는 것을 보고 활을 당기고는 화살이 간 방향으로 달려가니 한 노파가 부들부들 떨고 있었다. 그 닭은 노파가 가르고 있던 암탉이었다. 노파는 마흔이 갓 넘은 것 같다고 하면서 이름을 묻자 이예(夷羿)라고 하니 들어본 적이 없는 이름이라고 한다. 예는 "알 만한 사람은 다 알고 있는 이름입니다. 저는 요임금 때 몇 마리의 멧돼지와 뱀을 쏘아죽인 걸로……" 라고 말하자 노파는 "그건 봉몽께서 다른 사람들과 함께 쏘아 죽인 거야. 자네도 그 자리에 있었는지는 모르지만, 그걸 혼자서 잡은 것처럼 말하다니. 뻔뻔한 사람 같으니!"라고 하니 "아, 아닙니다. 할머니, 봉몽이란 사나이는 최근 몇 해 동안 가끔 집에 드나든 일이 있었을 뿐, 같은 동아리는 아닙니다. 그는 전혀 관계가 없는 사람입니다."라고 하고는 노파의 암탉을 쏘았기 때문에 밀가루 떡 10개를 물어주고 암탉을 사기로 한다. 돌아오는 길에 봉몽을 만나 활 솜씨를 겨루게 된 예는 "훔친 권법으로 상대방을 쓰러뜨릴 수는 없다." 면서 자기 스스로 솜씨를 닦아야 한다고 충고하면서 "나는 이제까지 사냥꾼의 길로만 살아왔다. 너 같은 강도짓은 하지 않아."라는 말을 남기고 집으로 말고삐를 당긴다.

예라는 인물 속에는 노신 자신의 모습이 투영되어 있고 예에 대해 배은망덕한 태도를 보여주었던 봉몽 형상에는 작품 창작 당시 노신과 불편한 관계를 유지하고 있었던 고장홍의 모습이 투영되어 있다는 사실을 알 수 있다. 이처럼 제재는 옛 것에서 빌려 왔지만 작품 창작의 동기는 현실로부터 출발한 것이다.

제3단락은 예가 집에 돌아왔지만 항아가 혼자 선약을 먹고 달로 날아가 버린다는 내용이다. 요약하면 다음과 같다.

> 예가 집에 도착하자마자 항아를 찾지만 그녀는 이미 달로 날아간 뒤였다. 예는 배신감과 분노가 치밀어 옛날 해를 쏘았던 활과 화살로 달을 향해 쏘아보지만 달은 여전히 하늘에서 미소를 머금은 듯 은은한 빛을 발하고 있었다. 예는 항아가 늙었다고 생각하고 달로 날아가 버린 것이 아닐까 탄식하자 하인 여을(女乙)은 "아직도 나리께서는 역시 전사라고 말씀하시는 분도 계신답니다. 나리는 꼭 예술가처럼 보이기도 합니다."라고 말하자 예는 "까마귀 자장면은 확실히 맛이 없었어. 그녀가 홀로 가버린 것도 당연하지……"하면서도 다음날 항아의 뒤를 쫓아가기 위하여 배고픔을 먼저 면하려고 하였다.[121)]

자신의 부인인 항아가 달로 도망간 것에 대한 원망과 함께 그녀의 선택에 대한 당위성을 인식하는 척하면서도 끝내 포기하지 않고 항아를 뒤쫓아 가려는 예의 불굴의 의지를 나타내고 있다.

전체적으로 보아 예가 사냥감을 찾아 헤매다가 노파의 암탉을 쏘아 수모를 당하고 돌아오던 중 제자 봉몽에게 또 수모를 당하고, 집에 도착한 후 항아가 도망가는 상황에 맞이한 예의 모습은 바로 당시 하문에서 생활을 하고 있던 노신 자신의 처지를 비유하고 있다. 고장홍을 봉몽에 비유한 것은 둘 모두 배은망덕하고 스승을 배반한 공통점이 있기 때문이다. 한편 항아는 20년대 후반 중국사회에 만연한 정신적 타락과 이기적인 면모를 비유한 것으로 추정된다.

121) 원문 전문은 魯迅, 『故事新編』, 9쪽-17쪽 참조.

1935년 11월에 만들어진 「이수」는 중국 황하가 범람해 국토가 황폐해져 민중이 괴로워하는 고대 이야기를 우의 치수와 관련된 신화고사에서 소재를 취하여 만든 작품이다. 이때 우(禹)가 홍수 중 포위되고 학자들의 쟁론이 분분하였지만 인민들을 통솔하고 어렵게 홍수를 다스렸다는 내용이 담겨 있다.

> 당시 많은 학자나 문화인은 모두 안전한 산으로 도망갔다. 자신들만 편안한 생활을 보내고 민중을 위해 아무런 행동도 하지 않았다. 이기적이고 남의 험담만 늘어놓았다. 그 때 '우'라는 이름의 지도자가 아버지 뒤를 이은 책임자가 되어 결연히 일어선다. 우는 물을 다스리기 위해 장가 든 후 나흘 만에 집을 떠났고 아들 계를 낳았지만 아들이라 생각하지 않았으며 치수를 하러 자기 집을 지나면서도 들여다보지 않을 정도로 인민을 위해 모든 희생을 감수하였다.
>
> 그는 홍수를 막고 사람들을 구하기 위해 광대한 대지를 뛰어다닌다. 얼굴은 햇볕에 타서 까맣고 옷은 남루했다. 너무 걸어서 발도 부르텄다. 그 모습은 누가 봐도 고위 책임자 모습이 아니었다. 그러나 그 눈에서는 빛이 나고 열렬한 투지가 빛나고 있었다. 그는 비방을 당해도 아랑곳하지 않았다. 민중의 목소리를 듣고 하나하나 손을 쓰면서 민중의 행복을 위해 지혜를 짰다. 산에서는 나무를 찍어 사람들에게 밥과 고기를 먹게 하고 논물은 강으로 빼고 강물은 바다로 빠지게 하여 얻기 어려운 음식을 먹게 하며, 사람들에게 존경받고 치수사업에서도 대관들의 반대와 위협에도 불구하고 메우는 방법을 포기하고 소통시키는 방법을 택하여 치수사업을 결국 완성하고 만다.

한사람의 진정한 승부로, 집념의 싸움으로 천하는 크게 바뀌었다. 그리고 역사에 빛나는 평화와 번영의 세상이 열렸다. 겉치레를 하거나 허영을 부르는 등, 거만하게 사람을 비판하는 사람은 위대한 사람이 될 수 없다. 욕을 먹고 난을 받으면서 민중과 사회를 위해, 미래를 위해 목숨을 걸고 분투하는 인물이야말로 위대한 사람이다. 이것이 노신의 인간학이자 역사관이었다.

노신은 고상한 품덕을 한 몸에 구현한 우의 영웅적 형상을 상상력을 발휘하여 확대 묘사함으로써 광범한 농민대중을 동정하고 대중을 위해 자기 일체를 바치는 고상한 품성을 선양하고자 하였다.

치수에 성공한 우왕

「이수」에서는 전설 속에 현실생활의 실제 상황들을 삽입함으로써 당시 인민을 괴롭히는 국민당의 죄행을 폭로하고 봉건관료와 그에 아부하는 어용문인들의 추악함을 폭로하고 있다. 예를 들어 작품 속에서 묘사한 수리국(水利局) 관원들은 국민당 관료집단으로서 홍수 고찰을 명분삼아 산천을 유람하고 백성들이 굶주릴 때 기굉국(奇宏國) 비거(飛車)로 보내주는 식량을 흥청망청 탕진한다.

> 시찰관원들은 대부분 서울로 돌아왔거나 돌아오는 중이었는데 수리국 동료들이 연회를 베풀어주었다. 관원들은 물과 지방의 풍경 등을 화제로 삼으며 갈대꽃이 눈 같이 희었고, 흙탕물은 금빛이었으며 두렁허리는 기름이 흐르고 물이끼는 번들번들했다는 등등. 취기가 돌자 각자 채집한 식료품들을 내놓았다. 정교한 나무상자에 글씨가 쓰인 뚜껑이 덮여 있었는데 어떤 것은 복희의 팔괘체, 어떤 것은 창힐의 귀곡체였다. 이들은 글자를 감상하기 위해 격렬한 논쟁을 벌이고 있는데 밖에서 소동이 일어났다. 얼굴이 새카맣고 너덜너덜한 옷을 입은 한 떼의 거지같은 사나이들이 경계선을 넘어 관청 안으로 들어왔기 때문이다. 이들이 바로 대우와 수행원들이었다. 우는 취기가 있는 관원들 앞에서 무릎도 굽히지 않고

두 다리를 쭉 펴고 앉았는데 맨발이기에 밤톨만한 굳은살이 발바닥 전면을 덮고 있었다. 그는 관원들의 "3년 동안 아비의 도를 고치는 일이 없어야 효라 말할 수 있다. 부군께서 승천하신 후 아직 3년이 되지 않았습니다."라는 말을 경멸하여야 한다며 열심히 일할 수행원을 데리고 산과 호수의 지형을 조사하고 백성들의 의견을 청취하여 실제의 상황을 꿰뚫어 보고서는 물길을 열어주는 것이 최선의 방법이라 정하고 나서는 급히 서울을 떠났다. 그래서 홍수를 다스려 백성을 편안히 살게 하니 사람들은 모이기만 하면 우의이야기로 꽃을 피웠다. 그가 밤마다 누런 곰으로 변하여 입과 발톱으로 땅을 파 아홉 개의 강물을 소통시켰으며, 또 하늘 군사며 하늘 장수의 도움으로 바람을 일으키고 물결을 일으켜 귀산의 기슭에서 요괴 무지기를 잡았다는 소문들이 자자했다. 마침내 천하는 태평을 찾아서 백수들이 뛰놀며 봉황이 날아와 떼 지어 춤을 추는 아름다운 세상이 되었다.

당시 정부 관리들이 백성에 대한 무관심한 자태를 드러내며 치수방법은 생각하지 않고 자신들 입장과 전통만 주장한 반면, 우는 수행원과 함께 현장에 들어가 실정을 파악하고 치수를 하여 백성들을 편안하게 하여 태평성대의 중국을 만들고자 하였다.

또한 문화산(文化山) 학자들은 일본침략 이후 북경을 문화성으로 정하고 군사시설을 옮기도록 청하는 어용문화인들을 암시하고 있다. 그러면서 이들에 대해 신랄한 비판과 풍자를 기하고 있다.

『서경(書經)』의 시대여서 백성들 중 어떤 사람은 우람한 나무에 몸을 붙들어 매거나 재빠르게 뗏목을 타고 있었으며, 개중에는 뗏목 위에 조그마한 집을 얽어놓은 사람도 있었다. 곤은 9년이나 물을 다스렸지만 이루지 못하여서 우산으로 귀향을 갔고 그의 아들 아우(阿禹)가 후임으로 발탁되었다. 이때 문화산[122]에는 많은 학자들이 모여 있었는데 그들의 식량은 기굉국(고대 전설에 나오는 비

> 거를 만든 나라)에서 비거(飛車)로 식량을 날라다 주었기 때문에 배고픔 없이 학문에 연구할 수 있었다. 이 학자들 중에는 '유전학자'가 있었는데 그는 내가 전에 왕공 대신과 부자들의 족보를 수집하여 열심히 연구하여 결론을 얻었소. 즉 부자의 자손들은 모두가 부자이고, 나쁜 사람들의 자손은 모두가 나쁜 사람들이라는 것이오. 이것이 바로 '유전'이라는 거요 라는 근거로 "만일 우가 곤의 아들이라면 아무리 치수를 하려해도 절대로 성공을 하지 못할 것이다."라고 한다.[123]

여기서 홍수는 내전과 일제침략으로 인한 혼란한 사회를 비유하고 있다. 또 문화산 학자들은 당시 문화성을 건의한 북경 학자들과 고힐강(顧詰剛)·임어당(林語堂) 등의 학자를 모델로 한 것이다. 특히 우는 곤의 아들이라 치수를 할 수 없을 거라고 주장한 학자는 반광단(潘光旦)을 모델로 한 것이고, 우와 곤은 각각 벌레와 물고기라는 아우말살고증론(阿禹抹殺考證論)을 주장한 학자는 고힐강을 가리킨다.[124] 노신은 문화성을 건의한 학자들에 대해서는 현실의 위기상황을 무시하는 그들의 안이한 태도를 비판했고, 동시에 "우는

---

122) 1931년 일본의 동북 침략 이후 화북도 위험에 처하자 국민당 정부는 화북을 포기하려 하였다. 그리고 북경의 문화재들을 남경으로 옮기려 했다. 이에 북경 학자 30여 명이 이를 저지하고자 국민당 정부에게 북경을 문화성으로 지정하고 비무장지대로 만들 것을 건의한다. 국민당은 이 건의를 받아들이지 않고 결국 북경을 일본에게 넘긴 후 문화재를 남경으로 옮겼다.

123) 원문 전문은 魯迅, 『故事新編』, 35쪽-49쪽 참조.

124) 이밖에도 현실 속에서 백성을 올바로 이끌어가는 정신과는 달리 타성에 젖어 현실안주적인 태도와 힘 있는 자에 의지하는 몰락한 문인들의 모습을 다음과 같은 문장들로서 풍자하고 있다. 묘족언어학자 왈: "재해는 그다지 엄중하지 않는 셈입니다....... 빵은 매월 하늘에서 떨어집니다." 신농본초학자 왈: "귤잎에는 비타민 W를 함유하고 있고...... 음료는 얼마든지 있어서 자손만대가 다 마실 수 없다."

벌레이다"라고 단정한 학설을 만신창이가 되도록 반박하는 시골사람을 등장시켜 국민당 정부의 문화재만을 중시하고 항전의지가 없는 점을 비판하고 있다. 「이수」는 『고사신편』 8편 중에서도 가장 현실적이면서도 풍자적인 색채를 띠고 있다고 평가된다.

「주검」은 원래 제목은 「미간척(眉間尺)」인데 『고사신편』에 수록되면서 현재의 제목으로 바뀌었다. 『수신기』 『열이전』 등에 실려 있는 주검의 명수인 간장(干將)과 막야(莫邪)에 관한 고사를 소재로 삼아 초왕이 간장(干將)을 죽이자 아들이 부친을 위해 복수한다는 내용으로 이루어져 있다.

> 간장과 막사는 초왕을 위해 검을 만들게 되었는데, 3년이 지나서 완성되었다. 자검은 왕에게 바치고 웅검은 숨기고 부인에게 말하길, "내가 검을 남산의 북쪽, 북산의 남쪽에 숨길 것이오. 돌 위에 소나무가 자라면 검은 그곳에 있을 것이오. 왕이 알게 되면 나를 죽일 것이오. 당신은 아들을 낳게 되면 이 사실을 알려주도록 하오." 왕이 이 사실을 알고 간장을 죽였다. 부인은 후에 아들을 낳아 적비(赤鼻)라 하였고 아버지가 죽은 내력을 알려주었다. 적비는 남산의 소나무를 베어냈으나 검을 찾지 못하였고 집의 기둥에서 그것을 찾아냈다. 초왕의 꿈속에 미간이 세치나 되는 사람이 나타나 복수를 하겠다고 하자 급히 현상금을 걸었다. 적비는 주홍산으로 도망치다가 객을 만났다. 객은 그를 위해 복수해 주겠다고 하고는 적비의 목을 베었고 그것을 초왕에게 바쳤다. 객은 그것을 솥에 넣고 끓이게 하였지만 머리는 3일 밤 3일 낮을 타지 않았다. 왕이 가서 보는 틈에 객은 자검으로 왕을 베었고 왕의 머리는 솥 안으로 떨어졌다. 객은 다시 스스로 목을 베었다.[125]

『삼국유사』에 나오는 유리왕의 모친의 내력 설명과 검을 징표(token)로 한 수수께끼를 통한 부친 탐색 모티프와 흡사한 구조가 발견된다. 「주검」에서는 이를 토대로 다음과 같은 고사가 전개된다.

125) 『수신기』 권11 「삼왕묘(三王墓)」조 기록에서 요약 번역.

주인공 미간척은 물에 빠진 쥐 한 마리를 밟아 죽이고도 불쌍한 느낌을 가지고 마치 자기가 큰 잘못을 한 것 같아 괴로워할 정도로 나약하고 우유부단한 소년이었다. 16세가 되던 해 그의 어머니로부터 아버지의 죽음에 대한 이야기를 듣고 성격상 큰 변화를 보인다. 그의 아버지는 검을 만드는 천하제일의 명인이었는데 왕의 명으로 암수 각각 한 자루씩 두 자루의 검을 만들어 그 가운데 한 자루를 왕에게 바쳤다. 왕은 그 검에 필적하거나 더 훌륭한 검이 나올 것을 두려워하여 그의 아버지를 죽인다. 자신의 원수를 갚아달라는 아버지의 유언을 어머니로부터 전해들은 미간척은 아버지가 남겨놓은 검을 가지고 왕을 죽이러 떠난다. 미간척은 연지오자에게 자신이 복수하는 데 도움을 줄 것을 약속받고 칼과 자신의 목까지 바칠 것을 맹세한다. 드디어 연지오자가 미간척의 머리를 이용하여 우매한 왕을 속여 왕의 머리를 베어 미간척 아버지의 원수를 갚는다.126)

미간척의 분노와 반항 및 복수는 혁명을 살아가는 노신의 시대정신을 표출한 것이라고 할 수 있다. 작품 속 미간척의 복수 상대로 설정된 왕은 특정 시대의 특정인물이 아닌 5천년 중국 구사회의 암흑을 상징한다고 해석된다. 여기서 복수는 노신 자신을 포함한 구사회의 암흑을 자신의 손으로 소멸시키는 것이 된다. 1926년 당시 노신의 자화상을 강하게 드러내는 작품이다.

이상 네 편의 소설 작품은 모두 고대 신화와 전설에서 소재를 취하고 있다. 노신이 현실 속에서 치열하게 투쟁하면서 시련과 좌절을 경험하고 있던 30년대에 거리가 먼 신화 고사를 가공한 소설집을 냈다는 점에서, 이 작품들은 노신의 일반적 모습과 문제의식에서 일탈한 것으로 비쳐지기도 한다. 전반기에 쓴 「보천」의 여와는 고생 속에 죽고, 「분월」의 예는 고독 속에 헤매며, 「주검」의 미간척은 원

126) 원문 전문은 魯迅, 『故事新編』, 73쪽-91쪽 참조.

수와 함께 죽는다. 출로를 찾지 못하는 노신의 적막한 정서를 반영하는 대목이다.

하지만 노신은 신화와 역사에서 소재만 취해왔을 뿐 옛것으로 지금의 추악한 현실에 대해 비평과 풍자를 가하였던 것이다. 다시 말해 작가의 붓 아래 묘사된 고인들은 사실 지금 사람들이 고대 복장을 한 것일 뿐이다. 소설 중의 긍정적 인물인 예, 우, 흑색인 등은 작자 자신을 암시한다. 고사 전체는 낭만주의적 색채를 띄우고 표현기법은 현실주의로서 이 두 요소의 교묘한 결합은 신선한 느낌과 깊은 인상을 독자들에게 심어 준다. 『고사신편』은 신화고사와 역사에 빗대어 현실에 대해 날카로운 비판과 공격을 한 작품으로 노신의 치열한 현실인식과 비판정신을 발견할 수 있는 한 예이다.[127)]

127) 모순은 『고사신편』을 평가하면서, "노신 특유의 날카로운 관찰과 전투적인 열정, 그리고 창작 예술로서 옛사람을 다시 죽게 쓰지 않았을 뿐 아니라 고대와 현대를 교차시켜 형식을 달라도 그 취지는 같은 것으로 하였다."고 말한다. 당시 1930년대 초기는 군벌의 혼전과 제국주의 침략, 그리고 국민당 탄압의 혼란 상태였다. 국민당과 맞서고 시국의 폐단을 바로잡기 위해 노신은 신화나 전설 그리고 역사고사를 다시 개편하여 고대영웅 형상을 생생하게 창조하고 간결한 필치와 만화를 보는 듯한 수법으로 반면인물의 모습을 보는 듯 그린 『고사신편』을 만들어낸 것이다. 중국현대 풍자문학의 탁월한 성과 중 하나라고 할 수 있다.

제7장
소결

중국 소설은 선진 이후 줄곧 신화를 소재로 활용하는 전통을 이어왔다. 선진 고사는 신화의 보존 및 최초의 신화 운용이라는 측면에서 후대 소설에 지대한 영향을 미쳤으며, 이후 한·위·육조의 신괴 고사는 소설사적으로는 소설이 태동하는 단계로서 신화, 민간고사가 함께 공생하는 형태의 소박한 시기라고 할 수 있다. 신화의 신선화 과정이 뚜렷하게 나타나며, 문인들의 의도적인 고사 변형이나 오락 흥미를 위한 작품 활동이 눈에 띄는 변화라고 할 수 있다.

이후 당대는 신화전설의 운용을 통해 의식적으로 소설이라는 형식으로 표현해 내었던 시기로서, 신화의 소설 속에서의 수식시기였다. 당대 사람들은 그들의 호기심을 신화전설 소재의 운용을 통해 의식적으로 소설이라는 형식으로 표현해 내었다. 신화에 대한 그들의 식견이 상당히 높았었음도 엿볼 수 있다. 또한 고대 불교설화나 인도신화의 중국소설에의 영향 역시 눈에 띄는데, 이는 인도문화의 중국문학에로의 수용이 활발했음을 보여주는 대목이다.

송·원 시대의 화본 소설의 신화 운용 상황을 들어다보면 신화가 소설 중에서 쇠퇴해 가는 과정이 보인다. 특히 남송(南宋) 시기에 들어와 성리학자들이 신화를 신뢰할 수 없는 허탄지설'로 보고 도학적 관점에서 신화를 이해하려고 하였기 때문에 그들의 신화관은 북송에 비해 퇴보하였고, 이 점이 문학 속에서의 신화 활용을 움츠리게 하는 데 영향을 주었다. 그럼에도 송·원 시기의 신화 운용은 그 수량에 있어서 결코 생각만큼 적은 편은 아니었고, 특히 재생 모티프를 운용한 재생 및 변형 고사가 많이 남아 있다.

명·청 시기는 장편소설이 흥성하면서 소설 속에 신화가 활기 있게 운영되었기에 이 시기를 신화의 재창조 시기라고 말할 수 있다. 이전 소설의 신화에 대한 다양한 운용을 계승하고 새로운 경지를 개척한 시기였으며, 이후 현대 소설에도 이러한 전통을 이어주었다.

이상에서 살펴본 바, 중국 소설 중 신화를 운용한 작품으로는 『장자』·『열자』·『목천자전』·『전국책』·『한비자』·『국어』·『회남자』·『사기』·『열선전』·『열녀전』·『촉왕본기』·『논형』·『후한서』·『한무제내전』·『한무동명기』·『신이경』·『십주기』·『삼오역기』·『오운역년기』·『박물지』·『신선전』·『동선전』·『포박자』·『술이기』·『수신기』·『수신후기』·『명상기』·『열이전』·『현중기』·『법원주림』·『수경주』·『근이록』·『계신록』·『이견지』·『낙선록』·『상서고시』·『속제해기』·『형초세시기』·『고경기』·『침중기』·『남가태수전』·『이탕』·『유의전』·『이혼기』·『유양잡조』·『재생기』·『이임보외전』·『독이지』·『임씨전』·『신편오대사평화』·『대송선화유사』·『대당삼장취경시화』·『백사전』·『태평광기』·『서유기』·『봉신연의』·『삼국연의』·『개벽연역통속지전』·『우랑직녀전』·『삼수평요전』·『경화연』·『홍루몽』·『요재지이』·『노잔유기』·『고사신편』 등이 있다. 그중 신화 운용이 비교적 활발했던 작품으로는 『열자』·『회남자』·『한무제내전』·『신이경』·『수신기』·『대당삼장취경시화』·『서유기』·『홍루몽』·『요재지이』·『고사신편』을 들 수 있다.

활용된 신화 모티프로는 부활·환생·승천 등 재생 모티프와 동물 또는 사람으로의 변형 모티프가 가장 많고, 다음으로 약석·화석·망부석 등 석두 모티프, 비극영웅·탐색영웅 등 영웅 신화 모티프, 감생 모티프, 인신 교혼 모티프, 원형회귀 모티프, 기자 모티프, 홍수 모티프 등이 있고, 신화 요소로는 황제와 치우, 서왕모와 곤륜, 견우직녀, 여와보천, 항아분월, 이국기인 등이 많이 활용되었으며, 그밖에 우, 신농, 복희, 불사약, 혼돈, 반고와 천지창조, 과보추일, 예의 사일, 우강, 요, 순, 아황과 여영, 전욱과 공공, 후직, 제대, 상군, 조신, 적송자, 간적, 강원, 도산씨, 두견, 신도와 울루, 부상, 거인국, 군자국, 여인국, 뇌공, 천리안, 순풍이 세계기둥, 용과 용녀, 봉몽, 비거, 시체화생, 곤오씨, 곤·우 치수, 육구, 정위 반호, 잠마, 소호, 제곡, 촉룡, 토백, 기, 경진, 달 속 계수 및 섬서 등이 운용되었다.

소설 속에서 신화 소재가 변용되어 나타나는데, 그 대표적인 유형을 정리하면 다음과 같다.

a. 황제가 신선으로 변하는 등 신화 인물의 신선화, 또는 신화와 신선고사 요소 결합
b. 서왕모·치우 등 신격체의 인성화 또는 의인화
c. 각기 다른 유형의 신화 요소들의 결합
d. 불교 신화와 결합, 또는 도교 등 종교적 색채 가미
e. 신화고사의 모방
f. 신화의 귀화화(鬼話化)
g. 신화적 이미지를 완전히 바꾸어 묘사
h. 신화 인물의 족보 변경, 배우자 추가, 명칭 바꾸기
I. 신화적으로 전혀 관련이 전혀 없는 인물로 대체

j. 신화고사의 일부분을 확대하여 자세히 묘사, 또는 복잡하게 구성
k. 신격체의 성격과 특징에 변화를 줌
l. 신화의 역사화

신화를 운용한 소설가들의 목적이나 의도를 정리하면 다음과 같다.

a. 초인간 또는 신선의 세계에 대한 갈망 표현
b. 불요불굴의 정신과 반항 정신 반영
c. 불로장생의 추구와 이상세계의 표현
d. 권선징악 등 교훈
e. 왕의 잘못에 대한 풍간
f. 신화의 황당함을 현실과 대비시키는 과정 속에서 혼탁한 현실에 대한 골계와 세상의 불합리에 대한 상징적인 풍자와 조롱
g. 오락과 홍미 및 유머
h. 인생무상 표출
I. 현실 도피
j. 현실적 한계에 대한 욕망 분출과 풀고 싶은 소망 표출
k. 특정인에 대한 능멸
l. 자유연애 주장
m. 불교의 대중화
n. 다양한 정신가치 제시
o. 탐관혹리 등 추악함과 위선에 대한 지독한 증오와 한을 표현
p. 희생적인 창조정신을 노래
q. 자신의 처지 또는 자신의 불우에 대한 고독과 분노 비유
r. 백성들의 고통에 대한 동정 표현

결론적으로 선진 이후 현대에 이르기까지 신화는 소설과 밀접한 관계에 있었음을 확인할 수 있다. 중국 소설가들은 다양한 신화소재를 활용하여, 다채로운 변화를 주면서 현실 인생의 황당함과 그릇됨을 바로잡는

등 자신들의 의지와 의사를 환상적이고 상상력 풍부한 표현을 하기 위해 노력했던 것이다. 그리하여 신화의 묘사는 중국 소설의 전통적인 색채가 되었고 심지어는 자동적인 기능으로까지 되었다고 할 수 있다.

특히 신화의 낙관주의, 영웅주의 및 강렬하고 적극적인 현실개혁 의지와 아름다운 생활을 추구하는 염원 등이 후세의 진보적 문인들의 적극적 낭만주의 작품 속에서 구현되어왔다. 신화는 결국 사람들의 정신세계를 살찌우고 정서적인 여유를 찾아주는 살아있는 샘물이자 마음의 고향인 셈이다.

제4부 중국 소수민족 신화

제1장
소수민족 신화와 기자(棄子) 모티프

1. 소수민족 신화

현재 중국은 한족(漢族) 외에 타이완 원주민을 포함하여 55개 소수민족으로 구성되어 있다. 이들 소수민족은 중국 총인구의 약 7-8% 정도이고, 전 국토의 약 64% 지역에 분포되어 살고 있으며 주로 동북 · 서북 · 서남 지역에 거주하고 있다. 대부분 민족이 고유 언어를 사용하고 있으며, 그 중 22개 민족이 자기 문자를 보유하고 있다.

현재 중국 내에서는 이들 소수민족의 신화에 대한 연구 작업이 착실히 진행되고 있는데, 연구가 집중된 곳은 이족(彝族), 묘족(苗族), 태족(傣族) 등 21개 민족의 풍부한 신화가 보존되어 있는 운남(雲南) 지역이다. 그 중 이족(彝族) 신화는 이족 문화 연구와 함께 활발하게 연구가 진행 중이다. 귀주에서도 묘족(苗族) 고가(古歌)에 담긴 신화를 집중적으로 연구하고 있으며, 광서(廣西) 장족(壯族)과 동족(侗族), 요족(瑤族) 신화도 날로 학술계의 주목을 받고 있다.

중국 소수민족들은 장기간의 정착생활 중 자신들만의 토착적이고 아름다우면서도 기이한 신화들을 많이 창조해왔으며, 그 소재와 내용도 다양하다. 그들 신화는 한문 고적에의 수록, 구전, 문자를 보유한 민족들의 서면 형식 보존이라는 세 가지 형태로 전해져왔다.[1] 형식에 있어서는 산문 고사 형식과 운문 사시(史詩)[2] 형식이라는 두 종류로 전승되고 있는데, 이러한 전승은 그들 신화의 연구 작업에 상당한 도움을 준다.

소수민족 신화 내용을 주제 별로 분류해보면 다음과 같다. ① 창세 신화: 혼돈, 천지개벽, 인류 기원(수중(水中) 탄생, 난생, 진흙을 빚어 만듦, 석두(石頭) 탄생, 인간과 동물 결합, 식물에서 출현, 변형), 만물 창조(신의 창조, 화생(化生), 일월 기원, 종자 기원), 우주관(우주수, 우주기둥, 무속 우주관); ② 홍수 신화: 남매혼, 호로, 육구, 인류 재생; ③ 감생 신화: 과일, 새의 피, 바람, 물, 나무, 돌, 태양 빛 감응; ④ 영웅 신화: 기자, 사일, 탐색, 전쟁, 비극 영웅; ⑤ 기타: 선녀와 나무꾼, 신선, 귀신

1) 예를 들어 반호(盤瓠) 신화는『후한서(後漢書)』「남만전(南蠻傳)」과『수신기(搜神記)』에 이미 기록되어 있고, 홍수와 남매혼 고사 등 대부분의 신화들은 구두로 전해져오고 있다. 이족(彝族)과 납서족(納西族)은 종교경전『천서(天書)』와『동파경(東巴經)』에 신화를 기록하고 있다.
2) 예를 들면 묘족(苗族)의「고가(古歌)」, 동족(侗族)의「사망망도시가(嗄茫莽道時嘉)」, 이족(彝族)의「매갈(梅葛)」,「사모(查姆)」,「아세적선기(阿細的先基)」, 납서족(納西族)의「창세기(創世紀)」, 와족(佤族)의「사강리(司崗里)」, 아창족(阿昌族)의「차파마여차미마(遮帕麻與遮米麻)」, 장족(壯族)의「포락타(布洛陀)」, 요족(瑤族)의「밀락타(密洛陀)」등이 있다. 陳建憲,『神祇與英雄』(北京: 生活讀書新知三聯書店, 1994), 서론 4쪽 참조.

2. 기자 모티프 유형과 의미

먼저 기자(棄子) 모티프 고사란 말 그대로 버림(discard)을 받은 아이를 주제로 한 이야기를 일컫는다. 갑골문에도 '기(棄)' 자는 핏물 떨어지는 갓난아기를 삼태기에 담아 두 손으로 들어다 버리는 모양을 하고 있다. 버림 행위가 고사의 핵심이 되는 유형의 신화는 주로 영웅 신화 속의 민족 시조, 건국 시조 일대기 속에서 쉽게 발견된다.

기자 모티프는 일부 국한된 지역에만 전해지고 있는 독특한 주제가 아니라 전 세계에 퍼져있는 보편적인 유형으로서, 수메르의 길가메쉬가 버림받는 내용은 최초의 기자 모티프이며, 이후 『구약』에서 모세가 강가에 버려지고 바로 왕의 딸에 의해 구조되는 내용도 전형적인 기자 모티프다. 중국의 주 민족 시조인 후직 고사도 대표적인 기자 모티프를 담고 있으며, 이러한 유형은 바빌론, 고대 그리스, 아라비아, 일본, 인도 등의 신화와 사시(史詩)에도 보인다.

일반적인 기자 유형은 크게 표류형(漂流型) 또는 하해형(河海型)과 물이형(物異型) 또는 산야형(山野型)으로 나뉜다. 표류형은 아이 탄생 후 의식을 치르기 위해 강가에서 행하는 무술 행위에서 기원한 것으로 보이며 물가에 아이를 띄우는 형태로서, 모세 고사와 후직의 두 번째 버림 고사가 이 유형에 속한다. 물이형은 아이가 이상하게 생겨서 산이나 들에 버리는 것으로 사냥꾼 또는 동물들이 구해주는 형태이며, 후직, 길가메시의 주인공(독수리가 구해줌), 그리스 제우스(어미 산양이 기름) 고사가 이 유형에 속한다.[3)]

기자 모티프 고사에는 보통 신분, 출생 그리고 버림의 이유, 행위자, 행위 과정, 장소, 보호자에 관한 묘사가 포함되어 있다. 신분과 출생에 관해서는 폰 한(von Hahn), 랭크(Otto Rank), 프롭(V. Propp) 등 서양 학자들의 견해를 참고하면, 버림 전 신분은 부친이 왕 또는 신이고, 모친은 공주 또는 여신이며, 부모는 친척간인 경우가 많다. 주로 불법적(私通)으로 출생하며, 처녀 출산이나 물에서의 탄생 같은 기이한 출생을 하고 비범한 능력을 지닌다.

외형상 기자 모티프의 버림 행위는 기이한 출생이나 불법적 출생이라는 배경 때문이지만 자세히 보면 구체적 사건의 기술이라기보다는 신화적 사건임을 확인할 수 있다. 신화가 현실생활과 풍습의 반영이라는 점에 입각하여 보면, 식자 습속, 불거삼자 습속, 시영습속 또는 차자계승(次子繼承)의 관습[4)]의 반영이라고도 볼 수 있다. 또 사회발전단계의 관점에서 보면, 버림 모티프는 부친을 모르던 모계 여성 중심에서 부계 중심의 친자관계로의 전이(轉移)를 반영한다고 볼 수 있다. 특히 국왕이 아이를 버리는 것은 부권사회의 권리쟁탈, 부권제 하에서 친생자가 아닌 자에 대한 배타성을 반영한다.

심리학적 관점에서는 자아 인격의 성장 또는 생육과정의 상징적 반영, 부자간 대치관계의 상징 등으로 보기도 하며, 제의적 관점에서는 버림과 생존의 모티프는 산 자를 제물로 삼아 바치는 제사 의식과

3) 潛明玆, 『中國神話學』(寧夏: 寧夏人民出版社, 1994), 95쪽 참조.
4) 이 주장은 그래닛(Marcel Granet)과 에버하르트(Wolfram Eberhard)에 의해 제기되었다. Wolfram Eberhard, 『The Local Cultures of South and East China』 (Leiden: E. J. Brill, 1968), 138쪽 참조.

관련된다고 볼 수 있으며, 생후 오염을 제거하기 위한 씻김 즉 생자예의(生子禮儀)의 전시라는 견해도 참고할 만하다.

3. 기자(棄子) 모티프 신화 내용

중국 소수민족 기자 모티프 신화고사는 영웅사시(英雄史詩)에서 많이 발견된다. 그 중 소수민족 3대 영웅사시, 즉 세계에서 가장 긴 사시인 장족(藏族)의 「격살이왕전(格薩爾王傳, 게세르왕전)」, 몽고족(蒙古族)의 「강격이전(江格爾傳, 장가르전)」, 가이극자족(柯爾克孜族) 및 신강 돌궐어계 민족의 「마납사(瑪納斯)」와 혁철족(赫哲族)의 「안도막일근(安徒莫日根)」, 악륜춘족(鄂倫春族)의 「영웅격파흠(英雄格帕欠)」, 태족(傣族)의 「이봉(錍俸)」, 이족(彝族)의 「늑아특의(勒俄特依)」 등 사시에 기자 모티프가 담겨있다. 이 밖에 만주족 『만족신화고사(滿族神話故事)』 중의 돌홀렬(突忽烈)과 사극사은도리(沙克沙恩都里) 고사, 『청태조무황제실록(淸太祖武皇帝實錄)』 중의 포고리(布庫里) 고사, 장족(藏族)의 찬보(贊普) 국왕 고사, 백족(白族)의 「녹도촌용모전설(綠桃村龍母傳說)」에도 기자 모티프가 담겨있다. 문헌으로는 『사기(史記)』, 『북사(北史)』 등에 관련 고사가 기록되어 있다.

장족의 격살이왕

영웅 기자 신화 외에 홍수와 남매혼 고사에 자주 보이는 육구(肉球) 출산과 버림 고사도 기자 모티프로 분류된다. 이러한 유형은 서남 지역 포의족(布依族), 묘족(苗族), 이족(彝族), 동족(侗族) 등의 홍수 고사에 나온다.

먼저 몽고족의 「강격이전」에 주인공 강격이의 출생과 버림 그리고 성공의 일대기가 펼쳐진다.[5)]

> 강격이(江格爾)는 원래 가한(可汗)의 후예로서 이민족 망고사(蟒古斯)의 습격으로 부친 오자격아랍덕이(烏孜格阿拉德爾)가 특포혁가한(特布赫可汗)에게 살해되고 부락이 멸망하였다. 고아로 전락되어 풀밭 암석 사이에 버려졌지만 포화몽근희격서력격(布和蒙根希格西力格)이 구해주었다. 후에 가한(可汗)이 되었는데 당시 겨우 두 살이었다. 아란찰(阿蘭扎)이라는 준마를 타고 적들을 정복하였다. 다섯 살 때 불행히도 대력사(大力士)에게 붙잡혔는데, 강격이(江格爾)가 장래에 세계를 정복하리라고 판단하고 죽이려고 하자, 대력사의 아들 홍고이(洪古爾)가 반대하였고 늘 그를 보호해주었다. 서로 의형제를 맺고, 일곱 살 때 일곱 나라를 물리치고 42가한 연맹의 우두머리가 되었다. 백두산 서쪽에는 성지 보목파(宝木巴)의 바닷가가 있고, 거기에는 단수(檀樹)가 둘러쳐져 있다. 43가한들이 태양이 비치는 궁전을 짓고 금색 태양 깃발을 표지로 삼았다. 그 후 홍고이(洪古爾)가 마왕에게 붙잡혀 7층 지하 홍해 해저에 갇힌다. 강격이(江格爾)가 고난을 헤치고 신수를 발견하여 20편의 신수 잎을 딴 후 해저로 가니 홍고이(洪古爾)는 이미 죽어있었다. 잎으로 홍고이(洪古爾)의 살을 만들고 깨워 살렸다.[6)]

5) 강격이(江格爾) 고사에 알타이산 등이 등장하는 것으로 보아 북방 알타이 지역에서 기원하였음을 알 수 있고, 강격이의 몽고족 구어는 '능자', '주인', 페르시아어로는 '정복자', 돌궐어로는 '승리자' 또는 '고아' 즉 버림받은 자를 의미한다.

6) 潛明茲 著, 『中國少數民族英雄史詩』(北京: 商務印書館, 1996), 68쪽-73쪽 및 史習成, 『東方神話傳說(8卷)』(北京: 北京大學出版部), 1999), 52쪽에서 발췌 요약 번역.

강격이(江格爾)는 고아와 살해 위협이라는 두 번의 버림을 당한 셈이며, 풀밭과 암석이 버림의 장소가 되고 적의 아들이 그를 보호자가 된다. 전체 고사를 보면 말 아란찰(阿蘭扎)은 강격이의 조력자 역할을 하는데, 마치 주몽이 말과 함께 생활하면서 도움 받는 모습과 흡사하다. 또 중간 구절에 백두산, 성지, 단수(檀樹), 43가한, 태양, 궁전 등이 나오는데, 단군 신화의 태백산, 신시, 신단수, 하백, 우사, 운사 같은 화소들과 상당히 흡사하다.

은인 홍고이(洪古爾)가 지하에 갇히자 그를 찾아 나서고 부활시키는 내용은 탐색(quest) 모티프와 샤머니즘을 배경으로 한다는 점에서 바리공주 고사와 동일하다. 강격이가 은인을 찾아 나서는 장면과 바리공주가 자신을 버렸지만 생부모를 은인으로 생각하고 그들을 찾아 떠나는 장면은 탐색 모티프의 전형이며, 강격이가 나뭇잎으로 홍고이의 살을 붙이는 장면과 바리공주가 꽃잎과 나뭇가지로 부모의 뼈에 살을 붙여 살리는 장면은 거의 일치되는 구조로서 샤머니즘의 재생 모티프의 전형이다.

또 몽고족 작라사(綽羅斯) 고사의 "작라사(綽羅斯) 가족의 선조는 천녀(天女)가 낳았는데, 출생 후 아이를 광주리에 담아 나무에 걸어 놓으니 후에 다른 사람이 주워갔다."라는 내용과 선녀와 사냥꾼 고사의 "선녀의 아이가 산의 나뭇가지에 걸려있는 것을 무사가 발견하였는데, 나중에 몽고부락 두이백특인(杜爾伯特人)의 선조가 되었다."는 내용이 나온다.[7] 여기서 버림의 장소인 나무는 "황금 궤가 나뭇가지에 걸려있고, 그 궤에서 사내아이가 나왔으며, 사람들이 그 아이를 안고 대궐로 돌아온다."는 알지 고사 속의 나무와 성격이 유사하다. 나무 숭배 사상을 반영한 생육수, 씨족수 그리고 천손 강림

7) 陳建憲,『神祇與英雄』(北京: 生活讀書新知三聯書店, 1994), 181쪽 및『東方神話傳說(八卷)』, 22쪽 참조.

의 매개물 즉 샤먼 우주수 역할을 하고 있다.

이어서 만주족(滿洲族) 기자 모티프 신화로는 돌홀렬(突忽烈) 고사를 들 수 있다. 『만족신화고사』 기록은 다음과 같다.

> 혼춘(琿春) 토륜(土倫)부락에 돌홀렬(突忽烈)이라는 청년이 있었는데, 태어날 때 온몸에 번뜩거리는 비늘이 있었고 발은 오리발톱과 같았다. 생후 삼 일이 지나 물속에 들어가 나오지 않자, 마을사람들은 마귀가 강생(降生)한 것으로 믿고 그를 죽이려고 하였다. 모친은 아들의 죽음을 피하기 위해 물 속에 숨겨두고 절대로 나오지 못하게 하였다. 돌홀렬(突忽烈)은 밤에 몰래 집에 돌아와 밥을 먹곤 하면서 15년을 자랐는데, 마을사람들이 그가 죽지 않은 것을 알고 다시 죽이려하였다. 돌홀렬(突忽烈)이 육지로 나와 집에 갈 때, 길목에 구덩이를 파놓고 예리한 돌송곳을 설치해두었다. 돌홀렬(突忽烈)이 구덩이에 빠졌지만 비늘이 강해 도리어 돌이 부셔지고 죽음을 면했다. 홍수 때 마을사람들을 구해주자 공덕에 감사하여 그를 신으로 모셨다.[8)]

기형으로 태어나 15년 간 버림받고 죽음의 위기를 맞지만 결국 신격체로서 숭배 대상이 된다는 만주족 샤먼의 일대기다. 버림의 간접 행위자는 마을사람이고 직접 행위자는 모친이지만, 자식의 피해를 막기 위한 버림 행위이기 때문에 모친은 보호자 역할도 겸하고 있다.

만주족의 사극사(沙克沙) 고사도 기자 유형에 속한다.

> 사극사은도리(沙克沙恩都里, 恩都里는 신을 의미)는 모친이 까치가 품에 날아드는 꿈을 꾸고 임신했으며, 뱃속에서 15개월이 지난 단오 날 태어났다. 그의 등은 깃털로 덮였고 입술도 뾰족하고 딱딱하며, 어깨에 날개가 달려있었다. 부친이 모친이 없는 틈을 타

8) 孟慧英, 『塵封的偶像-薩滿教觀念硏究』(北京: 北京出版社, 2000), 147쪽과 潛明茲, 『中國古代神話與傳說』(北京: 商務印書館, 1996), 158쪽에서 발췌 번역.

서 아이를 몰래 안고 나가 황량한 들에 내다버렸다. 하지만 까치가 나타나 아이가 늑대한테 먹히지 않게 무리 지어 보호하였다. 모친이 집에 돌아와 보니 아이가 없자 부친이 갖다버렸다는 것을 알고 찾아 나섰다. 들에서 아이를 발견했지만 남편이 다시 버릴까봐 할 수 없이 까치둥지에 내려놓고는 우유를 보내 먹였다. 오륙 세 때 날 줄도 알고, 십 오륙 세에 까치에게 일을 시킬 수 있을 만큼 까치의 대장 우록액진(牛錄額眞)이 되어, 까치들을 정탐시키고 그 소식을 사람들에게 전했다. 이에 사람들은 이 '인두조(人頭鳥)'를 싫어하지 않고 희신(喜神)으로 모셨다.9)

사극사(沙克沙)는 기형의 모습으로 인해 부친에게 버림받는데, 여기서는 까치가 보호자로, 늑대가 해가 되는 동물로 나온다. 늑대가 보호자로 등장하는 몽고 계열 고사와는 차이가 있다.

흥미로운 점은 날개와 뾰족한 입술을 가진 사극사(沙克沙)의 모습이다. 그의 모친이 까치 태몽을 꾸고 임신했고 까치들이 무리 지어 뜰과 지붕 위에 와서 우는 날 아이가 태어났다고 하는 고사도 전해진다. 새의 형상과 까치 태몽을 결합하여 보면 그는 바로 까치신인 것이다. 출생 시 새 부리 모양의 입술을 가진 혁거세 부인 알영과 긴 입술을 가진 주몽의 모친 모습과도 흡사하다.10)

사극사(沙克沙)를 도와주는 까치의 역할은 만주족의 『천궁대전(天

9) 『塵封的偶像-薩滿教觀念硏究』, 147쪽 및 김재용 이종주 공저, 『왜 우리 신화인가』(서울: 동아시아, 1999), 307쪽-309쪽 참조.

10) 『삼국유사(三國遺事)』에 이르길, "알영정 가에 계룡이 나타나 왼쪽 갈비에서 계집애를 낳았는데, 모습과 얼굴은 유달리 고왔으나, 입술이 닭의 부리와 같았다." 또 『구삼국사(舊三國史)』에 이르길, "왕이 어사(漁師)로 하여금 망을 쳐서 끌어올리라고 하였다. 그런데 망이 파열되어 철망으로 만들어 끌어올리니, 한 여인이 돌 위에 앉아 있다가 나오는데 입술이 길어 말을 못했다. 세 번이나 그 입술을 자르니 말을 하게 되었고…… 주몽을 낳았다."

宮大戰)』에 나오는 기타 신화에서도 발견되고, 누르하치 고사에서 누르하치가 쫓기는 상황에서 까막까치가 달려들어 시체처럼 가장하여 추적 군사를 따돌린 장면에서도 나온다. 신화 속의 까치나 까치와 동일한 새로 여겨지는 까마귀는 만주족의 부계 혈통을 의미한다.

다음으로 만주족과 형제민족인 혁철족(赫哲族)과 악륜춘족(鄂倫春族)의 기자 관련 신화고사를 요약하면 다음과 같다.11)

> 안도(安徒)는 어려서 고아로 혼자 남았다. 부친은 적에게 붙잡혀 노예가 되었다. 어느 날, 강가에서 사촌형의 배를 만나 조상께 하직하고 배를 타고 부모를 찾으러 떠났다. 처들이 신응(神鷹)으로 변해 도와주었으며, 결국 부모를 찾고 복수도 하고 고향으로 돌아왔다.(혁철족(赫哲族) 「안도막일근(安徒莫日根)」)

> 격파흠(格帕欠)은 사냥꾼과 어정(魚精)의 아들로 태어났다. 어릴 적 부모가 마귀 마니(馬泥)에게 끌려갔다. (고아로서) 빨리 성장했고, 신조(神鳥)의 도움으로 하늘을 나는 보마(寶馬)를 얻었다. 시련을 겪고 악마 퇴치로 신뢰를 얻은 후, 말을 타고 바다 건너 마니(馬泥)를 해치우고 부모를 구하였다.(악륜춘족(鄂倫春族) 「영웅격파흠(英雄格帕欠」)12)

양 고사의 주인공 모두 부모와 헤어져 고아라는 형태로 버림받고, 새가 보호 동물로 등장하며 배타고 물을 건너는 표류형은 만주족

11) 혁철족(赫哲族)과 악륜춘족(鄂倫春族) 모두 만-퉁구스어족에 속하고 인종적으로는 퉁구스족군에 속한다. 혁철족은 흑룡강과 송화강의 하류와 우수리강 유역의 삼각지대에 장기 거주하면서 고기잡이를 주업으로 하고, 악륜춘족은 흑룡강성 대·소흥안령에 거주하며 수렵 생활하고 샤머니즘과 조상숭배를 신앙으로 한다. 陳琳國·陳群 공저, 『中華民族的形成』(廣東: 廣東人民出版社, 1996), 88쪽-89쪽 참조.

12) 『中國少數民族英雄史詩』, 168쪽-180쪽에서 발췌 요약 번역.

기자 모티프 유형과 다르지 않다.

다음으로 가이극자족(柯爾克孜族)의 「마납사(瑪納斯)」 내용을 요약하면 다음과 같다.

> 마납사(瑪納斯)의 부친 가극보(加克普)가 자식을 구하고자 부인을 밀림 속에서 고단(孤單)한 생활을 하게 하였는데, 거기에서 임신하였다. 분만 시 피낭(皮囊)을 낳았는데 갈라 여니 희고 통통한 아이가 나왔다. 무거워 안을 수가 없었고, 아이는 손에 피와 기름을 쥐고 있어서 사람들을 그가 비범함을 알게 되었다. 이족 잡륵마극(卡勒瑪克) 통치자가 가이극자(柯爾克孜) 사람 중에 세상을 지배할 영웅이 강생(降生)하리라는 예언을 듣고 모든 임산부의 배를 갈라 죽였다. 이에 사람들은 통치자를 속이기 위해 피낭 속에 강아지로 바꿔 넣고 이름을 숨긴 채 사람들의 보호 속에 몰래 키웠다. 이후 부친의 불만을 사자 집을 떠나 모친의 도움 속에 유랑생활을 하였고, 부락의 통치자가 되었다.[13]

여기서 마납사(瑪納斯)는 피낭이라는 기이한 물체에 덮여 출생하며, 사람들과 모친 외에 피낭 속에 대신 들어간 강아지 역시 주인공의 보호자 역할을 하고 있다. 살해기도 위협 속에 숨어 지내는 모세가 태어날 무렵 아기를 죽이러 찾아다니는 공포 분위기가 연상된다.

서북 장족(藏族)의 국왕 고사에도 기자 모티프가 들어있다. 파밀(波密)에 갑막찬(甲莫贊)이라는 여인의 아홉 명의 아이 중 막내가 얼굴은 예뻤지만 손에 물갈퀴가 있자 식구들은 상서롭지 못하다고 여겨 솥에 넣어 강에 버렸는데, 표류하여 하류에 이르러 어떤 사람이 건져 올린 후 왕으로 삼았으니 이 사람이 섭적찬보(聶赤贊普)라는 내용이다.[14] 기이한 출생 때문에 강물에 버려지고 마침내 왕이 된다는 표류형 고사에 속한다.

---

13) 『中國少數民族英雄史詩』, 110쪽-111쪽에서 발췌 요약 번역.

14) 馬昌儀 편, 『中國神話學文論選萃(下)』(北京: 中廣電視出版社, 1994), 739쪽 참조.

이제 서남 소수민족 기자 모티프 신화로 화제를 돌려보자. 서남 소수민족 기자 모티프는 아이를 낳은 후 버리는 유형, 동식물을 낳은 후 버리는 유형, 육구(肉球)를 낳은 후 베어서 버리는 유형 등 세 가지 유형으로 나뉜다.[15] 첫째 유형의 예로는 이족(彝族)의 「늑아특의(勒俄特依)」에 나오는 지격아룡(支格阿龍) 고사가 있다.

> 지격아룡(支格阿龍) 모친이 바위에 묻은 매의 피를 묻힌 후 임신하여 지격아룡을 낳았다. 첫해는 엄마 젖을 먹지 않고 이듬해는 엄마와 잠을 자지 않고, 다음 해는 말을 듣지 않았다. 이에 모친은 아이를 산 속 도랑에 내다버렸지만, 아이는 매일 뱀과 지내며 삼 년을 보냈고, 이후 일월(日月)을 쏘고 천계를 찾아다니는 등 비범한 힘을 갖춘 영웅이 되었다.[16]

모친이 아이의 외관은 보통 아이와 다를 바 없지만 기이한 행동 또는 처녀가 아이를 출산한 것에 눈총 받을까 두려워 아이를 버린다. 고사 중의 뱀은 보호자로서 뱀이 많은 남방 민족의 뱀 토템 숭배심리가 엿보인다.

또 태족(傣族) 「이봉(厘俸)」의 해한(海罕) 기자 고사 내용을 보면 다음과 같다.

> 해한(海罕)은 천신 영팔(英叭)의 아들이고 생모는 부잣집 하녀였

15) 서화룡(徐華龍)은 「西南少數民族棄子神話研究」(『中國少數民族神話論文集』, 171쪽-185쪽 참조)에서 서남 소수민족의 기자 신화의 특징과 배경에 대해 구체적으로 설명하고 있다.

16) 모친이 지격아룡을 바위 밑에 내다버렸는데 용과 조석으로 함께 살았다는 기록도 있다. 田兵編, 『中國少數民族神話論文集』(廣西: 廣西民族出版社, 1984), 173쪽 및 『中國各民族宗教與神話大詞典』, 684쪽 참조.

다. 생모는 강가에서 세탁을 하던 중 떠내려 오는 열매를 집어먹고는 해한(海罕)을 임신하였다. 태어나면서부터 말을 하는 아이가 두려워 아이를 죽루(竹樓, 대나무 다락방)에 버렸다. 하지만 아이는 넘어져 죽지도 않고 밟혀죽지도 않았으며, 도리어 소가 입안에 머금고 보호하였다. 소를 광야에 풀어 방목할 때 아이를 입에서 뱉어 내었다. 사람들이 그에게 음식을 주어 배고픔을 채워주곤 했다.[17]

해한(海罕)의 출생과 버림 과정이 주몽 고사와 상당히 유사하다. 출생 후부터 말할 줄 알기 때문에 버림받는 내용은 만주족, 백족(白族) 고사 중의 버림 이유와 동일하다. 그리고 버림 장소로 죽루(竹樓)가 등장하는 것은 태족(傣族)의 거주환경과 관련이 있어 보인다.

또 이족(彝族) 「창래아(淌來兒)」 고사에는 황제가 사냥 중에 길을 잃고 어느 노인 집에 머무르는 동안 그 집 며느리가 아이를 낳았는데, 이 아이가 장차 황제가 되리라는 말을 엿듣고 화가 나서 며느리를 죽이고 아이를 상자에 넣어 강물에 던져버리자, 어부가 아이를 건져 키웠고 나중에 황제가 되었다[18]는 내용이 있다. 이 고사는 '큰 물결에 흘러온 아이'라는 제목에서도 알 수 있듯이 표류형 고사이며, 아이가 왕이 될 것이라는 예언 때문에 황제의 질투를 사서 버림받는 점이 마납사(瑪納斯) 고사와 유사하다.

둘째 유형의 신화는 주로 동물을 낳고 죽이려 하지만 모친의 사랑 등의 원인으로 위기를 모면하고 성장한 후 미녀와 야수의 한 장면처럼 동물 껍질을 벗고 멋진 남자로 탈바꿈한다는 내용으로 이루어진다. 예를 들면 작은 청개구리를 낳은 후 추문이 바깥에 퍼질까 두려워 청개구리를 눌러 죽이려 한다는 내용의 요족(瑤族) 「청와결친(青蛙結親)」, 부부가 노년에 신에게 기도하여 자식을 가졌는데 사람 모

17) 『中國少數民族英雄史詩』, 141쪽-150쪽에서 발췌 요약 번역.
18) 『中國神話學文論選萃(下)』, 740쪽 참조.

양이 아니라 툭 튀어나온 큰 눈을 가진 청개구리가 출생하여 버린다는 내용의 장족(藏族) 「청와기수(靑蛙騎手)」, 옥목렬(沃木列)이라는 처녀가 청개구리를 만진 후 임신하여 청개구리를 낳았는데, 그 소식을 들은 관가에서 처녀를 죽이고 청개구리는 도망간다는 내용의 율속족(傈僳族) 「과엽전고사(戈葉纏故事)」가 있다.

그 중 장족(藏族)의 「청와기수(靑蛙騎手)」 고사에서 노부부가 등장하고, 아이가 없어서 신에게 기구(祈求)하고, 자식은 얻었지만 개구리 모습으로 생겼고, 돌이 날아가다가 무너지는 내용[19]은 금와 고사에서 노부부가 산천에 아이를 빌다가 돌을 들추고 황금빛 개구리 아이를 얻었다는 내용과 상통한다.

이 밖에 식물을 낳아 들에 버린다는 내용도 있다. 요족(瑤族) 「일월성친(日月成婚)」 고사에 일월(日月) 결혼 후 달이 큰 동과(冬瓜)를 낳자, 태양이 이상히 여겨 동과를 베어 보니 황색 씨앗들뿐이라서 달은 상심 속에 분이 나서 산 앞 집 뒤에 한 알 한 알 뿌려버렸는데, 씨가 떨어진 곳마다 죽루(竹樓)가 생겨나고 사람들이 오곡을 뿌리고 있었다는 내용이 나온다.[20] 여기서도 죽루가 태족(傣族) 고사처럼 생명 탄생의 공간으로 등장하며, 부모가 의인화된 일월(日月)이라는 점과 버림 후에 복수의 인류로 재생한다는 점이 눈에 띈다.

셋째 유형의 고사는 서남 소수민족 사이에서 가장 많이 전해지고 있으며, 육구(肉球) 대신 육단(肉團), 육포(肉包), 혈육(血肉)이라는 표현이 사용되기도 한다. 이 고사는 종종 홍수와 남매혼 고사와 결합되며, 홍수 후 남은 남매가 결혼하여 육구를 낳자 버렸는데, 육구 조각이 시조나 복수(複數)의 인간으로 재생된다는 내용으로 이루어진다.

19) 『中國神話學』, 295쪽 참조.
20) 『中國少數民族神話論文集』, 174쪽 참조.

여동생이 육단(肉團)을 낳았는데, 코도 눈도 귀도 입도 없었다. 남매는 화가 나서 육단(肉團)을 백여 조각으로 자른 후 사방팔방에 뿌려놓았다. 이튿날 아침 뿌려진 곳에서 연기가 일더니 사람들이 만들어졌다.(혹은 108개 조각을 산과 들에 버렸는데 백성이 되었고, 나무에 걸어 둔 것도 각각 사람이 되었다.)(포의족(布依族) 「적진적연조인연(迪進迪穎造人烟)」)[21]

남매 결혼 후 누이동생이 낳은 것은 한 개의 눈, 코, 귀 그리고 손발도 없는 고기 덩어리였다. 복희는 화가 나서 고기 덩어리를 돌로 부순 후 대지에 뿌렸다.(무라오족 「복희형매전설(伏羲兄妹傳說)」)[22]

덕룡(德龍)과 파룡(爸龍) 남매가 결혼한 지 1년 만에 아들을 낳았는데, 맷돌처럼 눈, 귀, 입, 코가 없었다. 저녁에 덕룡(德龍)이 맷돌을 잘라 부수어 옥상과 밭에 걸어놓았다.(묘족(苗族) 「아배과본(阿陪果本)」)[23]

강량(姜良)과 강매(姜妹)가 결혼한 지 삼 년이 지나서 육단을 낳았는데, 동과(冬瓜)처럼 머리가 없었다. 이에 그들은 육단을 쪼개 뼈는 밭에 버리고, 살은 강가에 버리고 간은 바위굴에 버리고 창자는 산언덕에 버렸다. 다음날 고기 조각은 사람이 되었다.(동족(侗族) 뇌공(雷公) 고사)[24]

홍수 후 노선(老先)과 하발(荷發) 남매만이 남았고, 하발(荷發)이 육포(肉包)를 낳았다. 노선(老先)이 세 조각으로 잘라 보자기에 하나를 싸서 나무판에 놓고 강을 따라 흘려보내니 한족(漢族)이 되었다. 하발(荷發)이 두 번째 덩어리를 싸서 해바라기 잎에 놓고 만천하를 따라 보내니 묘인(苗人)이 되고, 보자기로 마지막 덩어리를

21) 『中國少數民族神話論文集』, 175쪽, 『原始人心目中的世界』, 95쪽 참조.
22) 광서(廣西) 요족(瑤族) 홍수 고사에도 복희 남매 고사가 등장한다, 요약하면, "홍수 후 남은 복희 남매는 결혼을 하고 육구를 낳았다. 부부는 이상하게 여겨 육구를 가늘게 잘라서 종이에 싼 후 하늘 계단을 오르는데 홀연 바람이 불어 육구 조각들이 사방으로 퍼져 대지에 떨어져 사람이 되었다." 陳炳良, 『神話禮儀文學』, 39쪽-44쪽 참조.
23) 『中國少數民族神話論文集』, 179쪽 참조.
24) 『中國少數民族神話論文集』, 176쪽 및 『神話與鬼話』, 107쪽 참조.

싸서 야자수 잎에 놓고 강을 따라 흘려보내니 여인(黎人)이 되었다.(여족(黎族) 홍수 고사)[25]

남매 결혼 후 누이가 혈육(血肉)를 낳았다. 둘은 슬퍼하며 혈육(血肉)을 여러 조각으로 자른 후 나무에 걸어놓았다. 며칠 후 가서 보니 조각들은 청년남자와 청년여자로 변해있었다.(혹은 홍수 후 남매 혼배(婚配)로 육단을 낳았는데 금구(金龜)노인이 구부려 여니 오십 쌍의 남녀가 나왔다.)(이족(彝族) 홍수 고사)[26]

남매 결혼 후 육타(肉坨)를 낳았는데, 남동생이 그것을 작은 조각들로 쪼개어 각종 나무 위에 걸어놓으니 각 성(姓)의 조상이 되었다.(강족(羌族) 고사)[27]

이상에서 보듯이, 육구 유형은 서남 소수민족의 특징적인 기자 모티프로서, 육구 조각들이 뿌려진 장소는 한곳인 경우도 있고 여러 군데인 경우도 있으며, 버리는 방법도 다양하게 묘사되어있다.

'홍수 → 남매혼 → 육구 → 버림' 구조와 유사한 형태가 타이완 아미족(阿美族) 신화에 보인다. 홍수 후 남매가 임신을 하여 백석(白石)을 낳고는 놀라서 강물 속에 버리려는데, 달이 남매에게 잘 보관하면 목적이 달성된다고 말하여 이상히 여겼지만 보존하니 나중에 백석이 변하여 그 속에서 아이들이 출생하였다는 내용이다.[28]

육구의 형상 그 자체는 이미 버림받았음을 암시하며, 남매혼에 초점을 맞추면 남매 간 근친혼으로 생긴 비정상적인 괴태(怪胎)라는 부정적 의미를 상징하기도 한다. 이와는 다른 각도인 홍수와 인류 재생에 초점을 맞추면 육구는 여러 조각으로 쪼개어져 버림을 통해 핏줄이 같은 새로운 생명들을 출생시킨다는 긍정적 의미를 상징한다.

25) 『中國神話學文論選萃(下)』, 739쪽 참조.
26) 『中國少數民族神話論文集』, 175쪽-176쪽 참조.
27) 馮敏, 『巴蜀少數民族文化』(四川: 四川人民出版社, 2001), 345쪽 참조.
28) 『神話禮儀文學』, 48쪽 참조.

전체적으로 보면 소수민족 기자 모티프 고사 중에서도 몽고족과 만주족 계열의 신화들이 한국 기자 신화와 공통점이 많다. 동북방 알타이 지역에 서로 인접해 있는 지리적 위치와 한국어, 몽고어(蒙滿語)가 알타이어계라는 언어적 연관성에서 그 원인을 찾을 수 있다. 민족간 교류 이동도 그 한 원인이 되리라 추측된다. 부여어군 계통의 만주족은 발해 말갈, 여진으로 불리었고 한민족 형성에 부분적으로 기여하였고, 여진족의 금나라가 동이계이며, 혁철족은 고숙신인과 고맥인이고, 몽고계 선비족은 예(부여)와 맥(고구려)의 후손이라는 주장이 이를 뒷받침한다.[29)]

종교적 친근성도 관계가 있다. 동이계 민족은 새 토템이면서 태양을 숭배하여 태양조가 출현하였는데, 이러한 신앙이 기자 모티프 신화에서 각종 새의 출현과 난생으로 반영되고 있는 것이다.

29) 여진우(呂振羽)는 다음과 같이 주장한다. "옛날 몽고 지역의 기후변화로 인해 일부 원주민들이 아시아 동북부 지역으로 이주하여 퉁구스족 각 민족이 형성되었다. 퉁구스족의 일부는 해안을 따라 남하하여 지금의 산동반도에 도달한 후 서쪽으로 방향을 바꾸어 간 사람들은 상(商) 왕조의 주체가 되고 나머지는 후대의 만주족, 고대 한국인, 악륜춘족, 악온극족, 석백족, 혁철족 등 형제민족으로 화하였다." 呂振羽, 『史前期中國社會研究』(河北: 河北教育出版社, 2000) 231쪽 참조.

제2장

타이완 원주민 신화

1. 타이완 원주민과 신화 유형

타이완(臺灣)에는 인구 2,300만 명 중 약 2%에 해당하는 50만 명의 원주민이 산악지대를 중심으로 거주하고 있다. 원주민이란 주로 타이완 고산지역에 거주하는 소수민족을 총칭한다.

타이완 원주민들은 핏줄이나 언어, 거주 지역의 문화 차이에 따라 그 종족이 나뉘며 명칭도 달리 불리고 있다. 1954년 3월 타이완 국민당 정부는 정식으로 이들 원주민을 아미족(阿美族, Ami 혹은 Amis), 태아족(泰雅族, Ataya), 포농족(布農族, Bunun), 추족(鄒族, Tsou), 노개족(魯凱族, Rukai), 배만족(排灣族, Paiwan), 비남족(卑南族, Puyuma), 아미족(雅美族, Yami) 또는 달오족(達悟族, Tao), 새하족(賽夏族, Saisyat 또는 Saisiat) 등 9개 종족으로 분류하였다. 이후 소족(邵族, Tsao), 태로각족(泰魯閣族, Truku), 갈마란족(噶瑪蘭族, Kavalan), 살기래아족(撒奇萊雅族), 새덕극족(賽德克族)이 추가되어 현재 총 14개 종족이 공식적으로 존재한다.

최근 타이완 원주민 신화의 채록과 정리 작업이 진행되었는데, 그 중 타이완 학자 임도생(林道生)의 『原住民神話故事全集』 시리즈와 포농족 출신의 원주민 달서오랍만·필마(達西烏拉彎·畢馬)의 『原住民神話大系』(2002-2003)에 원주민 신화고사 원형 자료가 정리되어 있다.

이들 자료에 근거해 보면, 5천년 이상 타이완에 거주하면서 다양한 언어문화, 풍속 및 관습을 형성해온 원주민들의 신화고사는 그 종류와 내용 면 모두 풍부하다고 평가를 내릴 수 있다.

예를 들면 노개족은 중앙산맥 남단의 높고 험준한 고산과 협곡, 그리고 계곡과 냇물이 철철 흐르는 아열대의 정글 속에서 수렵 생활을 하면서 그들의 토템신앙과 원시 관념에 기초한 다양하고 풍부한 신화고사와 종교 신앙을 보존해오고 있다. 그리고 새하족의 신화도 풍부한데, 특히 그들의 왜소인 고사는 그들의 신앙을 잘 반영하는 고사이다. 또한 아미족(雅美族)은 타이완 동남쪽 란위 섬에서 거주해 온 관계로 그들의 신화전설에는 해양의 신기한 색채가 충만하다.

타이완 원주민 신화를 주제별로 나눈다면 창세와 인류기원, 홍수, 남매혼, 석두(石頭), 변형, 교혼(交婚), 영웅사일(英雄射日), 선악, 머리 베기, 재생, 무속, 창조, 난생, 감응(感應), 금기, 왜소인(矮小人) 모티프 등이 있다.

사실 타이완 원주민 신화 중에는 천지개벽과 같은 일반적인 천지창조 모티프에 관한 고사는 거의 전해지지 않는다. 세계는 이미 존재하고 있으며 천지개벽도 이미 이루어진 상태다. 따라서 개벽 이전의 상태에 대한 언급은 거의 없고, 태양신과 같은 신 역시 이미 존재하는 신격체이다. 타이완 원주민 신화는 대부분 세상이 이미 존재하거나 만들어진 상태 이후의 일을 서술한 고사들로 이루어져있다.

비남족 신화를 보더라도 조물주라던가 창조자라는 신격체는 존재하지만 이들이 천지를 창조했다거나 또는 어떻게 창조했다는 내용의 고사는 없다. 또한 아미족 신화에는 원래 존재하고 있는 바다 위에 섬을 만든다거나, 인류를 창조한다는 정도의 내용이 기술되어 있다. 이처럼 원주민 신화 중에 천지개벽과 우주창조에 관한 고사는 거의 없다. 왜 그럴까? 이는 아마도 자연 환경적으로 사면이 바다로 싸인 섬에 거주하면서 그 영향으료 섬의 탄생 고사 정도의 신화만이 만들어진 것으로 추측된다.

반면에 인류의 기원에 관련된 고사는 상당히 많은 편이다. 인류기원신화 중에서도 각 종족의 시조나 조상의 출생을 담은 족원신화(族源神話)가 특히 많다. 아울러 채록된 고사 내용을 보면 대체로 고대인의 원시면모를 유지하고 있는 편이다.[30] 이처럼 한족의 문헌으로 전해 내려오는 고사 이상으로 원시적인 사고가 담긴 고사가 많이 보존되어 있다는 점이 바로 타이완 원주민 신화의 전반적인 특징이라고 말할 수 있다.[31]

그리고 만물과 제 현상의 기원에 관한 고사가 거의 전 종족에 거쳐 다양한 유형으로 전래되고 있는 점도 타이완 원주민 신화의 특징 중 하나다. 예를 들면 태아족의 불, 바람, 수렵, 머리 베기(出草, 獵人頭), 문신, 제사, 게, 바람의 기원 고사, 추족의 불, 독사, 절벽, 산신제의 기원 고사, 포농족의 무지개, 재해, 달 제사의 기원 고사, 아미족(阿美族)의 불, 칠성의 기원 고사 등이 있다.[32] 이러한 기원 고사의

30) 서유원, 『중국창세신화』(아세아, 1998), 93쪽.

31) 馬昌儀, 『中國神話學文論選萃(下)』, 419쪽.

32) 林道生, 『原住民神話故事全集5』(漢藝色硏, 2004), 12쪽-16쪽, 25쪽, 29쪽-31쪽, 42쪽, 55쪽, 64쪽-65쪽, 74쪽, 122쪽. 林道生, 『原住民神話故事全集4』, 3쪽, 56쪽-59쪽, 79쪽. 林道生, 『原住民神話故事全集3』, 31쪽. 林道生, 『原住民神話與文化賞析』(漢藝色硏, 2002), 85쪽. 『中國各民族宗教與神話大詞

다양함과 풍부함은 고대로부터 타이완 원주민들의 호기심과 탐구심이 높았음을 말해주는 것이기도 하다.

2. 타이완 원주민 신화

먼저 타이완 중부와 동북부 산지에 거주하는 태아족(泰雅族) 사이에 전해져 내려오는 인류 기원 신화를 소개하면 다음과 같다.

> 태고에는 한 여인만이 있었다. 어느 날 그녀가 큰 돌 위에 있었는데 바람이 한차례 다리 사이로 불어 들어오더니 임신을 하였고 얼마 안 있어 아들을 하나 낳았다.33)
>
> 太古之時, 最先只有一個女人. 有一次她站在大石上, 一陣風吹入股間因而懷孕, 不久生下一個兒子.

> 옛날 대패첨산(大霸尖山)에 있는 거석 하나가 깨지면서 남녀 두 사람을 낳았다.
>
> 太古時, 大霸尖山一巨石進裂, 生男女二人.

태아족 신화 속에 엿보이는 인류 출현 구조를 보면 우선 여성만이 생식이 가능하기 때문에 여성을 조상으로 두었고, 신이 아닌 이상 혼자서 후손을 만들어 낼 수 없었기 때문에 바위 위에 서서 바람을 맞고 임신을 하였다는 구조를 설정하였다. 그리고 이를 통해 종족 번성을 합리화했던 것이다.

다음으로 아미족(雅美族) 시조 신화 일부를 소개하면 다음과 같다.

> 옛날 난서(蘭嶼)의 파포특산(巴布特山)에 있는 거석이 갈라지며

典』, 145쪽-147쪽.

33) 李亦園, 『師徒·神話及其他』(臺北: 正中書局, 1983), 122쪽 참조.

남자 신을 낳았는데…… 돌에서 태어난 남신이 무릎이 가려워 손으로 긁으니 오른쪽 무릎에서는 남자아이, 왼쪽 무릎에서는 여자아이가 나왔다.

太古時, 蘭嶼巴布特山巓一巨石進裂, 生男神…… 石生男神雙膝奇痒, 以手摩挲, 右膝生一男孩, 左膝生一女孩.

석생(石生) 유형의 신화인데, 배만족(排灣族) 역시 시조의 석생 유형 고사가 있다. 석생 중 석중생인(石中生人) 유형 고사이다.

태고 시절에, 돌 속에서 태어난 위인이 있었는데, 신통력이 광대하고 인류를 불러내는 신비한 능력을 지니고 있었다. 그가 명령을 내려 모든 인간들에게 모이라고 하자 사방에서 헤아릴 수 없을 정도의 사람들이 몰려들었고, 자신은 두목이 되었다.[34]

돌에서 태어난 사람은 특출한 부족 리더로 묘사되고 있다. 석생인(石生人) 유형은 여기에서 리더의 신비롭고 기이한 능력을 표현하는 방식으로 활용되고 있다.

비남족의 인류기원 모티프 신화 중에는 다음과 같은 석생 유형 고사가 있다.

옛날 Kinabukan에 큰 돌이 있었는데, 어느 날 깨지더니 남녀 두 명이 나왔다. 둘은 서로 결혼하여 많은 자녀를 낳았는데 첫째는 뱀, 둘째는 맹인, 다음에는 머리가 없는 장애아를 낳다가 마지막에서야 온전한 남녀 아이를 낳았다. 이들 중 일부는 비남족의 시조가 되었고, 나머지는 배만족의 선조가 되었다.[35]

---

34) "太古時候，有個從石頭中生出來的偉人，神通廣大，具有號召人類的神力，當他下了一道命令‥「所有的人都集合過來！」的時候，從四方就來了數不淸的人，他便自己當起頭目來." 林道生,『原住民神話故事全集5』, 100쪽.

여기서 비남족과 배만족의 근원이 동일하다는 기술은 양 종족의 밀접한 혈연관계를 보여준다. 홍수와 남매혼 고사에서 주로 보이는 남매혼 후 기형아 출생 장면이 묘사된 점은 흥미로운 대목이다.

비남족의 또 다른 석생 유형 고사를 인용하면 다음과 같다.

> 상고시대에 돌이 쪼개지면서 사람 모양의 물체가 나왔는데, 두 무릎에 눈이 달려있고 앞뒤로 얼굴이 있었다. 오른쪽 다리 종아리에 어린 아이를 품고 있었고 후에 남녀 2인을 낳았다. 그 둘은 결혼하여 돌을 낳았다. 그 돌들에서 여자와 남자가 나왔고 이들이 결혼하면서 진짜 인류가 존재하기 시작하였다. 이들이 출산한 남매가 또 결혼하여 자매인 Ruvi-ruvi 와 Ta-ta를 낳았다. Ruvi-ruvi는 아미족 남자를 데릴사위로 두면서 이 종족의 선조가 되었다.[36]

석파생인(石破生人), 기인출현, 남녀결혼, 인생석(人生石), 석생인(石生人), 남매혼 등 다양한 유형이 결합된 이야기다. '돌→ 인간→ 돌→ 인간→ 인간끼리 결혼→ 인류번성'이라는 도식, 즉 석생인(石生人)과 인생석(人生石)의 반복 리듬 속에 인류 탄생이 이루어진다.

한편 배만족 고사에는 "오른손에 들고 있던 돌을 땅에 던지자 돌이 깨지면서 신인이 나왔고, 왼손에 들고 있던 대나무를 땅에 세우자

35) "太古，Kinabukan處有大石，一日裂開生出男女二人. 二人相婚生下許多子女，但第一胎是蛇，其次是瞎眼兒，再次是無頭的. 最後才有完整的男女，一部分爲卑南族之祖，其餘成排灣族的祖先." 達西烏拉彎畢馬, 『排灣族神話與傳說』(臺北: 晨星出版, 2003), 44쪽-45쪽.

36) "上古時代, 石頭裂開來而有人形模樣的東西出來，兩膝上長著眼睛，前後都有臉孔在右足的小腿肚裡懷著小孩，後來生下男女二人. 他們成婚後生下了石頭. 女孩和男孩出生自此石頭，從這個時侯才開始有了眞正的人類. 他們生下了男女二人，後來二人又成婚生下了Ruvi-ruvi和Ta-ta兩姊妹，Ruvi-ruvi招贅了阿美族男子，這就是知本社的祖先." 達西烏拉彎畢馬, 『卑南族神話與傳說』(臺北: 晨星出版, 2003), 52쪽.

대나무 윗가지에서 여신에 나오고 아래가지에서 남신이 나와 이들이 배만족의 후대를 번식시켰다."[37]고 하는 이야기도 전해진다. 돌로부터 출현한 신인이 꽂은 대나무에서 남신과 여신이 출생하여 배만족의 시조가 된다는 '석생(石生)+죽생(竹生)' 결합 구조를 띠고 있다. 남녀 출현의 위치를 통해 모계제 풍습도 확인된다.

'석생+죽생' 결합구조는 비남족(卑南族) 시조신화에도 나타난다. 여신이 들고 있던 돌과 대나무 사이에서 나온 신인(神人)이 각기 다른 종족의 조상으로 성장한다는 이야기다.

> Panapanayan 지역에 여신이 출현하였는데, 오른 손에는 돌을 왼손에는 대나무를 들고 있었다. 여신이 돌을 던지니 돌이 두 갈래로 갈라지면서 그 가운데서 한 명의 신인(神人)이 출현했는데 이 신인이 후에 아미족(阿美族)의 선조가 된다. 여신은 다시 왼손에 들고 있던 대나무를 힘껏 땅에 꽂으니 대나무 위쪽 마디에서 Pakonseru라는 여신이 출현하고 아래쪽 마디에서는 Pakomarai라는 남신이 출현하였다. 이 두 신은 비남족(卑南族)의 조상이 된다. 그 둘의 후예는 Raolaoisu 남신과 Soragasu 여신이다. 이들은 또 Parogaos 남신, Pakasukasu 여신, Pakorashi 여신, Parai 남신을 낳았다. 그중 Pakorashi 여신과 Parai 남신의 혼인으로 낳은 아이는 점차 사람 형태를 보였다.[38]

이 고사는 '여신→ 여신과 남신→ 부부가 됨→ 남신과 여신 출산→ 두 명의 여신과 두 명의 남신 출산→ 인화(人化)'라는 과정 속에서

37) "在很古的時候有位女神, 右手捧石, 左手持竹, 女神投其石, 石卽分裂, 產生出一神人, 女神又將竹直立於地, 由竹的上節, 又產生出女神, 竹的下節也產生出一男神, 有此男女兩神後, 才傳下本地排灣族的後代." 達西烏拉彎畢馬, 『排灣族神話與傳說』, 43쪽.

38) 林道生, 『原住民神話與文化賞析』, 98쪽 참조.

신과 인간의 경계가 자연스럽게 허물어지면서 신계에서 인계로의 전환이 순조롭게 이어지고 있다. 또한 여기서 창세 과정이 여신으로부터 시작된다는 것은 배만족 신화에서도 나타났던 모계사회의 단면을 반영한다. 모계사회(只知其母, 不知其父) 풍속이 현재 비남족(卑南族)을 포함하여 배만족(排灣族), 노개족(魯凱族), 아미족(阿美族)에게 남아있다는[39] 사실은 이들 종족 간 관계성이 밀접했음을 말해준다.

죽생인(竹生人) 유형 고사는 대나무 숭배 문화의 반영물로서 말레이반도의 세망족(semang), 인도네시아 수마트라 토착민, 필리핀 민다나오 토착민, 미크로네시아 토착민들 사이에 널리 퍼져있다. 이를 통해 타이완 원주민 종족의 문화가 동남아 고문화의 특질을 지니고 있다는 사실도 확인할 수 있다.

타이완 원주민 신화 중에는 태양과 관련 있는 난생(卵生) 유형이 적지 않다. 태양 관련 난생 유형은 태양이나 태양신이 낳은 알에서 인간으로 부화하거나, 태양조가 낳은 알을 인간이 먹고 자식을 출산하는 천강란형(天降卵型)과 여인이 천제(天帝)와의 교류나 감응으로 임신하여 알을 낳고, 이 알이 부화하여 아이가 출생하는 인생란형(人生卵型)이 있다.[40] 배만족 고사에서는 천강란형 유형이 전해진다.

> 태양이 붉은색과 흰색의 알 두 개를 낳고 백보사(百步蛇)에게 이 두 알을 보호하라고 명한다. 이 두 알은 후에 부화하여 남녀 두 신으로 되었고, 이들의 후예가 배만족(排灣族) 귀족의 선조가

39) 林道生, 『原住民神話與文化賞析』, 99쪽-102쪽.

40) 나경수, 『한국의 신화연구』(서울: 교문사, 1993), 202쪽. 전자는 은 민족 간적의 '玄鳥生商' 고사가 대표적인 예이고, 후자는 유화가 태양신 해모수의 감응으로 알을 낳고 그 알에서 주몽이 탄생한다는 주몽고사가 대표적 예이다.

되었다. 이와 별도로 평민의 선조는 푸른 뱀이 부화하여 나왔다.[41)]

태양의 난생에 뱀이 추가로 등장한다. 뱀은 여기서 태양이 낳은 알을 보호하고 부화하는 조력자 역할을 한다. 원주민들은 알을 낳는 뱀의 생태를 자신들의 시조 탄생에 자연스럽게 적용시키고 있다. 태양이 낳은 알이 인간으로 화한다는 일반적인 태양 난생 구조와는 달리 태양과 알에 뱀이 결합되면서 생동적이고도 독특한 느낌을 구현하고 있다. 다만 '귀족'과 '평민'이라는 용어 사용은 후대 계급사회 형성기의 사고를 반영한다.

이밖에 "태양이 토병에 알을 낳았다(太陽在壺中下了一個蛋)"는 고사가 있고,[42)] 태양 빛을 받은 도자기병이 알을 낳아 인간을 탄생시킨다는 고사도 있다.

> 여자 도자기병이 있는데, 이 도자기가 양광을 받아 여성의 알을 낳았다. 이 알이 포코안(Pocoan) 집안의 남성 영혼과 결혼하여 한 여인을 낳았고, 이 여인이 또 산속의 백보사와 결혼하여 두 남자아이를 낳았다.[43)]

태양 난생 유형이면서 '도자기병+양광+뱀과의 교혼' 결합구조를 지닌 점이 특이하다. 여기서 도자기병은 여신 출생지 역할을 하며,

---

41) "太陽降下紅白二蛋，命百步蛇保護. 不久孵出男女二神，這二神的後裔變成了排灣族之貴族的祖先. 至於平民之祖先，就是青蛇所孵出來的." 達西烏拉彎畢馬,『排灣族神話與傳說』, 32쪽-33쪽.

42) 林道生,『原住民神話故事全集5』, 99쪽.

43) "傳說有一個女陶壺，此陶受陽光照射孵出了一個女性的蛋，此蛋與Pocoan家一個男性的靈魂結婚，生下了一女人，此女子又和山裡的百步蛇結婚，生下了二男孩." 達西烏拉彎畢馬,『排灣族神話與傳說』, 31쪽.

여인의 뱀과의 결혼은 뱀이 남성 시조임을 표현한다. 실제로 배만족은 백보사가 인류의 남성 시조이자 화신이기에 마음대로 살상해서는 안 된다는 관념이 있다.[44)]

배만족과 노개족의 태양과 난생 유형에는 태양조(sun bird)가 등장하지 않고 태양 또는 태양신이 직접 알을 낳았다고 표현되어 있다. 태양이 직접 알을 낳는 구조는 『시경』속 태양조인 현조가 알을 낳는다는 구조와는 다소 차이가 있다.

배만족 신화에는 뱀의 난생 유형 고사도 있다.

> 태고시대에 한 차례 홍수가 범람한 후 대지 위에는 살아있는 생명체를 볼 수 없었다. 어느 날 신령이 산에서 사란(蛇卵)을 보고 이상히 여겨 가까이 다가가, 눈에서 신령스러운 빛을 방출하여 뱀 알의 내부를 투시하여 자세히 보니 사람 형태가 보였다. 얼마 지나지 않아 뱀 알은 양광을 받아 파열되었는데 안에서 한 사람이 나왔다. 그가 배만족 귀족의 조상이다.[45)]

배만족 조상이 사란(蛇卵)의 부화로 출생했다는 기술이다. 뱀과의 교혼(交婚)에 의한 인류탄생이라는 사생(蛇生) 유형과는 다른 형태이다.[46)] 뱀에 의한 난생 모티프를 기본구조로 하면서도 태양이라는

44) 達西烏拉彎畢馬, 『排灣族神話與傳說』, 30쪽-31쪽.

45) "太古時候, 在一次大洪水的氾濫後, 大地上再也看不到活的生命。有一天, 一位神靈在山頂上看到一枚蛇卵, 他覺得奇怪而靠近仔細察看, 神的眼睛放射出靈光指透進入蛇卵內, 看見有一個人形。不久, 蛇卵經由陽光的照射而破裂, 從裡面走出一個人來, 他就是排湾族貴族的祖先。" 林道生, 『原住民神話與文化賞析』, 119쪽-120쪽 및 達西烏拉彎畢馬, 『排灣族神話與傳說』, 47쪽 참조.

46) 뱀을 존중하고 두목의 징표로 여겼던 전통적 관습이 뱀의 난생 유형 신화를 창출해 낸 것으로 보인다. 達西烏拉彎畢馬, 『排灣族神話與傳說』, 48쪽.

요소를 배제하지 않고, 홍수라는 요소도 가미하고 있다. 따라서 태양에 의한 난생 유형과 홍수와 인류 재생 모티프가 부분적으로 스며든 형태의 고사라고 볼 수 있다.

다음으로 노개족 신화 중 뱀의 난생 유형 고사는 다음과 같다.

> 예전 어느 날에 두 마리의 신령스러운 뱀이 많은 알을 낳았는데, 이 알들이 부화하여 많은 사람들이 나왔다. 이 부족의 선조들이다. 그래서 이 부족은 뱀 종류를 살상하지 않는다.47)

> 옛날, 바다에 하나의 병이 표류했는데 그 안에 알 두 개가 있었다. 이 두 알은 후에 부화하여 두 마리의 백보사가 되었는데 이들이 바로 노개족의 선조이다.48)

첫 번째 고사는 인간의 시조로서의 뱀을 묘사하고 있다. 이러한 유형은 뱀 토템숭배에 근거한 상당히 오래된 원시신화 범주에 속한다. 또한 노개족은 여신과 뱀의 알에서 부화한 남자아이 사이에 태어난 후손이라는 이야기도 전해지고 있다. 옹기 속 백보사 알이 양광을 받아 부화하여 남자아이가 나왔고, 후에 여신과 결혼하여 노개족이 번성하였다고 하는 내용이다.49) 태양 알을 뱀이 부화하여 아이를 출

---

47) "從前，有一天，兩條靈蛇產下許多卵，於是，就從這蛇卵中誕生出來許多人，是我們這族的祖先，所以，不可殺傷這些蛇類." 達西烏拉彎畢馬,『魯凱族神話與傳說』(臺北: 晨星出版, 2003), 37쪽.

48) "海上飄來陶罐里的兩顆蛋卵孵化爲兩條百步蛇，此即魯凱族人的祖先" 達西烏拉彎 畢馬,『魯凱族神話與傳說』, 30쪽.

49) 노개족 신화 중 난생 유형 고사를 요약하면 다음과 같다. ⑴ 태양→ (도자기병)→ 알→ 뱀의 부화→ 노개족 시조 탄생, ⑵ (태양 없이) 도자기병 속 알의 부화→ (뱀) → 노개족 시조 탄생, ⑶ 뱀→ 알 낳기→ 부화→ 노개족 시조 탄생, ⑷ 도자기병 속 뱀의 알→ 양광 도움→ 남아 출생→ 여신과 교혼→ 노개족 시조 탄생, ⑸ 태양과 병 결혼→ 알(女) 낳기→ 알과 돌(男)

산하는 경우와 정반대 형태라는 점이 특징적이다.

결혼→ 딸 출산→ 딸과 뱀 교혼→ 아들 출산. 達西烏拉彎畢馬, 『魯凱族神話與傳說』, 29쪽-38쪽 참조.

제3장

중국 납서족(納西族) 신화

1. 납서족 문화와 동파경 신화

납서족 인구는 약 30여만 명으로, 운남, 사천, 티베트 등지에 거주하고 있다. 유목민족 저강족(氐羌族)에서 기원하여 기원전 4세기경 서북에서 섬서, 감숙, 사천을 경유하여 남으로 이동한 후 금사강(金沙江), 란창강(瀾滄江) 고원 협곡 지대에 정주하면서 농경민족으로 변모하였다.[50)]

납서족 결혼 풍습에는 아주이거(阿注異居)와 아주동거(阿注同居)가 있는데 모계형태 혼인제도이다. 이와 함께 제천(祭天) 의식은 중국 소수민족 중 가장 완벽하게 보존된 원시종교 제전으로서 학술적으로 중요한 가치가 있다.

납서족은 '지혜로운 자'를 뜻하는 제사장 동파(東巴)가 주축이 된 원시 다신교인 동파교와 독특한 상형문자로 쓰인 동파경을 보유하

50) 납서족 관련 기록은『화양국지』「촉지」에 등장하는데, 납서족은 원래 여강인이었다고 하는 토착설과, 감숙성과 청해성 일대 유목민과 고대 중국 서남민족인 이인, 그리고 운남 여강 거주 토착민의 융합에 의해 형성되었다는 학설도 있다.

고 있는데, 이 경전 속에는 적지 않은 신화자료들이 기술되어 있어 최근 이에 대한 관심이 커지고 있다. 동파와 동파교와 동파경, 모계 사회제, 그리고 유구한 역사를 지닌 납서족의 신화는 기타 소수민족이나 한족의 문화와는 구별되는 색채를 띠고 있다.

동파경은 처음에 교주 아명십라((阿明什羅)가 편찬했다고 전해진다. 현존하는 600권의 동파경은 약 8백만 자에 이르며, 그 내용은 종교를 제외하고는 대부분 원시적이고 소박한 형식의 신화와 역사전설, 민간사시, 서사시이며, 그밖에 나시족 언어문자, 사회역사, 문학예술, 민속, 천문역법, 철학, 민족관계 그리고 인문과학 등 여러 방면이 포함되어 있다. 동파경은 티베트 분교(苯教)와 불교 및 도교의 영향을 받았지만 다신숭배와 토템숭배, 그리고 모계씨족 숭배라는 민족특색도 여전히 보존되어 있다.

납서족 신화 전체를 살펴보면, 기원이 다른 신화들이 결합되어 있어서 신격체 계보는 그들 고유의 자연숭배와 조상숭배 기초 하에 나온 민족 신격체와 티베트 분교(苯教)의 정파십라(丁巴什羅) 등 외래 신격 계통으로 분리된다. 동파경 신화는 대체로 창세 신화, 여신숭배와 모계혈연혼 신화, 동식물 신화, 창조발명 신화, 영웅 신화, 그리고 기타 신화로 나눌 수 있다.

첫째, 창세 신화는 천지개벽, 인류 신귀 만물 기원, 홍수와 인류 재생, 인수동체 동일 기원 신화를 포함하는데, 특히 난생 모티프가 특징이다. 「제천고가 사반소(祭天古歌 查班紹)」, 「숭반도(崇搬圖)」,[51] 등이 있다.

51) 「제천고가 사반소(祭天古歌 查班紹)」는 인류 번식으로 번역되며, 「숭반도(崇搬圖)」는 인류가 어떻게 생성되고 변천되었는지를 설명하는 인류천도 창세서사시이다. 천지, 일월, 인류만물 제신의 기원, 천지개벽, 숭인리은(崇仁利恩) 5남매 6자매 이야기(난혼과 홍수), 숭인리은(崇仁利恩)이 승천하여 아내를 맞는 내용이 담겨있다. 馬昌儀 編, 『中國神話學論文選萃(下)』, 700쪽-701쪽 참조.

둘째, 여성숭배와 모계혈연혼 신화로는 「맹액서(猛厄緖)」, 「다살구토철작(多薩歐吐哲作)」 등이 있다. 셋째, 동식물 신화로는 「백편복취경기(白蝙蝠取經記)」, 「당은납통패(當恩拉統貝)」 등이 있다. 넷째, 창조발명 신화는 약물, 성유, 제주의 내력과 작용에 대한 강술로서, 노동 공구의 창조발명과 동식물의 사육 훈련, 화살 무기와 동파 상형문의 발명, 불의 사용 발명 등을 서술하고 있다. 동파경 「숭인반적철서(崇仁潘迪徹舒)」 등에 나온다. 다섯째, 영웅 신화는 선조들이 자손에게 복을 내리고 악을 억제하며, 선을 발양하고 세상을 구제하는 영웅 사적을 칭송하는 내용으로서, 「동애술애(董埃術埃)」, 「합사전쟁(哈斯戰爭)」 등이 있다.

2. 창조 및 홍수 신화

납서족 신화 중 창조 및 홍수 고사는 혼돈과 난생, 난혼과 홍수 모티프가 주요소이다. 특히 창세 신화사시인 「숭반도(崇搬圖)」와 「사반소(査班紹)」[52]에 혼돈 그리고 천지, 일월, 인류만물과 제 신격체의 기원 및 천지개벽의 과정이 서술되며, 여기에는 난생 모티프가 엿보인다.

> 천지가 혼돈하고 분리되지 않았을 때 조물신 동신(董神)[양신, 남신, 미리동아보(美利東阿普)]과 색신(塞神)[음신, 여신, 늑금색아자(勒金色阿仔) 또는 늑금색아조(勒琴塞阿祖)]이 만물을 배치하였는데, 만물에는 '진'과 '가'가 있고 '실'과 '허'가 있어서, 진과 실은 결합하여 태양이 만들어지고, 가와 허는 결합하여 달이 만들어졌다.

52) 「사반소(査班紹)」는 납서족의 가장 융숭한 제천의식인 개단제사(開壇祭詞)로서 2000행에 달한다. 우선 인류번성에 대해 서술하는데, 인류 내력과 제사 내력, 민족 기원 등의 내용이 담겨있다.

태양과 달이 변화하여 백기(白氣)와 흑기(黑氣)가 탄생하였다. 백기는 변화하여 아름다운 소리로 만들어졌고, 흑기는 변화하여 시끄러운 소리로 만들어졌다. 이 두 가지 소리가 변화하여 선신인 의격와격(依格窩格)[또는 영격오격(英格奧格)]과 악신인 의고정나(依古丁那)가 만들어졌다. 선신이 흰 알을 낳았는데 부화하여 흰색의 신계(神鷄)인 은여은만(恩余恩曼)[또는 은우은마(恩羽恩瑪)- 이름 속 깃털은 태양조를 연상]이 태어났다. 악신은 검은 알을 낳았는데 이것이 부화하여 검은 색의 신계인 부귀엄나(負紀俺那)가 출생했다. 두 마리의 새는 천지 흰 구름과 풀을 집삼아 각각 아홉 개의 알을 낳았고, 각자 변화하여 선신과 악신을 탄생시켰다. 천신, 지신 그리고 개천의 아홉 형제, 벽지의 일곱 자매도 선신이 낳은 흰 알이 부화한 것이다. 천신의 마지막 한 쌍의 알은 한 마리 괴이한 소 모양의 신수 니자백보약(尼茲白普若)으로 부화하였다.[53] 신의 아홉 형제와 일곱 자매는 이미 천지를 잘 만들었지만 괴수의 긴 뿔이 하늘을 부딪쳐 부술까봐 걱정이 되어 큰 발은 땅을 밟고 동신과 색신이 그를 징벌할 방도를 찾기를 요구했다. 동신과 색신은 신부(神斧)로 그를 베었다. 그러자 그 괴수는 화가 나서 하늘 꼭대기를 들이받고 땅을 밟아 파괴하였다. 신들은 할 수 없이 천지를 새로 만들고 우선 거나십라신산(居那什羅神山)을 만들어 하늘을 지탱케 하고, 땅을 진압토록 하였다.

다음으로 신산 위의 아름다운 소리와 산 밑의 흰 기운이 변화하여 세 방울의 흰 이슬이 되었고 이 이슬은 곧 큰 바다로 변하였다. 천신은 인류의 알을 낳았는데, 지신이 대해 중에서 부화하여 인류의 제1대 시조인 한시한인(恨矢恨人)이 되었다. 한시한인이 후대에 전해지면서 제9대까지 이르렀는데, 이때 납서족의 창세시조인 숭인리은(崇仁利恩)이 태어났다. 시조 숭인리은(崇仁利恩)의 5형제와 6자매가 난혼과 신의 영토 침입으로 신령을 노하게 만들었다. 신령은 홍수를 일으켜 인류를 멸망시켰다. 동신은 사자인 멧돼지를 인간 세상에 파견하여 소식을 알려 숭인리은 형제들이 난을 피할 수 있도록 도움을 주었고, 신들의 선량함에 은혜를 입은 숭인리은은 난을 피해 생존하였으며 기타 인류는 모두 멸망하였다. 동신은 아홉 목인과 목마를 만들어 땅속에 묻어 그것들이 살아나길 바라면서, 숭인리은에게 9일 후 가보라고 하였다. 하지만 9일 후 가서 파보니 목인은 말도 못하고 눈도 뜨지 못하고 걷지도 못했다. 동신은 곧 목인을 여러 조각으로 베어 산, 삼림, 계곡에 버렸다. 이 목인들의 파편 중에 어떤 것은 변하여 산의 메아리로 변하고, 어떤 것은 산신이 되고, 어떤 것은 물귀신이 되었다. 그는 또한 직안(直眼)(또는 횡안) 천녀와 결혼을 하여 인류를 번성케 하려 하였지만 기이한 태아를 낳으면서 실패하였다. 친신의 딸인 친홍보백(襯紅葆白)이 인간 세상에 와서 그와 좋은 인연을 맺고는 만물의 종자를 구하기 위해 쌍쌍으로 하늘로 돌아갔다. 리은(利恩)은 하늘로 올라가 천신 차로아보(遮勞阿普)에게 그 딸을 달라고 청하였지만 난을 만난다. 최후에는 친홍보백의 도움으로 난을 극복한 두 사람은 결혼을 하고 만물의 종자와 가축들을 데리고 악신 미여가서가락(美汝柯西柯落)의 방해공작을 물리치고 인간세계로 돌아와서 농경과 수렵을 하면서 후대를 번식시켰다.[54)]

태초의 천지는 혼돈 상태로서, 일반 혼돈신화 유형과 흡사하다. 남신인 동신과 여신인 색신이 부부로서 만물을 배치하면서 태양과 달이 출현하고, 이어서 기운과 소리가 변하면서 선신과 악신이 출현한다. 창조와 변형 두 가지 형태가 결합되어 신들이 출현하는 양상을 보인다. 이후 선신이 낳은 알이 부화된 닭이 낳은 알이 다시 부화하여 또 다른 신들이 만들어진다. 동파교 호법신 우마(優瑪)도 신단(神蛋)에서 나와 동물의 부화로 태어난다는 점에서 난생이라는 동일 형태를 취하고 있다. 동족(侗族)과 이족의 신화, 은나라 간적(簡狄) 신

54) 『中國各民族宗教與神話大詞典』, 509쪽 원문과 陳健憲, 『神祇與英雄』(北京, 中華文庫, 1994), 106쪽-107쪽 및 顔其香 편, 『中國少數民族風土漫記』(北京, 農村讀物出版社, 2000), 363쪽-364쪽 원문을 참조하여 요약하였으며, 편폭 제한으로 원문은 싣지 않는다.

화 및 우리나라 주몽 신화에 보이는 난생 모티프와 흡사하다.

천지 완성 후 괴수가 천지를 파괴하자 산을 만들어 제압하는 과정은 여와보천 신화에서 완성된 하늘이 전욱과 공공의 싸움으로 파손되어 보수한다는 내용과 비교허면 완성된 자연이 한차례 시련을 겪자 다시 보수하게 된다는 점에서 유사성을 가진다. 물론 여와가 오색석을 반죽하여 하늘의 구멍을 막고 거북이 네 발을 잘라 부러진 천주를 대신해 하늘을 받치는 방법은 천지가 요동치지 않도록 신산(神山)을 만드는 장면과는 차이가 있으며, 홍수의 원인에 대한 묘사에서도 역시 차이가 있다.

신의 탄생에 대한 서술 후, 제2막에서는 인류 시조 탄생 과정이 기술된다. 역시 신이 낳은 알이 대해 속에서 부화하여 인간으로 탄생한다. 대해는 대지와 같이 지신으로서 산부(産婦) 역할을 한다. 인류 탄생도 신과 마찬가지로 난생이 핵심이며, 동시에 대해 즉 기운과 소리가 변한 이슬로 구성된 바다가 인류탄생의 매개가 된다. 난생과 바다 같은 물이 인류 창조의 원천으로서 등장하는 대목은 타 민족 신화에서도 볼 수 있는 장면이다.

시조 탄생 후 홍수 재난을 만나 인류가 멸망한 뒤다시 번식을 하게 되는는데, 이는 파괴와 생성을 반복하면서 더욱 생명력이 넘쳐나는 자연과 인간의 세계를 반영한다. 그런데 서남 소수민족의 홍수와 남매혼 고사에 나타나는 홍수 후 남매혼과는 달리, 여기서는 남매 또는 형매 간 난혼으로 인한 신의 노여움으로 홍수가 발생하는 역구조의 모습을 보인다. 난혼이 원인이 되어 홍수가 나고 인류가 멸망하고 신의 도움으로 천녀 배우자를 만나 괴태(怪胎)를 낳는다는 서술로 볼 때, 근원까지 거슬러 최초의 조상 부부관계에 대해 추리 해석을 한 것이 아니라, 사회 진화 초기 이후 혈연혼[55] 관계에서 벗어나면서 난혼에 대한 부정시각을 내포한 사고가 반영되었다고 볼 수 있다.

홍수 후 인류 번성 과정은 목인이 메아리, 물귀신 등으로 변하고, 직안 천녀가 기이한 태아와 동식물을 낳으면서 실패로 끝난다. 서남 소수민족의 홍수와 남매혼 고사에서 태어난 육구(肉球) 또는 육단(肉團) 고사와 유사하다. 다만 납서족 신화에서는 사람이 아닌 여러 자연물과 귀신 등 다양한 형태로 변한다는 점이 이들과 다르다. 인류 번성이 우여곡절 끝에 이루어지는 등 그 번성과 생존 과정이 고난의 연속이지만 마지막에 흉신 가서가락의 괴롭힘을 물리치는 장면은 자연이 주는 시련을 인간들이 점차 극복해가는 모습을 보여준다.

잠시 선악 대결 관점으로 돌아가 보자. 납서족 신화에서는 인간 편인 선신과 인간을 해하려는 악신이 행한 일을 대조적으로 표현하면서, 선신(善神)과 악신(惡神)에 대해 생동감 있고 입체적으로 묘사하고 있다. 모두 빛에서 기운으로, 기운에서 소리로 변화했다가 탄생하지만 밝은 태양에서 나온 의격와격(依格窩格)은 선을 상징하고, 어두운 달빛에서 태어난 의고정나(依古丁那)는 악을 대변하고 있다. 기운이 세상을 창조하고 특정 신격이 등장하며 마지막에 인간을 다스리는 신이 만들어진다는 점은 제주도 창세서사시와 유사하다. 의격와격(依格窩格)은 천지를 관장하는 선신이고, 의고정나(依古丁那)는 최고의 지위에 있는 악신으로서 이 두 신격체는 신화 속에서 서로 대적하며 전형적인 선악 대립구도를 보이고 있다.

한편 납시족 신화에서는 선악이 명확하게 대비되는 관념 신화와 함께, 또 다른 개념 신화가 발견된다. 타 민족의 일월 생성 신화와는 달리 해와 달의 생성이 '참'과 '거짓', '실'과 '허'의 만남으로 이루어

55) 혼인제도 변화과정은 형매군혼, 씨족외 군혼, 일부다처, 일부일처제로 발전한다. 田兵, 陳立浩 共編, 『中國少數民族神話論文集』, 83쪽.

졌다는 관념적인 내용을 담고 있다. 그리스 신화에 등장하는 지혜, 사랑, 기쁨, 운명, 질투 신 같은 개념 신들이 한족과 타 소수민족 신화에서는 거의 찾아보기 힘든 상황에서 그들의 개념 신화 출현은 상당히 특이한 현상으로 평가된다.

한편 동파경「소고(素庫)」에는 동신과 색신의 딸이자 만물파종의 신 형고랍늑명(亨古拉勒命) 관련 기록이 있다. "여러 신들이 천지개벽의 대업을 진행하고 거나십라신산(居那什羅神山)을 창조할 때 형고랍늑명(亨古拉勒命)은 인류에게 복을 가져다주었다. 그녀가 백은의 하늘 사다리를 거나십라신산(居那什羅神山)에 대고 천상에서 내려와 별의 종자를 하늘에 뿌리니 파란 하늘이 순식간에 밝게 빛을 발하고, 별들로 가득 수를 놓았다. 대지를 향해 풀의 종자를 뿌리니 대지는 순식간에 넓어지면서 푸른 풀로 가득했다. 산에 나무 종자를 뿌리니 울창한 숲이 군산을 매웠고, 산골짜기에 물의 종자를 뿌리니 깊은 산골이 큰물로 채워졌다. 마을에 사람 종자를 뿌리니 마을마다 사람들로 가득하였다."[56] 신화적 상상력이 최대로 발휘된 한편의 아름다운 판타지 소설을 보는 듯한 묘사는 납서족의 문학적 상상력이 뛰어남을 말해준다. 인류번식을 파종의 개념으로 파악하는 대목도 흥미롭다. 산과 사다리를 매개로 하여 천지를 오르내리는 형고랍늑명(亨古拉勒命)에게서는 샤먼의 행위와 흡사하다.

3. 영웅 전쟁 신화

영웅 전쟁 관련 신화 중 대표 고사는 동애술애(東埃術埃), 흑백전쟁(黑

56)『中國各民族宗教與神話大詞典』, 499쪽을 요약 번역함.

白戰爭), 흑백지쟁(黑白之爭), 흑백지전(黑白之戰)으로도 불리는 「동애술애(董垓術垓)」이다. 5언체 1800행의 영웅 서사시이면서, 산문 형식으로도 구전되고 있는데, 주로 동부락과 술부락의 한 차례 혈족 복수 전쟁을 묘사하고 있다. 전쟁 속에서도 심금을 울리는 애정고사가 담겨있다.

동부락 수령 미리동주(美利董主)는 신단(神蛋)이 변한 것으로 9남 9녀를 낳고 백천백지, 흰 태양과 흰 달 지역에 거주한다. 술부락 수령 미리술주(美利術主)는 흑단이 변화한 것으로 9남 9녀를 낳고 흑천흑지, 검은 태양과 검은 달 지역에 거주한다. 동쪽 부락은 빛을 받아 주야로 밝고, 서쪽 부락은 천지가 어두웠다. 어느 날 동주(董主)의 은서(銀鼠)가 동굴을 파다가 서쪽 암흑계 쪽으로 통하게 하였고, 새어 들어간 빛이 서쪽 부락의 술주(術主)를 놀라게 하였다. 술주는 동쪽에 태양과 달이 있음을 비로소 알게 되었다. 동서 양부락은 사실 일찍이 전쟁을 치룬 적이 있다. 신수를 서로 쟁탈하려고 하였기 때문이다. 술주는 일월을 몰래 훔칠 결심을 하였다. 흑돼지를 시켜 동굴 입구를 크게 넓히게 하고 사람을 시켜 동쪽의 일월을 훔쳐와 검은 줄로 묶어놓게 하였다. 동주가 도난당한 사실을 알고 금와(金蛙)와 은서(銀鼠)를 서쪽으로 보내 그곳을 정탐하게 하였다. 금와(金蛙)는 바람을 일으키고 은서(銀鼠)는 태양을 묶은 검은 쇠줄과 달을 묶은 검은 구리줄을 끊었다. 은서는 달을 메고 금와는 태양을 몰아서 동주에게 돌려주었다. 동주의 아들 아로(阿璐)는 착한 아들로서 아버지가 변경 지역을 수비하도록 보냈다. 술주의 아들 안삼미위(安森米委)는 총명하고 영리하여 동쪽 지역의 동정을 살피도록 변경에 보내졌다. 안삼미위(安森米委)는 계략을 꾸며 아로(阿璐)와 친구가 되었고 아로(阿璐)를 서쪽으로 초청하였다. 아로(阿璐)는 우정에 충실했기에 부모 반대에도 불구하고 서쪽으로 갔다. 술주는 아로(阿璐)를 미혹시키기 위해 황금을 주었다. 안삼미위(安森米委)는 아로(阿璐)가 깊은 잠에 빠진 틈을 타서 동쪽으로 가서 빛을 훔쳤는데 불행하게도 발각되어 목숨을 잃었다. 술주는 아들을 위해 복수하기로 마음먹고 병사들을 모집하여 동쪽

섬멸을 계획하였다. 동주는 대난에 직면하여 아로(阿璐)를 진해대장군으로 명하고 술주의 장병들을 대패시켰다. 술주에게는 18세 된 미모의 딸 격랍자모(格拉茨姆)가 있는데, 딸을 미끼로 삼아 아로(阿璐)를 꼬시기로 마음먹었다. 격랍자로(格拉茨姆)은 이중적인 모습을 보이길 원치 않았지만 부모 명령을 위배할 수 없어 검은 구름을 타고 급히 나는 수밖에 없었다. 아로(阿璐)가 해변에 서있는데 홀연 술주의 병사가 종적도 없이 사라지고 검은 구름이 하강하자마자 눈앞에 미인이 나타났다. 아로(阿璐)는 적들에게 당하는 게 두려워 수달처럼 물 밑으로 잠수해 들어갔다. 아로(阿璐)가 흰 매로 변하여 앞에 나타나자 격랍자모(格拉茨姆)는 검은 매로 변하여 뒤를 쫓았다. 아로(阿璐)가 흰 호랑이로 변하자 격랍지모(格拉茨姆)는 검은 호랑이로 변하여 뒤를 쫓았다. 두 호랑이는 산과 숲을 가로지르며 아침부터 저녁까지 놀고 다녔다. 아로(阿璐)가 흰 들소로 변하자 격랍자모(格拉茨姆)는 검은 들소로 변하여 검은 소와 흰 소가 산속에서 3일을 함께 놀았다. 격랍자모(格拉茨姆)는 결국 아로(阿璐)를 흑백 경계지점까지 유인하였고, 이어서 술주가 포위하였다. "다리에는 철 족쇄가 채워지고 손에는 철 수갑이 채워졌네, 자모(茨姆)는 괴로운 미소를 짓고 아로(阿璐)는 노기에 불타네." 동부 부락 병사들은 산이 무너지듯이 패하였다. 아로(阿璐)의 부친은 천궁에 숨었고 모친은 친정인 용궁으로 도피하기를 원치 않아 포로가 되었다. 하지만 술주는 일월을 취할 비결을 찾지 못했다. 격랍자모(格拉茨姆)를 출가시켜 아로(阿璐)쪽으로부터 비밀을 캐내도록 하였다. 부친이 딸을 출가시킨 것이 가짜인지 알지 못했던 딸은 오히려 아로(阿璐)를 진짜로 사랑했다. 그 둘은 쌍둥이 아들을 낳았고, 이름을 나지(羅池)와 나사(羅沙)로 지어주었다. 아로(阿璐)는 여전히 죽어도 굴하지 않았다. 두 아이들이 자란 후 아버지의 노래로부터 자신의 신세를 알게 되었다. 감시자들은 술주에게 빨리 아로(阿璐)를 죽이고 후환을 없애라고 권하였다. 격랍자모(格拉茨姆)는 이 소식을 듣고는 칼로 스스로를 베고 자살함으로써 사람들에게 자신의 진심을 나타내었다. 동주는 천궁으로부터 패망한 집으로 돌아왔다. 나지(羅池)와 나사(羅沙)는 부모가 모두 이미 사망하고 의지할 데가 없음을 알고 몰래 동쪽으로 도망갔다. 동주는 다시 병사들을 재정비하여 결사항전을 하기로 결심하였다. 그 결과 술주를 대파하였다. 동쪽 부락은 서쪽 부락 병사들을 모두 죽여 없앴다. 이 후 일월은 영원히 동쪽 부락에서만 비추었다. 전하는 바 따르면 동쪽 부락 사람들은 쇠퇴함이 없이 서로 이어가 납서족을 형성하였다고 한다.[57)]

이 고사는 동파가 조상에 제를 지낼 때 봉헌하는 영웅가로서, 납서족 시조 영웅을 기리고 있다. 선과 악이 이분법적 구조를 형성하면서 명확하게 구분되고, 상호 치열한 투쟁을 거쳐 결국 악을 제거하고 선이 승리한다는 구성으로 이루어져있다. 전쟁은 광명과 정의를 대표하는 동부락이 흑암과 사악을 대표하는 술부락에 전승함으로써 일단락된다. 선의 승리를 통해 악과 악귀를 제거하려는 의미가 담겨 있다.

본 고사는 식양을 훔쳐 인류를 도왔지만 천제의 명을 어겼기에 죽임을 당하는 곤의 비극 영웅 고사나 민주족 여신이 하늘의 불을 훔쳐 비극 영웅이 되는 고사와 마찬가지로, 신성과 인성, 지배자와 피지배자의 갈등과 비극영웅의 탄생이라는 구조를 보인다.

57) 潛明茲의 『中國少數民族英雄史詩』, 181쪽-184쪽에 실린 원문과 和志武의 『東巴經典選譯』(昆明: 雲南人民出版社, 1994), 1쪽-27쪽에 실린 원문을 번역 인용하였다. 편폭 제한으로 원문은 싣지 않는다.

제4장

중국 묘족(苗族) 창세 모티프 신화

귀주 묘족(苗族)의 『묘족고가(苗族古歌)』[58]는 내용이 독특하고 풍부하며, 역사문화와 사상, 자연현상과 사회발전 양태에 대한 그들의 소박하고도 상상력 풍부한 탐구정신을 담고 있다. 여기서는 『묘족고가』 중 「개천벽지가(開天闢地歌)」와 「풍목가(楓木歌)」 속 개벽과 인류 및 만물 기원에 관한 창세 모티프 신화를 간략히 소개한다.

1. 천지개벽 모티프

묘족의 천지개벽 모티프 신화는 난생 유형이 주류를 이루는 가운데 태생형과 독생남신거인(獨生男神巨人)의 개벽 유형이 공존하는 형태이다. 『묘족고가(苗族古歌)』「개천벽지가(開天闢地歌)」에 다음과 같은 내용이 나온다.

58) 3종의 판본이 전해지고 있는 『苗族古歌』는 검동남 지역의 창세서사시로서 「開天辟地」, 「運金運銀」, 「打柱撑天」, 「鑄日造月」, 「楓香樹种」, 「洪水滔天」, 「兄妹結婚照」 등으로 구성되어 있다.

우주는 최초에 구름안개였는데, 이 구름안개가 마치 알을 부화하듯이 과제(科啼)와 낙제(樂啼)라는 두 개의 거대한 알을 낳았다. 이 두 개의 거대한 알들이 다시 천지를 부화하였다. 아득한 옛날 하늘은 삿갓과 같았고 땅은 키와 같은 (동그란) 모습이었다. 그들은 어느 엄마가 낳았을까? 하늘과 땅 모두 나적(羅迪)이 낳은 것이다. 즉 천지는 한 배에서 나온 것이다.

宇宙最早是云霧，而云霧象孵蛋那樣出科啼與樂啼兩种巨蛋。兩种巨蛋又孵出了天地．遠古的時候，天好像一个斗笠，地好像一只簸箕。他們是哪个媽媽生的呢？天是羅迪生的，地也是羅迪生的，兩个是一胎生出來的.[59)]

우주는 최초에 구름안개뿐이었다. 구름과 안개가 알을 부화하듯이 과제(科啼)와 낙제(樂啼)라는 두 마리의 큰 새를 낳았는데 그 새들이 하늘과 땅을 부화해냈다.

宇宙是最早是云霧，而云霧象孵蛋那樣孵出科啼与樂啼兩种巨鳥，兩種巨鳥又孵出了天地.[60)]

운무 형태의 혼돈 속에서 두 개의 알이 부화하여 천지를 낳음으로써 개벽이 이루어진다. 천지의 알에서의 탄생이라는 난생 유형을 보여준다. 그리고 나적(羅迪)이라고 하는 창조주체자에 준하는 신격체가 등장하기 때문에 자연발생형과 창조형이 공존한다.

「개천벽지가(開天闢地歌)」를 보면 과제(科啼)와 낙제(樂啼)가 낳은 하늘과 땅이 처음에는 한데 붙어서 알의 형태를 보이다가, 후에 거인신 부파(剖帕)가 붙어있던 천지를 도끼로 쳐서 둘로 양분한다는 내용이 보인다.[61)] 구조면에서는 거인 반고의 천지개벽 신화와 일부 흡사하다.

59) 潘定智 編, 『苗族古歌』(貴州人民出版社, 1997), 3쪽-6쪽 참조.
60) 陶陽鐘秀 共著, 앞의 책, 150쪽 참조.
61) “天地剛生下, 相連在一起, 哪個是好漢? 闢開天和地. 剖帕是好漢, 他從東方來, 舉斧猛一砍, 天地兩分開.” 田兵 編, 『中國少數民族神話論文集』, 9쪽 참조.

천지개벽 후에는 천지 보수 이야기가 이어진다. 하늘이 작고 땅이 커서 하늘을 늘리고 땅을 축소시키며, 천지가 충분히 넓지 않아 왕오(往吾)가 천지를 삶고, 거인 파공(把公), 상공(祥公), 파파(把婆), 요파(廖婆)이 세 차례 두드린 후 다시 반죽을 이겨 늘려서 천지를 넓게 만들고, 부방(府方)이 천지를 지탱한다.62)

한편 거인 반고의 난생형 고사는 다음과 같이 전해진다.

> 전해지는 이야기에 의하면, 거대하면서 그 힘이 비할 데 없이 무궁한 신수인 수뉴(修狃)가 입으로 실을 뽑아 둥지를 만들고 알을 하나 낳았는데, 이 알이 부화하여 반고가 나왔다. 반고가 출생할 때 알 껍질이 두 조각으로 갈라졌는데, 위쪽은 하늘이 되고, 아래쪽은 땅이 되었다. 반고가 하늘을 치자 하늘은 천만 척이나 높아졌다.
>
> 相傳, 巨大无比力大无窮的神獸修狃, 吐絲作窩, 生一卵, 孵育出盤古。盤古出生時, 卵殼裂作兩半：上半爲天, 下半爲地。盤古把天擊起來, 天升高千万尺。63)

「개천벽지가」에도 개벽 관련 이야기가 나온다.

> 最古의 연대는 멀고도 멀다네.
> 그 최초의 먼 옛날에 다행히 검은 구름이 부화하고 있었다네.
> 부화하는 것은 오랜 신뉴(申狃) 알이라네.
> 이리저리 안고 부화하고 있다네.
> 부화의 세월이 너무 오래라네.
> 알껍데기는 부싯돌이 되어 갔다네.

62) 劉之俠, 「從苗族古歌看苗族先民的審美意識特征」, 1994-2013 China Academic Journal Electronic Publishing House, 61쪽.

63) 陳鈞, 『創世神話』(東方出版社, 1997), 610쪽. 潘定智 編, 『苗族古歌』(貴州人民出版社, 1997), 3쪽-6쪽 참조.

알에서 검은 그림자가 끄물끄물 움직였다네.
다리가 긴 아기가 태어났다네.
다리 긴 아기는 힘이 장사라네.
알껍데기에 한 번 발길질하니
알이 흔들흔들 움직이네.
흔들어대니 두 조각으로 갈라졌다네.
조각은 튀어 올라 위로 갔고,
한쪽은 아래로 떨어졌다네.
얇은 두 조각으로 변했다네.[64]

이처럼 최초의 세계는 계란 모양의 혼돈에서 시작된다. 서부지역 묘족 고가(古歌)에도 하늘과 땅이 계란처럼 맞붙어 있었는데 반고가 바로 그 계란 가운데서 살았다는 내용이 전해지고 있다.[65]

2. 인류·만물 기원 모티프

인류기원 모티프는 『묘족고가』「풍목가(楓木歌)」에 담겨있다.

> 나비가 단풍나무 속에서 태어난 후, 거품과 결혼하여 12개의 알을 낳았는데, 이 알들이 부화하여 사람과 동물, 그리고 신이 되었다.
> 蝴蝶從楓樹心孕出來之后, 跟泡沫婚配, 生了十二个蛋, 這些蛋孵化出人獸神.[66]

단풍나무가 낳은 나비, 즉 매방류(妹榜留)가 물거품과 결혼하여 열두 개의 알을 낳았는데 거기에서 사람, 동물 그리고 신이 부화되어 나왔다

64) 潘定智 等編, 앞의 책, 154쪽 번역.
65) 潘定智 等編, 앞의 책, 268쪽 참조.
66) 田兵, 陳立浩 共編, 앞의 책, 342쪽-344쪽.

는 내용이다. 「楓木歌」 '十二個蛋' 단락에는 다음과 같은 구절이 나온다.

> 매방류를 보면, 그 옛날 엄마였네, 12개의 알을 품고, 12개의 보물을 낳았네…… 하얀 알은 뇌공의 알이고, 노란 알은 강앙의 알이네…… 매방이 12개의 알을 낳고, 12개의 보배를 남겼네. 낳을 줄은 알지만 부화할 줄 모르고, 낳을 줄은 알지만 품을 줄은 모르네…… 척우새가 대신 부화하고, 대신 품네.
>
> 來看妹榜留, 古時老媽媽, 懷十二個蛋, 生十二個寶…… 白的雷公蛋, 黃的姜央寶…… 榜生十二蛋, 留下十二寶, 會生不會孵, 會下不會抱…… 鶺宇替她孵, 鶺宇代她抱。67)

매방류(妹榜留)와 물거품 사이에서 나온 알에서 묘족의 시조 강앙(姜央)이 부화되어 나온다. 매방류는 정작 부화할 줄을 몰라 척우(鶺宇)라는 새의 도움으로 강앙을 부화시킨다. 척우가 실질적인 엄마 역할을 한 것이다. 그리고 인류의 시조모 매방류가 단풍나무인 풍목(楓木)에서 잉태되었다고 하는 표현에는 풍목에 대한 토템숭배사상이 담겨있다.

사시 『휴파휴마(㑳巴㑳瑪)』의 「개천벽지시(開天闢地詩)」에는 반고의 천지개벽 및 사체화생형 만물 탄생 이야기가 기술되어 있다.

> 아부 반고가 또 하늘을 열고 아부 남화는 또 땅을 만드네…… 껍질을 벗겨 푸른 하늘을 만들고 지방과 살을 벗겨 흰 구름 만들며, 눈으로 달과 별을 만들고, 몸에 난 털로 풀을 만드네…… 사근과 뼈로 하늘을 받치고, 사근의 힘줄로 구름과 사방의 푸른 하늘과 사면의 산들을 받쳐주네.
>
> 阿剖盤古又來開天, 阿剖南火又來辟地…… 剝來皮子拿做靑天,

67) 田兵 編選, 앞의 책, 198쪽-201쪽에서 인용.

削來肥肉拿做白云, 眼睛拿做月亮星星, 皮毛拿做茵茵草坪....... 四根骨頭拿做撑天, 四根筋帶來用來托云, 撑四方的靑天, 頂四面的山岭.)[68]

또 다른 반고 관련 신화에는 다음과 같은 내용이 나온다.

반고가 눈을 깜박이자 번개로 변했으며, 호흡은 바람으로 바뀌었고, 땀은 빗물로 되었다. 반고의 사후에 몸은 산이 되었고, 머리카락은 초목으로, 창자는 강물로 변하였다.

盤古眨眼成閃電, 呼吸成風吹, 淌汗成雨水, 盤古死後, 身子變成山, 頭髮發變成草木, 腸子變成江河.[69]

반고의 신체 활동이 자연물이나 자연현상으로 바뀌고, 사후에는 몸 각 부분이 자연물로 화한다. 생전 신체 변형 모티프와 사후 사체화생 모티프가 결합된 형태를 보인다.

이처럼 묘족의 인류와 만물의 기원 고사에는 난생 모티프와 함께 사체화생과 변형 모티프가 결합되어 있고, 또한 창조와 진화 유형이 병존하는 양태를 보이고 있다.

68) 嶺秀文, 『苗族』(民族出版社, 1993), 73쪽.
69) 陳鈞, 앞의 책, 610쪽.

참고문헌

김경아,「중국 영웅신화의 구조와 의미」, 이화여대석사논문, 2000.
김경탁 역,『열자(하)』, 서울: 명지대출판부, 1975.
김동욱 등 공저,『韓國民俗學』, 서울: 새문사, 1995.
김선자,『중국 소수민족 신화기행』, 안티쿠스, 2009.
김재용 이종주 공저,『왜 우리 신화인가』, 서울: 동아시아, 1999.
魯迅 저, 정범진 역,『중국소설사략』, 서울: 학연사, 1992.
서유원,『중국창세신화』, 아세아문화사, 1998
소재영,『古小說通論』, 서울: 이우출판사, 1983.
손진태,『한국민족설화의 연구』, 서울: 을유문화사, 1954.
신진호,『중국현대역사소설연구』, 연세대학교 박사학위논문, 1994.
袁珂 저, 전인초·김선자 공역,『중국신화전설I』, 서울: 민음사, 1992.
李昉 외 편, 김장환 외 역,『태평광기』, 서울: 학고방, 2002.
이유진,「중국신화의 역사화 연구」, 연세대학교 박사논문, 2004.
이인택,『중국 신화의 세계』, 서울: 풀빛, 2000.
______,『신화, 문화 그리고 사상』, 울산: UUP, 2004.
______,『타이완 원주민신화의 이해』, 서울: 학고방, 2016.
______,「魏晉南北朝文學의 神話運用考察」,『中國語文學誌』第12輯, 2002.
一然 저, 이민수 역,『삼국유사』, 서울: 을유문화사, 1983.
張光直 저, 이철 역,『신화 미술 제사』, 서울: 동문선, 1990.
전인초,『중국고대소설사』, 서울: 신아사, 1992.
전인초·김선자·이인택·정재서 공저,『중국신화의 이해』, 서울: 아카넷, 2002.
정재서 역,『山海經』, 서울: 민음사, 1985.
______,『동양적인 것의 슬픔』, 서울: 살림, 1996.
______ 역주,『산해경』, 서울: 민음사, 1985.

池田大作,『法華經의 지혜(1)』, 서울: 화광, 1997.
최운식,『한국설화연구』, 서울: 집문당, 1991.
하정옥 역,『시경』, 서울: 평범사, 1976.

『鏡花緣』, 臺北: 世新出版社, 1983.
『古神話選釋』, 臺北: 長安, 1984.
古添洪等編著,『從比較神話到文學』, 臺北: 東大圖書公司, 1977.
龔鵬程・張火慶共著,『中國小說史論叢』, 臺北: 學生書局, 1984.
國立編譯館編,『屈賦論叢』, 臺北: 中華書局, 1980.
魯迅,『中國小說史略』, 上海: 上海古籍, 1998.
____,『故事新編』, 廣西: 漓江出版社, 1999.
段成式撰,『酉陽雜俎』, 臺北: 巨流出版社, 1983.
達西烏拉彎 畢馬,『卑南族神話與傳說』, 臺北: 星辰出版, 2003.
______________,『排灣族神話與傳說』, 臺北: 晨星出版, 2003.
______________,『魯凱族神話與傳說』, 臺北: 晨星出版, 2003.
譚達先,『中國神話研究』, 臺北: 木鐸出版社, 1983.
陶陽・鍾秀共著,『中國創世神話』, 上海: 上海人民出版社, 1993.
馬昌儀,『中國神話學文論選萃』, 北京: 中國廣播電視出版社, 1994.
孟慧英,『塵封的偶像-薩滿教觀念研究』, 北京: 北京出版社, 2000.
茅盾,『神話研究』, 天津: 百花文藝出版社, 1982.
聞一多,『神話與詩』, 臺北: 複寫本, 1936.
潘定智編,『苗族古歌』, 貴州人民出版社, 1997.
史習成,『東方神話傳說(8卷)』, 北京, 北京大學出版部, 1999.
『上古神話縱橫談』, 上海: 上海文藝出版社, 1983.
『西遊記』, 臺北: 世新出版社, 1983.
石昌渝,『中國小說源流論』, 北京: 生活・讀書・新知三聯書局, 1994.
『宋元平話五種』, 臺北: 河洛, 1981.
沈謙,『神話・愛情・詩』, 臺北: 尙友出版社, 1983.
顔其香 主編,『中國少數民族風土漫記(上)』, 北京: 農村讀物出版社, 2000.
呂振羽,『史前期中國社會研究』, 河北: 河北教育出版社, 2000.
『歷代短篇小說選』, 臺北: 長安出版社, 1983.
葉慶炳,『中國文學史(上)』, 臺北: 學生書局, 1982.

吳曉鈴 外 選注,『話本選』, 北京: 人民文學出版社, 1984.
王國良,『魏晉南北朝志怪小說硏究』, 臺北: 文史哲, 1984.
王邦維,『佛經寓言故事』, 廣州: 花城出版社, 1997.
王秋桂編,『中國民間傳說論集』, 臺北: 聯經出版社, 1980.
王孝廉,『中國的神話與傳說』, 臺北: 聯經出版社, 1981.
______,『神話與小說』, 臺北: 時報, 1986.
______,『花與花神』, 臺北: 洪範書店, 1983.
袁珂,『中國神話傳說詞典』, 上海: 上海辭書出版社, 1985.
____,『神話論文集』, 臺北: 漢京, 1987.
____,『中國神話傳說(上)』, 北京: 中國民間文藝, 1984.
____,『山海經校注』, 臺北: 里仁書局, 1982.
劉之俠,「從苗族古歌看苗族先民的審美意識特征」, 1994-2013
China Academic Journal Electronic Publishing House
李昉編,『太平廣記』, 臺北: 西南書局, 1983.
李福淸, 『神話與鬼話』, 北京: 社會科學文獻出版社, 2001.
李亦園,『師徒神話及其他』, 臺北: 正中, 1983.
李仁澤,「山海經神話硏究」, 國立臺灣師範大學 碩士論文, 1986.
林道生編著,『『住民神話故事全集5』, 臺北: 漢藝色硏, 2004.
______編著,『原住民神話與文化賞析』, 臺北: 漢藝色硏, 2003.
林惠祥,『神話論』, 臺北: 商務, 1979.
潛明玆,『中國神話學』, 寧夏: 寧夏人民出版社, 1994.
______,『中國少數民族英雄史詩』, 北京: 商務印書館, 1996.
______,『中國古代神話與傳說』, 北京: 商務印書館, 1996.
張光直,『中國靑銅時代』, 臺北: 聯經出版社, 1984.
張福三・傅光宇共著,『原始人心目中的世界』, 雲南: 雲南民族出版社, 1986.
田兵編,『中國少數民族神話論文集』, 廣西: 廣西民族出版社, 1984.
鍾敬文,『民間文學槪論』, 上海: 上海文藝, 1984.
______,『苗族』, 民族出版社, 1993.
『中國各民族宗教與神話大詞典』, 北京: 學苑出版社, 1993.
中國山海經學術討論會編,『山海經新探』, 成都: 陝西省社會科學院, 1986.
中華文化復興運動推行委員會編,『中國文學講話1』, 臺北: 巨流圖書公司, 1982.
陳健憲,『神祇與英雄』, 北京: 中華文庫, 1994.

陳琳國・陳群共著,『中華民族的形成』, 廣東: 廣東人民出版社, 1996.
陳炳良,『神話禮儀文學』, 臺北: 聯經出版社, 1985.
陳鈞,『創世神話』, 東方出版社, 1997.
『太平御覽』, 臺北: 國泰文化, 1980.
蒲松齡,『聊齋志異』, 杭州: 浙江文藝出版社, 2004.
馮敏,『巴蜀少數民族文化』, 四川: 四川人民出版社, 2001.
馮天瑜,『上古神話縱橫談』, 上海: 上海文藝出版社, 1983.
和志武飜譯,『東巴經典選譯』, 昆明: 雲南人民出版社, 1994.
湖北省社會科學院編,『屈原硏究論集』, 武漢: 長江文藝出版社, 1984.
『紅樓夢』, 臺北: 世新出版社, 1983.

C. G. Jung,『Modern Man in Search of a Soul』, San Diego: HBJ, 1933.
E. B. Tylor,『Primitive Culture』, London: J. Murray, 1920.
Ernst Cassirer,『Language and Myth』, N. Y.: Harper, 1946.
Gayatri Chakravorty Spivak,『In Other World』, N. Y.: Routledge, 1988.
G. S. Kirk,『Myth』, London: Cambridge, 1978.
James Thorpe 편,『Relations of Literary Study』, George Banta, 1967.
Jan and Yvonne Walls,『Classical Chinese myths』, Hong Kong: Joint Publishing Co., 1984.
Jan Harold Brunvand,『The Study of American Folklore』, N. Y.: Norton, 1968.
______,『The Golden Bough』, N. Y.: Macmillan, 1958.
John B. Vickery 편,『Myth and Literature』, Lincoln: University of Nebraska, 1966.
Joseph Campbell 저, John M. Maher and Dennie Briggs 편,『An Open Life』, N. Y.: Harper & Row, 1990.
Kaja Silverman,『The Subject of Semiotics』, N. Y.: Oxford University, 1983.
Louis Heren,『China's Three Thousand Years』, N. Y.: Macmillan Publishing Co, 1973.
Marie-Louise Von Franz,『Creation Myths』, N. Y.: Spring Publications, 1972.
Mircea Eliade,『The Myth of the Eternal Return』, N. J.: Princeton Univ. Press, 1971.
____________ 저, Willard R. Trask 역,『Myth and Reality』, N. Y.: Harper & Row, 1963.

____________ 저, Philip Mairet 역, 『Myths, Dreams, and Mysteries』, N. Y.: Harper, 1960.

____________, 『The Myth of Eternal Return』, N. Y.: Princeton, 1971.

Philip Rice 저, Patricia Waugh 편, 『Modern Literary Theory』, London: Edward Arnold, 1990.

Pierre Macherey, 『A Theory of Literary Theory』, London: Routledge, 1978.

Richard Chase, 『Quest for Myth』, Louisiana: Louisiana State University, 1949.

Samuel Noah Kramer 편, 『Mythologies of the Ancient World』, N. Y.: Doubleday & Compa- ny, 1961.

Sigmund Freud 저, R. F. C. Hull 역, 『Two Essays on Analytical Psychology』, N. Y.: Princeton University, 1977.

Teresa De Lauretis, 『Technologies of Gender』, Bloomington: Indiana University, 1987.

Thoman A. Sebeok 편, 『Myth: A Symposium』, Bloomington: Indiana University, 1965.

Thomas E. Smith, 『Ritual and Shaping of Narrative: The Legend of the Han Emperor Wu』, The Univ. of Michigan Ph.D. Dissertation, 1992.

Wang Jing, 『The Story of Stone』, Durham and London: Duke University Press, 1992.